Die Rundfunkveranstaltungsfreiheit
und das Zulassungsregime
der Rundfunk- und Mediengesetze

Studien zum deutschen und europäischen Medienrecht

herausgegeben von Dieter Dörr

mit Unterstützung der Dr. Feldbausch Stiftung

Bd. 1

PETER LANG
Frankfurt am Main · Berlin · Bern · Bruxelles · New York · Wien

Peter Charissé

Die Rundfunkveranstaltungsfreiheit und das Zulassungsregime der Rundfunk- und Mediengesetze

Eine verfassungs- und europarechtliche Untersuchung der subjektiv-rechtlichen Stellung privater Rundfunkveranstalter

PETER LANG
Europäischer Verlag der Wissenschaften

Die Deutsche Bibliothek - CIP-Einheitsaufnahme

Charissé, Peter:

Die Rundfunkveranstaltungsfreiheit und das Zulassungsregime der Rundfunk- und Mediengesetze : eine verfassungs- und europarechtliche Untersuchung der subjektiv-rechtlichen Stellung privater Rundfunkveranstalter / Peter Charissé. - Frankfurt am Main ; Berlin ; Bern ; Bruxelles ; New York ; Wien : Lang, 1999

(Studien zum deutschen und europäischen Medienrecht ; Bd. 1)
Zugl.: Mainz, Univ., Diss., 1999
ISBN 3-631-35105-4

D 77
ISSN 1438-4981
ISBN 3-631-35105-4

VORWORT

Die vorliegende Arbeit wurde im Wintersemester 1998/99 vom Fachbereich Rechts- und Wirtschaftswissenschaften der Johannes Gutenberg-Universität Mainz als Dissertation angenommen.

Danken möchte ich zunächst meinem Doktorvater, Herrn Prof. Dr. Dieter Dörr. Er hat mir nicht nur im Rahmen meiner Tätigkeit als wissenschaftlicher Mitarbeiter an seinem Lehrstuhl stets die zum Gelingen der Arbeit notwendigen Freiräume gelassen, sondern bereits die Initialzündung gesetzt, indem er mein Interesse für das Medien- und vor allem Rundfunkrecht geweckt und fortan beständig gefördert hat.

Herrn Staatssekretär a.D. Prof. Dr. Walter Rudolf danke ich für die spontane Bereitschaft, die Arbeit als Zweitgutachter zu betreuen. Mein besonderer Dank gilt schließlich der Dr. Feldbausch-Stiftung in Landau und Herrn Dr. Friedrich Feldbausch persönlich dafür, daß meine Arbeit mit dem Förderpreis für wissenschaftliche Arbeiten auf dem Gebiet des Rundfunkrechts und der Rundfunkökonomie des Jahres 1998 bedacht werden konnte und für die damit verbundene, großzügige Unterstützung.

Mainz, im Mai 1999 Peter Charissé

INHALTSVERZEICHNIS

TEIL 2

SUBJEKTIVE RECHTE DER BEWERBER UM GESTATTUNGSZULASSUNGEN

TEIL 3

SUBJEKTIVE RECHTE DER BEWERBER UM GEWÄHRUNGSZULASSUNGEN

ABKÜRZUNGSVERZEICHNIS

a.A.	anderer Ansicht
a.a.O.	am angegebenen Ort
ABl.	Amtsblatt
a.E.	am Ende
a.F.	alter Fassung
Abs.	Absatz
AfP	AfP - Zeitschrift für Medien- und Kommunikationsrecht
AK	Kommentar zum Grundgesetz - Reihe Alternativ-Kommentare
AöR	Archiv des öffentlichen Rechts
ArchPT	Archiv für Post und Telekommunikation
Art.	Artikel
Aufl.	Auflage
BadWürttMedG	Landesmediengesetz Baden-Württemberg
BayMG	Bayerisches Mediengesetz
BayVBl.	Bayerische Verwaltungsblätter
BerlBrandStV	Staatsvertrag über die Zusammenarbeit zwischen Berlin und Brandenburg im Bereich des Rundfunks
BImSchG	Bundes-Immissionsschutzgesetz
BGBl.	Bundesgesetzblatt
BK	Bonner Kommentar zum Grundgesetz
BLM	Bayerische Landeszentrale für neue Medien
BremLMG	Bremisches Landesmediengesetz
BVerfG	Bundesverfassungsgericht
BVerfGE	Entscheidungen des Bundesverfassungsgerichts
BVerwG	Bundesverwaltungsgericht
BVerwGE	Entscheidungen des Bundesverwaltungsgerichts
bzw.	beziehungsweise
CMLR	Common Market Law Review
CR	Computer-Recht
DB	Der Betrieb
ders.	derselbe
DJT	Deutscher Juristentag
DÖV	Die Öffentliche Verwaltung
DSF	Deutsches Sportfernsehen
DVBl.	Deutsches Verwaltungsblatt
EG	Europäische Gemeinschaft
EGMR	Europäischer Gerichtshof für Menschenrechte

EGV	Vertrag zur Gründung der Europäischen Gemeinschaft
EMRK	Europäische Menschenrechtskonvention
EU	Europäische Union
EuGH	Europäischer Gerichtshof
EuGRZ	Europäische Grundrechte-Zeitschrift
EuR	Europarecht
EUV	Vertrag über die Europäische Union
EuZW	Europäische Zeitschrift für Wirtschaftsrecht
EWG	Europäische Wirtschaftsgemeinschaft
EWS	Europäisches Wirtschafts- und Steuerrecht
f., ff.	folgende
FAZ	Frankfurter Allgemeine Zeitung
Fn.	Fußnote
FS	Festschrift
GaststättenG	Gaststättengesetz
GewArch	Gewerbearchiv
GewO	Gewerbeordnung
GG	Grundgesetz
GüKG	Güterkraftverkehrsgesetz
GVBl.	Gesetz- und Verordnungsblatt
GWB	Gesetz gegen Wettbewerbsbeschränkungen
GYIL	German Yearbook of International Law
HambMedienG	Hamburgisches Mediengesetz
HPRG	Hessisches Privatrundfunkgesetz
Hrsg.	Herausgeber
Hs.	Halbsatz
HStR	Handbuch des Staatsrechts
HVerfR	Handbuch des Verfassungsrechts
i.V.m.	in Verbindung mit
JuS	Juristische Schulung
JZ	Juristenzeitung
LRG NW	Rundfunkgesetz für das Land Nordrhein-Westfalen
m.w.N.	mit weiteren Nachweisen
MMR	Multimedia und Recht
MP	Media Perspektiven
NDR	Norddeutscher Rundfunk
NdsLRG	Niedersächsisches Landesrundfunkgesetz
NJW	Neue Juristische Wochenschrift
Nr.	Nummer
NStZ	Neue Zeitschrift für Strafrecht
NVwZ	Neue Zeitschrift für Verwaltungsrecht

NVwZ-RR	Neue Zeitschrift für Verwaltungsrecht - Rechtsprechungsreport
OVG	Oberverwaltungsgericht
RGMV	Rundfunkgesetz für das Land Mecklenburg-Vorpommern
RhPfLRG	Landesrundfunkgesetz Rheinland-Pfalz
Rn.	Randnummer
Rs.	Rechtssache
RStV	Rundfunkstaatsvertrag
S.	Seite, Satz
SaarLRG	Rundfunkgesetz für das Saarland
SachsAnhPRG	Gesetz über privaten Rundfunk in Sachsen-Anhalt
SächsPRG	Sächsisches Privatrundfunkgesetz
SächsVBl.	Sächsische Verwaltungsblätter
SchlHolstRfG	Rundfunkgesetz für das Land Schleswig-Holstein
Slg.	Sammlung der Rechtsprechung des Europäischen Gerichtshofs und des Europäischen Gerichts Erster Instanz
s.o.	siehe oben
StGB	Strafgesetzbuch
st. Rspr.	Ständige Rechtsprechung
TKG	Telekommunikationsgesetz
TRG	Thüringer Privatrundfunkgesetz
Tz.	Textziffer
u.a.	und andere, unter anderem
VBlBW	Verwaltungsblätter für Baden-Württemberg
verb.	verbundene
Verf.	Verfasser
VerwArch.	Verwaltungsarchiv
VG	Verwaltungsgericht
VGH	Verwaltungsgerichtshof
Vgl., vgl.	Vergleiche
VVDStRL	Veröffentlichungen der Vereinigung Deutscher Staatsrechtslehrer
WaffG	Waffengesetz
WissR	Wissenschaftsrecht, Wissenschaftsverwaltung, Wissenschaftsförderung
Z.B., z.B.	Zum Beispiel
ZHR	Zeitschrift für das gesamte Handels- und Wirtschaftsrecht
ZRP	Zeitschrift für Rechtspolitik
ZUM	Zeitschrift für Urheber- und Medienrecht

EINLEITUNG

Zu Beginn des Jahres 1997 hat *Herbert Bethge* pointiert auf die „verfassungsrechtliche Unterbilanz der Position privater Rundfunkveranstalter" hingewiesen[1]. Diese Feststellung läßt aufhorchen. Nicht etwa weil an ihrem Inhalt zu zweifeln wäre, sondern weil das festgestellte Defizit an wissenschaftlicher Durchdringung der Thematik angesichts der Bedeutung des privaten Rundfunks in der deutschen Medienlandschaft verwundert. Gleichwohl läßt sich die Aussage uneingeschränkt auf die subjektiv-rechtliche Stellung der privaten Rundfunkveranstalter insgesamt erweitern. Denn zur Reichweite einfachgesetzlich und europarechtlich gewährleisteter Veranstaltungsrechte besteht in Rechtsprechung und Literatur gleichfalls alles andere als eine Übersättigung.

Subjektive öffentliche Rechte der Rundfunkveranstalter können vor allem im Rahmen der Zulassungserteilung durch die Landesmedienanstalten existentielle Bedeutung erlangen. Während über die Rechtsstellung bereits zugelassener privater Veranstalter ein gewisser Grundkonsens besteht und hier, etwa was die Programmfreiheit betrifft, wesentliche Gemeinsamkeiten mit dem öffentlich-rechtlichen Rundfunk zu erkennen sind[2], läßt sich über die Rechtsposition bei der erstmaligen Aufnahme der Rundfunktätigkeit nur ein undeutliches Bild zeichnen.

Eine wichtige Ursache für die bestehenden Unklarheiten bildet die insoweit sehr zurückhaltende Verfassungsrechtsprechung. Beginnend mit dem *FRAG*-Urteil[3] hat das Bundesverfassungsgericht das Bestehen eines grundrechtlichen Anspruchs auf Rundfunkveranstaltung stets offen gelassen. Die Unklarheiten sind auch durch die im Februar 1998 ergangene Entscheidung über die Verfassungsbeschwerde des bayerischen Hörfunkveranstalters *extra radio*[4] keineswegs vollständig beseitigt worden. Ob die Rundfunkfreiheit des Art. 5 Abs. 1 S. 2 GG ein originäres Recht auf Gründung eines Rundfunkunternehmens gewährt, ist auch dort nicht entschieden worden. Wie weit die in dem Beschluß anerkannte, von der Programmfreiheit auf die Zulassungsphase vorwirkende Rechtsposition

---

1 NVwZ 1997, 1; weiter resümiert *Bethge*: „Während für jenen Aspekt - die Position des öffentlichrechtlichen Rundfunks - immerhin einige Grundlagen-Judikatur zur Verfügung steht, sind die verfassungsrechtlichen Dimensionen des Status der privaten Rundfunkveranstalter bislang wenig geklärt. Rechtsprechung und Lehre kennzeichnet auf diesem Sektor insoweit eine bemerkenswerte dogmatische Unterbilanz".

2 Vgl. nur *Bethge*, in: Sachs, GG, Art. 5 Rn. 110f.; *Hoffmann-Riem*, in: HVerfR, § 7 Rn. 33; *Schulze-Fielitz*, in: Dreier (Hrsg.), Grundgesetz-Kommentar, Bd. I, Art. 5 I, II Rn. 76ff.

3 BVerfGE 57, 295, 318.

4 Beschluß vom 20. Februar 1998, ZUM 1998, 306.

reicht, bleibt ausdrücklich ungeklärt[5]. Man kann sich des Eindrucks nicht erwehren, das Verfassungsgericht habe auf halber Strecke der Mut verlassen.

Den Rahmen der Untersuchung soll das Zulassungssystem nach den Rundfunk- und Mediengesetzen der Länder bilden. Dadurch wird zum einen der Bezug zur Praxis hergestellt. Vor allem lassen sich aber auf diese Weise konkrete - insbesondere einfachgesetzlich normierte - Rechte bestimmen. Diese Einzelberechtigungen stellen wesentliche Eckpunkte der Rechtsposition privater Rundfunkveranstalter dar.

Versucht man die Berechtigungen systematisch zu erfassen, fällt der Blick zunächst auf die Zulassungsvorschriften der Rundfunk- und Mediengesetze. Wie die Untersuchung zeigen wird, bestehen aber auch bei der Auslegung dieser Regelungen erhebliche Unsicherheiten. Infolge der Unwägbarkeiten auf der Ebene der einfachen Gesetze gelangt man zu der bereits angesprochenen Problematik, ob die Veranstaltung von Rundfunk grundrechtlichen Schutz genießt. Dieser Fragenkomplex ist, auch wenn er durch die Mitte der 80er Jahre begonnene Etablierung privaten Rundfunks an Brisanz verloren hat, schon deshalb heute noch aktuell, weil sich daraus Folgen für die Anwendung und Auslegung der Zulassungsvorschriften ergeben.

Die Frage nach der Existenz eines Veranstaltergrundrechts ist aber auch im Hinblick auf die Einführung neuer Formen der Rundfunkveranstaltung von großer Bedeutung. Von ihrer Beantwortung ist abhängig, ob der Staat überhaupt verpflichtet ist, neu entwickelte Rundfunkformen und -techniken zu gestatten. In diesem Zusammenhang kann die unterschiedliche Weite des verfassungsrechtlichen und der landesgesetzlichen Rundfunkbegriffe[6] relevant werden. Der Staat könnte im Falle eines Grundrechtsschutzes verpflichtet sein, neue Rundfunkformen zu gestatten, die vom Rundfunkstaatsvertrag und den Rundfunk- und Mediengesetzen nicht erfaßt werden, für die also keinesfalls ein einfachgesetzlicher Anspruch besteht. Bedeutsam ist die Problematik darüber hinaus für die Frage, von welchen Voraussetzungen die Erteilung einer Zulassung abhängig gemacht werden kann. Die Anforderungen der Rundfunk- und Mediengesetze und des Rundfunkstaatsvertrags könnten auf den Prüfstand subjektivrechtlicher Gehalte der Grundrechte geraten. Insofern kommt dem Bestand und der Reichweite grundrechtlicher Veranstaltungsrechte maßgeblicher Einfluß auf die Regelungsmöglichkeiten der Rundfunkgesetzgeber zu. Gegebenenfalls müßte jede Beschränkung der Rundfunktätigkeit vor dem Grundrecht auf Rundfunkveranstaltung gerechtfertigt werden, wobei strengere Maßstäbe anzulegen

---

5 Beschluß vom 20. Februar 1998, ZUM 1998, 306, 310. Näher zur Bedeutung der Entscheidung unten, Teil 2 C. I. 2. und C. II. 3. b).

6 Vgl. dazu nur *Jarass*, AfP 1998, 133.

sein könnten als die, die im Rahmen der herkömmlichen Ausgestaltungsdogmatik anzuwenden sind.

Einer eingehenderen Betrachtung sollen daher auch die bundesverfassungsgerichtliche Ausgestaltungsrechtsprechung und die Schranken der einzelnen Berechtigungen unterzogen werden, denn der wahre Wert eines Grundrechts auf Rundfunkveranstaltung zeigt sich erst, wenn klar ist, welche Beschränkungen eines solchen prinzipiellen Rechts hingenommen werden müssen.

Bei der Lektüre der vorhandenen wissenschaftlichen Untersuchungen der Rechtsposition privater Rundfunkveranstalter, insbesondere bei solchen älteren Datums, fällt auf, daß sie sich häufig auf eine isolierte Betrachtung der Grundrechte des Grundgesetzes beschränken. Die Einwirkungen europarechtlicher Vorgaben auf den Rundfunk werden dagegen ganz überwiegend in anderem Zusammenhang untersucht, zum Beispiel bezogen auf die Weiterverbreitung ausländischer Programme. Im Rahmen der heute unverzichtbaren europarechtlichen Betrachtung mag aber die jüngere Rechtsprechung des Gerichtshofs der Europäischen Gemeinschaften und des Europäischen Gerichtshofs für Menschenrechte zu neuen Erkenntnissen leiten. In diesem Kontext wird versucht werden, gemeinsame Strukturen grundgesetzlicher und europarechtlicher Berechtigungen herauszuarbeiten. Vertieft eingegangen wird auch dabei auf die Beschränkungsmöglichkeiten der Gesetzgeber.

Neben den Rechten auf eigenverantwortliche Rundfunkveranstaltung wird schließlich die Frage nach etwaigen Leistungsansprüchen der Rundfunkveranstalter eine gewichtige Rolle spielen. Die zum 1. Januar 1998 abgeschlossene Liberalisierung des Telekommunikationsmarktes und die Privatisierung der *Deutschen Telekom AG* könnten rechtlich relevante Auswirkungen auf die Zuteilung und Vergabe von rundfunktauglichen Übertragungskapazitäten haben.

Die Untersuchung beginnt im ersten Teil mit einer Darstellung des Zulassungssystems, die den Rahmen der weiteren Untersuchung absteckt. Wegen der zwischen grundrechtlichen Vorgaben und den Vorschriften der Rundfunk- und Mediengesetze bestehenden Wechselbezüglichkeit erfordert eine praxisnahe Analyse der subjektiven Rechte die Kenntnis des Ablaufs des Zulassungsverfahrens und der Zulassungsvoraussetzungen.

Um das geltende Zulassungsregime in seiner Komplexität erfassen zu können, wird darüber hinaus ein Überblick gegeben über die einschlägige Rechtsprechung des Bundesverfassungsgerichts, die das gegenwärtige Regelungskonzept in erheblichem Maße geprägt hat. Schließlich wird am Ende des ersten Teils eine allgemeine Systematik subjektiver Rechte vorgeschlagen, die für die nachfolgende Analyse einzelner Berechtigungen hilfreich erscheint.

Innerhalb der Darstellung des Zulassungssystems der Rundfunk- und Mediengesetze wird sich zeigen, daß zwei Grundarten von Zulassungen zu unterscheiden sind. Am deutlichsten zeigt sich der Unterschied darin, ob der Zulassung die Ausschreibung einer anschließend zuzuteilenden technischen Übertragungsmöglichkeit vorausgeht. Ausgehend von dieser Unterscheidung befaßt sich Teil 2 der Untersuchung mit den Veranstaltungsrechten der Bewerber, die eine von einer Ausschreibung unabhängige Zulassung erstreben. Hier wird den bereits angesprochenen originären Rechten auf Rundfunkveranstaltung nachgegangen.

Im dritten Teil werden demgegenüber Berechtigungen im Zusammenhang mit der Erteilung von solchen Zulassungen betrachtet, die im Wege einer Ausschreibung vergeben werden. Dabei wird der Frage nach der Anerkennung grundrechtlicher Leistungsansprüche auf die Überlassung von Übertragungsmöglichkeiten maßgebliche Bedeutung zukommen. Schließlich ist auf eine Thematik einzugehen, für die häufig das Stichwort „Recht auf chancengleichen Zugang" verwendet wird.

TEIL 1 DAS RUNDFUNKRECHTLICHE ZULASSUNGSSYSTEM UND DIE BEDEUTUNG SUBJEKTIVER VERANSTALTERRECHTE

A. Das Zulassungssystem der Rundfunk- und Mediengesetze

I. Einleitung

Nach § 20 Abs. 1 des Rundfunkstaatsvertrags (RStV)[7] bedürfen private Rundfunkveranstalter einer Zulassung nach Landesrecht. Entsprechende Erlaubnisvorbehalte enthalten die Rundfunk- und Mediengesetze der Länder. Neben der laufenden Kontrolle[8] zugelassener Veranstalter bildet das Verfahren der Erteilung rundfunkrechtlicher Zulassungen eine der beiden Phasen der Aufsicht über privaten Rundfunk in Deutschland.

Die staatsvertraglichen Grundlagen der Privatfunkaufsicht sind durch den Dritten Rundfunkänderungsstaatsvertrag zum 1.1.1997[9] zu weiten Teilen neu gefaßt worden. Der organisatorischen Ausgestaltung der Aufsicht über privaten Rundfunk ist nunmehr - unter Einbeziehung der Frage der Finanzierung besonderer Aufgaben - ein eigener Unterabschnitt gewidmet (§§ 35ff. Rundfunkstaatsvertrag). Gleichwohl ist die Grundstruktur des Aufsichtssystems unverändert geblieben. Insbesondere die Unterscheidung zwischen der Kontrolle im Rahmen des Zulassungsverfahrens und der laufenden Kontrolle ist beibehalten und noch klarer ersichtlich geworden. Eine erhebliche Aufwertung hat die Konzentrationskontrolle zur Sicherung der Meinungsvielfalt erfahren. Sie wird jetzt noch

---

7 Zuletzt geändert durch den Dritten Staatsvertrag zur Änderung rundfunkrechtlicher Staatsverträge (Dritter Rundfunkänderungsstaatsvertrag); Zustimmungsgesetze z.B. GVBl. Rheinland-Pfalz 1996, S. 431; GVBl. Nordrhein-Westfalen 1996, S. 484; Bayerisches GVBl. 1996, S. 480. Nachdem sich in der Vergangenheit ein Sammelsurium von Abkürzungen im Umlauf befand, sollte nunmehr einheitlich die durch Art. 1 Nr. 1 des Dritten Rundfunkänderungsstaatsvertrags eingeführte Abkürzung verwendet werden.

8 Der synonym gebrauchte Begriff „Programmkontolle“ (Vgl. z.B. *Wagner*, Die Landesmedienanstalten, S. 157; *Herrmann,* Rundfunkrecht, § 17 Rn. 65) trifft die Problematik nur unvollkommen, da neben der Kontrolle der Programmvorschriften zunehmend auch der Überwachung der Beteiligungsverhältnisse nach § 29 RStV praktische Bedeutung zukommt. Daher wird hier die auch vom BVerfG (z.B. in BVerfGE 57, 295, 333; 83, 238, 316) gewählte - wenn auch weniger anschauliche - Bezeichnung der „laufenden Kontrolle“ verwendet. Ebenso zutreffend kann man mit *Hesse*, Rundfunkrecht, S. 175 und *Bumke*, Landesmedienanstalten, S. 378 von „repressiver (Veranstaltungs-) Kontrolle“ sprechen.

9 Seine Endfassung hat der Vertragsentwurf durch Beschluß der Ministerpräsidenten vom 19.8.1996 erhalten; zu amtlichen Fundstellen vgl. Fn. 7.

deutlicher von der Kontrolle der Einhaltung sonstiger Anforderungen unterschieden[10]. Dennoch handelt es sich dabei nach wie vor nur um einen unselbständigen Bestandteil der beiden genannten Aufsichtsphasen, denn die Vorschriften zur Sicherung der Meinungsvielfalt bilden nur ein Element der sowohl bei der Zulassungserteilung als auch bei der laufenden Aufsicht anzuwendenden Kontrollmaßstäbe[11]. Die von dem Staatsvertrag vorgegebene zweiphasige Grundstruktur der Privatfunkaufsicht liegt durchgängig auch den Aufsichtssystemen der einzelnen Rundfunk- und Mediengesetze zugrunde[12]. Die vorliegende Untersuchung befaßt sich ausschließlich mit der Phase der Zulassungserteilung[13].

Was die Rechtsgrundlagen des Zulassungssystems betrifft, ist zunächst auf die Neufestlegung des Anwendungsbereichs in § 39 RStV hinzuweisen. Danach sind die Vorschriften zur Privatfunkaufsicht ausdrücklich nur noch auf bundesweit verbreitetes Fernsehen anwendbar. Mit Ausnahme der Regelung der Zulassungspflichtigkeit (§ 20 RStV) kommen damit für andere Rundfunkveranstaltungen nur die Rundfunk- und Mediengesetze der einzelnen Länder zur Anwendung. Vor dem Inkrafttreten des Dritten Rundfunkänderungsstaatsvertrags waren einige Vorschriften des Staatsvertrags - beispielsweise die Abstimmungsregelung in § 30 RStV a.F.[14] - auch auf andere Rundfunkveranstaltungen als bundesweites Fernsehen anzuwenden.

II. Die Vorgaben des Bundesverfassungsgerichts zur Privatfunkaufsicht

1. Grundlegung im ersten Rundfunkurteil

Den Grundstein für das verfassungsrechtliche Fundament der Aufsicht über den privaten Rundfunk hat das Bundesverfassungsgericht bereits in seinem soge-

---

10 Im Bereich der Zuständigkeiten und der Organisation der Konzentrationskontrolle wurde eine spezielle Vorschrift geschaffen (§ 35). Der frühere § 30 erfaßte dagegen sämtliche Kontrollmaterien.

11 Deutlich § 35 Abs. 1 RStV: Überprüfung „vor und nach der Zulassung".

12 Trotz der landesverfassungsrechtlich determinierten Sondersituation im Kern auch in Bayern.

13 Zur Struktur und zu den Instrumenten der laufenden Kontrolle vgl. *Vahrenhold*, Privatrundfunkaufsicht, S. 105ff.; *Wagner*, Die Landesmedienanstalten, S. 219ff.

14 Vgl. nur *Hartstein/Ring/Kreile/Dörr/Stettner*, Rundfunkstaatsvertrag, § 30 Rdnr. 6; nach der Neuregelung des § 39 S. 3 RStV sind die Entscheidungen der KEK und der KDLM aber auch bei der Zuweisung von Übertragungskapazitäten nach Landesrecht zu berücksichtigen.

nannten *ersten Rundfunkurteil*[15] gelegt. In diesem Verfahren, in dem zusammengefaßt über einen Normenkontrollantrag und einen Bund-Länder-Streit entschieden wurde, hatte sich das Gericht insbesondere mit der Frage auseinander zu setzen, ob die Gründung der *Deutschland-Fernsehen-GmbH* durch die Bundesregierung mit dem Grundgesetz vereinbar war. Zu dem Komplex der Privatfunkaufsicht findet sich die knappe Feststellung, die Veranstaltung von Rundfunk könne auch in privater Hand erfolgen, sofern eine „Staatsaufsicht ähnlich etwa der Banken- oder Versicherungsaufsicht" stattfindet[16]. Damit war einerseits klargestellt, daß es sich bei der Veranstaltung von Rundfunk nicht um eine originär öffentlich-rechtlichen Körperschaften zugewiesene Aufgabe handelte. Andererseits wurde vorweggenommen, daß eine Aufsichtsinstanz über die Einhaltung der sich aus Art. 5 GG ergebenden Anforderungen wachen muß. Zu weitergehenden Aussagen über die Struktur der Privatfunkaufsicht hatte das Bundesverfassungsgericht in dem Verfahren keine Veranlassung.

2. Konkretisierung im FRAG-Urteil

Eingehender mußte sich das Bundesverfassungsgericht mit der Struktur der Aufsicht über privaten Rundfunk erst 20 Jahre später in seinem sogenannten *FRAG*-Urteil[17] zum saarländischen Rundfunkgesetz auseinandersetzen. Im Rahmen einer konkreten Normenkontrolle war über die Verfassungsmäßigkeit der ersten landesgesetzlichen Grundlage für die Veranstaltung privaten Rundfunks zu entscheiden. Das Gericht leitete aus der Rundfunkfreiheit des Art. 5 Abs. 1 Satz 2 GG die Verpflichtung des Gesetzgebers ab, ein Regelungssystem zu schaffen, welches die Verwirklichung des allen Einzelberechtigungen des Art. 5 Abs. 1 GG übergeordneten Ziels gewährleistet: Die freie individuelle und öffentliche Meinungsbildung. Zur Sicherung der Meinungsvielfalt und einer umfassenden Information müsse eine „positive Ordnung" durch „materielle, organisatorische und Verfahrensregelungen" geschaffen werden[18]. Die „Normierung einer begrenzten Staatsaufsicht" sei unabdingbar[19], es bedürfe einer „laufenden Kontrolle"[20]. Erstmals nennt das Bundesverfassungsgericht die Not-

15 Urteil vom 28.2.1961, BVerfGE 12, 205; auch als „(erstes) Fernsehurteil" bezeichnet.

16 BVerfGE 12, 205, 262.

17 Urteil vom 16. Juni 1981, BVerfGE 57, 295, auch als „drittes Rundfunkurteil" bezeichnet.

18 BVerfGE 57, 295, 320.

19 BVerfGE 57, 295, 326.

20 BVerfGE 57, 295, 333. Mit der schon zuvor geforderten „ begrenzten Staatsaufsicht" (S. 326 und BVerfGE 205, 262) meint das Bundesverfassungsgericht offensichtlich nur die laufende Kontrolle. Dieser Schluß ergibt sich aus den Formulierungen des Gerichts und dem Umstand, daß die „Staatsaufsicht" und das Erlaubnisverfahren unter zwei getrenn-

wendigkeit der Durchführung eines „Erlaubnisverfahrens“[21]. Bestandteil der vom Gesetzgeber zu schaffenden positiven Ordnung müßten schließlich auch Regeln über die Auswahl der Bewerber im Falle nicht ausreichender Übertragungskapazitäten sein[22]. Um den Anforderungen des Gleicheitssatzes gerecht zu werden, müsse der Gesetzgeber ein rechtsstaatliches Verfahren bereitstellen und Auswahlgrundsätze festlegen, die eine gleiche Chance der Bewerber gewährleisten. Keinesfalls dürfe die Auswahl dem freien Spiel der Kräfte überlassen werden. Ebensowenig sei eine Entscheidung nach dem „ungebundenen“ Ermessen der Exekutive zulässig.

Mit den Feststellungen des *FRAG*-Urteils war der äußere Organisationsrahmen der Privatfunkaufsicht, wie er in die nachfolgend geschaffenen Rundfunkgesetze Eingang gefunden hat, vorgezeichnet. Gleichzeitig wurden aber auch bereits die Grenzen eines solchen Kontrollsystems gezogen: Prüfungsmaßstab dürfen neben allgemeinen Voraussetzungen wie die der Geschäftsfähigkeit und der Zuverlässigkeit des Antragstellers nur solche Anforderungen sein, die der Gewährleistung der Rundfunkfreiheit dienen[23]. Darüber hinaus stellt das Bundesverfassungsgericht klar, daß sich die staatliche Kontrolle auf eine Rechtsaufsicht beschränken muß[24]. Unbeantwortet blieb dagegen die Frage, welche Folgerungen sich für die Organisationsform der Aufsichtsinstanzen aus dem in seiner Kernaussage schon im ersten Rundfunkurteil statuierten Gebot der Staatsfreiheit des Rundfunks[25] ergeben.

3. Weiterentwicklung im Niedersachsen-Urteil

Zur näheren Ausgestaltung der Aufsicht über privaten Rundfunk hat das Bundesverfassungsgericht fünf Jahre später im sogenannten *Niedersachsen*-Urteil

---

ten aber gleichrangigen Gliederungspunkten behandelt werden: Nach der Forderung einer Staatsaufsicht unter „e)“ heißt es unter „d)“: „Schließlich ist bei jeder Form der gesetzlichen Ordnung des Rundfunks eine vorherige Prüfung unverzichtbar...“, a.a.O. S. 326. Dementgegen wird der Begriff „Aufsicht“ in der vorliegenden Untersuchung als Oberbegriff der beiden Kontrollphasen verwendet.

21 BVerfGE 57, 295, 326.

22 BVerfGE 57, 295, 327.

23 BVerfGE 57, 295, 326.

24 BVerfGE 57, 295, 334; später (in BVerfGE 73, 118, 166) hat das BVerfG ergänzt, daß es sich bei dem Aufsichtssystem nicht um eine verbotene Zensur im Sinne des Art. 5 Abs. 1 Satz 3 GG handelt; eingehend zur Rechtsaufsicht: *Ricker/Schiwy*, Rundfunkverfassungsrecht, Kap. D Rn. 12ff.

25 Vgl. dazu umfassend: *Gersdorf*, Staatsfreiheit, S. 58ff.; *Stender-Vorwachs*, Staatsferne und Gruppenferne, S. 136ff.; *Ricker/Schiwy*, Rundfunkverfassungsrecht, Kap. D.

vom 4. November 1986[26] Stellung genommen. In diesem Verfahren hatte das Gericht über eine abstrakte Normenkontrolle gegen das Niedersächsische Landesrundfunkgesetz vom 23. Mai 1984 zu entscheiden, das unter anderem wegen der darin enthaltenen weitreichenden Befugnisse der staatlichen Aufsichtsinstanzen auf Kritik gestoßen war.

Das Verfassungsgericht postuliert nunmehr die Einrichtung staatsunabhängiger, rechtlich verselbständigter Kontrollinstanzen[27]. Anders als gewichtige Auffassungen im Schrifttum[28] hat das Bundesverfassungsgericht jedoch nicht den vollständigen Ausschluß staatlicher Stellen aus dem Kontrollverfahren gefordert, um dem Grundsatz der Staatsferne gerecht zu werden[29]. Im *Niedersachsen*-Urteil hat es das Modell der vollständigen Ausgliederung der Kontrollinstanzen aus der unmittelbaren Staatsverwaltung lediglich als tauglich erachtet, um die aus Art. 5 Abs. 1 S. 2 GG folgenden Anforderungen zu erfüllen. Ausgeschlossen hat das Bundesverfassungsgericht im Falle einer Zuständigkeit staatlicher Stellen lediglich die Einräumung von Handlungs- und Wertungsspielräumen. Ausdrücklich zugelassen wurde dagegen eine Prüfungskompetenz staatlicher Behörden bezüglich der wirtschaftlichen Verhältnisse der Antragsteller[30]. Eine solche Zuständigkeit stößt jedoch vor dem Hintergrund der im 8. Rundfunkurteil[31] zur Finanzierung des Rundfunks aufgestellten Grundsätze auf Bedenken[32].

4. Ausblick

Das vom Bundesverfassungsgericht im *FRAG*-Urteil geforderte zweiphasige Aufsichtssystem ist bis heute Grundlage der Rundfunkgesetze und liegt im Kern unverändert auch dem Dritten Rundfunkänderungsstaatsvertrag zugrunde. Es bleibt abzuwarten, ob sich Liberalisierungstendenzen, die durch die zunehmende Konvergenz von Rundfunk und Telekommunikation aufgekommen sind, durchsetzen werden. Dies könnte etwa in Anlehnung an die weniger strenge

---

26 BVerfGE 73, 118, auch als „viertes Rundfunkurteil" bezeichnet.

27 BVerfGE 73, 118, 164f.; vgl. hierzu kritisch: *Gersdorf*, Staatsfreiheit, S. 30ff.

28 *Bullinger*, VBlBW 1983, 57, 60; *Ricker*, Privatrundfunkgesetze, S. 68; *Stender-Vorwachs*, Staatsferne und Gruppenferne, S. 163; *Wagner*, Die Landesmedienanstalten, S. 96; differenzierend: *Bumke*, Landesmedienanstalten, S. 177f.

29 Vgl. BVerfGE 73, 118, 183: „...kann es nicht schlechthin beanstandet werden, daß das Landesrundfunkgesetz die Erteilung der Erlaubnis einer staatlichen Behörde überträgt...". Bezweifelt wird lediglich die „sachliche Notwendigkeit" einer solchen - von den übrigen Rundfunk- und Mediengesetzen abweichenden - Ausgestaltung.

30 BVerfGE 73, 118, 185f.

31 BVerfGE 90, 60.

32 Vgl. *Ricker/Schiwy*, Rundfunkverfassungsrecht, Kap. D Rn. 41.

Bindung der neuen Dienste nach dem Staatsvertrag über Mediendienste erfolgen. So wird beispielsweise vorgeschlagen, die Zulassungspflicht durch eine qualifizierte Anzeigepflicht zu ersetzen[33]. Letztlich dürfte die Zukunft der Rundfunkaufsicht entscheidend von der Entwicklung im Bereich der Digitalisierung und Datenkompression beeinflußt werden. Bedingt durch die damit mögliche Vervielfachung der Übertragungskapazitäten und Programme sowie das Verschwimmen der Grenzen zu anderen elektronischen Medien, befindet sich die Rundfunkordnung insgesamt bereits in einer Umbruchphase. Gravierende Systemänderungen enthalten etwa die für den vierten Rundfunkänderungsstaatsvertrag vorgeschlagenen „must-carry/non-must-carry"-Regelungen für die Belegung digitalisierter Kabelnetze[34]. Diese Vorschläge belegen eine Tendenz, den Betreibern der Übertragungswege Entscheidungskompetenzen einzuräumen - zumindest was die Auswahl bei Kapazitätsengpässen betrifft[35].

III. Die Zulassung zur Rundfunkveranstaltung

1. Zulassungspflicht

Nach § 20 Abs. 1 RStV bedarf die Veranstaltung privaten Rundfunks der vorherigen Zulassung. Entsprechende Erlaubnisvorbehalte finden sich in allen Rundfunk- und Mediengesetzen. § 20 Abs. 3 Satz 3 RStV gestattet den Landesgesetzgebern, Ausnahmetatbestände von der Zulassungspflicht für Rundfunkveranstaltungen mit nur sehr beschränkter Reichweite zu normieren[36]. Diese Freistellung beruht auf der Annahme, daß es sich dann regelmäßig um nur sehr

---

33 So der Direktor der Landeszentrale für private Rundfunkveranstalter Rheinland-Pfalz, *Reiner Hochstein* in dem am 28.7.1997 vor dem Wirtschaftsbeirat der Union e.V. in München gehaltenen Vortrag.

34 Vgl. § 52 Abs. 2 des Entwurfes vom 16.1.1998 und zum Stand der Verhandlungen: epd medien Nr. 44 vom 10.6.1998, S. 15.

35 Dafür nachdrücklich *Mette*, ArchivPT 1998, 40ff.

36 Entsprechende Regelungen dieses sogenannten „Bagatellrundfunks" finden sich beispielsweise in § 5 Abs. 4 RhPfLRG, wonach etwa die Verbreitung von Sendungen in einer Kabelanlage mit bis zu 100 angeschlossenen Wohneinheiten von der Zulas-sungspflicht ausgenommen ist. Die demgegenüber erhebliche Erweiterung auf bis zu 699 Wohneinheiten nach § 1 Abs. 2 des SächsPRG in der Fassung vom 27.6.1991 ist vom Sächsischen Verfassungsgerichtshof als mit der Rundfunkfreiheit unvereinbar und deshalb nichtig erklärt worden (Vgl. Urteil vom 10.7.1997, NVwZ-RR 1998, 345, 348ff.). In der daraufhin ergangenen Neufassung des Gesetzes vom 17.3.1998 (SächsGVBl. vom 31.3.1998) ist die Obergrenze nunmehr ebenfalls auf 100 Wohneinheiten abgesenkt worden. Diese Ausnahmeregelungen beziehen sich allerdings auf sämtliche Vorschriften des Rundfunkgesetzes nicht lediglich auf die Zulassungspflicht.

begrenzt meinungsrelevante Veranstaltungen handelt[37]. Unter die Ausnahmeregelungen fallen in der Praxis beispielsweise Sendungen in Krankenhäusern, Kaufhäusern und Messehallen.

2. Terminologie der Rundfunkgesetze

Während in § 20 des Rundfunkstaatsvertrags der Begriff „Zulassung“ verwendet wird, ist die Terminologie in den Medien- und Rundfunkgesetzen der Länder uneinheitlich. Teilweise wurde statt dessen der Begriff „Erlaubnis“ gewählt[38]. Das saarländische Landesrundfunkgesetz fordert in Art. 48 eine „Konzession“. Diese Bezeichnung erscheint zumindest dann treffend, wenn neben der bloßen Duldung der Rundfunkveranstaltung eine zuvor von den Landesmedienanstalten ausgeschriebene Übertragungsmöglichkeit vergeben wird[39]. Unterschiede in der Sache ergeben sich aus den terminologischen Differenzen nicht[40].

3. Arten und Regelungsgehalt der Zulassung

a) Unterscheidung nach der Übertragungstechnik

Unterschiedliche Arten von Zulassungen bestehen zunächst in Abhängigkeit von der jeweiligen Übertragungsart, denn nach den Rundfunk- und Mediengesetzen zählt die Angabe der Übertragungswege zum notwendigen Inhalt der Erlaubnis[41]. Eine Zulassung kann für jede Verbreitungsart erteilt werden. Neben der Zulassung für terrestrischen Rundfunk und die Satellitenverbreitung kommt auch eine Lizenzierung für Breitbandkabelnetze in Betracht. Wichtig ist diesbe-

---

[37] *Hoffmann-Riem/Schulz*, Hamburgisches Medienrecht, S. 67.

[38] § 28 BerlBrandStV; § 5 NdsLRG; § 5 RhPfLRG; § 4 SachsAnhPRG; § 8 RGMV.

[39] Anders dagegen *Fehling*, Die Konkurrentenklage, S. 46; zu der notwendigen Unterscheidung der Arten von Zulassungen näher unten, Teil 1 A. III. 3. b).

[40] *Wagner*, Die Landesmedienanstalten, S. 176; *Fehling*, Die Konkurrentenklage, S. 46; auch in Bayern wird nach der Novelle des BayMG vom 27. Dezember 1997 die Verbreitung eines Programms seit dem 1.1.1999 unmittelbar durch die Landeszentrale genehmigt. Für Versuchszulassungen nach § 35a BayMG gilt diese Praxis bereits seit dem 1.1.1998. Die vormalige Zwischenschaltung der Medienbetriebsgesellschaften ist damit weggefallen.

[41] Z.B. § 13 Nr. 13 RhPfLRG; § 8 Abs. 2 S. 1 LRG NW; § 11 Abs. 1 NdsLRG.

züglich die Unterscheidung zwischen einer auf die Kabelverbreitung bezogenen Zulassung und dem Tatbestand der Weiterverbreitung im Sinne des § 52 RStV, der in den Rundfunk- und Mediengesetzen in besonderen Vorschriften geregelt ist. Eine „Weiterverbreitung“ kommt allein bei solchen Programmen in Betracht, für die bereits eine Zulassung vorliegt. Hier wird nicht eine erstmalige Genehmigung eines Programms, sondern die Nutzung einer weiteren Übertragungsmöglichkeit erstrebt[42]. Der Veranstalter verfügt bereits über eine Zulassung einer Landesmedienanstalt oder eines Mitgliedstaats der Europäischen Union, allerdings für ein anderes Verbreitungsgebiet. Gleichwohl kann eine (Erst-)Zulassung auch für die Übertragung per Breitbandkabel erteilt werden[43]. Dann wird erst mit der Einspeisung in weitere Kabelnetze der Tatbestand der Weiterverbreitung erfüllt.

b) Gestattungs- und Gewährungszulassung

aa) Die Gewährungszulassung

Die Rundfunk- und Mediengesetze verpflichten die Landesmedienanstalten, die ihnen zur Verfügung stehenden Übertragungskapazitäten zur Vergabe auszuschreiben und bei mehreren Anträgen unter den zulassungsfähigen Bewerbern eine Auswahl zu treffen[44]. Durch das Ausschreibungs- und Vergabeverfahren unterscheidet sich diese Lizenzierung maßgeblich von der Genehmigungserteilung in anderen Bereichen des Verwaltungsrechts, wie etwa der Erteilung einer Gaststättenerlaubnis oder einer immissionsschutzrechtlichen Genehmigung. Der Grund dafür liegt in der nach wie vor bestehenden Knappheit an rundfunktauglichen Übertragungsmöglichkeiten. Diese Engpaßsituation fordert den Staat als Verteilstelle. Hinzu kommt die verfassungsrechtliche Vorgabe eines pluralistischen Rundfunkwesens, die schon im Rahmen der Zulassung zu berücksichtigen ist[45].

Aus der Zulassungserteilung im Wege eines Ausschreibungsverfahrens ergibt sich zwangsläufig, daß neben der bloßen Gestattung der Programmveranstal-

---

42 *Hartstein/Ring/Kreile/Dörr/Stettner*, Kommentar zum RStV, § 52 Rn. 12f.; *Stettner*, Der Kabelengpaß, S.16f.

43 Eine solche „Kabelzulassung“ hatte beispielsweise das Programm *Kabel 1* erhalten. Mittlerweile wird das Programm aber auch über Satellit aufgrund einer dafür erteilten Zulassung ausgestrahlt.

44 Vgl. z.B. § 5 Abs. 2 und § 12 RhPfLRG; § 22 Abs. 2 und § 27 HambMedienG; § 6 und § 9 NdsLRG; § 5 Abs. 2 und § 9 HPRG; § 5 Abs. 2 und § 10 SächsPRG.

45 Vgl. dazu schon oben II. 2.

tung auch der Zugang zu einer bestimmten tatsächlichen Übertragungsmöglichkeit eröffnet wird, denn eine Ausschreibung findet ausschließlich bezogen auf eine bereits verfügbare Kapazität statt.

Die zu vergebende Übertragungsmöglichkeit wird in der Praxis ganz überwiegend von der *Deutschen Telekom AG* bereitgestellt[46], die trotz der Aufhebung des Fernmeldemonopols durch das Telekommunikationsgesetz im Bereich der rundfunktauglichen Übertragungswege derzeit noch über eine marktbeherrschende Stellung verfügt. Die *Telekom AG* darf ihre Sendekapazitäten aufgrund des Genehmigungsvorbehalts der Rundfunk- und Mediengesetze aber nicht eigenmächtig zur Verbreitung eines Rundfunkprogrammes verwenden. Vielmehr ist sie verpflichtet, die in der Zulassung enthaltene Zuteilungsentscheidung der Landesmedienanstalten fernmeldetechnisch umzusetzen[47]. Jedenfalls wenn die Ausschreibung einer Übertragungskapazität durch die Landesmedienanstalt einvernehmlich mit dem Betreiber der dafür notwendigen Infrastruktur erfolgt ist[48], ist dieser verpflichtet, die Vergabeentscheidung der Landesmedienanstalt in technischer Hinsicht zu vollziehen. Die Bindung des Betreibers der Sendeanlagen an die Entscheidung der Landesmedienanstalten ergibt sich zum einen aus dem Regelungsprinzip der Rundfunk- und Mediengesetze, nach denen allein die Landesmedienanstalten über die Zuteilung von Übertragungskapazitäten zum Zwecke der Rundfunkveranstaltung entscheiden und zum anderen aus der dienenden Funktion des Fernmeldewesens gegenüber dem Rundfunk[49]. Verbliebe dem Inhaber der Übertragungskapazität nach Abschluß des Ausschreibungsverfahrens ein Entscheidungsspielraum, ob er die Nutzung der Kapazität entsprechend der Zuteilung durch die Landesmedienanstalt ermöglicht, würde das gesetzlich verankerte Vergabesystem konterkariert. In gleicher Weise wie im Rahmen einer Rangfolgeentscheidung bei der Weiterverbreitung von Programmen in Kabelnetzen ist der Netzbetreiber gehindert, die Kapazitäten in anderer

46 Ausdrücklich normiert ist diese Praxis in § 2 SachsAnhPRG.

47 *Eberle*, Rundfunkübertragung, S. 112; vgl. auch *Engels*, ZUM 1997, 106, 108.

48 Überwiegend erfolgt die Ausschreibung nach konkreten Absprachen zwischen der zuständigen Landesmedienanstalt und der *Deutschen Telekom AG*. Vereinzelt kommt es aber zu Streitigkeiten über die Freigabe von Übertragungsmöglichkeiten; so etwa zwischen der Medienanstalt Berlin-Brandenburg und der *Telekom* über die Nutzung von weiteren Kabelkanälen zur Rundfunkverbreitung, vgl. VG Berlin, AfP 1997, 959.

49 Daß auch der für die Telekommunikation zuständige Bundesgesetzgeber die dienende Funktion des Fernmelderechts gegenüber der Rundfunkhoheit der Länder anerkannt hat, zeigt sich etwa in § 47 Abs. 3 des Telekommunikationsgesetzes (TKG), wonach eine Zuteilung von Frequenzen zur Übertragung von Rundfunkprogrammen voraussetzt, daß eine medienrechtlichen Genehmigung der Landesbehörden vorliegt.

Weise zu vergeben[50]. Die Auswahlentscheidung gewährt dem erfolgreichen Bewerber einen Anspruch gegen den Betreiber der Übertragungskapazität auf Abschluß eines zivilrechtlichen Signalübertragungsvertrags[51]. Die erforderliche Einigung über die konkreten Konditionen und die Vergütung erweist sich in der Praxis als wenig problematisch, einmal weil gerade im Bereich der Telekom AG einheitliche Entgeltstrukturen bestehen und zum zweiten weil beide Parteien von einer Einigung abhängig sind, denn der Betreiber kann die Übertragungskapazität nicht anderweitig vergeben und der Rundfunkveranstalter ist zur Verbreitung seines Programms auf deren Nutzung angewiesen.

Im Falle der Zulassung eines drahtlos zu verbreitenden Programms, also bei Ausstrahlung über terrestrische Sender oder Direktsatellit, ist mit der Auswahlentscheidung zugunsten eines Bewerbers auch die Vorentscheidung über die Zuteilung einer Frequenz nach § 47 des Telekommunikationsgesetzes (TKG) gefallen, denn nach dessen Absatz 3 ist die Zuteilung von Rundfunkfrequenzen von dem Vorliegen der entsprechenden „medienrechtlichen Genehmigung" abhängig. Da nach Abschluß des rundfunkrechtlichen Auswahlverfahrens regelmäßig nur ein Bewerber die Zulassung für die jeweilige Übertragungsmöglichkeit erhält, kann auch die telekommunikationsrechtliche Zuweisung nur zugunsten des erfolgreichen Bewerbers oder eines mit diesem vertraglich verbundenen Sendernetzbetreibers ergehen. Der Veranstalter erhält damit aufgrund der rundfunkrechtlichen Zulassung gleichzeitig ein sondernutzungsähnliches Gebrauchsrecht an einer Frequenz und zwar unter Ausschluß anderer Veranstalter[52]. In diesem Vorteil liegt gleichfalls eine über die bloße Gestattung der Rundfunkveranstaltung hinausgehende Leistung der zulassenden Landesmedienanstalt[53].

---

50 Den mit der Widmung von Breitbandkabelnetzen zur Verbreitung von Rundfunk verbundenen Wegfall der Verfügungsbefugnis der *Deutschen Telekom AG* kritisiert *Mette*, ArchivPT 1998, 40, 42.

51 Zu dem entsprechenden Kontrahierungszwang der Kabelnetzbetreiber bei der Weiterverbreitung vgl. *Engel*, ZUM 1997, 479, 507f.

52 Der Luftraum, der bei der Ausstrahlung von Funkwellen in Anspruch genommen wird, zählt ebenso wie das Grundwasser zu den öffentlichen Sachen, vgl. nur *Pappermann/Löhr/Andriske*, Recht der öffentlichen Sachen, S. 8. Nicht anders als der Gebrauch der Gewässer zu wasserwirtschaftlichen Zwecken ist auch die Inanspruchnahme des Luftraums zu Zwecken der Telekommunikation als über den Gemeingebrauch hinausgehende Nutzung anzusehen.

53 Auch in grundrechtlicher Hinsicht weist die Nutzung einer Frequenz insofern Gemeinsamkeiten mit der privaten Nutzung des Grundwassers auf. Im Naßauskiesungsbeschluß (BVerfGE 58, 300, 346f.) hat das Bundesverfassungsgericht ausgeführt, daß diese Aktivität nicht zu den grundrechtlich gesicherten Befugnissen des Bürgers gehört.

Die Konsequenz des Auswahlverfahrens ist demnach, daß der Bewerber, der den Zuschlag erhält, damit nicht nur die bloße Gestattung seines Vorhabens, sondern gleichzeitig auch - und zwar unter Ausschluß der anderen Bewerber - die tatsächliche Nutzungsmöglichkeit der begehrten Übertragungskapazität erlangt. Durch die Erteilung einer derartigen Zulassung wird damit nicht nur eine eigenverantwortliche Tätigkeit gestattet, es wird zudem eine Leistung von wirtschaftlichem Wert erbracht. Der Bewerber erlangt den Zugang zu den technischen Mitteln, um sein Vorhaben zu verwirklichen - er erhält die Verbreitungsmöglichkeit seines Programms auch in tatsächlicher Hinsicht. Es wird nicht nur erlaubt zu senden, sondern es werden zudem wesentliche technische Voraussetzungen und Sendemittel vermittelt, wenn auch deren Nutzung dem Netzbetreiber zu vergüten ist.

Diese Art der Rundfunkzulassung, wie sie den Rundfunk- und Mediengesetzen zugrunde liegt, weist damit gegenüber der Mehrzahl anderer behördlicher Genehmigungen einen besonderen Charakter auf. Sie enthält zweierlei Regelungsgehalte: Zunächst wird die Rundfunkveranstaltung als solche gestattet, dies betrifft die eigenverantwortliche Programmproduktion und -verbreitung. Zweitens wird durch die verbindliche Zuweisung einer Übertragungsmöglichkeit der *Deutschen Telekom AG* oder eines anderen Betreibers von Sendeanlagen eine Leistung gewährt[54]. Im Falle drahtloser Verbreitung erhält der erfolgreiche Bewerber einen weiteren wirtschaftlichen Vorteil durch die Vorentscheidung über die telekommunikationsrechtliche Zuweisung einer Frequenz.

bb) Die Gestattungszulassung

Hält man sich die marktbeherrschende Stellung des luxemburgischen Satellitensystems *Astra* vor Augen, das gerade von deutschen Rundfunkveranstaltern aufgrund von Zulassungen der Landesmedienanstalten intensiv genutzt wird, fragt sich, wie dies mit der festgestellten Zulassungssystematik zu vereinbaren ist. Denn eine Ausschreibung und Zuweisung durch die Landesmedienanstalten kommt hier mangels einer Verfügungsbefugnis über die Sendeanlagen von vornherein nicht in Betracht[55]. Es handelt sich demnach um Zulassungen, mit

---

54 Um eine vergleichbare Leistungsgewährung handelt es sich beispielsweise dann, wenn die Zulassung zu einer öffentlichen Einrichtung erfolgt, innerhalb deren Benutzung der Staat zugunsten des Benutzers weitere Dienste (etwa Unterricht in einer Schule) erbringt, vgl. *Sachs*, in: Stern, Staatsrecht III/1, S. 704f.

55 Zu beachten ist allerdings, daß die Lizenzierung durch deutsche Behörden, trotz der Tatsache, daß es sich um eine einem anderen Staat zugeordnete Übertragungskapazität handelt, gemeinschaftsrechtlich zulässig und geboten ist. Nach Artikel 2 der Fernseh-

denen gerade keine konkrete Übertragungskapazität verbindlich zugeteilt wird, sondern durch die lediglich die Veranstaltung des Programms als solche gestattet wird - wenn auch unter Angabe eines bestimmten Verbreitungsmittels. Bei einer derartigen Zulassung fehlt der oben beschriebene besondere Zuweisungsgehalt.

Diese von der Grundsystematik der Medien- und Rundfunkgesetze abweichende Zulassungspraxis findet erstaunlicherweise nicht in allen Rundfunk- und Mediengesetzen eine normative Grundlage. Nur teilweise existieren dahingehende modifizierende Vorschriften. Soweit dies der Fall ist, sind die Normierungen häufig sehr versteckt vorgenommen. In den meisten Rundfunkgesetzen beziehen sich die abweichenden Regelungen ausdrücklich allein auf die Satellitenverbreitung. Die Sonderregelung besteht darin, daß die Vorschriften über die Notwendigkeit der Ausschreibung von Übertragungskapazitäten und die Auswahlregelungen dann für nicht anwendbar erklärt werden, wenn der Antragsteller über eine einem anderen Land oder Staat zugeordnete Satellitenkapazität verfügt[56]. Einige wenige Gesetze beziehen dabei auch andere Verbreitungsarten mit ein[57].

Auch wenn die Rundfunk- und Mediengesetze, die keine derartigen Regelungen vorsehen, insofern der technischen Entwicklung und der tatsächlichen Zulassungspraxis hinterherhinken, ist nach den vorstehenden Feststellungen in der Zusammenschau neben dem eingangs beschriebenen Grundtyp der Zulassung eine zweite Kategorie von Zulassungen auszumachen. Sie ist dadurch gekennzeichnet, daß sie sich auf den duldenden Gehalt beschränkt und kein Leistungselement enthält. Der Antragsteller verfügt bereits über eine Übertragungskapazität oder hat zumindest die Aussicht, ein Nutzungsrecht privatrechtlich zu erhalten. Es geht ihm überhaupt nicht darum, von der Landesmedienanstalt eine Übertragungsmöglichkeit zugewiesen zu bekommen.

---

richtlinie (Richtlinie 89/552/EWG des Rates vom 3. Oktober 1989 zur Koordinierung bestimmter Rechts- und Verwaltungsvorschriften der Mitgliedstaaten über die Ausübung der Fernsehtätigkeit, Abl. L 298 vom 17.10.1989, S. 23) obliegt die Rundfunkaufsicht nämlich grundsätzlich dem Staat, in dem der Veranstalter niedergelassen ist. Dies ist mit der Neufassung der Richtlinie vom 30. Juni 1997 eindeutig klargestellt, war aber auch nach der alten Fassung der Fall, wie der EuGH im Urteil vom 10.9.1996, Rs. C-222/94 (Broadcasting Act), Slg. 1996, I-4025 entschieden hat. Dieses Urteil hatte zu der Neufassung des Artikel 2 geführt, die allerdings sehr unübersichtlich ausgefallen ist.

56 § 26 Abs. 4 BerlBrandStV; § 22 Abs. 8 S. 2 HPRG; § 9 Abs. 5 SchlHolstRfG; § 8 Abs. 3 RGMV; § 4 Abs. 4 und § 8 Abs. 2 LRG NW.

57 § 12 Abs. 6 RhPfLRG; § 5 Abs. 2 SächsPRG.

Dabei handelt es sich um keine unbedeutende Unterscheidung, denn, dies wurde bereits dargelegt, es ergibt daraus ein völlig anderer Verfahrensablauf. Wie sich zeigen wird, kommt diesem Unterschied auch für die Bestimmung der subjektiven Rechte der Veranstalter maßgebliche Bedeutung zu. Um auch begrifflich Klarheit zu schaffen, wird in der vorliegenden Untersuchung der Grundtypus der Zulassung, der die Vergabe einer inländischen Übertragungskapazität enthält, als „Gewährungszulassung" bezeichnet, weil damit eine zusätzliche Leistung gewährt wird. Der Zulassung, die sich darauf beschränkt, eine Verbreitung über eine selbst akquirierte Übertragungsmöglichkeit, insbesondere einen ausländischen Satelliten, zu erlauben, wird der Terminus „Gestattungszulassung" zugeordnet.

IV. Das Zulassungsverfahren

1. Überblick

Nach der grundsteinlegenden Rechtsprechung des Bundesverfassungsgerichts im *FRAG*-Urteil[58] muß der Erteilung einer Rundfunkzulassung zwingend ein Prüfungsverfahren vorausgehen[59]. Der Rundfunkstaatsvertrag und die Rundfunk- und Mediengesetze unterscheiden zwischen einem normalen Zulassungsverfahren und einem vereinfachten Verfahren. Hinsichtlich des vereinfachten Verfahrens beschränkt sich der Rundfunkstaatsvertrag darauf, in § 20 Abs. 3 Satz 1 eine Grundlage für die Normierung durch die Rundfunk- und Mediengesetze zu geben, ohne jedoch die Länder zum Erlaß entsprechender Regelungen zu verpflichten.

Die folgende Darstellung geht - entsprechend der praktischen Bedeutung - von dem normalen Verfahren aus. Wie bereits ausgeführt wurde[60], ist innerhalb dieser Verfahrensart zwischen der Erteilung von Gestattungszulassungen und der Vergabe von Gewährungszulassungen zu unterscheiden. Da die letztgenannte Kategorie nach dem Konzept der Medien- und Rundfunkgesetze den Grundtypus darstellt, bildet sie den Ausgangspunkt der nachfolgenden Darstellung. Danach folgt das Verfahren der Erteilung von Gestattungszulassungen und abschließend werden die Besonderheiten des vereinfachten Verfahrens behandelt.

---

58 BVerfGE 57, 295, 326.

59 Vgl. oben II. 2.

60 Siehe oben III. 3. b).

2. Das Verfahren der Erteilung von Gewährungszulassungen

a) Zuständigkeit der Landesmedienanstalten

Zuständig für die Durchführung des Zulassungsverfahrens und die Zulassungserteilung sind nach allen Rundfunk- und Mediengesetzen die Landesmedienanstalten[61]. Diese insoweit einheitliche Organisationsstruktur geht auf die vom Bundesverfassungsgericht im *Niedersachsen*-Urteil[62] postulierte Staatsunabhängigkeit des Entscheidungsträgers im Zulassungsverfahren zurück. Erst durch den Dritten Rundfunkänderungsstaatsvertrag entstanden sind die Zuständigkeiten der neugeschaffenen Kommission zur Ermittlung der Konzentration im Medienbereich (KEK) und der Konferenz der Direktoren der Landesmedienanstalten (KDLM). Diese Gremien sind zuständig für die Prüfung der Anforderungen zur Sicherung der Meinungsvielfalt. Dabei handeln sie aber, wie § 35 Abs. 2 Satz 3 RStV bestimmt, als Organe der jeweils zuständigen Landesmedienanstalt[63].

b) Bereitstellung und Oberverteilung von Übertragungskapazitäten

Notwendige Vorstufe des Verfahrens der Vergabe einer Gewährungszulassung ist die technische und rechtliche Bereitstellung von Übertragungskapazitäten. Grundvoraussetzung, um eine Zulassung erteilen zu können, ist, daß die Landesmedienanstalt über eine freie, vergabefähige Übertragungsmöglichkeit verfügt. Vorher kann ein Zulassungsverfahren nicht durchgeführt werden. Hierin liegt ein bedeutsamer Unterschied zu der Erteilung einer Gestattungszulassung, denn dort hat sich der Antragsteller regelmäßig vorab das Nutzungsrecht an einer Übertragungskapazität gesichert.

Die technische Bereitstellung erfolgt ganz überwiegend durch die *Deutsche Telekom AG,* die trotz der vollendeten Liberalisierung des Telekommunikati-

---

61 Die Einrichtungen tragen in den Ländern zwar unterschiedliche Namen, in der Gesamtheit hat sich aber diese Bezeichnung durchgesetzt, vgl. nur die ausdrückliche Nennung in § 35 RStV. Zur Struktur, zum Status und zu den Aufgaben der Landesmedienanstalten vgl. die eingehenden Untersuchungen von *Wagner*, Die Landesmedienanstalten, und *Bumke*, Landesmedienanstalten.

62 BVerfGE 73, 118; vgl. oben II. 3.

63 Zu dieser Konstruktion näher unter e) cc) (2) (b).

onsrechts auf dem Gebiet der rundfunktauglichen Übertragungswege gegenwärtig eine Vormachtstellung einnimmt[64].

Soll das Programm über Funkfrequenzen verbreitet werden - also insbesondere im Falle klassischer, terrestrischer Ausstrahlung -, ist vor der rundfunkrechtlichen Vergabe die telekommunikationsrechtliche Frequenzordnung zu beachten. Innerhalb dieser erfolgt zunächst die Zuweisung der Frequenzen an die einzelnen Bundesländer nach den §§ 45 und 46 des Telekommunikationsgesetzes (TKG)[65]. Zuständig ist die Bundesregierung und die neugeschaffene Regulierungsbehörde für Telekommunikation und Post[66]. Die Grundlage für die Zuweisung bilden der Frequenzbereichszuweisungs- und der Frequenznutzungsplan. Die erforderliche Rechtsverordnung über den Frequenzbereichszuweisungsplan bedarf, soweit Frequenzen dem Rundfunk zugewiesen werden, nach § 45 Abs. 1 S. 2 TKG der Zustimmung des Bundesrates. Diese telekommunikationsrechtliche Frequenzplanung ist von der rundfunkrechtlichen Zuordnung der rundfunktauglichen Übertragungskapazitäten unbedingt zu unterscheiden[67]. Allein Sache der Länder ist es, nach Abschluß der Frequenzplanung durch die Regulierungsbehörde festzulegen, ob die zur Verfügung stehenden Kapazitäten den öffentlich-rechtlichen Anstalten oder dem privaten Rundfunksektor zugeteilt werden. Die rechtlichen Vorgaben für diese als „Oberverteilung" bezeichnete Zuweisung sind in den Ländern sehr unterschiedlich ausgestaltet. Überwiegend finden sich Regelungen in den Rundfunk- und Mediengesetzen[68], in Hamburg existiert dagegen ein eigenes Frequenzvergabegesetz[69]. Die in den Regelungen teilweise noch vorgesehenen Zuständigkeiten der Landesregierungen sind unter dem Gesichtspunkt des Gebots der Staatsferne verfassungsrechtlichen Bedenken ausgesetzt[70]. Weniger angreifbar ist insofern eine Zuständigkeit der Landesmedienanstalten[71]. Zunehmend haben sich in den Rundfunk- und Mediengesetzen Re-

---

64 Zu einem Streit über die technische Freigabe von Übertragungskapazitäten zwischen der Medienanstalt Berlin-Brandenburg und der *Deutschen Telekom AG* vgl. VG Berlin, AfP 1997, 959.

65 BGBl. I, S. 1120 vom 30.7.1996.

66 Vgl. dazu §§ 66ff. TKG.

67 Vgl. *Engels*, ZUM 1997, 106, 108.

68 Vgl. z.B. § 56 RhPfLRG; § 4 SächsPRG; § 3 LRG NW; vgl. dazu *Ricker/Schiwy*, Rundfunkverfassungsrecht, Kap. D Rn. 63ff.

69 Zur Rechtslage in Hamburg vgl. *Engels*, ZUM 1997, 106.

70 Vgl. dazu *Eberle*, Rundfunkübertragung, S. 93ff.; *Gersdorf*, Staatsfreiheit, S. 219ff., *Hoff-mann-Riem*, Rundfunkaufsicht, S. 73ff.; *Engels*, ZUM 1997, 106, 116f.; *Rikker/Schiwy*, Rundfunkverfassungsrecht, Kap. D Rn. 63ff. m.w.N.; vgl. auch BVerfGE 83, 238, 322ff.

71 Z.B. § 5 BadWürttMedG; § 5 RGMV; § 67 SaarLRG; § 4 BremLMG; § 2 SachsAnhPRG; hier bestehen jedoch wegen der Nähe zum privaten Rundfunk Bedenken hinsichtlich der Ausgewogenheit, vgl. etwa *Ricker/Schiwy*, Rundfunkverfassungsrecht, Kap. D Rn. 68 m.w.N.

gelungen durchgesetzt, die eine Kooperation von Landesrundfunkanstalt und Landesmedienanstalt vorsehen und auf eine einvernehmliche Regelung zielen[72]. Sachgerecht erscheinen auch die Regelungen, durch die Schiedsstellen mit der Suche nach einer einvernehmlichen Lösung betraut werden[73].

c) Ausschreibung der Übertragungskapazitäten

Die im Rahmen der Oberverteilung zur Vergabe an private Veranstalter vorgesehenen Übertragungskapazitäten werden von den Landesmedienanstalten ausgeschrieben[74]. In der Ausschreibung wird die Programmart und das jeweilige Verbreitungsgebiet angegeben. Überwiegend enthalten die Rundfunk- und Mediengesetze Vorgaben für die Dauer der Antragsfrist. Dabei beschränken sich die Regelungen darauf, eine Mindestdauer festzulegen, die ein bis drei Monate beträgt[75].

d) Antragstellung und Auskunftspflichten der Bewerber

Zulassungsanträge müssen schriftlich und innerhalb der in der Ausschreibung festgelegten Frist gestellt werden. Bereits mit dem Antrag wird regelmäßig ein Programmschema eingereicht[76], denn diese Aufstellung enthält einen wesentlichen Teil der Tatsachengrundlage für das anschließende Auswahlverfahren. Aus den darin enthaltenen Angaben über die Anteile der einzelnen Programmsparten läßt sich insbesondere das geplante Progammprofil und der anvisierte Rezipientenkreis entnehmen[77]. Nach den meisten Gesetzen ist daneben schon mit dem Zulassungsantrag ein Finanzplan vorzulegen[78]. Diese Verpflichtung soll den Landesmedienanstalten ermöglichen, zu prüfen, ob die Bewerber die

---

72 Z.B. § 56 RhPfLRG; Art. 37 BayMG; § 4 Abs. 3 SächsPRG; § 3 NdsLRG; § 3 LRG NW; § 3 HPRG.

73 Vgl. § 3 NdsLRG; § 56 RhPfLRG.

74 Vgl. z.B. § 5 Abs. 2 RhPfLRG; § 27 Abs. 1 BadWürttMedG; § 6 NdsLRG; § 4 Abs. 2, 3 LRG NW; § 5 TRG; dies gilt nach der jüngsten Novelle des BayMG auch für Bayern, vgl. oben, Fn. 40.

75 Vgl. zu den Modalitäten des Ausschreibungsverfahrens näher *Fehling*, Die Konkurrentenklage, S. 58ff.

76 Ausdrücklich wird dies als Bestandteil des Zulassungsantrags z.B. in § 6 Abs. 5 HPRG und in § 8 Abs. 5 Nr. 2 BremLMG genannt.

77 Vgl. *Wagner*, Die Landesmedienanstalten, S. 200f.

78 Vgl. z.B. § 16 Abs. 2 Nr. 2 SchlHolstRfG; § 10 Abs. 2 Nr. 3 NdsLRG; § 6 Abs. 5 HPRG; § 11 Abs. 1 RGMV.

Anforderungen an die wirtschaftliche Leistungsfähigkeit erfüllen. Auf dieser Grundlage kann kontrolliert werden, ob die jeweiligen Programmvorstellungen dem finanziellen Hintergrund der Bewerber entsprechen. Desweiteren sind die veranstalterinternen Kapital- und Stimmrechtsverhältnisse sowie die für Fragen der Sicherung der Meinungsvielfalt relevanten Beteiligungen an anderen Rundfunkunternehmen mitzuteilen[79].

Neben den genannten Vorlagepflichten sind in den Rundfunk- und Mediengesetzen auch allgemeine Mitwirkungspflichten der Antragsteller normiert[80]. Gerade im Bereich der Sachverhaltsermittlung durch die Landesmedienanstalten hat der Dritte Rundfunkänderungsstaatsvertrag bedeutende Neuregelungen gebracht. In § 21 RStV sind nunmehr erstmalig einheitliche Grundsätze für das Zulassungsverfahren festgelegt. Absatz 1 statuiert jetzt eine allgemeine Auskunfts- und Vorlagepflicht und Absatz 2 enthält einen - nicht abschließenden - Katalog mitteilungspflichtiger Umstände. Die genannten Materien korrespondieren dabei weitgehend mit den grundlegend umgestalteten Anforderungen zur Sicherung der Meinungsvielfalt[81]. Neu sind in diesem Zusammenhang auch die umfassenden Ermittlungsbefugnisse in § 22 RStV. Die Landesmedienanstalten erhalten das Recht, Auskünfte einzuholen, sowie Anhörungs- und andere Beweiserhebungsrechte. Sie verfügen damit nunmehr über Befugnisse, wie sie vorher nur im allgemeinen Kartellrecht (Vgl. § 46 des Gesetzes gegen Wettbewerbsbeschränkungen) existierten.

e) Bearbeitung der Anträge durch die Landesmedienanstalten

aa) Überblick

Die weichenstellende Phase des Zulassungsverfahrens bildet die Prüfung der eingegangenen Anträge durch die Landesmedienanstalten. Prüfungsmaßstäbe sind in erster Linie die Rundfunk- und Mediengesetze und die einschlägigen Vorschriften des Rundfunkstaatsvertrags. Wie bereits erwähnt wurde, sind durch den Dritten Rundfunkänderungsstaatsvertrag insbesondere die Anforderungen zur Sicherung der Meinungsvielfalt umfassend umgestaltet worden. Erstmalig sind jetzt im Rundfunkstaatsvertrag auch detaillierte Zuständigkeits- und Verfahrensvorschriften enthalten (§ 21ff. und § 35ff.), die die materiellen

---

79 Z.B. § 7 Abs. 2 Nr. 1 RhPfLRG; § 6 Abs. 3 HPRG; § 6 Abs. 3 TRG; § 10 Abs. 2 Nr. 1 a) NdsLRG.

80 Z.B. § 10 Abs. 1 NdsLRG; § 7 Abs. 1 RhPfLRG; § 8 HPRG; § 12 BremLMG; § 53a SachsAnhPRG.

81 Dazu näher unter e) cc).

Vorschriften zur Konzentrationskontrolle um den notwendigen formellrechtlichen Apparat ergänzen.

Bei den materiellen Anforderungen lassen sich allgemeine Zulassungsvoraussetzungen und Anforderungen zur Sicherung der Meinungsvielfalt unterscheiden. Obwohl beide Regelungskomplexe Teile eines einheitlichen Prüfungsverfahrens darstellen, ist diese Differenzierung sinnvoll, denn sie trägt der gestiegenen Bedeutung der Konzentrationskontrolle, aber auch der Komplexität des neugestalteten Regelungsregimes Rechnung. Anforderungen zur Sicherung der Meinungsvielfalt finden sich gleichwohl nicht nur im Rundfunkstaatsvertrag sondern auch in den Rundfunk- und Mediengesetzen. Diesbezüglich ist den unterschiedlichen Anwendungsbereichen besondere Aufmerksamkeit widmen[82].

bb) Prüfung der allgemeinen Zulassungsvoraussetzungen

Für bundesweit verbreitetes Fernsehen[83] ergibt sich aus § 37 Abs. 1 S. 1 RStV, daß zunächst die Prüfung der allgemeinen Zulassungsvoraussetzungen erfolgt, denn nur wenn „nicht schon andere Gründe als solche der Sicherung der Meinungsvielfalt zur Ablehnung führen“, werden die Anträge der KEK vorgelegt. Erst wenn feststeht, daß die allgemeinen Zulassungsvoraussetzungen vorliegen, wird das Kontrollverfahren über die Vorschriften zur Sicherung der Meinungsvielfalt eingeleitet.

Die allgemeinen Zulassungsvoraussetzungen werden häufig in zwei Kategorien unterteilt. Verbreitet sind die Bezeichnungen „persönliche“ und „sachliche“ Zulassungsvoraussetzungen[84]. Wie auch die nachfolgende Betrachtung zeigen wird, ist die Zuordnung einzelner Anforderungen innerhalb dieser Unterscheidung aber durchaus zweifelhaft[85]. Zwar kann man teilweise zwischen allgemeinen Anforderungen an die Person des Veranstalters und solchen, die an das jeweilige Programm anknüpfen, unterscheiden, aber gerade einige Voraussetzungen von zentraler Bedeutung lassen sich im Hinblick auf den Regelungsgegenstand kaum eindeutig zuordnen. So muß etwa die finanzielle und

---

[82] Zu dem - durch den Dritten Rundfunkänderungsstaatsvertrag veränderten - Verhältnis der Regelungen näher unter e) cc) (1).

[83] Gemäß § 39 RStV sind nur für diese Art von Rundfunkveranstaltung die §§ 21 bis 38 RStV anwendbar.

[84] Vgl. *Herrmann*, Rundfunkrecht, § 18 Rn. 24; *Bumke*, Landesmedienanstalten, S. 352ff.; *Stender-Vorwachs*, Staatsferne und Gruppenferne, S. 137; *Ricker/Schiwy*, Rundfunkverfassungsrecht, Kap. D Rn. 37.

[85] Vgl. unten bb) (5).

organisatorische Leistungsfähigkeit oder die Erwartung der Erfüllung der gesetzlichen Vorschriften zweifellos gerade in der Person des Veranstalters gegeben sein; die Anforderungen sind aber dennoch stets bezogen auf das konkret geplante Programm zu beurteilen und damit letztlich auch von dem Programminhalt und den vorhandenen sachlichen Mitteln abhängig. Hier von „persönlichen Voraussetzungen" zu sprechen erscheint eher verwirrend als verständnisfördernd[86]. Dementsprechend findet sich in den Rundfunk- und Mediengesetzen bis auf Baden-Württemberg und Mecklenburg-Vorpommern[87] keine derartige strikte Unterscheidung zweier Kategorien von Zulassungsvoraussetzungen. Da die terminologische Differenzierung in der Sache keine Konsequenzen hat, wird nachfolgend ebenfalls darauf verzichtet, die einzelnen Voraussetzungen in Gruppen aufzuteilen.

Die Anforderungen der Rundfunk- und Mediengesetze sind zwar in der Grundstruktur, nicht aber in allen Einzelheiten deckungsgleich. Im Rahmen der Themenstellung der vorliegenden Untersuchung kann an dieser Stelle nur ein Überblick über die gemeinsamen Grundlinien der Anforderungsprofile gegeben werden. Zahlreiche landesspezifische Verästelungen bleiben dabei zwangsläufig im Hintergrund.

(1) Zulässiger Bewerberkreis

Die Rundfunk- und Mediengesetze stellen Grundanforderungen an die Person des Antragstellers, die erfüllt sein müssen, um überhaupt als Rundfunkveranstalter in Betracht zu kommen. Die Zulassung kann an natürliche und juristische Personen erteilt werden. Darüber hinaus kommen aber auch nicht rechtsfähige Personenvereinigungen in Betracht[88]. Diesbezüglich fordern die meisten Rundfunk- und Mediengesetze einschränkend, daß die Vereinigung auf Dauer angelegt ist. Auffallend ist, daß lediglich in Schleswig-Holstein ausschließlich Veranstaltergemeinschaften die Zulassung erlangen können[89]. Von diesem bin-

---

86 Zu Recht ist die Leistungsfähigkeit in § 10 Abs. 2 RGMV und § 26 Abs. 1 Nr. 1 BadWürttMedG daher als „sachliche Voraussetzung" betitelt.

87 Vgl. §§ 25 und 26 BadWürttMedG sowie §§ 9 und 10 RGMV.

88 Nicht berücksichtigt sind diese lediglich im TPRG. Ob man aber - mit *Fehling*, Die Konkurrentenklage, S. 65, in Fn. 157 - aus der Erwähnung nur juristischer Personen in § 6 Abs. 1 S. 2 den Umkehrschluß ziehen kann, erscheint angesichts des Fehlens einer - in einigen anderen Mediengesetzen enthaltenen - positiven Auflistung der zulässigen Rechtsformen eher zweifelhaft. Hier kommt statt dessen eine erweiternde Auslegung in Betracht.

89 Vgl. § 10 Abs. 1 SchlHolstRfG.

nenpluralistischen Element hat man sich - anders als in Nordrhein-Westfalen[90] - auch anläßlich der Neufassung des Rundfunkgesetzes vom Dezember 1995 offenbar nicht trennen wollen.

Beschränkungen finden sich in fast allen Rundfunk- und Mediengesetzen hinsichtlich der Zulassung von juristischen Personen des öffentlichen Rechts. Diese rechtfertigen sich durch das verfassungsrechtliche Gebot der Staatsfreiheit des Rundfunks[91]. Eine „Unterwanderung" des privaten Rundfunks durch staatliche Stellen soll von Anfang an vermieden werden. Im einzelnen enthalten die Rundfunk- und Mediengesetze Beschränkungen, die vom grundsätzlichen Ausschluß juristischer Personen des öffentlichen Rechts[92] über Beteiligungsverbote an privaten Veranstaltern[93] bis zum Ausschluß der dort leitend tätigen Personen[94] reichen.

Abgesehen von Baden-Württemberg ist in allen Ländern die Zulassung von Parteien und Wählervereinigungen untersagt. Auch diese Beschränkung hat das Bundesverfassungsgericht im *Niedersachsen*-Urteil im Hinblick auf den Grundsatz der Staatsferne und der Überparteilichkeit des Rundfunks ausdrücklich für zulässig erklärt[95]. Ausschlüsse finden sich in den Zulassungsvorschriften auch für die Beteiligung von öffentlich-rechtlichen Rundfunkanstalten[96] oder deren leitenden Personals[97] an privaten Veranstaltern. Als Grund für diese Beschränkungen wird einmal die Notwendigkeit der Gewährleistung von Modellkonsistenz genannt, überwiegend wird aber der Schutz vor dem Unterlaufen der gesetzlichen Bindungen des öffentlich-rechtlichen Rundfunks in den Vordergrund gestellt[98].

---

90 Dort wurde die entsprechende Einschränkung durch das 5. Rundfunkänderungsänderungsgesetz vom 22.9.1992 beseitigt; vgl. aber für den lokalen Rundfunk: § 25 Abs. 1 LRG NW und § 36 HmbMedienG.

91 Vgl. BVerfGE 73, 118, 190f.; eingehend: *Gersdorf*, Staatsfreiheit, S. 58ff.; *Stender-Vorwachs*, Staatsferne und Gruppenferne, S. 198ff.

92 Z.B. § 23 Abs. 1 HmbMedienG; § 8 Abs. 4 Nr. 1 und 2 BremLMG, § 6 Abs. 2 Nr. 1 HPRG; § 6 Abs.3 Nr.1 SächsPRG; nicht ausgeschlossen sind aber in vielen Mediengesetzen die Kirchen und Religionsgemeinschaften sowie die Hochschulen (z.B. § 6 Abs. 2 Nr. 1 HPRG; § 5 Abs. 2 Nr. 1 LRG LRG NW).

93 Z.B. § 25 Abs. 2 Nr. 2 BadWürttMedG; § 7 Abs. 3 Nr. 5 NdsLRG.

94 Z.B. § 6 Abs. 2 Nr. 2 HPRG; § 6 Abs. 3 Nr. 1 SächsPRG;§ 6 Abs. 2 Nr. 2 TRG.

95 BVerfGE 73, 118, 190. Dies ist durchaus nicht unbedenklich. Schließlich erfüllen die Parteien als Mittler zwischen Volk und Staat gerade wichtige Funktionen innerhalb der Meinungs- und Willensbildung; vgl. etwa *Ricker*, Privatrundfunkgesetze, S. 53ff., *Bethge*, Rundfunkfreiheit und privater Rundfunk, S. 36ff., *Gersdorf*, Staatsfreiheit, S. 106ff.

96 Z.B. § 6 Abs. 2 Nr. 5 HPRG; § 6 Abs. 3 Nr. 3 SächsPRG.

97 Z.B. § 25 Abs. 2 Nr. 4 BadWürttMedG; § 9 Abs. 2 Nr. 5 RGMV; § 5 Abs. 2 Nr. 5 LRG NW; § 50 Abs. 2 Nr. 5 SaarLRG.

98 Vgl. *Fehling*, Die Konkurrentenklage, S. 71ff. m.w.N.

(2) Sitz oder Wohnsitz

Nach den meisten Rundfunk- und Mediengesetzen muß der Antragsteller seinen Sitz oder Wohnsitz in der Bundesrepublik Deutschland haben[99]. Diese Sitzerfordernisse sind im Hinblick auf die im EG-Vertrag garantierte Freiheit des Dienstleistungsverkehrs auf Kritik gestoßen[100]. Im Ansatzpunkt erscheint dies durchaus berechtigt, denn der Europäische Gerichtshof hat schon in seinem sogenannten *Versicherungsurteil* festgestellt, daß ein Niederlassungserfordernis nichts anderes als eine Negation der Dienstleistungsfreiheit darstellt und deshalb nur dann hingenommen werden kann, wenn der Mitgliedstaat nachweist, daß dies für eine wirksame Kontrolle unerläßlich ist[101]. Einige Rundfunk- und Mediengesetze enthalten dieser Linie folgend eine Erweiterung auf die Mitgliedstaaten der Europäischen Union[102]. Trotz dieser auf den ersten Blick binnenmarktfreundlich erscheinenden Normierung dürfte dies mit den Vorgaben der EG-Fernsehrichtlinie[103] nicht zu vereinbaren sein. Schon zu der alten Fassung der Richtlinie hat der EuGH in seinem Urteil vom 10. September 1996[104] ausgeführt, daß die Rechtshoheit über einen Fernsehveranstalter nach der Fernsehrichtlinie allein bei dem Mitgliedstaat liegt, in dem der Veranstalter seine Niederlassung[105] hat. Dies ist nunmehr durch die Neufassung der Fernsehrichtlinie klargestellt. Grundprinzip der Neuregelung des Artikel 2 ist die Zuständigkeit des Staates in dem der Veranstalter niedergelassen ist. Obliegt demnach die Kontrollhoheit im Regelfall ausschließlich dem Staat der Niederlassung, darf ein Mitgliedstaat, der sich für eine Präventivkontrolle durch ein Zulassungsverfahren entscheidet[106], nur im Inland niedergelassene Bewerber lizenzieren[107].

---

99 § 6 Abs. 1 Nr. 2 RhPfLRG; § 7 Abs. 1 S. 2 NdsLRG; § 6 Abs. 1 Nr. 2 TRG; § 6 Abs. 1 Nr. 2 HPRG; § 25 Abs. 1 BadWürttMedG, Art. 28 Abs. 1 Nr. 1 BayMG; § 8 Abs. 2 Nr. BremLMG; § 23 Abs. 2 Nr. 2 HambMedienG; § 10 Abs. 1 S. 2 SchlHolstRfG.

100 Vgl. *Gulich*, Rechtsfragen grenzüberschreitender Rundfunksendungen, S. 142ff.

101 EuGH Rs. 205/84 (Versicherungen), Slg. 1986, S. 3755, Rn. 52; insofern bestätigt durch Rs. C-222/95 (Parodi), Slg. 1997, I-3899, Rn. 31.

102 § 5 Abs. 1 S. 2 LRG NW; § 50 Abs. 1 Nr. 2 SaarLRG; § 9 Abs. 1 Nr. 2 RGMV; § 29 Abs. 4 Nr. 2 BerlBrandStV; § 6 Abs. 2 Nr. 2 SächsPRG.

103 Richtlinie 89/552/EWG vom 17.10.1989, ABl. Nr. L 298, S. 23, geändert durch die Richtlinie 97/36/EG vom 30. Juni 1997, ABl. Nr. L 202, S. 60.

104 EuGH Rs. C-222/94 (Broadcasting Act), Slg. 1996, I-4025.

105 Zum Begriff der Niederlassung vgl. EuGH a.a.O., Rn. 58.

106 Dies ist nach der Fernsehrichtlinie keineswegs zwingend.

107 Vgl. näher in Teil 2 C. II. 4. c) bb) (3).

(3) Geschäftsfähigkeit und gerichtliche Verfolgbarkeit

Einheitlich fordern die Rundfunk- und Mediengesetze die unbeschränkte Geschäftsfähigkeit und gerichtliche Verfolgbarkeit der Antragsteller bzw. deren gesetzlicher Vertreter. Diese Voraussetzungen sollen, wie auch das Sitzerfordernis, die Effektivität von Aufsichtsmaßnahmen sicherstellen[108]. Die Überprüfung der Geschäftsfähigkeit im Rahmen des Zulassungsverfahrens hat das Bundesverfassungsgericht im *FRAG*-Urteil ausdrücklich gebilligt[109].

(4) Einhaltung der gesetzlichen Vorschriften

Eine rundfunkrechtliche Zulassung kann nach den Rundfunk- und Mediengesetzen nur erteilt werden, wenn zu erwarten ist, daß der Veranstalter die gesetzlichen Vorschriften beachten wird, wobei die Formulierungen der Gesetze differieren[110]. Vereinzelt wird eine Veranstaltung „entsprechend der Zulassung" verlangt[111]. Einige Gesetze fordern die „zuverlässige Erfüllung"[112] der Vorschriften. Teilweise wird ausdrücklich auf die speziell für das konkret geplante Programm geltenden Anforderungen abgestellt[113].

Die Vorschriften führen dazu, daß sämtliche Anforderungen an die Rundfunkveranstaltung zu Prüfungskriterien im Rahmen der Zulassungskontrolle werden[114]. Schon im Zulassungsverfahren zu beachten sind etwa die in der Praxis besonders wichtigen Vorschriften über Werbung und Sponsoring[115]. Hier muß

108 Vgl. *Fehling*, Die Konkurrentenklage, S. 84 m.w.N.

109 BVerfGE 57, 295, 326.

110 Vgl. einerseits die Formulierung „die Gewähr bietet" in § 25 Abs. 1 Nr. 6 BadWürttMedG, § 6 Abs. 1 Nr. 3 HPRG, § 6 Abs. 1 Nr. 3 RhPfLRG, § 6 Abs. 2 Nr. 3 SächsPRG, § 6 Abs. 3 Nr. 3 TRG und andererseits den Terminus „keine Tatsachen die Anlaß zu Bedenken geben" in § 8 Abs. 2 Nr. 3 BremLMG, § 23 Abs. 2 Nr. 3 HambMedienG, § 9 Abs. 1 Nr. 3 RGMV, § 7 Abs. 2 Nr. 3 NdsLRG, § 5 Abs. 1 Nr. 3 LRG NW, § 50 Abs. 1 Nr. 3 SaarLRG, § 10 Abs. 2 Nr. 3 SchlHolstRfG und § 6 Abs. 5 SachsAnhPRG.

111 § 6 Abs. 1 Nr. 3 HPRG; § 6 Abs. 2 Nr. 3 SächsPRG; § 6 Abs. 3 Nr. 3 TRG.

112 § 23 Abs. 2 Nr. 3 HambMedienG; § 9 Abs. 1 Nr. 3 RGMV; § 5 Abs. 1 Nr. 3 LRG NW; § 50 Abs. 1 Nr. 3 SaarLRG; § 10 Abs. 2 Nr. 3 SchlHolstRfG; zum Begriff der Zuverlässigkeit im Gewerberecht vgl. *Laubinger*, VerwArch. 1998, 145ff.

113 § 25 Abs. 1 Nr. 6 BadWürttMedG; § 29 Abs. 4 Nr. 4 BerlBrandStV; § 6 Abs. 1 Nr. 3 HPRG; § 6 Abs. 2 Nr. 3 SächsPRG; § 6 Abs. 1 Nr. 3 TRG.

114 Vgl. für die Programmgrundsätze ausdrücklich BVerfGE 73, 118, 184; *Fehling*, Die Konkurrentenklage, S. 90; im Ergebnis auch *Bumke*, Landesmedienanstalten, S. 353.

115 Ein Verstoß gegen Werbeobergrenzen ist etwa in dem Verfahren über die versuchsweise Zulassung des Teleshopping-Veranstalters *H.O.T.* Streitgegenstand; vgl. BayVGH ZUM 1996, 173.

die Beurteilung negativ ausfallen, wenn sich bereits dem Programmschema entnehmen läßt, daß die zulässigen Werbezeiten überschritten werden.

Die Prüfung der Vorschriften erfordert stets eine Prognose[116]. Angesichts des Umfangs der Prüfungsmaterien liegt auf der Hand, daß den Wahrscheinlichkeitsanforderungen und damit der Prüfungstiefe erhebliche Bedeutung zukommt. Insofern lassen die nicht einheitlichen Formulierungen der Rundfunk- und Mediengesetze durchaus auf unterschiedlich strenge Anforderungen schließen. So könnte der Formulierung „Gewähr bieten“[117] ein höherer Grad an Wahrscheinlichkeit zu entnehmen sein, während die negativ gefaßte Formulierung, nach der es ausreicht, wenn „keine Tatsachen vorliegen, die Anlaß zu Bedenken“[118] an der Einhaltung der Vorschriften geben, eine großzügigere Beurteilung nahelegt. Da sich bei Prognoseentscheidungen aber naturgemäß keine exakten, verallgemeinerungsfähigen Maßstäbe festlegen lassen, erscheint es jedoch mehr als zweifelhaft, daß in der Zulassungspraxis oder in der Rechtsprechung Unterschiede hinsichtlich der Wahrscheinlichkeitsgrade hervortreten werden.

Die Zulassungsvoraussetzung entspricht inhaltlich weitgehend dem aus dem Gewerberecht bekannten Erfordernis der „Zuverlässigkeit“. Nach der ständigen Rechtsprechung des Bundesverwaltungsgerichts ist unzuverlässig „wer nach dem Gesamtbild seines Verhaltens keine Gewähr dafür bietet, daß er sein Gewerbe künftig ordnungsgemäß betreibt“[119]. Auch hier ist stets auf die jeweilige Tätigkeit und nur auf konkrete Tatsachen abzustellen[120]. Das Kriterium der Zuverlässigkeit gehört zu den Voraussetzungen, deren Prüfung im Zulassungsverfahren das Bundesverfassungsgericht schon im *FRAG*-Urteil[121] als zulässig und durch die Rundfunkfreiheit geboten erachtet hat.

(5) Wirtschaftliche und organisatorische Leistungsfähigkeit

Die ganz überwiegende Zahl der Rundfunk- und Mediengesetze fordert als Zulassungsvoraussetzung, daß der Antragsteller finanziell und organisatorisch in

116 Vgl. dazu auch BVerfGE 73, 118, 184.

117 § 25 Abs. 1 Nr. 6 BadWürttMedG; § 6 Abs. 1 Nr. 3 HPRG; § 6 Abs. 1 Nr. 3 RhPfLRG; § 6 Abs. 2 Nr. 3 SächsPRG; § 6 Abs. 3 Nr. 3 TRG

118 § 8 Abs. 2 Nr. 3 BremLMG; § 23 Abs. 2 Nr. 3 HambMedienG; § 9 Abs. 1 Nr. 3 RGMV; § 7 Abs. 2 Nr. 3 NdsLRG; § 5 Abs. 1 Nr. 3 LRG NW; § 50 Abs. 1 Nr. 3 SaarLRG; § 6 Abs. 5 SachsAnhPRG; § 10 Abs. 2 Nr. 3 SchlHolstRfG.

119 Vgl. etwa BVerwG, GewArch. 1997, 242.

120 Vgl. *Laubinger*, VerwArch. 1998, 145, 148ff.

121 BVerfGE 57, 295, 326.

der Lage ist, das geplante Programm zu veranstalten[122]. Wie auch aus dem Wortlaut der meisten Vorschriften deutlich wird, ist dabei stets auf das konkret geplante Programm abzustellen. Die Anforderungen an die Leistungsfähigkeit des Antragstellers sollen verhindern, daß die knappen Übertragungskapazitäten solchen Bewerbern zugeteilt werden, die mangels der erforderlichen unternehmerischen Voraussetzungen gar nicht in der Lage sind, die Kapazitäten tatsächlich zu nutzen. Zudem soll eine gewisse Dauerhaftigkeit der Unternehmung gewährleistet werden, denn es wäre höchst unerwünscht und verfassungsrechtlich bedenklich, wenn aufgrund von wirtschaftlichen Schwierigkeiten des Gewinners der Ausschreibung die Übertragungskapazität kurzfristig wieder frei würde, die anderen Bewerber ihre Vorhaben aber aufgrund der Auswahlentscheidung zugunsten des anderen zwischenzeitlich aufgegeben haben. Gleichwohl sind die Anforderungen an die ökonomische Leistungsfähigkeit auf ein unabdingbares Mindestmaß zu beschränken, da das wirtschaftliche Risiko primär nicht Sache der Landesmedienanstalten ist, sondern der individuellen Unternehmerentscheidung unterliegt[123].

Die finanzielle und organisatorische Leistungsfähigkeit läßt sich nur mittels einer Prognose beurteilen, denn neben dem vor Sendebeginn vorhandenen Startkapital sind auch die zu erwartenden Einnahmen zu berücksichtigen. Diese lassen sich im voraus aber nicht sicher bestimmen, denn sie bestehen ganz überwiegend aus Werbeeinnahmen, die von der nur schwer voraussagbaren Nachfrage des Programms abhängen. Die Möglichkeiten der Landesmedienanstalten beschränken sich daher praktisch auf eine Schlüssigkeitsprüfung des eingereichten Finanzplans[124].

(6) Vorgaben zum Produktionsort

Einige Rundfunk- und Mediengesetze enthalten als Zulassungsvoraussetzungen formulierte Vorgaben hinsichtlich der Produktionsstandorte der Veranstalter. § 26 Abs. 1 Nr. 2 b) des Landesrundfunkgesetzes Baden-Württemberg fordert für Vollprogramme, daß die Programmherstellung zu einem angemessenen Anteil im Geltungsbereich des Grundgesetzes oder in einem Mitgliedstaat der Europäischen Gemeinschaft erfolgt. Standortvorgaben enthalten auch die Rundfunkgesetze von Rheinland-Pfalz und Thüringen. Hier wird eine räumliche Bin-

---

122 Z.B. § 26 Abs. 1 Nr. 1 BadWürttMedG; § 23 Abs. 3 HambMedienG; § 6 Abs. 5 HPRG; § 7 Abs. 1 S. 3 NdsLRG; § 5 Abs. 1 S. 3 LRG NW; § 6 Abs. 1 Nr. 4; § 6 Abs. 2 Nr. 4 SächsPRG.

123 *Hoffmann-Riem/Schulz*, Hamburgisches Medienrecht, S. 75.

124 Vgl. *Fehling*, Die Konkurrentenklage, S. 87.

dung an das zulassende Bundesland verlangt, dort muß die „studiotechnische Abwicklung“ erfolgen[125]. Ausnahmen können in Rheinland-Pfalz nur zugelassen werden, wenn das Programm über eine Satellitenkapazität verbreitet werden soll, die nicht dem Land zugeordnet ist. Nach der Regelung im Thüringer Rundfunkgesetz kommt eine Ausnahme in Betracht, wenn das Programm für ein über das Bundesland hinausgehendes Verbreitungsgebiet bestimmt ist.

Die Vorgaben zum Produktionsort sind zu Recht dem Verdacht ausgesetzt, standortpolitische Interessen der Länder zu verfolgen[126]. Sie lassen sich auch nicht durch die EG-Fernsehrichtlinie rechtfertigen, denn deren Neufassung knüpft bei der Bestimmung der Rechtshoheit über einen Veranstalter primär an den Ort an, an dem die redaktionellen Entscheidungen getroffen werden[127]. Es ist den Mitgliedstaaten demnach ohne weiteres möglich, ein Programm zu lizenzieren, dessen technische Abwicklung im Ausland erfolgt, sofern dieses nur seine Niederlassung im Sinne der Fernsehrichtlinie im Inland unterhält.

cc) Prüfung der Vorschriften zur Sicherung der Meinungsvielfalt

(1) Überblick

Die Sicherung der Meinungsvielfalt hat das Bundesverfassungsgericht im *FRAG*-Urteil zu einem verfassungsrechtlich vorgegebenen Leitmotiv der Rundfunkordnung erhoben: Im Rahmen der vom Gesetzgeber zu schaffenden positiven Ordnung muß sichergestellt werden, daß die Vielfalt der bestehenden Meinungen im Rundfunk in möglichster Breite und Vollständigkeit Ausdruck findet und daß auf diese Weise umfassende Information geboten wird[128]. Im *Niedersachsen*-Urteil wurde dieser Grundsatz für den Bereich des privaten Rundfunks dahingehend konkretisiert, daß aufgrund der von den öffentlich-rechtlichen Anstalten gewährleisteten Grundversorgung weniger hohe Anforderungen als an den öffentlich-rechtlichen Rundfunk gestellt werden können. Auf rechtliche Sicherungen könne aber nicht vollständig verzichtet werden, notwendig sei ein „Grundstandard gleichgewichtiger Vielfalt“[129]. Diese Rechtspre-

---

[125] § 6 Abs. 1 Nr. 5 RhPfLRG, § 6 Abs. 1 Nr. 4 TRG.

[126] Vgl. *Ricker/Schiwy*, Rundfunkverfassungsrecht, Kap. E Rn. 41; *Fehling*, Die Konkurrentenklage, S. 107f.; kritisch, auch im Hinblick auf Art. 10 EMRK: *Ricker*, ZUM 1991, 478, 482; *Engel*, Privater Rundfunk, S. 355ff.

[127] Vgl. Art. 2 Abs. 3 der Richtlinie.

[128] BVerfGE 57, 295, 320.

[129] BVerfGE 73, 118, 158ff.

chung und die Notwendigkeit einer präventiven Konzentrationskontrolle hat das Bundesverfassungsgericht auch angesichts der neueren Entwicklung im Rundfunkmarkt in seinem Beschluß zum *Deutschen Sportfernsehen* (*DSF*) vom 18.12.1996 nochmals bestätigt[130].

Die Landesgesetzgeber sind diesem Ausgestaltungsauftrag durch zahlreiche Vorschriften im Rundfunkstaatsvertrag und den Rundfunk- und Mediengesetzen nachgekommen. Wegen der teilweise sehr unterschiedlichen Regelungen sind die Anwendungsbereiche der beiden Regelungsregime unbedingt zu beachten. Nach § 39 RStV gelten die §§ 21 bis 38 des Staatsvertrags nur für bundesweit verbreitetes Fernsehen[131]. Dabei ist anders als in der Vorgängernorm § 22 a.F. im neuen § 39 RStV kein Vorbehalt zugunsten weitergehender landesgesetzlicher Anforderungen enthalten[132], vielmehr wird eine abweichende Regelung durch Landesrecht ausdrücklich für unzulässig erklärt. Aufgrund der vorrangigen Geltung des Rundfunkstaatsvertrages nach § 1 Abs. 2 RStV und den entsprechenden Vorschriften der Rundfunk- und Mediengesetze[133] gelten damit für bundesweites Fernsehen ausschließlich die im Staatsvertrag enthaltenen Neuregelungen zur Sicherung der Meinungsvielfalt. Nur für andere Rundfunkveranstaltungen, also für regionales und lokales Fernsehen sowie für den Hörfunk kommen die einschlägigen Regelungen der Rundfunk- und Mediengesetze zur Anwendung.

(2) Die Anforderungen des Rundfunkstaatsvertrags

(a) Das Zuschauermarktanteilsmodell

Nach § 35 Abs. 1 S. 1 RStV überprüft die zuständige Landesmedienanstalt vor und nach der Zulassung die Einhaltung der Bestimmungen zur Sicherung der Meinungsvielfalt. Sind die Vorgaben nicht eingehalten, darf nach § 26 Abs. 3 RStV eine Zulassung nicht erteilt werden. In § 26 RStV ist der zentrale Grundsatz des Kapitels über die Sicherung der Meinungsvielfalt niedergelegt: Das

---

130 BVerfGE 95, 163, 172f.; vgl. auch die daran anknüpfenden Ausführungen im Urteil vom 17.2.1997 (Kurzberichterstattung), MMR 1998, 202, 207.

131 Zu der Bedeutung von Staatsverträgen als Kooperationsform und der notwendigen Umsetzung durch die Landesgesetzgeber vgl. *Rudolf*, in: HStR IV, § 105 Rn. 49ff.

132 Derartige Vorbehaltsregelungen waren dagegen in den Entwürfen vor der Einigung der Ministerpräsidenten am 19.8.1996 noch als Alternativen genannt, vgl. etwa den Entwurf auf dem Stand vom 29.7.1996.

133 Z.B. § 1 RhPfLRG; § 1 Abs. 3 SächsPRG; § 1 Abs. 5 BadWürttMedG.

sogenannte „Zuschauermarktanteilsmodell", das durch den Dritten Rundfunkänderungsstaatsvertrag neu geschaffen worden ist[134]. Nach diesem Regelungsmodell kommt es nicht mehr auf die Anzahl der beherrschten Programme an, eine mehrfache Programmträgerschaft ist grundsätzlich möglich. Maßstab ist allein der erreichte Anteil am Zuschauermarkt, also die Zahl der Rezipienten. Eine unzulässige vorherrschende Meinungsmacht wird dabei bei einem Zuschauermarktanteil von 30 % vermutet. Gleiches gilt bei einer geringfügigen Unterschreitung dieser Marke, wenn eine marktbeherrschende Stellung auf einem medienrelevanten, verwandten Markt hinzukommt oder wenn nach einer Gesamtbetrachtung der Aktivitäten im Medienbereich ein Meinungseinfluß festzustellen ist, der einem Zuschaueranteil von 30 % entspricht[135]. Bei der Ermittlung des Zuschaueranteils sind alle einem Unternehmen „zurechenbaren" Programme zu berücksichtigten. Wann ein Programm hinzugerechnet wird, ist detailliert in § 28 RStV festgelegt. Den Grundsatz bildet die 25 %-Regel, nach der eine Unternehmensbeteiligung von 25 vom Hundert oder mehr an dem Kapital oder an den Stimmrechten eines Unternehmens zu einer Zurechnung führt[136].

Bedeutsam ist auch die neue Regelung in § 26 Abs. 5 RStV: Danach ist innerhalb von Vollprogrammen, die im Jahresdurchschnitt einen Zuschauermarktanteil von 10 % erreichen, Sendezeit für unabhängige Dritte bereit zu stellen. Gleiches gilt für Spartenprogramme mit Schwerpunkt Information. Sind derartige Fensterprogramme erforderlich, führt die Landesmedienanstalt nach den Vorgaben des § 31 RStV eine Ausschreibung der Sendeplätze durch.

(b) Zuständigkeit der KEK und der KDLM

Der dritte Rundfunkänderungsstaatsvertrag hat auch für die organisatorische Ausgestaltung der Konzentrationskontrolle einschneidende Neuregelungen gebracht[137]. Die Einhaltung der Vorschriften überprüfen nicht mehr die Organe der einzelnen Landesmedienanstalten, sondern die neugeschaffene Kommission zur Ermittlung der Konzentration im Medienbereich (KEK). Dieses sechsköpfi-

---

[134] Vgl. dazu und auch zu der Kritik an der bisherigen Regelung in § 21 a.F eingehend: *Dörr*, MP 1996, 621; *ders.*, MP 1998, 54; *ders*, Medienkonzentration, S. 331ff.; *Kuch*, ZUM 1997, 12; *Clausen-Muradian*, ZUM 1996, 934; *Röper*, MP 1996, 610; *Hess*, AfP 1997, 680 und 777; *Kreile*, NJW 1997, 1329; *Kreile/Stumpf*, MMR 1998, 192; *Rikker/Schiwy*, Rundfunkverfassungsrecht, Kap. E Rn. 54ff.

[135] Kritisch dazu im Hinblick auf die Ausfüllungsbedürftigkeit der verwendeten Begriffe *Kreile/Stumpf*, MMR 1998, 192, 193f.

[136] Zur Höhe des Anteils kritisch *Dörr*, MP 1998, 54.

[137] Vgl. dazu eingehend *Hess*, AfP 1997, 777ff.

ge Gremium ist mit Sachverständigen des Rundfunk- und Wirtschaftsrechts besetzt[138] und handelt gemäß § 35 Abs. 2 S. 2 RStV in allen Bundesländern als Organ der jeweils zuständigen Landesmedienanstalt[139].

Ergänzend ist die Konferenz der Direktoren der Landesmedienanstalten (KDLM) geschaffen worden, die ebenso wie die KEK als Organ der jeweiligen Landesmedienanstalt handelt. Die KDLM fungiert als „Revisionsinstanz"[140] für die Entscheidungen der KEK. Sie kann gemäß § 37 Abs. 2 RStV mit einer Mehrheit von drei Vierteln ihrer Mitglieder von dem Beschluß der KEK abweichen. Antragsberechtigt für dieses Überprüfungsverfahren ist allerdings ausschließlich die Landesmedienanstalt, die das konkrete Zulassungsverfahren durchführt.

(3) Die Anforderungen der Rundfunk- und Mediengesetze

Die Regelungen zur Sicherung der Meinungsvielfalt der Rundfunk- und Mediengesetze verfolgen ganz überwiegend das Konzept des Verbots mehrfacher Programmträgerschaft[141]. Auf dieser Ebene existiert damit das im RStV abgelöste Modell weiter. Ein Veranstalter darf grundsätzlich nur jeweils ein Voll- und ein Spartenprogramm veranstalten.

Da sich das Konzept des Verbots mehrfacher Programmträgerschaft in der Praxis nicht bewährt hat und deshalb im Rundfunkstaatsvertrag durch das Zuschauermarktanteilsmodell ersetzt worden ist, liegt es nahe, die Rundfunk- und Mediengesetze in absehbarer Zeit anzugleichen. In Rheinland-Pfalz ist dies bereits 1996 durch eine umfassende Übernahme der Regelungen des Rundfunkstaatsvertrags in das Landesrundfunkgesetz geschehen.

Einige Länder haben neben der außenpluralistischen Konzeption ergänzend auch binnenpluralistische Vorgaben normiert. So gibt es für die Veranstaltung von Vollprogrammen und Spartenprogrammen mit dem Schwerpunkt Information Höchstgrenzen für die Kapital- und Stimmrechtsanteile an einer Veranstal-

---

138 Zur Kritik an dem Besetzungsverfahren vgl. *Dörr*, MP 1998, 54, 56.

139 Diese Konstruktion wirkt sich insbesondere auf den Rechtsschutz der Bewerber aus, vgl. *Hess*, AfP 1997, 777, 781f.

140 *Clausen-Muradian*, ZUM 1996, 934, 942.

141 Z.B. § 51 Abs. 1 und 5 SachsAnhPRG; § 10 Abs. 1 BremLMG; § 22 BadWürttMedG; § 21 BerlBrandStV; § 38 HambMedienG; § 8 NdsLRG; § 17 TRG.

tergemeinschaft[142]. In der Regel darf kein Beteiligter einer Veranstaltergemeinschaft über einen Anteil von mehr als fünfzig Prozent verfügen. Diese Vorschriften enthalten damit zugleich den Grundsatz, daß in den erfaßten Programmarten Einzelveranstalter generell ausgeschlossen sind[143], auch wenn dies in den Gesetzen nicht immer ausdrücklich genannt ist.

Die bisher genannten Regelungen stellen Maßnahmen gegen *intra*mediäre Konzentrationen, also gegen rundfunkinterne Monopoltendenzen dar. In den Rundfunk- und Mediengesetzen finden sich daneben auch Sicherungsvorschriften mit dem Ziel der Begrenzung *inter*mediärer Verflechtungen mit dem Pressesektor. Zu diesem Zweck sind zumeist Beteiligungsobergrenzen für solche Presseunternehmen festgelegt, die in dem fraglichen Verbreitungsgebiet eine beherrschende Stellung innehaben[144].

In zahlreichen Rundfunk- und Mediengesetzen findet sich im Rahmen der Konzentrationsbegrenzung zusätzlich eine Bezugnahme auf allgemeines Kartellrecht. Die Landesmedienanstalten werden ermächtigt, den Nachweis der Einhaltung kartellrechtlicher Vorschriften zu verlangen[145]. Die Bedeutung kartellrechtlicher Vorschriften für die Sicherung der Meinungsvielfalt im privaten Rundfunksektor wurde bisher eher gering angesetzt, da der zentrale Tatbestand der marktbeherrschenden Stellung im Sinne der §§ 22ff. des Gesetzes gegen Wettbewerbsbeschränkungen regelmäßig schon aufgrund der Existenz und Bedeutung des öffentlich-rechtlichen Rundfunks nicht erfüllt sei[146]. Das jüngste Scheitern der geplanten Zusammenarbeit der Branchenriesen *CLT-UFA*, *Kirch-Gruppe* und *Deutsche Telekom AG* im Bereich des digitalen Pay-TV, die von der Europäischen Kommission als mit den Vorschriften der Fusionskontrollverordnung[147] unvereinbar erklärt wurde, beweist jedoch, daß unter bestimmten

---

142 Z.B. § 10 Abs. 2 BremLMG; § 8 Abs. 3 NdsLRG; § 6a Abs. 2 LRG NW; § 51 Abs. 2 SaarLRG.

143 Eine allgemeine Beschränkung auf Veranstaltergemeinschaften im örtlichen Rundfunk für Teilgebiete Hamburgs statuiert § 36 HambMedienG.

144 Z.B. § 16 Abs. 8 RhPfLRG (mit der Erweiterung auf Inhaber von Senderechten für Informationsprogramme); Art. 27 Abs. 7 BayMG; § 8 Abs. 2 SächsPRG; § 17 Abs. 1 Nr. 3 TRG; vgl. auch § 18 HPRG, § 22 NdsLRG und § 18 TRG, die die Zulieferung bestimmter Sendungen durch Presseunternehmen reglementieren.

145 Z.B. § 25 Abs. 4 BadWürttMedG; § 15 Abs. 3 HPRG; § 10 Abs. 3 S. 2 NdsLRG; § 6 Abs. 7 SachsAnhPRG.

146 Vgl. *Fehling*, Die Konkurrentenklage, S. 81f.; zur umstrittenen Anwendung des Kartellrechts auf die Medien vgl. *Kübler*, Medienverflechtung, S. 103f.; *Kloepfer*, ZHR 1979, 477, 479; *Lerche*, Presse und privater Rundfunk, S. 51ff.; *Bethge*, Landesrundfunkordnung, S. 39ff.; *Jarass*, Kartellrecht und Landesrundfunkrecht, S. 51ff.; *Huber*, Öffentliches Medienrecht, S. 20ff; *Holznagel*, ZUM 1991, 263, 267ff.

147 Verordnung (EWG) des Rates Nr. 4064/89; jüngste, berichtigte Fassung in ABl. 1998 Nr. L 40, S. 17.

Umständen auch das allgemeine Kartellrecht ein scharfes Schwert zur Verhütung von Meinungsmonopolen darstellen kann.

Eine Sonderstellung nimmt hinsichtlich der Vielfaltssicherung das in Nordrhein-Westfalen bestehende Zwei-Säulen-Modell für den lokalen privaten Rundfunk[148] ein. Dieses stellt eine besonders starke Ausprägung binnenpluralistischer Vielfaltssicherung dar, die vom Bundesverfassungsgericht im *Nordrhein-Westfalen*-Urteil ausdrücklich gebilligt wurde[149].

f) Das Auswahlverfahren bei Bewerberüberhang

aa) Überblick

Bereits im *FRAG*-Urteil[150] hat das Bundesverfassungsgericht entschieden, daß Bestandteil der vom Gesetzgeber zu schaffenden positiven Ordnung auch Regeln über die Auswahl der Bewerber im Falle nicht ausreichender Übertragungskapazitäten sein müssen. Eher verwirrend ist es, den Grund für die Notwendigkeit von Auswahlregeln als „Kapazitätsmangel" zu bezeichnen[151]. Betrachtet man den Ablauf des Zulassungsverfahrens, ist richtigerweise von einem Bewerberüberhang zu sprechen, denn die Anzahl der verfügbaren Übertragungskapazitäten steht von Beginn an fest; die Durchführung eines Auswahlverfahrens wird erst durch die Zahl der nachfolgenden Anträge bedingt.

Eines Auswahlverfahrens bedarf es demnach dann, wenn nach der Sichtung der Zulassungsanträge mehrere Bewerber existieren, die die Zulassungsvoraussetzungen erfüllen. Für diese Konstellation, die in der Praxis eher den Regelfall darstellt, finden sich in allen Rundfunk- und Mediengesetzen Auswahlregelungen, wobei die festgesetzten Auswahlkriterien einen im wesentlichen einheitlichen Kern aufweisen, sich aber in der Akzentuierung einzelner Belange durchaus unterscheiden. Im folgenden soll ein Überblick über den Gang des

---

148 Vgl. §§ 23 bis 31 LRG NW und dazu ausführlich *Ricker/Schiwy*, Rundfunkverfassungsrecht, Kap. C Rn. 52ff.; *Stock*, Neues Privatrundfunkrecht, S. 37ff.

149 BVerfGE 83, 238, 324ff.; zustimmend *Stock*, JuS 1992, 383, 384ff. und MP 1991, 133, 141; kritisch dagegen *Ricker/Schiwy*, Rundfunkverfassungsrecht, Kap. C Rn. 54ff.

150 BVerfGE 57, 295, 327.

151 So aber z.B. die Überschrift des § 12 RhPfLRG und *Fehling*, Die Konkurrentenklage, S. 113.

Auswahlverfahrens gegeben werden; auch hier kann dabei nicht jede Besonderheit der einzelnen Länder berücksichtigt werden[152].

bb) Koordinationsphase

In den meisten Ländern ist, bevor es zu einer einseitigen Entscheidung der Landesmedienanstalten kommt, zunächst eine Phase der Koordination zwischen den betroffenen Bewerbern vorgesehen[153]. Ziel der Verhandlungen ist, eine gemeinsame Programmveranstaltung oder eine Aufteilung der verfügbaren Sendezeiten zu erreichen. Die Einigungsversuche sind durch die Gesetze überwiegend zwingend vorgegeben[154]. In Sachsen und Bremen wird den Landesmedienanstalten diesbezüglich ein Ermessensspielraum eingeräumt[155]. Erzielen die zulassungsfähigen Bewerber über die Vergabe der Übertragungsmöglichkeiten eine Einigung, gebührt dieser einvernehmlichen Regelung der Vorrang vor einer hoheitlichen Auswahlentscheidung[156].

Die Rolle, die der Landesmedienanstalt im Rahmen der Koordinationsphase zukommt, ist in den Ländern unterschiedlich geregelt. Nach den meisten Rundfunk- und Mediengesetzen müssen die Landesmedienanstalten von sich aus tätig werden, sie haben die Aufgabe, auf eine Einigung hinzuwirken[157]. Andere Regelungen ordnen lediglich an, daß den Bewerbern „Gelegenheit" zur Einigung gegeben werden muß[158]. Derartige Nuancen dürfen jedoch nicht überbewertet werden; ohnehin sind in der bisherigen Vergabepraxis Einigungen unter den Bewerbern die Ausnahme geblieben[159].

---

152 Eine detaillierte Darstellung findet sich bei *Fehling*, Die Konkurrentenklage, S. 108ff., wobei allerdings auf zahlreiche zwischenzeitlich erfolgte Gesetzesänderungen zu achten ist.

153 Z.B. § 9 Abs. 1 HPRG; § 7 Abs. 1 LRG NW; § 9 Abs. 1 NdsLRG; § 21 Abs. 1 BadWürttMedG; § 10 Abs. 1 SächsPRG; § 17 Abs. 1 SchlHolstRfG; § 12 Abs. 1 RGMV. Lediglich in Rheinland-Pfalz wurde auf eine Koordinationsphase verzichtet; hier haben aber Anbietergemeinschaften generell Vorrang im Rahmen der Auswahlentscheidung.

154 Z.B. § 21 Abs. 1 BadWürttMedG; § 7 Abs. 1 LRG NW; § 9 Abs. 1 HPRG; § 9 Abs. 1 NdsLRG; § 12 Abs. 1 RGMV; § 28 Abs. 1 HambMedienG (hier aber nur, wenn die Programme hinsichtlich der Auswahlkriterien gleichrangig sind)

155 § 10 Abs. 1 S. 2 SächsPRG; § 13 Abs. 4 BremLMG; ähnlich auch § 34 Abs. 3 BerlBrandStV.

156 Vgl. *Ory*, Freiheit der Massenkommunikation, S. 83; *Wagner*, Die Landesmedienanstalten, S. 180; *Fehling*, Die Konkurrentenklage, S. 109.

157 Z.B. § 9 Abs. 1 HPRG; § 7 Abs. 1 LRG NW; § 9 Abs. 1 NdsLRG; § 21 Abs. 1 BadWürttMedG; § 7 Abs. 3 SachsAnhPRG; § 53 Abs. 1 SaarLRG.

158 § 12 Abs. 1 RGMV; § 17 Abs. 1 SchlHolstRfG.

159 Vgl. *Fehling*, Die Konkurrentenklage, S. 109 m.w.N.

cc) Auswahl durch die Landesmedienanstalten

Kommt eine Einigung der Bewerber nicht zustande, hat die Landesmedienanstalt eine verbindliche Auswahlentscheidung zu treffen. Entsprechend den Vorgaben des Bundesverfassungsgerichts, wonach es dem Gesetzgeber obliegt, die Auswahlmaßstäbe festzulegen[160], sind in den Rundfunk- und Mediengesetzen - allerdings in unterschiedlicher Zahl und Ausführlichkeit - mehrere Kriterien normiert. Als Leitkriterium fungiert dabei durchweg der Beitrag der Programme zur Gewährleistung der Meinungsvielfalt. Vorrang kommt in der Regel demjenigen Bewerber zu, der die größere Meinungsvielfalt im Programm erwarten läßt[161]. Dieses allgemeine Kriterium wird in einigen Gesetzen durch weitere Beurteilungskriterien konkretisiert. Abhängig von der Programmart und dem geplanten Verbreitungsgebiet bestehen hier sehr unterschiedliche Regelungen. Zu berücksichtigen sind in einigen Ländern die Zusammensetzung des Veranstalters und der Umfang der Beteiligung des redaktionell beschäftigten Personals[162]. Vereinzelt wird in diesem Zusammenhang Vollprogrammen vor Spartenprogrammen der Vorrang geben[163]. In Rheinland-Pfalz werden Anbietergemeinschaften generell bevorzugt berücksichtigt[164].

Zahlreiche Rundfunk- und Mediengesetze ordnen dem Kriterium der Meinungsvielfalt als ergänzende Maßstäbe die verbreitungsgebietsbezogene Programmausrichtung[165] oder auch Standortaspekte[166] bei. Wenn es noch sachgerecht erscheint, lokale oder regionale Bezüge der Programme zu berücksichtigen, bestehen jedenfalls gegen die Berücksichtigung standortpolitischer Gesichtspunkte, wie den Ort der studiotechnischen Abwicklung oder der Programmherstellung, erhebliche Bedenken[167]. Dies gilt - wenngleich in etwas ge-

---

160 BVerfGE 57, 295, 327; 73, 118, 153f.; 83, 319.

161 Z.B. § 7 Abs. 2 LRG NW; § 9 Abs. 2 NdsLRG; § 9 Abs. 2 HPRG; § 10 Abs. 2 SächsPRG; § 21 Abs. 3, 4 BadWürttMedG; § 35 Abs. 2 Nr. 1 BerlBrandStV; ähnlich § 12 Abs. 1 RhPfLRG („bessere Gewähr für größere Meinungsvielfalt“).

162 Z.B. § 7 Abs. 2 LRG NW; § 9 Abs. 2 NdsLRG; § 9 Abs. 2 HPRG; § 17 Abs. 2 SchlHolstRfG; § 12 Abs. 1 RhPfLRG; vgl. im übrigen den umfassenden Überblick über die Auswahlkriterien bei *Fehling*, Die Konkurrentenklage, S. 118ff.

163 Vgl. § 35 Abs. 2 Nr. 1 BerlBrandStV.

164 Vgl. § 12 Abs. 1 S. 1 RhPfLRG.

165 Vgl. Art. 27 Abs. 3 S. 3 BayMG; § 21 Abs. 4 Nr. 2 BadWürttMedG; § 17 Abs. 2 S. 1 Nr. 1 SchlHolstRfG; § 12 Abs. 3 S. 1 Nr. 1 und 2 RhPfLRG; § 53 Abs. 2 S. 1 SaarLRG; § 10 Abs. 2 Nr. 3 SächsPRG; § 35 Abs. 4 BerlBrandStV; § 9 Abs. 2 S. 2 TRG; anknüpfend an den Umfang regionaler und lokaler Fensterprogramme: § 9 Abs. 2 Nr. 3. HPRG; § 12 Abs. 2 Nr. 3 RGMV; § 9 Abs. 2 Nr. 3 NdsLRG.

166 Vgl. § 12 Abs. 3 S. 2. RhPfLRG; § 35 Abs. 2 Nr. 2 BerlBrandStV; § 17 Abs. 2 S. 2 SchlHolstRfG; § 12 Abs. 2 Nr. 4 und 6 RGMV; § 53 Abs. 2 S. 2 SaarLRG; § 10 Abs. 2 Nr. 3 SächsPRG.

167 Vgl. nur *Ricker/Schiwy*, Rundfunkverfassungsrecht, Kap. D Rn. 60ff.

ringerem Maße - auch für die Vorschriften, nach denen Standortgesichtspunkte erst nachrangig zu berücksichtigen sind, nämlich dann, wenn sich die Bewerber hinsichtlich des Kriteriums der größtmöglichen Meinungsvielfalt nicht beziehungsweise nur geringfügig unterscheiden[168].

Gerade bei der Anwendung der Auswahlkriterien verbleibt den normvollziehenden Landesmedienanstalten ein erheblicher Beurteilungsspielraum[169]. Der Grund liegt darin, daß es bei Auswahlentscheidungen stets einer Prognose darüber bedarf, wie sich die Zulassung eines Programms auf das bestehende Medienangebot auswirkt. Dies ist eine originäre Aufgabe der unabhängigen, pluralistisch zusammengesetzten Entscheidungsgremien der Aufsichtsinstanzen. Die Gerichte sind darauf beschränkt, zu überprüfen, ob von einem zutreffend und vollständig ermittelten Sachverhalt ausgegangen wurde, ob die den unbestimmten Rechtsbegriffen zugrundeliegenden Wertungsmaßstäbe beachtet wurden und ob die Entscheidung frei von sachfremden oder willkürlichen Erwägungen getroffen worden ist[170]. Keinesfalls dürfen die Wertungen der zuständigen Gremien der Landesmedienanstalten durch eigene Wertungen der Gerichte ersetzt werden[171].

3. Das Verfahren der Erteilung von Gestattungszulassungen

a) Bedeutung

Wie zu Beginn des Abschnitts festgestellt wurde, kann ein Zulassungsantrag auch darauf gerichtet sein, lediglich eine Gestattung der Rundfunkveranstaltung zu erhalten, ohne daß gleichzeitig die Zuweisung einer von der Landesmedienanstalt ausgeschriebenen Übertragungskapazität begehrt wird[172]. Kennzeichnend für diese Konstellation ist, daß der Antragsteller bereits über eine anderweitige Übertragungsmöglichkeit verfügt oder den Erhalt einer solchen in Aussicht hat. So stellt sich die Sachlage etwa dann dar, wenn ein in der Bundesre-

168 Z.B. § 27 HambMedienG; § 7 Abs. 2 S. 3 SachsAnhPRG; § 17 Abs. 2 S. 3 SchlHolstRfG; § 9 Abs. 3 HPRG; § 9 Abs. 2 NdsLRG; § 13 Abs. 3 BremLMG.

169 Zu Beurteilungs- und Ermessensspielräumen im Rahmen der Zulassungsentscheidung vgl. etwa *Breunig*, VBlBW 1993, 45, 47; *Hartstein/Ring/Kreile/Dörr/Stettner*, Kommentar zum RStV, Einf. zu § 38 Rn. 22ff.; *Fehling*, Die Konkurrentenklage, S. 140ff.

170 Grundlegend: OVG Lüneburg, DVBl 1986, 1112, 1114; dem folgend: OVG Berlin DVBl 1991, 1265, 1268 und ZUM 1996, 991, 992; VGH Mannheim, NJW 1990, 340, 341; VG Berlin, ZUM 1993, 243, 251; VG Halle, AfP 1993, 518, 519; VG Stuttgart, ZUM 1998, 177, 178 (bezogen auf die Erteilung von Erprobungszulassungen).

171 VGH Mannheim, ZUM 1995, 284, 286.

172 Siehe oben III. 2. b).

publik Deutschland niedergelassener Veranstalter von der Landesmedienanstalt seines Bundeslandes eine Zulassung für einen ausländischen Satelliten erstrebt. Denn selbst wenn er sein Programm ausschließlich über einen Transponder auf einem ausländischen Satelliten verbreiten will, unterliegt er aufgrund seiner Niederlassung in der Bundesrepublik dem deutschen Rundfunkrecht und ist dort zulassungspflichtig[173]. Tatsächlich verfügen heute viele deutsche Fernsehveranstalter über eine von der zuständigen Landesmedienanstalt erteilte Zulassung für einen Satelliten des luxemburgischen *Astra*-Satellitensystems.

Es wurde bereits dargelegt, daß die Möglichkeit, eine Zulassung zu erhalten, die sich nicht auf eine von einer Landesmedienanstalt ausgeschriebene Übertragungskapazität bezieht, sich beim Blick in die Rundfunk- und Mediengesetze nicht auf Anhieb erschließt. Deren Grundstruktur ist vielmehr auf die Erteilung von Gewährungszulassungen ausgerichtet. Dennoch besteht für diese Zulassungspraxis in den meisten Ländern eine gesetzliche Grundlage, die durch entsprechende Modifikationen des oben beschriebenen Verfahrensablaufs zum Ausdruck kommt.

b) Verfahrensablauf

Das Zulassungsverfahren, das der Erteilung einer Gestattungszulassung vorausgeht, unterscheidet sich ganz wesentlich von dem der Erteilung einer Gewährungszulassung. Der abweichende Verfahrensablauf ergibt sich in den meisten Rundfunk- und Mediengesetzen daraus, daß die Vorschriften, die die Durchführung einer Ausschreibung und eines Auswahlverfahrens bei Bewerberüberhang anordnen, dann für nicht anwendbar erklärt werden, wenn der Antragsteller bereits über Übertragungskapazitäten verfügt[174]. Dabei beschränken sich einige Regelungen auf Übertragungsmöglichkeiten auf Satelliten[175]. Teilweise werden aber nur solche Kapazitäten genannt, die nicht dem jeweiligen Bundesland oder der Bundesrepublik Deutschland zugewiesen sind[176]. § 5 Abs. 2 des Sächsischen Gesetzes über privaten Rundfunk und neue Medien stellt - nachdem zuvor die Ausschreibung verfügbarer Kapazitäten angeordnet wird - ausdrücklich

---

173 Vgl. oben III. b) bb) und IV. 2. e) bb) (2).

174 Vgl. § 12 Abs. 6 RhPfLRG.

175 § 8 Abs. 3 RGMV; § 4 Abs. 4 LRG NW (keine Ausschreibung); vgl. auch § 8 Abs. 2 S. 2 LRG NW.

176 § 10 Abs. 1 HPRG; § 9 Abs. 5 SchlHolstRfG; § 22 Abs. 8 S. 2 HambMedienG (keine Ausschreibung); vgl. auch § 12 Abs. 6 RhPfLRG; keinerlei derartige Sonderregelungen enthalten die Rundfunkgesetze Baden-Württembergs, Bremens, Niedersachens, Sachsen-Anhalts, Thüringens und des Saarlandes.

klar, daß Zulassungsanträge „auch aufgrund verfügbarer technischer Übertragungskapazitäten von Satelliten und in Kabelanlagen gestellt werden“ können. Wenngleich diese Formulierung auf den ersten Blick eher Verwirrung stiftet, läßt sie sich gerade aufgrund der systematischen Stellung ebenfalls als Ausnahme von dem Grundsatz des Ausschreibungserfordernisses verstehen. Auch § 4 Abs. 5 des Gesetzes, wonach die „Zulassung von Programmen, die in Sachsen über Satelliten oder in Kabelanlagen verbreitet werden,“ von den Vorschriften über die Oberverteilung von Übertragungskapazitäten[177] „unberührt“ bleibt, macht die besondere Verfahrensweise in diesen Fällen deutlich. Im Staatsvertrag über die Zusammenarbeit zwischen Berlin und Brandenburg im Bereich des Rundfunks ergibt sich der Hinweis auf eine verkürzte Verfahrensweise daraus, daß im Regelungszusammenhang mit dem allgemeinen Ausschreibungserfordernis für den Spezialfall der Verbreitung über Satellit lediglich auf die Einhaltung der Zulassungsvoraussetzungen verwiesen wird[178].

Das Verfahren der Erteilung von Gestattungszulassungen unterscheidet sich also dadurch von dem der Erteilung von Gewährungszulassungen, daß weder eine Ausschreibung noch ein Auswahlverfahren stattfindet. Wie sich am deutlichsten aus der genannten Regelung für Berlin und Brandenburg ergibt, beschränkt sich das Verfahren der Erteilung einer Gestattungszulassung damit auf die Prüfung der Zulassungsvoraussetzungen. Diesbezüglich gelten uneingeschränkt die oben beschriebenen Grundsätze.

4. Das vereinfachte Zulassungsverfahren

a) Geltungsbereich

Das vereinfachte Zulassungsverfahren ist im Rundfunkstaatsvertrag in § 20 Abs. 3 Satz 1 RStV geregelt. Der Gehalt der Vorschrift erschöpft sich dabei darin, bezüglich bestimmter Rundfunkveranstaltungen die Grundlage für eine Normierung durch die Rundfunk- und Mediengesetze zu geben. Weder besteht eine Verpflichtung der Länder zum Erlaß entsprechender Regelungen[179], noch werden Maßstäbe zu der konkreten Ausgestaltung des Verfahrens vorgegeben.

---

177 Siehe dazu oben 2. b).

178 § 26 Abs. 5 BerlBrandStV.

179 So haben auch nicht alle Länder von der Ermächtigung Gebrauch gemacht; vgl. die Übersicht bei *Hartstein/Ring/Kreile/Dörr/Stettner*, Rundfunkstaatsvertrag, § 19 Rn. 21.

Bei den Programmen, für die das vereinfachte Verfahren zulässig ist, handelt es sich um solche Veranstaltungen, die der Gesetzgeber zwar nicht für so unbedeutend hält, daß - wie beim „Bagatellrundfunk“[180] - auf die Zulassungspflichtigkeit gänzlich verzichtet wurde, die aber aufgrund ihrer immer noch sehr beschränkten Verbreitung und Meinungsrelevanz kein aufwendigeres Verfahren notwendig erscheinen lassen. Dabei werden zweierlei Tatbestände normiert: Erstens solche Sendungen, die im örtlichen Bereich einer öffentlichen Veranstaltung und im zeitlichen Zusammenhang damit veranstaltet und verbreitet werden. Zweitens Programme, die „für Einrichtungen“ angeboten werden. Die Sendungen müssen für Zwecke der Einrichtung genutzt, dürfen nur dort empfangbar sein und müssen im funktionellen Zusammenhang mit den in diesen Einrichtungen zu erfüllenden Aufgaben stehen[181]. Typische Beispiele für die zweite Fallgruppe sind Sendungen von Hotel- und Ladenketten, die an mehreren Standorten verbreitet werden.

b) Verfahrensablauf

Das vereinfachte Verfahren zeichnet sich dadurch aus, daß zahlreiche Vorschriften des herkömmlichen Zulassungsverfahrens nicht zur Anwendung gelangen. Das gilt nach vielen Rundfunk- und Mediengesetzen zunächst für das Erfordernis der Ausschreibung und der Durchführung eines Auswahlverfahrens. Nicht anzuwenden sind meist auch die Regelungen über die umfassenden Auskunftspflichten sowie die Vorschriften zur Sicherung der Meinungsvielfalt. In Rheinland-Pfalz wird sogar der komplette Katalog der allgemeinen Zulassungsvoraussetzungen für nicht anwendbar erklärt[182].

---

180 Vgl. dazu oben III. 1.

181 Vgl. z.B. § 15 RhPfLRG; § 10 HPRG; § 31 BadWürttMedG; § 42 HambMedienG; § 18 SchlHolstRfG; siehe zum Ganzen *Hartstein/Ring/Kreile/Dörr/Stettner*, Rundfunkstaatsvertrag, § 19 Rn. 15ff.

182 § 15 Abs. 1 RhPfLRG.

B. Die Bedeutung und Systematik subjektiver Veranstalterrechte im Zulassungsverfahren

I. Einleitung

Die vorliegende Untersuchung befaßt sich mit den subjektiven Rechten privater Rundfunkveranstalter. Den Rahmen der Betrachtung bildet dabei das im vorangegangenen Abschnitt dargestellte Zulassungsverfahren. Aus dieser Eingrenzung des Untersuchungsgebiets folgt, daß nur am Rande auf die Rechtsposition bereits zugelassener Rundfunkveranstalter eingegangen wird; im Vordergrund stehen vielmehr die Rechte derjenigen Personen und Unternehmen, die erstmals als Rundfunkveranstalter tätig werden wollen.

Wenn auch der Bestand subjektiver Rechte bereits zugelassener Veranstalter durchaus eine eingehende Betrachtung lohnt, so ist doch die Frage nach originären Veranstaltungsrechten ungleich brisanter; für den Antragsteller kann sie im Zulassungsverfahren existentielle Bedeutung.

Wer die Veranstaltung von Rundfunk plant, sieht sich den Zulassungsvorbehalten der Rundfunk- und Mediengesetze gegenüber. Sollen die Pläne verwirklicht werden, ist in rechtlicher Hinsicht zunächst diese Hürde zu überwinden. Die Bestrebungen des Bürgers bzw. Unternehmens konzentrieren sich somit zwangsläufig darauf, die erforderliche Zulassung zu erhalten. Soll die Rundfunkveranstaltung mittels einer von den Landesmedienanstalten ausgeschriebenen Übertragungsmöglichkeit erfolgen, wird mit der Gewährungszulassung zugleich die Zuweisung dieser Kapazität begehrt. Die Ansprüche richten sich nach dem Regelungsmodell der Rundfunk- und Mediengesetze ausschließlich gegen die Landesmedienanstalten. Diese sind ungeachtet ihrer staatsfernen, pluralistischen Struktur Teil der öffentlichen Gewalt[183]. Mithin sind die geltend gemachten Ansprüche öffentlich-rechtlicher Natur. Wird die Erteilung einer rundfunkrechtlichen Zulassung erstrebt, geht es um den Bestand entsprechender subjektiv-öffentlicher Rechte.

Als Ausgangspunkt des Versuchs der Systematisierung der im Zulassungsverfahren bestehenden Berechtigungen soll der Blick zunächst auf Inhalt und Struktur des subjektiven öffentlichen Rechts im allgemeinen gerichtet werden. Hiervon ausgehend könnten sich weiterführende Folgerungen und Hilfestellun-

---

[183] BVerfG, ZUM 1998, 306, 310 - *extra radio*. Eingehend zum Status der Anstalten: *Bumke*, Landesmedienanstalten; *Wagner*, Die Landesmedienanstalten.

gen für die anschließende Bestandsaufnahme der Rechte im rundfunkrechtlichen Zulassungsverfahren ergeben.

II. Das subjektive öffentliche Recht

1. Inhalt und Struktur subjektiv-öffentlicher Rechte

a) Definitionen des subjektiven Rechts

Mit wenigen Begriffen des öffentlichen Rechts verbindet sich eine so lange Tradition wissenschaftlicher Auseinandersetzung wie mit dem des subjektiven öffentlichen Rechts. Bei der Suche nach den Wurzeln der auch heute noch kontrovers geführten Diskussion gelangt man zurück zu den Studien *Friedrich Carl von Savignys* Mitte des 19. Jahrhunderts. *Von Savigny* definierte das subjektive Recht als „die der einzelnen Person zustehende Macht: ein Gebiet, worin ihr Wille herrscht“[184]. Anknüpfend an diese sogenannte „Willenstheorie“ wurden um die Jahrhundertwende erste Definitionen des subjektiven Rechts im öffentlichen Recht entwickelt. *Georg Jellinek* bezeichnete das Wesen des subjektiven Rechts als „von der Rechtsordnung anerkannte und gestützte (...) Willensmacht“[185]. Grundlegend bis in die heutige Zeit ist die 1914 von *Ottmar Bühler* entwickelte Definition[186]:

„Subjektives Recht ist diejenige rechtliche Stellung des Untertanen zum Staat, in der er aufgrund eines Rechtsgeschäfts oder eines zwingenden zum Schutz seiner Individualinteressen erlassenen Rechtssatzes, auf den er sich der Verwaltung gegenüber soll berufen können, vom Staat etwas verlangen kann oder ihm gegenüber etwas tun darf.“

b) Das Kriterium der Rechtsmacht

Im Anschluß an diese Begriffsbeschreibung wird die Rechtsmacht, gegenüber den verpflichteten Rechtssubjekten eine normative Entscheidung geltend machen zu können, bis heute als zentrales Merkmal des subjektiven Rechts ange-

---

184 *von Savigny*, System des heutigen Römischen Rechts, S. 7.
185 *Jellinek*, System der subjektiven öffentlichen Rechte, S. 44.
186 *Bühler*, Die subjektiven öffentlichen Rechte, S. 11, 224.

sehen[187]. Ein solches entsteht aus einer objektiv-rechtlichen Geltungsanordnung erst durch die „Verknüpfung der objektiven Verhaltenslenkung mit der Rechtssphäre eines Rechtssubjekts“[188].

Trotz der Anlehnung dieser Definitionen an die ursprünglich im Zivilrecht herausgearbeiteten Grundlagen, darf die besondere Problematik des subjektiven Rechts im Bereich des öffentlichen Rechts nicht übersehen werden. Anders als im Privatrecht steht im öffentlichen Recht nicht der Ausgleich individueller Interessen im Vordergrund. Mit objektiven Verpflichtungen gehen nur vereinzelt individuelle Berechtigungen einher, vielmehr sind häufig Interessen der Allgemeinheit maßgeblich zu berücksichtigen. Nicht selten dient eine Norm in erster Linie der von einem Individualinteresse unabhängigen Aufrechterhaltung der objektiven Rechtsordnung[189].

c) Die Schutznormtheorie

Aufgrund dieser andersgearteten Ausgangslage wird im öffentlichen Recht um problematische Fallgestaltungen - insbesondere Drittschutzfragen - lösen zu können, heute ganz überwiegend die bereits in der Definition *Bühler*s angelegte „Schutznormtheorie“ herangezogen[190]. Danach gewährt eine Rechtsnorm dem Einzelnen ein subjektives Recht, wenn sie nicht nur im öffentlichen Interesse erlassen wurde, sondern - zumindest auch - dem Schutz dieses Einzelnen zu dienen bestimmt ist[191]. Entscheidendes Kriterium ist also der Schutzzweck der Norm. Oft ist dies erst durch (ergänzende) Auslegung zu ermitteln. Die Absicht der Begünstigung bestimmter Personen kann aber auch eindeutig aus dem Wortlaut einer Vorschrift hervorgehen[192]. Nach der Rechtsprechung des Bundesverwaltungsgerichts kommt es darauf an, ob sich aus individualisierenden Tatbestandsmerkmalen der Vorschrift ein Personenkreis entnehmen läßt, der

---

187 Vgl. *Wahl*, in: Schoch/Schmidt-Aßmann/Pietzner, Verwaltungsgerichtsordnung, Vorb. § 42 Abs. 2 Rn. 46; *Scherzberg*, DVBl. 1988, 129, 130.

188 *Scherzberg*, DVBl. 1988, 129, 130.

189 Vgl. *Stober*, in: Wolff/Bachof/Stober, Verwaltungsrecht I, § 43 Rn. 9; *Hufen*, Verwaltungsprozeßrecht, § 14 Rn. 96.

190 Zur Historie der Schutznormtheorie vgl. eingehend *H. Bauer*, Geschichtliche Grundlagen, S. 80ff.

191 Vgl. *Wahl*, in: Schoch/Schmidt-Aßmann/Pietzner, Verwaltungsgerichtsordnung, Vorb. § 42 Abs. 2 Rn. 95 m.w.N; *Sodan*, in: Sodan/Ziekow, VwGO, § 42 Rn. 379 mit zahlreichen Nachweisen aus der Rechtsprechung; zu der Anwendung der Schutznormtheorie vgl. eingehend *P.-M. Huber*, Konkurrenzschutz, S. 108ff.

192 *Stober*, in: Wolff/Bachof/Stober, Verwaltungsrecht I, § 43 Rn. 13.

sich von der Allgemeinheit unterscheidet[193]. An dem Schutznormcharakter fehlt es, wenn sich für den einzelnen Bürger lediglich „Rechtsreflexe“ ergeben; der Normbefehl dem Einzelnen also nur im Wege einer rein tatsächlichen Nebenwirkung zugute kommt[194].

2. Die Einteilung subjektiver Rechte

a) Beherrschungsrechte, Ansprüche und Gestaltungsrechte

Ein Ansatz in der verwaltungsrechtlichen Literatur will drei Arten subjektiver Rechte unterscheiden[195]: Die erste Gruppe bilden Beherrschungsrechte über bestimmte Objekte. Inhalt dieser Rechte ist die Befugnis, auf körperliche Gegenstände, Personen, geistige Produkte oder Rechte einzuwirken und störende Einwirkungen auszuschließen. Bei der zweiten Gruppe handelt es sich um auf ein Tun, Dulden oder Unterlassen gerichtete Ansprüche. Die dritte Gruppe erfaßt die zur Herstellung, Veränderung oder Aufhebung von Rechtsbeziehungen führenden Gestaltungsrechte. Als Beispiele werden unter anderem das aktive Wahlrecht und das Recht zur Kündigung öffentlich-rechtlicher Verträge genannt.

Diese Typologie ist jedoch zu Recht auf Vorbehalte gestoßen: Zum einen ist es möglich, daß ein Recht mehreren dieser Kategorien zugeordnet werden kann. Dies gilt etwa für Rechte auf Unterlassung von Beeinträchtigungen des Eigentums, die sowohl der Gruppe der Ansprüche als auch der der Beherrschungsrechte zuzurechnen sind. Zweitens spielt die Gruppe der Gestaltungsrechte - anders als im Zivilrecht - in dem nicht auf autonome Konfliktlösung ausgerichteten öffentlichen Recht nur eine Nebenrolle, so daß sie als eigene Kategorie überbewertet erscheint. Vor allem aber ermöglicht dieser Ansatz keine eindeutige Einordnung der in der Praxis, etwa im Baunachbarrecht, stetig an Bedeutung zunehmenden negatorischen Rechte gegen die Genehmigung störender Aktivitäten Dritter[196].

---

193 So grundlegend in NVwZ 1987, 409.

194 *Sodan*, in: Sodan/Ziekow, VwGO, § 42 Rn. 379.

195 Vgl. *Stober*, in: Wolff/Bachof/Stober, Verwaltungsrecht I, § 43 Rn. 5ff.

196 Vgl. näher *Scherzberg*, DVBl. 1988, 129, 133f.

b) Leistungsansprüche, Abwehr- und Handlungsrechte

Scherzberg plädiert daher für eine enger an den praktisch relevanten Konfliktlagen orientierte Einteilung[197]. Danach sollen folgende drei Kategorien unterschieden werden:

Die Gruppe der auf die Einräumung tatsächlicher oder rechtlicher Begünstigungen gerichteten Ansprüche, die „Leistungsansprüche“. Hierzu werden beamtenrechtliche Besoldungs- und Versorgungsansprüche, der Anspruch auf Sozialhilfe aber auch die auf Erteilung von gewerberechtlichen Erlaubnissen und Genehmigungen gerichteten Ansprüche gezählt.

Die zweite Kategorie bilden Rechte zu eigenem aktivem Verhalten. Dies sind zum Beispiel die Freiheitsgundrechte, politische Mitwirkungsrechte und die aus bereits erhaltenen Erlaubnissen und Genehmigungen folgenden Befugnisse.

Die dritte Gruppe soll nach diesem Ansatz die auf Abwehr von Beeinträchtigungen gerichteten Rechte umfassen. Hierzu zählt *Scherzberg* vor allem drittschützende Vorschriften des Gefahrenabwehrrechts, insbesondere solche des Bau- und Immissionsschutzrechts[198].

Scherzbergs Typologie ist jedoch ebenfalls Zweifeln im Hinblick auf die wünschenswerte eindeutige Abgrenzbarkeit der entworfenen Kategorien ausgesetzt. Bedenklich erscheint insbesondere die Trennung von Berechtigungen zu eigenem Verhalten und bloßen Rechten auf Abwehr von Beeinträchtigungen. Negatorische Befugnisse sind, wie *Scherzberg* selbst einräumt[199], gerade die typische Folge der Anerkennung eines auf aktives Verhalten gerichteten Freiheitsrechts. Das Recht auf eigenes Verhalten äußert sich im Verhältnis zum Staat gerade in einem Unterlassungsanspruch - er muß die Tätigkeit dulden. Zu Recht wird daher von namhaften Stimmen im Schrifttum der Charakter eines subjektiven Rechts nicht dem Freiheitsstatus selbst zuerkannt[200]; ein solches entsteht vielmehr erst infolge der Verletzung des Freiheitsstatus in Gestalt von Abwehran-

---

197 DVBl. 1988, 129, 134.

198 Eine den ersten beiden Kategorien ähnliche Unterscheidung befürwortet *Stober*, in: Wolff/Bachof/Stober, Verwaltungsrecht I, § 43 Rn. 55ff., der von „Einräumungs- und Ausübungsberechtigungen“ spricht; allerdings werden hier die negatorischen Befugnisse als eine Art von Sekundäransprüchen vernachlässigt.

199 DVBl. 1988, 129, 134.

200 *Rupp*, Grundfragen, S. 169ff.; *Wolff*, in: Elleringmann/Günnicker/Wolff, Festschrift zur Feier des 25jährigen Bestehens der Westfälischen Verwaltungsakademie, S. 119, 121f.

sprüchen[201]. Auch *Scherzbergs* Ansatz einer Klassifizierung von subjektiven Rechten ermöglicht daher nicht immer eine eingängige, zweifelsfreie Zuordnung.

c) Abwehr- und Leistungsrechte

Es hat sich gezeigt, daß eine Einteilung der subjektiven Rechte in drei Gruppen Probleme aufwirft. Dies legt nahe, zumindest eine Unterscheidung zweier Kategorien zu versuchen. Geht man mit *Rupp*[202] davon aus, daß der Freiheitsstatus, etwas tun zu dürfen, selbst kein subjektives Recht darstellt, erscheint eine sicher handhabbare Unterscheidung in zwei Gruppen möglich. Es kann unmittelbar an die Erkenntnis angeknüpft werden, daß subjektive Rechte vorrangig durch das von der jeweiligen Norm gebotene Verhalten des durch sie Verpflichteten zu Tage treten. Essentielles Merkmal einer Rechtsnorm ist ja gerade das Element der Verhaltenssteuerung. Auch das subjektive Recht wird dementsprechend durch die dem Normadressaten auferlegte Verhaltenspflicht geprägt. Das subjektive *öffentliche* Recht ist dabei dadurch gekennzeichnet, daß Adressaten allein Träger öffentlicher Gewalt sind. Mithin liegt es nahe, bei dem Versuch einer Typologisierung entscheidend auf die aus dem jeweiligen Rechtssatz folgende Verhaltenspflicht des Staates abzustellen. Anknüpfungspunkt ist das tatsächliche Erscheinungsbild des Verhaltens, zu dem der Staat verpflichtet wird; die Handlungsform, die der Berechtigte verlangen kann.

Für einen Träger öffentlicher Gewalt können aus einer Norm, die den Bürger berechtigt, zwei Grundverhaltensweisen folgen: Entweder er wird zur schlichten Duldung der privaten Tätigkeit - also zur Untätigkeit - verpflichtet oder ihm wird eine Pflicht zu einem bestimmten aktiven Verhalten, eine Handlungspflicht, auferlegt. Anders gewendet lassen sich aus Sicht des privaten Rechtsträgers lediglich zwei Grundarten unterscheiden: Rechte auf Duldung, also „Abwehransprüche“ und Rechte auf aktives Tätigwerden, „Leistungsrechte“.

Einzuräumen ist, daß diese Unterscheidung zunächst nur eine sehr allgemeine Zweiteilung ermöglicht. Innerhalb der beiden Grundkategorien sind aber durchaus weitere Arten von Berechtigungen unterscheidbar, anhand bestimmter Merkmale lassen sich weitergehende Trennlinien ziehen.

Innerhalb der Abwehransprüche kann unterschieden werden zwischen der Abwehr von unmittelbaren Einwirkungen des Staates und solchen Beeinträchti-

---

[201] Vgl. nur *Rupp*, Grundfragen, S. 169, 171.
[202] Grundfragen, S. 169, 171.

gungen, die lediglich mittelbar auf den Staat zurückzuführen sind. Zu der ersten Gruppe zählen vor allem Unterlassungsansprüche gegen Gebotsverfügungen, wie beispielsweise eine bauordnungsrechtliche Beseitigungsanordnung. Hierher gehören auch Unterlassungsansprüche gegen von staatlichen Einrichtungen ausgehende tatsächliche Einwirkungen. Bei den mittelbar vom Staat veranlaßten Beeinträchtigungen handelt es sich um die Sanktionierung von Aktivitäten privater Dritter, die auf den Betroffenen nachteilige Auswirkungen haben. Derartige Beeinträchtigungen können insofern auf den Staat zurückzuführen sein, als er sie durch aktives Verhalten, etwa die Genehmigung der störenden Tätigkeit, mitverursacht hat[203]. Ein typisches Beispiel ist die Genehmigung einer emittierenden Anlage nach dem Bundes-Immissionsschutzgesetz. Inhalt des Rechts ist in diesen Fällen die Pflicht des Staates, die Erteilung genehmigender Verwaltungsakte an Dritte zu unterlassen.

Auch innerhalb der Gruppe der Leistungsrechte ist eine weitergehende Unterscheidung möglich: Hier existieren einerseits Rechte, die auf eine Erweiterung des Rechtskreises gerichtet sind (im folgenden als „echte Leistungsrechte" bezeichnet) und andererseits Ansprüche, durch deren Erfüllung ein bereits anderweitig gewährleistetes aber vorübergehend versagtes Recht lediglich wiederhergestellt wird („unechte Leistungsrechte"). Beide Arten von Berechtigungen haben gemein, daß sie auf ein aktives Verhalten des Staates, beispielsweise den Erlaß eines Verwaltungsakts, gerichtet sind. Sie unterscheiden sich aber dennoch in einem wesentlichen Aspekt: Im erstgenannten Fall wird der Rechtskreis des Bürgers durch die aus der jeweiligen Norm folgende Leistungsverpflichtung konstitutiv erweitert, während im zweiten Fall hinter der Leistungsverpflichtung eine dem Bürger bereits durch eine andere Rechtsnorm zugewiesene Berechtigung steht. So liegt der Fall insbesondere dann, wenn das prinzipielle Recht, eine bestimmte Tätigkeit auszuüben, bereits durch ein Freiheitsgrundrecht gewährt wird, so daß mit der gesetzlichen Leistungsverpflichtung lediglich die durch einen Erlaubnisvorbehalt vorübergehend errichtete Sperre der Grundrechtsausübung wieder abgebaut wird[204]. Im Rahmen einer Gesamtbetrachtung führen derartige unechte Leistungsrechte gerade nicht zu einer Erweiterung des Rechtskreises des Bürgers.

Beispiele für echte Leistungsrechte sind Ansprüche auf die Nutzung öffentlicher Einrichtungen. Hier erhält der Bürger regelmäßig eine Leistung, auf die kein grundrechtlicher Anspruch besteht. Um ein echtes Leistungsrecht handelt es sich auch bei Ansprüchen auf staatliches Einschreiten gegen Beeinträchtigungen durch Dritte, beispielsweise auf Maßnahmen gegen ungenehmigte Bau-

203 Zur Frage des Vorliegens und der Zurechnung von mittelbaren Grundrechtseingriffen vgl. etwa *Sachs*, in: Stern, Staatsrecht III/2, § 78 III.

204 Vgl. zu dieser Deutung derartiger Erlaubnisvorbehalte: BVerfGE 20, 150, 154f.

vorhaben. Unechte Leistungsrechte gewähren etwa die Ansprüche auf Erteilung einer Gaststättenerlaubnis nach § 2 ff. des Gaststättengesetzes oder einer Güterfernverkehrerlaubnis nach § 8 ff. GüKG. In beiden Fällen ist die Tätigkeit bereits durch die Berufsfreiheit des Art. 12 Abs. 1 GG gewährleistet, der Gesetzgeber hat die tatsächliche Ausübung aber einem Erlaubnisverfahren unterworfen, das sich als Beschränkung des Grundrechts darstellt[205]. Die einfachgesetzlichen Anspruchsnormen führen hier lediglich zur Durchsetzung des grund-rechtlich verbürgten Handlungsrechts, die Situation stellt sich nicht anders dar, als wenn der Gesetzgeber den Bereich völlig unreglementiert gelassen hätte. Dies steht der Annahme einer echten, originären Leistungsverpflichtung entgegen.

III. Die Systematik subjektiver Veranstalterrechte im rundfunkrechtlichen Zulassungsverfahren

Entsprechend der im vorausgegangenen Abschnitt entwickelten allgemeinen Typologie subjektiver Rechte lassen sich auch im Bereich der Erteilung rundfunkrechtlicher Zulassungen Abwehrrechte und Leistungsrechte unterscheiden. Wird nach der Existenz eines originären Rechts, Rundfunk zu veranstalten, gefragt, liegt eine abwehrrechtliche Thematik vor, denn hier steht allein ein Recht auf Duldung der Tätigkeit durch den Staat im Raum. Wird dagegen im Rahmen des gegenwärtigen Zulassungssystems der Rundfunk- und Mediengesetze die Erteilung einer Zulassung begehrt, werden, da Anspruchsinhalt ein aktives Verhalten des Staates ist, Leistungsrechte geltend gemacht.

Um eine weitergehende Einordnung innerhalb der Gruppe der Leistungsrechte anhand der im vorangegangenen Kapitel genannten Merkmale vornehmen zu können, bedarf es aber einer näheren Betrachtung der konkreten Berechtigungen. Ein isolierter Blick auf die jeweilige Norm reicht dafür nicht aus. So ist etwa das Vorliegen eines einfachgesetzlichen unechten Leistungsrechts auf Erteilung einer Zulassung nur nach einem Durchblick auf die dahinterstehende Grundrechtssituation feststellbar, denn nur dann läßt sich erkennen, ob der Rechtskreis erweitert wird oder ob nur bereits innegehabte Berechtigungen wiederhergestellt werden[206].

Wie bereits dargestellt wurde[207], sind bei einem Antrag auf Erteilung einer rundfunkrechtlichen Zulassung zwei Grundkonstellationen auseinander zu halten: Einmal kann lediglich eine Zulassung für eine dem Bewerber bereits zur

205 Vgl. BVerfGE 20, 150, 154, zum Sammlungsgesetz und Art. 2 Abs. 1 GG.
206 Dazu im einzelnen unten Teil 3.
207 Vgl. oben A. III. 3. b).

Verfügung stehende Übertragungskapazität - insbesondere für einen Transponder auf einem ausländischen Satelliten - erstrebt werden. Nach der oben gewählten Terminologie handelt es sich dann um eine Gestattungszulassung. Diese Konstellation wird - gleichsam als Grundfall - an den Anfang der nachfolgenden Untersuchung konkreter Berechtigungen gestellt. Dabei steht die Frage im Vordergrund, ob aus den Grundrechten des Grundgesetzes und des Europarechts[208] sowie den grundrechtsähnlichen Marktfreiheiten des EG-Vertrages ein Recht auf die Veranstaltung von Rundfunk erwächst.

Ein Zulassungsantrag kann aber neben der Gestattungswirkung auch die Zuteilung einer von der Landesmedienanstalt ausgeschriebenen Übertragungskapazität, also die Erteilung einer Gewährungszulassung zum Ziel haben. Die in dieser Situation möglichen Berechtigungen werden im dritten Teil der Untersuchung betrachtet. Dort ist vertieft auf leistungsrechtliche Aspekte einzugehen. Gegenstand dieses Abschnitts sind auch etwaige Rechte der Antragsteller im Falle einer Konkurrenz mit anderen Bewerbern. In dieser Konstellation ergeben sich Probleme, die herkömmlich unter dem Schlagwort des „Rechts auf chancengleichen Zugang“ firmieren.

---

208 Der häufig pauschal gebrauchte Terminus „Europarecht“ wird hier in seinem weiteren Sinne gebraucht, denn gemeint sind sowohl die Grundrechte nach der Konvention zum Schutze der Menschenrechte und Grundfreiheiten des Europarats als auch die Grundrechte der Europäischen Union; vgl. zu den Begrifflichkeiten etwa *Schweitzer/Hummer*, Europarecht, Rn. 7f.

TEIL 2 SUBJEKTIVE RECHTE DER BEWERBER UM GESTATTUNGSZULASSUNGEN

A. Einleitung

Wie die Erfolgsgeschichte des *Astra*-Satellitensystems belegt, hat die Verbreitung von Rundfunkprogrammen über Übertragungswege, die nicht im Wege einer Ausschreibung zugeteilt werden, die sich die Veranstalter vielmehr auf dem Telekommunikationsmarkt erkaufen, in den letzten Jahren beträchtlich an Bedeutung gewonnen. Den Rundfunkveranstaltern, die ihr Programm über direktstrahlende Satelliten verbreiten wollen, stellt sich im Vorfeld die Frage nach einem Anspruch auf die dafür notwendige Sendeerlaubnis. Für die in einer solchen Konstellation erforderliche Genehmigung wurde im ersten Teil der vorliegenden Untersuchung die Bezeichnung „Gestattungszulassung" eingeführt. Diese Zulassungsart zeichnet sich dadurch aus, daß sich ihr Regelungsgehalt auf die Duldung der Veranstaltung beschränkt[209].

Hält man nach einem Zulassungsanspruch Ausschau, richtet sich der Blick naturgemäß vorrangig auf die Zulassungsvorschriften der Rundfunk- und Mediengesetze. Läßt sich diesen ein absoluter Anspruch auf die Erteilung einer Zulassung entnehmen, kann dem Gesetzesrecht übergeordnetes Recht im Hintergrund bleiben. Wie sich nachfolgend zeigen wird, bedarf es aber einer eingehenderen Betrachtung der verfassungsrechtlichen Ausgangslage, um Klarheit über den genauen Inhalt der Vorschriften zu gewinnen. Will man nicht bei einer auf nationales Recht verengten Betrachtung verharren, ist ergänzend die Frage nach entsprechenden europarechtlichen Berechtigungen aufgeworfen. Daraus könnten sich in gleicher Weise Direktiven für die Auslegung und Anwendung der Zulassungsvorschriften ergeben.

B. Einfachgesetzliche Zulassungsansprüche

I. Der Rundfunkstaatsvertrag

Der Rundfunkstaatsvertrag statuiert in seinem § 20 die Zulassungspflichtigkeit der Rundfunkveranstaltung, enthält aber keine Aussagen darüber, unter welchen Voraussetzungen eine Zulassung erteilt werden muß. Mit dem Dritten Rund-

---

209 Vgl. oben. Teil 1 A. III. 3. a) bb).

funkänderungsstaatsvertrag hat sich daran nichts geändert. Hinzugekommen sind in diesem Kontext lediglich einige Verfahrensvorschriften zur Prüfung der Anforderungen zur Sicherung der Meinungsvielfalt[210]. Die Modalitäten der Erlaubniserteilung bleiben - wie auch die allgemeinen Zulassungsvoraussetzungen - der Regelung durch die Rundfunk- und Mediengesetze der einzelnen Länder überlassen.

II. Die Rundfunk- und Mediengesetze

1. Der unklare Wortlaut der Zulassungsvorschriften

Den Vorschriften der Landesgesetze läßt sich ein absoluter Anspruch auf die Erteilung einer Zulassung nicht eindeutig entnehmen. Fast ausnahmslos lassen die Rundfunk- und Mediengesetze keine sichere Aussage darüber zu, ob einem Antragsteller, der die Zulassungsvoraussetzungen erfüllt, die Zulassung zwingend erteilt werden muß. In diesem Punkt sind die Vorschriften erstaunlich unklar formuliert. Es wird nicht deutlich, ob es sich um eine gebundene Entscheidung handelt, die einen absoluten Anspruch gewährt oder ob den Landesmedienanstalten Ermessensspielräume verbleiben. Lediglich in Baden-Württemberg ist eindeutig ein absoluter Anspruch normiert: In § 19 Abs. 2 des Landesmediengesetzes heißt es unmißverständlich, daß die Zulassung „erteilt wird, wenn die Voraussetzungen nach diesem Gesetz erfüllt sind". Die einschlägigen Vorschriften der anderen Länder lassen dagegen am Bestehen absoluter Zulassungsansprüche durchweg zweifeln. Zwar finden sich in einigen Gesetzen Formulierungen nach denen die Zulassung „auf schriftlichen Antrag erteilt wird"[211], was für einen absoluten Anspruch sprechen könnte[212]. Gewichtige Indizien legen jedoch die Annahme nahe, daß sich der Regelungsgehalt dieser Aussagen darin erschöpft, daß das formale Erfordernis eines schriftlichen Antrags aufgestellt bzw. die Zuständigkeit für die Erteilung der Zulassung[213] geregelt wird. Besonders deutlich zeigt sich dies etwa im Staatsvertrag der Län-

---

[210] Vgl. oben Teil 1 A. IV. 2. e) cc).

[211] Z.B. § 6 Abs. 1 RhPfLRG; § 28 Abs. 2 BerlBrandStV; § 7 Abs. 1 BremLMG; § 5 Abs. 1 HPRG; § 5 Abs. 1 SachsAnhPRG; § 4 Abs. 1 LRG NW; § 5 Abs. 1 SachsAnhPRG.

[212] So wohl *Hesse*, Rundfunkrecht, S. 173; *Herrmann,* Rundfunkrecht, § 18 Rn. 33; *Wagner*, Die Landesmedienanstalten, S. 185 und *Bumke*, Landesmedienanstalten, S. 208 (in Fn. 703).

[213] In vielen Gesetzen wird im gleichen Satz die Zuständigkeit der jeweiligen Landesmedienanstalten für die Zulassungserteilung genannt; vgl. § 28 Abs. 2 BerlBrandStV; § 7 Abs. 1 BremLMG; § 5 Abs. 1 HPRG; § 22 Abs. 1 HambMedienG; § 4 Abs. 1 LRG NW; § 5 Abs. 1 SachsAnhPRG; § 5 Abs. 1 TRG.

der Berlin und Brandenburg. Dort steht die genannte Formulierung in einem Absatz, der ausschließlich formelle Anforderungen an den Zulassungsantrag regelt[214]. Interessant ist dabei, daß man im niedersächsischen Landesrundfunkgesetz an der systematisch entsprechenden Stelle des Gesetzes liest: „Der Antrag auf Erteilung der Erlaubnis ist bei der Landesmedienanstalt schriftlich einzureichen“[215]. Hier werden demnach unmißverständlich rein formelle Fragen geregelt.

Nicht zu übersehen ist vor allem, daß den genannten Formulierungen in fast allen Gesetzen Vorschriften unmittelbar nachfolgen, die zur Frage der Zulassungserteilung sehr zurückhaltend gefaßt sind. Hier heißt es etwa, die Erlaubnis „*darf* nur erteilt werden, wenn die folgenden Voraussetzungen erfüllt sind“[216] oder die Erlaubnis „*kann* (nur) erteilt werden...“[217], eine Wortwahl, die eine Ermessensentscheidung indiziert[218]. Aufschlußreich sind auch in diesem Zusammenhang die Regelungen des Staatsvertrags für Berlin und Brandenburg, wo in § 31 Abs. 3 im Zusammenhang mit der Frage einer Verlängerung einer Erlaubnis ausdrücklich formuliert ist, „der Veranstalter hat einen Anspruch auf ...wenn....“. Es existiert also im gleichen Gesetz in einem thematisch verwandten Zusammenhang eine Formulierung, die eindeutig einen absoluten Anspruch gewährt. Dies spricht für eine absichtsvolle Verwendung des Wortes „kann“ in der Zulassungsvorschrift.

Andere Rundfunk- und Mediengesetze enthalten Formulierungen wie „die Zulassung setzt voraus“[219] oder „...kommt nur in Betracht, wenn...“[220]. Vergleicht man diese Vorschriften mit den Zulassungregelungen anderer Bereiche des Wirtschaftsverwaltungsrechts, zeigen sich deutliche Unterschiede. Dort ist in aller Regel ein Anspruch bei Vorliegen der Genehmigungsvoraussetzungen ein-

---

214 § 28 Abs. 2 BerlBrandStV.

215 § 5 Abs. 2 NdsLRG.

216 § 6 Abs. 1 RhPfLRG (Hervorhebung nicht im Original); ähnlich § 9 Abs. 1 RGMV; § 7 Abs. 1 NdsLRG; § 5 Abs. 1 LRG NW; § 50 Abs. 1 SaarLRG; § 6 Abs. 1 SachsAnhPRG; § 10 Abs. 2 SchlHolstRFG; dies entspricht übrigens der Formulierung des Genehmigungsvorbehalts für die Errichtung und den Betrieb atomarer Anlagen in § 7 Abs. 2 des Atomgesetzes, der bezeichnenderweise dahingehend ausgelegt wird, daß der Behörde ein Versagungsermessen verbleibt, vgl. *Bender/Sparwasser/Engel*, Umweltrecht, Teil 7 Rn. 115; BVerfGE 49, 89, 144 - *Kalkar* m.w.N.

217 § 29 Abs. 1 BerlBrandStV; § 8 Abs. 1 BremLMG; § 23 Abs. 1, 3 HambMedienG; § 6 Abs. 1 SächsPRG.

218 Vgl. auch *Wagner*, Die Landesmedienanstalten, S. 184.

219 § 6 Abs. 1 TRG; § 6 Abs. 1 HPRG; § 8 Abs. 2 BremLMG; § 23 Abs. 2 HambMedienG; § 6 Abs. 2 SächsPRG.

220 § 8 Abs. 3 BremLMG.

deutig zum Ausdruck gebracht[221] oder es werden „Versagungsgründe" bezeichnet[222], woraus sich unmißverständlich ergibt, daß bei Nichtvorliegen der genannten Gründe die Erlaubnis erteilt werden muß.

Nach § 5 Abs. 1 des sächsischen Privatrundfunkgesetzes wird die Erlaubnis nicht nur „nach Maßgabe der Bestimmungen dieses Gesetzes" sondern auch aufgrund einer „Gesamtbewertung" erteilt. Diese Formulierung legt ebenfalls einen Ermessensspielraum der Landesmedienanstalt nahe. Es spricht somit einiges dafür, den Regelungsgehalt der Vorschriften allein in der Verpflichtung zu sehen, daß der Erteilung einer Zulassung ein schriftlicher Antrag vorausgehen muß beziehungsweise eine Regelung der sachlichen Zuständigkeit für die Zulassungserteilung. Für die Frage eines materiellen Anspruchs sind die Vorschriften nicht weiterführend[223].

Das restriktive Verständnis der Vorschriften steht auch mit der Entstehungsgeschichte der Rundfunk- und Mediengesetze im Einklang. Zunächst sprechen die Gesetzesmaterialien keineswegs gegen eine derartige Auslegung[224]. Zudem darf in diesem Zusammenhang nicht vergessen werden, daß die Einführung des privaten Rundfunks noch während des Erlasses der ersten Privatrundfunk-gesetze politisch heftig umkämpft war. Auch das Bestehen einer verfassungsrechtlichen Pflicht zur Zulassung privaten Rundfunks war von Beginn an umstritten. Das Bundesverfassungsgericht hat die Frage stets offen gelassen. Vor diesem Hintergrund erscheint es durchaus schlüssig, daß die Rundfunkgesetzgeber mit Erlaß der Rundfunk- und Mediengesetze zwar die Veranstaltung privaten Rundfunks ermöglichen wollten, sich bei der Normierung absoluter Zulassungsansprüche aber bewußt zurückhielten.

---

221 Z.B. § 6 BImSchG („ist zu erteilen, wenn").

222 Z.B. § 30 Abs. 1 GewO (Genehmigung von Privatkrankenanstalten): „Die Konzession ist nur dann zu versagen, wenn ..."; vgl. auch § 4 Abs. 1 GaststättenG; § 8 WaffG (Waffenherstellung und -handel); § 8 Abs. 3 Telekommunikationsgesetz.

223 Auch innerhalb des bayerischen Modells wird trotz des vergleichsweise klaren Wortlauts eine gebundene Entscheidung verneint; vgl. BayVGH, BayVBl. 1994, 183; *Bornemann*, ZUM 1992, 483, 487; *Schmidt-Preuß*, Kollidierende Privatinteressen, S. 404f.; offenkundig rein formellen Charakter hat auch § 49 Abs. 2 SaarLRG, wo es heißt, „Die Konzession wird von der Landesanstalt schriftlich erteilt".

224 Vgl. *Wagner*, Die Landesmedienanstalten, S. 185 und die dortgenannten Beispiele Hamburg und Nordrhein-Westfalen.

2. Verfassungskonforme Auslegung

Dennoch wird im Schrifttum überwiegend von dem Bestehen absoluter Zulassungsansprüche ausgegangen. Verwiesen wird zunächst auf die Gesetzessystematik. Weil die Erlaubnisvoraussetzungen detailliert aufgelistet sind, kämen, wenn sie erfüllt werden, weitere Versagungsgründe nicht Betracht[225]. Diese Argumentation kann aber jedenfalls hinsichtlich der Gesetze, die im Wortlaut die genannten eindeutigen Hinweise auf eine Ermessensentscheidung enthalten, bestehende Zweifel nicht ausräumen. Ganz überwiegend wird daher entscheidend auf eine verfassungskonforme Auslegung der Vorschriften abgestellt[226]. Dabei wird vor allem auf die Feststellung des Bundesverfassungsgerichts im *FRAG*-Urteil hingewiesen, nach der das damalige saarländische Rundfunkgesetz auch insofern verfassungswidrig war, als ein Rechtsanspruch auf Erteilung der Erlaubnis (dort „Konzession" genannt) ausdrücklich ausgeschlossen und die Erteilung in das „nicht näher gebundene Ermessen" der Zulassungsbehörde gestellt wurde[227]. Dementsprechend wird auch im Schrifttum in einer derartigen Ermessenseinräumung ein Verstoß gegen den sich aus Art. 5 Abs. 1 S. 2 GG ergebenden Vorbehalt des Gesetzes gesehen; der Gesetzgeber müsse in dem grundrechtsrelevanten Bereich die Erlaubniserteilung selbst regeln[228].

Wenn auch einer verfassungskonformen Auslegung im Ergebnis zuzustimmen sein mag[229], erscheint doch der beschriebene Begründungsansatz zweifelhaft. Es ist wenig überzeugend, sich zur Begründung einer subjektiv-rechtlichen Auslegung der Zulassungsvorschriften auf den Grundsatz des Vorbehalts des Gesetzes und die Rundfunkfreiheit zu berufen, gleichzeitig aber die Existenz eines verfassungsunmittelbaren Rechts auf Zugang zum Rundfunk abzulehnen oder offen zu lassen. Zwar kommt der Vorbehalt des Gesetzes nicht nur für Fälle zur Anwendung, in denen die Voraussetzungen eines Grundrechtseingriffs vorlie-

---

225 Vgl. *Hesse*, Rundfunkrecht, S. 173; *Herrmann*, Rundfunkrecht, § 18 Rn. 33.

226 *Wagner*, Die Landesmedienanstalten, S. 185, *Herrmann*, Das bayerische Medienrecht, S. 58; *Jarass*, Die Freiheit des Rundfunks, S. 64f.; anders wohl nur *Hoffmann-Riem*, Rundfunkaufsicht, S. 209, 211.

227 BVerfGE 57, 295, 328.

228 *Hesse*, Rundfunkrecht, S. 173; *Wagner*, Die Landesmedienanstalten, S. 185f. unter Bezugnahme auf BVerfGE 57, 295, 328f.

229 Im Rahmen einer Überprüfung des Genehmigungsvorbehalts des § 7 Abs. 2 des Atomgesetzes - dessen Wortwahl bemerkenswerterweise mit dem des Vorbehalts des § 6 Abs. 1 RhPfLRG identisch ist - hat das BVerfG eine derartige verfassungskonforme Auslegung aber nicht erwogen, sondern vielmehr ein Versagungsermessen aufgrund der Besonderheiten der Regelungsmaterie für zulässig erachtet, BVerfGE 49, 89, 144f. - *Kalkar*. Vehement gegen eine anspruchsbegründende Auslegung der Zulassungsnormen: *Burmeister*, Der Rundfunk unter der Herrschaft der technischen Entwicklung, S. 64f.

gen[230], sondern nach der Rechtsprechung des Bundesverfassungsgerichts darüber hinaus schon bei „Grundrechtsrelevanz“[231], also wenn der „Schutz- und Ordnungsbereich eines Grundrechts mit greifbarer Intensität berührt wird“[232]. Wann eine solche, unter der Eingriffsschwelle angesiedelte „Grundrechtsberührung“ vorliegt, ist allerdings bislang nicht eindeutig geklärt. Einigkeit besteht wohl nur darüber, daß aus diesem Ansatz heraus kein Totalvorbehalt errichtet werden darf[233].

Überträgt man diese Grundsätze auf das Zulassungssystem der Rundfunk- und Mediengesetze, kann die Berufung auf den Vorbehalt des Gesetzes nur überzeugen, wenn ein Grundrechtseingriff oder die genannte Grundrechtsrelevanz gegeben ist. Ein Grundrechtseingriff kann aber nur dann vorliegen, wenn die Aufnahme der Veranstaltung von Rundfunk vom Schutzbereich der Rundfunkfreiheit erfaßt wird. Auch eine Grundrechtsberührung läßt sich angesichts der Unbestimmtheit des Begriffs nicht zweifelsfrei feststellen[234]. Gerade wenn man zwischen dem Schutz der Ausübung und der erstmaligen Aufnahme der Veranstaltertätigkeit unterscheidet, verbleiben Unsicherheiten. Denn wenn man den Grundrechtsschutz auf die Rundfunktätigkeit nach Zulassung begrenzt, stellt sich die Frage, worin dann die grundrechtliche Relevanz der Vorschriften liegt, die sich allein auf die davon zu unterscheidende Phase der Zulassungserteilung beziehen.

Die Anwendung des Vorbehalts des Gesetzes erscheint daher im Ergebnis nur dann zweifelsfrei, wenn gerade auch die Aufnahme der Rundfunkveranstaltertätigkeit - nicht nur die Ausübung nach erfolgter Zulassung - in den grundrechtlichen Schutzbereich fallen. Nur unter diesen Umständen ist die Unzulässigkeit eines verbleibenden Ermessensspielraums offensichtlich. Dementsprechend hat das Bundesverfassungsgericht im Naßauskiesungsbeschluß anläßlich der Frage der privaten Nutzung des Grundwassers nach dem Wasserhaushaltsgesetz unmißverständlich festgestellt: „Ein Erlaubnisverfahren mit Rechtsanspruch auf Erteilung der Erlaubnis ist verfassungsrechtlich dann geboten, wenn das Verfahren die Ausübung grundrechtlich gesicherter Befugnisse zum Gegenstand hat“[235].

---

230 Vgl. BVerfGE 47, 46, 78f; 49, 89, 126.
231 BVerfGE 47, 46, 79f.
232 *Badura*, Staatsrecht, F 13, S. 471.
233 Vgl. zur Diskussion um die Reichweite des Vorbehalts des Gesetzes *Stern*, Staatsrecht I, S. 802ff.
234 Vgl. für eine zurückhaltende Erweiterung des Anwendungsbereichs des Vorbehalts des Gesetzes auf dieser Grundlage etwa *Degenhart*, Staatsrecht I, Rn. 294.
235 BVerfGE 58, 300, 346f.

Um eine andere Begründung der verfassungskonformen Auslegung der Zulassungsvorschriften hat sich *Bumke* bemüht, die eine „Vorwirkung" der vom Grundrecht der Rundfunkfreiheit individualrechtlich geschützten Programmgestaltungsfreiheit annimmt[236]. In bemerkenswerter Ähnlichkeit zu den Erwägungen *Bumkes* hat nunmehr auch das Bundesverfassungsgericht in seinem Beschluß vom 20. Februar 1998 zu der Verfasssungsbeschwerde des bayerischen Hörfunkveranstalters *extra radio*[237] eine derartige antizipierte Schutzwirkung der Programmfreiheit erkannt. Ob die Rundfunkfreiheit des Art. 5 Abs. 1 S. 2 GG ein originäres Recht auf Gründung eines Rundfunkunternehmens gewährt, hat es in dieser Entscheidung weiter unentschieden gelassen, aber erstmals eine aus dem Grundrecht folgende subjektiv-rechtliche Position der Bewerber um eine Zulassung anerkannt. Die „rundfunkspezifische Rechtsposition" im Rahmen des Zulassungsverfahrens leitet es aus der in Art. 5 Abs. 1 S. 2 GG enthaltenen Programmfreiheit ab, hinsichtlich derer die Gefahr einer Einflußnahme bei der Auswahl und Zulassung der Veranstalter „besonders groß" sei[238].

Der letztgenannten Erwägung ist sicherlich zuzustimmen. Gleichwohl erscheint die Annahme einer derartigen Vorwirkung der herkömmlich erst mit der Aufnahme der Tätigkeit relevant werdenden Programmfreiheit sehr konstruiert. Auch wenn die Argumentation an sich schlüssig wirkt, wird gleichsam das Pferd von hinten aufgezäumt. Das Bundesverfassungsgericht läßt weiterhin offen, ob der Schutzbereich der Rundfunkfreiheit auch die Aufnahme der Veranstaltertätigkeit erfaßt und anerkennt prinzipiell nur den Schutz zugelassener Veranstalter. Es leitet aber nunmehr aus dieser Gewährleistung eine Schutzwirkung für den Zeitpunkt der Zulassungserteilung ab. Damit wird der neuralgische Punkt elegant umfahren. Die Verschlungenheit des Begründungsansatzes offenbart auch ein Blick auf andere Freiheitsgrundrechte: Wird das Recht aus Art. 4 GG, eine religiöse Vereinigung zu gründen, damit begründet, das Grundrecht der Glaubensfreiheit schütze auch die nachfolgende, ungestörte Betätigung in einer solchen Gemeinschaft ? Wurde das Recht, ein Presseunternehmen zu gründen, aus der journalistischen Freiheit bestehender Unternehmen abgeleitet ? Nein. Die Religionsfreiheit schützt die Gründung einer Religionsgemeinschaft unmittelbar aus sich selbst heraus, ohne daß diese erst aus dem Recht, anschließend in einer derartigen Vereinigung ungestört tätig zu sein, abgeleitet wird[239]. Auch von der Pressefreiheit ist nicht bekannt, daß der Zugang zu jour-

---

[236] *Bumke*, S. 206ff., eine dementsprechende Tendenz der Verfassungsrechtsprechung entnimmt sie bereits dem *WDR-Beschluß* vom 15. Dezember 1992, BVerfGE 88, 25.

[237] BVerfG Az. 1 BvR 661/94, Beschluß vom 20.2.1998; ZUM 1998, 306.

[238] BVerfG Az. 1 BvR 661/94, Beschluß vom 20.2.1998; ZUM 1998, 306, 310.

[239] Vgl. BVerfGE 83, 341, 354; gerade für die Gründungfreiheit hat dort der Begriff der „religiösen Vereinigungfreiheit" Bedeutung.

nalistischen Tätigkeiten nur deshalb gewährleistet wird, weil die nachfolgende Pressetätigkeit Schutz vor staatlicher Einflußnahme erfährt, sondern selbständig neben diesem gleichrangigen Element. Keines beider Elemente ist in seinem Bestand von dem anderen abhängig, sie werden um ihrer selbst willen geschützt. Soll dies alles bei der Rundfunkfreiheit anders sein? Soll der Grundrechtsschutz der Aufnahme einer Tätigkeit nur über den Umweg einer mittelbaren Beeinträchtigung der inhaltlichen Gestaltungsfreiheit bedingt sein? Soll hier ein Stufenverhältnis zwischen einzelnen Grundrechtsgehalten bestehen?

Der genannten „Vorwirkung“ bedarf es nicht, wenn ein direkter Grundrechtsschutz besteht, nämlich die Aufnahme der Veranstaltung von Rundfunksendungen schon als solche von dem Schutzbereich eines Grundrechts umfaßt wird, also nicht nur als Annex der Programmgestaltungsfreiheit. Dies ist Gegenstand der nachfolgenden Betrachtungen. Dabei ist nicht nur zu klären, ob im Stadium der Zulassungserteilung überhaupt ein Grundrechtsschutz besteht - allein dies hat das BVerfG im Urteil *extra radio* festgestellt -[240], sondern auch dessen Inhalt und Reichweite näher zu betrachten.

C. Grundrecht auf Rundfunkveranstaltung

I. Bedeutung eines Grundrechts auf Rundfunkveranstaltung

Nicht selten wird im Schrifttum die Existenz grundrechtlich verbürgter Zugangsrechte zum Rundfunk mit dem Hinweis auf die bestehende einfachgesetzliche Normierung in den Rundfunk- und Mediengesetzen offen gelassen[241]. Auch das Bundesverfassungsgericht fühlte sich bislang nicht zu einer ausdrücklichen Entscheidung der Streitfrage veranlaßt[242]. Wie im vorangegangen Abschnitt festgestellt wurde, sind die Vorschriften der Rundfunk- und Mediengesetze in diesem Punkt aber ganz überwiegend nicht eindeutig gefaßt, vielmehr bestehen erhebliche Auslegungsspielräume. Deshalb käme einem Grundrecht auf Veranstaltung von Rundfunk entscheidende Bedeutung für die beschriebene verfassungskonforme Auslegung der Zulassungsvorschriften der Rundfunk- und Mediengesetze zu.

---

240 Der Kritik von *Stettner*, ZUM 1998, 312, 315, daß die Entscheidung „mehr unentschieden läßt, als entscheidet“ kann man insofern nur zustimmen.

241 Z.B. *Fehling*, Die Konkurrentenklage, S. 233; *Wagner*, Die Landesmedienanstalten, S. 185.

242 Vgl. vor allem BVerfGE 57, 295, 318ff.; 73 118, 152f.; 83, 238, 295ff.; zu Tendenzen in der der Entscheidung *extra radio* vgl. eigehend unter II. 3. b).

Ein Grundrecht auf Rundfunkveranstaltung hätte aber selbst bei Bestehen einfachgesetzlicher Ansprüche erhebliche praktische Auswirkungen. Ein solches Recht hätte nämlich einen strengeren Kontrollmaßstab hinsichtlich der gesetzlichen Zulassungsvorschriften zur Folge. Die rundfunkgesetzlichen Regelungen sind dann nicht nur nach dem objektiv-rechtlichen Gehalt des Art. 5 Abs. 1 S. 2 GG, sondern, soweit die Vorschriften als nicht von der Ausgestaltungsbefugnis gedeckte Grundrechtseingriffe anzusehen sind[243], auch im Hinblick auf diese subjektiv-rechtliche Komponente der Rundfunkfreiheit zu beurteilen[244]. Daraus können sich insgesamt strengere Maßstäbe ergeben [245], denn insoweit bedarf es einer eingehenderen Untersuchung der verfassungsrechtlichen Rechtfertigung. Demgegenüber verbleibt dem Gesetzgeber im Rahmen der objektiv-rechtlichen Anforderungen ein ungleich größerer Spielraum; hier wird sogar von einer „weitgehenden Entscheidungsfreiheit“ gesprochen[246]. Insbesondere soll nach dem Ausgestaltungsgedanken eine Prüfung anhand des Grundsatzes der Verhältnismäßigkeit entfallen[247]. Der Entscheidungsspielraum wird lediglich durch zwingende Anforderungen des Art. 5 Abs. 1 S. 2 GG und das Gebot der Eignung im Hinblick auf die dienende Funktion der Rundfunkfreiheit begrenzt[248]. Besteht dementgegen ein originäres Veranstaltungsrecht ist dieser zurückhaltende Prüfungsmaßstab kaum haltbar.

Eine subjektiv-rechtliche Sichtweise hätte zudem bedeutsame prozessuale Konsequenzen. Jeder abgewiesene Zulassungsbewerber könnte die Überprüfung der Rundfunkgesetzgebung durch die Verwaltungsgerichte und auch im Rahmen einer Verfassungsbeschwerde vor dem Bundesverfassungsgericht herbeiführen.

---

243 Zu der überwiegend befürworteten Unterscheidung zwischen gesetzlichen Grundrechtseingriffen und (nichteingreifenden) Ausgestaltungsregelungen unten 4. a); Überblick bei *Schulze-Fielitz*, in: Dreier (Hrsg.), Grundgesetz-Kommentar, Bd. I, Art. 5 I, II Rn. 167f.; *Hesse*, Rundfunkrecht, S. 71.

244 Das BVerfG weist nunmehr in seinem Beschluß vom 20.2.1998 (Az. 1 BvR 661/94, ZUM 1998, 306, 310) darauf hin, daß der „Sicherungszweck“ objektivrechtlicher Verpflichtungen des Gesetzgebers gefährdet wäre, wenn die betroffenen Veranstalter „keine Möglichkeit hätten, eine Pflichtverletzung geltend zu machen“.

245 Vgl. *Starck*, JZ 1983, 405, 407; *Stender-Vorwachs*, Staatsferne und Gruppenferne, S. 60.

246 BVerfGE 83, 238, 324/326; MMR 1998, 202, 209 - Kurzberichterstattung.

247 Vgl. *Schulze-Fielitz*, in: Dreier (Hrsg.), Grundgesetz-Kommentar, Bd. I, Art. 5 I, II Rn. 168; *Rossen*, Freie Meinungsbildung, S. 307ff.; *Ruck*, AöR 117 (1992) 542, 549f.; vgl. dazu auch *Engel*, AfP 1994, 185, 186; einschränkend wohl *Jarass*, in: Jarass/Pieroth, GG, Vorb. vor Art. 1 Rn. 25f.

248 BVerfGE 83, 238, 324 und BVerfG, MMR 1998, 202, 210 (Kurzberichterstattung) wonach „die von Art. 5 Abs. 1 S. 2 GG geschützten Interessen angemessen (zu) berücksichtigen“ sind, verzichtbar ist auch nach dieser Formulierung jedenfalls eine Prüfung der Erforderlichkeit; zum Ganzen näher unten 4. a) cc).

Auf diesem Weg könnten umstrittene Zulassungsvoraussetzungen - etwa die Vorgaben über Produktionsstandorte[249] - zu Fall gebracht werden. Ohne ein grundrechtliches Zugangsrechts würde den Antragstellern regelmäßig die Verfassungsbeschwerdebefugnis fehlen. Dann wäre die Kontrolle der Einhaltung der Vorgaben der Rundfunkfreiheit durch das Bundesverfassungsgericht erheblich eingeschränkt.

Richtungsweisende Bedeutung kann einem Grundrecht auf Rundfunkveranstaltung zudem für die Frage der Zulassung neuer, noch nicht gesetzlich geregelter Verbreitungstechniken und Rundfunkformen zukommen. Hier wäre die Normierung absoluter Zulassungsansprüche und ausschließlich verhältnismäßiger Zulassungsvoraussetzungen vorgezeichnet. Es läge nicht mehr im freien Ermessen des Gesetzgebers, derartige Veranstaltungen aus den Rundfunkgesetzen auszuklammern und zu untersagen. Insgesamt handelt es sich bei der Frage nach grundrechtlichen Zulassungsanprüchen - trotz der existierenden Rundfunkgesetzgebung - um eine immer noch aktuelle und nach wie vor umstrittene Problematik.

II. Die Freiheit der Berichterstattung durch den Rundfunk, Art. 5 Abs. 1 S. 2 GG

1. Einleitung

Bereits der Standort der Rundfunkfreiheit[250] in Art. 5 Abs. 1 GG in unmittelbarer Nachbarschaft zu klassischen Freiheitsrechten wie der Meinungsäußerungs-, der Presse- und der Informationsfreiheit legt die Erwägung nahe, ob es nicht gerade ihr Hauptzweck ist, jedem Grundrechtsträger die eigenverantwortliche Veranstaltung von Rundfunkprogrammen zu garantieren. Wie etwa die Berufsfreiheit des Art. 12 GG nicht nur die Ausübung einer bereits aufgenommenen gewerblichen Tätigkeit sondern auch die Gründung eines entsprechenden Unternehmens verbürgt, oder die Glaubensfreiheit des Art. 4 GG zweifellos auch das Recht umfaßt, religiöse Vereinigungen ins Leben zu rufen, könnte die Rundfunkfreiheit ein Individualrecht gerade auch auf Gründung eines Rundfunkunternehmens gewähren.

---

249 Vgl. oben Teil 1 A. IV. 2e) bb) (6).

250 Diese gegenüber dem Wortlaut des Grundgesetzes verkürzte Bezeichnung ist allgemein gebräuchlich, vgl. etwa BVerfGE 35, 202, 219; 57, 295, 319; *Bethge*, in: Sachs, GG; Art. 5 Abs. 1 Rn. 90; *Jarass*, in: Jarass/Pieroth, GG, Art. 5 Rn. 28.

Erkennt man der Rundfunkfreiheit einen dahingehenden subjektiv-rechtlichen Gehalt zu, resultiert daraus im Rahmen eines Zulassungssystems auch ein absoluter Zulassungsanspruch; ein weitergehendes Erteilungsermessen der Landesmedienanstalten scheidet aus[251]. Daß die Ausübung eines solchen Rechts - ebenso wie die anderer Freiheitsrechte - von bestimmten Voraussetzungen abhängig gemacht werden und durch den Gesetzgeber beschränkt werden könnte, ergibt sich schon aus dem Schrankenvorbehalt in Art. 5 Abs. 2 GG.

2. Die Rundfunkfreiheit als Abwehrrecht zugelassener Veranstalter

Die Rundfunkfreiheit des Art. 5 Abs. 1 S. 2 GG kann ein Recht auf Aufnahme der Rundfunktätigkeit nur dann enthalten, wenn ihr überhaupt ein subjektivrechtlicher Charakter zukommt. Gerade weil das Bundesverfassungsgericht in ständiger Rechtsprechung bei der Rundfunkfreiheit - wohl in einem Ausmaß wie bei keinem anderen Grundrecht - die objektiv-rechtliche Bedeutung betont[252], erscheint diese Frage keineswegs banal.

Ausgangspunkt der Betrachtung ist die Frage, inwieweit bereits zugelassene Veranstalter bei der Programmveranstaltung durch die Rundfunkfreiheit geschützt werden. Art. 5 Abs. 1 S. 2 GG könnte jedenfalls dann die Wirkung eines subjektiven Rechts eigen sein, wenn sich ein zugelassener Veranstalter gegen staatliche Beeinträchtigungen seiner Tätigkeit wendet.

Verfassungsrechtliches Allgemeingut ist die Schutzwirkung der Rundfunkfreiheit für die öffentlich-rechtlichen Rundfunkanstalten. Dies hat das Verfassungsgericht bereits im zweiten Rundfunkurteil[253] klargestellt und wird heute kaum mehr bestritten[254]. Schutz gewährt Art. 5 Abs. 1 S. 2 GG den Rundfunkanstalten insbesondere vor staatlicher Einflußnahme auf die Programmgestaltung[255]. Das Bundesverfassungsgericht hat keinen Zweifel daran gelassen, daß die Rundfunkfreiheit sich nicht in einer rein institutionellen Gewährleistung erschöpft; ungeklärt ist lediglich die Reichweite subjektiver Berechtigungen geblieben. Schon im *FRAG*-Urteil findet sich die Formulierung, daß die Rund-

---

251 Zu der dann gebotenen verfassungskonformen Auslegung der Zulassungsnormen vgl. oben B. II. 2. und *Wagner*, Die Landesmedienanstalten, S. 185 m.w.N.

252 Besonders deutlich BVerfGE 57, 238, 319f.; 83, 238, 296.

253 BVerfGE 31, 314, 322.

254 Vgl. nur *Herzog*, in: Maunz/Dürig, Grundgesetz, Art. 5 Abs. 1, 2 Rn. 210; *Jarass*, in: Jarass/Pieroth, GG, Art. 5 Rn. 34; *Schulze-Fielitz*, in: Dreier (Hrsg.), Grundgesetz-Kommentar, Bd. I, Art. 5 I, II Rn. 91; *Ricker/Schiwy*, Rundfunkverfassungsrecht, Kap. B Rn. 150; a. A. aber *Hain*, Rundfunkfreiheit, S. 135f.

255 BVerfGE 59, 231, 258.

funkfreiheit, was die Freiheit von staatlicher Einflußnahme betrifft, „wie die klassischen Freiheitsrechte, abwehrende Bedeutung“ hat; ausdrücklich ist von „subjektiv- und objektiv-rechtlichen Elementen“[256] die Rede.

Schon dem *Niedersachsen*-Urteil läßt sich entnehmen, daß für zugelassene, private Veranstalter von einem Grundrechtsschutz wie bei öffentlich-rechtlichen Anstalten auszugehen ist[257]: Nachdem zuvor die Rechtsprechung des zweiten Rundfunkurteils zur Programmfreiheit der öffentlich-rechtlichen Anstalten wiedergegeben wurde, erörtert das Gericht, ob durch das niedersächsische Rundfunkgesetz „ein wirksamer Schutz der Programmfreiheit der privaten Veranstalter“ gewährleistet wird. Entsprechend hat das Gericht in seinem Urteil vom 12.4.1991 das Vorliegen eines Eingriffs in die Rundfunkfreiheit eines privaten Veranstalters für möglich gehalten[258]. Belegt wird die Anerkennung eines Grundrechtsschutzes auch durch die Entscheidung des Bundesverfassungsgerichts über den Antrag auf Erlaß einer einstweiligen Anordnung eines privaten Rundfunkveranstalters, in der das Gericht eine eingelegte Verfassungsbeschwerde als „weder unzulässig noch offensichtlich unbegründet“ angesehen hat[259]. Dies zeigt, daß das Gericht von einer entsprechenden Antragsbefugnis ausgeht, die sich nur aus Grundrechten ergeben kann. Eine ausdrückliche Feststellung des Grundrechtsschutzes zugelassener, privater Veranstalter findet sich nunmehr in den Beschlüssen vom 26. Februar 1997[260] und vom 20. Februar 1998[261]. Auch im Schrifttum wird heute einhellig von einem Grundrechtsschutz zugelassener Rundfunkveranstalter aus Art. 5 Abs. 1 S. 2 GG ausgegangen, der im Hinblick auf die Programmfreiheit dem der öffentlich-rechtlichen Anstalten entspricht[262]. Art. 5 Abs. 1 S. 2 GG erschöpft sich demnach nicht in einer ob-

---

256 BVerfGE 57, 295, 320.

257 BVerfGE 73, 118, 182f.

258 ZUM 1992, 137 = NJW 1991, 1943; Gegenstand war die Abwehr der Zulassung eines konkurrierenden privaten Veranstalters.

259 Kammerbeschluß vom 11.1.1996, NJW 1996, 581, 582 - „n-tv“.

260 BVerfGE 95, 220, 234.

261 BVerfG, ZUM 1998, 306, 309.

262 *Bethge*, NVwZ 1997, 1, 4; *ders.*, in: Sachs, GG, Art. 5 Abs. 1 Rn. 111; *Jarass*, in: Jarass/Pieroth, GG, Art. 5 Rn. 34; *Hesse*, Rundfunkrecht, S. 224; *Degenhart*, AfP 1988, 327, 331 (in Fn. 93); *ders.*, in: BK, Art. 5 Abs. 1 u. 2, Rn. 660, 666; *Hoffmann-Riem*, Personalrecht, S. 91; *Schulze-Fielitz*, in: Dreier (Hrsg.), Grundgesetz-Kommentar, Bd. I, Art. 5 I, II Rn. 103; *Stender-Vorwachs*, Staatsferne und Gruppenferne, S. 78; *Bumke*, Landesmedienanstalten, S. 202; *Stettner*, ZUM 1994, 63, 68; *Brugger*, Rundfunkfreiheit, S. 48; *Badura*, BayVBl. 1989, 1; *Seelmann-Eggebert*, ZUM 1992, 79, 86. Der Streit, ob es sich bei Art. 5 Abs. 1 S. 2 GG um ein Grundrecht mit subjektiv-rechtlichen Gehalten oder um eine rein institutionnelle Garantie handelt, kann daher als überholt angesehen werden. Gleichwohl können einige dabei vorgebrachte Argumente auch für die hier zu führende Diskussion der Reichweite des Schutzbereichs relevant werden.

jektiv-rechtlichen Gewährleistung, sondern entfaltet jedenfalls für zugelassene private Rundfunkveranstalter subjektiv-rechtliche Wirkung.

3. Die Rundfunkfreiheit als Rundfunkveranstaltungsfreiheit

a) Einleitung

An die Erkenntnis, daß sich die Rundfunkfreiheit nicht in einer institutionellen Garantie erschöpft, sondern zumindest sektoral auch Individualrechte gewährt, schließt sich im Rahmen der vorliegenden Themenstellung die Frage an, ob gerade auch die Aufnahme der Rundfunktätigkeit, insbesondere die Gründung eines Rundfunkunternehmens, in den Schutzbereich des Grundrechts fällt[263]. Ein solches Grundrecht, das die Berechtigung gewährte, die Veranstaltung von Rundfunk in Angriff zu nehmen, ließe sich in Anlehnung an den Begriff der allgemeinen Handlungsfreiheit treffend als „Rundfunkveranstaltungsfreiheit“ [264] bezeichnen.

Nachdem im vorangegangenen Abschnitt der Grundrechtsschutz *nach* Erteilung einer Zulassung betrachtet wurde, ist hier die Existenz grundrechtlicher Ansprüche *vor* oder *auf* Zulassung zu untersuchen. Dabei ist zunächst die Reichweite des Schutzbereichs zu bestimmen. Welche Verhaltenspflichten daraus letztlich für den Staat folgen, läßt sich nach der anschließenden Betrachtung der Beschränkungsmöglichkeiten des Gesetzgebers feststellen[265].

---

263 Diese Frage stellt sich ebenso bei der Erörterung, ob sich aus der Rundfunkfreiheit nach Art. 5 Abs. 1 S. 2 GG ein Anspruch auf Einführung privaten Rundfunks ergibt. Auf diese Problematik wird hier nicht mehr eingegangen (Vgl. dazu zusammenfassend *Stender-Vorwachs*, Staatsferne und Gruppenferne, S. 80ff.), denn die vorliegende Untersuchung fragt nach Rechten der Veranstalter innerhalb des bestehenden Zulassungssystems.

264 Begriff soweit ersichtlich erstmals gebraucht von *Wieland*, Die Freiheit des Rundfunks, S. 17. Die Bezeichnung als „Rundfunkunternehmerfreiheit“ (z.B. *Herrmann*, Fernsehen und Hörfunk, S. 117; *W. Schmidt*, Die Rundfunkgewährleistung, S. 63) oder „Rundfunkgründungsfreiheit“(z.B. *Schmitt Glaeser*, Kabelkommunikation; S. 143; *Bökkenförde/Wieland*, AfP 1982, 77, 78; *Berendes*, Staatsaufsicht, S. 57) ist insofern ungenau, als die Veranstaltung von Rundfunk auch nichtkommerziell und ohne Gründung eines Unternehmens gewährleistet wäre. Als Gegenbegriff zur Rundfunk*veranstaltungs*freiheit bietet sich der Terminus „Rundfunk*veranstalter*-freiheit“ an, unter den die Rechte der zugelassenen, bereits tätigen Veranstalter gefaßt werden können.

265 Dazu unten 4 b).

b) Die Offenheit der Verfassungsrechtsprechung

Bis heute ist durch das Bundesverfassungsgericht nicht eindeutig geklärt, wie weit der Schutzbereich der Rundfunkfreiheit für private Veranstalter reicht. Im *FRAG*-Urteil wurde der Streit über das Bestehen eines grundrechtlichen Anspruchs auf die Veranstaltung von Rundfunk zwar angesprochen aber ausdrücklich offengelassen[266]. Bis zum Jahresbeginn 1998 hat das Gericht die Frage nicht mehr aufgeworfen. Im Schrifttum besteht über die Problematik bis heute Uneinigkeit, wenn auch zunehmend - gerade vor dem Hintergrund der Rechtsprechung des Europäischen Gerichtshofs für Menschenrechte zu Art. 10 der Europäischen Menschenrechtskonvention[267] - für einen umfassenden Grundrechtsschutz plädiert wird.

Eine dahingehende Tendenz in der Rechtsprechung des Bundesverfassungsgerichts läßt sich auch dem bereits erwähnten Beschluß in der Sache *extra-radio* entnehmen[268]. Eine gänzliche Abkehr von der früheren, objektivrechtlich geprägten Sichtweise hin zu einer Anerkennung einer umfassenden Rundfunkveranstaltungsfreiheit ist darin gleichwohl nicht zu sehen.

Dem Verfahren lag eine Verfassungsbeschwerde der privaten Hörfunkveranstalterin *extra radio* gegen eine Entscheidung des Bayerischen Verfassungsgerichtshofs zugrunde. Dieser hatte eine einstweilige Anordnung des Bayerischen Verwaltungsgerichtshofs aufgehoben, mit der der Firma *extra radio* die Fortführung eines lokalen Hörfunkprogramms gestattet worden war. Ausgangspunkt des Verfahrens war eine Entscheidung der Bayerischen Landeszentrale für neue Medien (BLM), durch die der Antrag der Beschwerdeführerin auf Fortsetzung ihres Programms abgelehnt worden war. Der Verfassungsgerichtshof bestätigte den Standpunkt der BLM insofern, als dieser ein weiter Ermessensspielraum zugestanden wurde. Allein die BLM sei Träger des Grundrechts der Rundfunkfreiheit.

Das Bundesverfassungsgericht hat der Verfassungsbeschwerde stattgegeben und ausdrücklich festgestellt, trotz Art. 111a Abs. 1 S. 1 der Bayerischen Verfassung, der Rundfunk nur in öffentlich-rechtlicher Trägerschaft gestatte, sei die Beschwerdeführerin Träger des Grundrechts der Rundfunkfreiheit aus Art. 5 Abs. 1 S. 2 GG. Dieses Grundrecht gewähre auch den Zulassungsbewerbern eine „rundfunkspezifische Rechtsposition". Diese leitet das Gericht aus der in Art. 5 Abs. 1 S. 2 GG enthaltenen Programmfreiheit ab; die Gefahr einer Ein-

266 BVerfGE 57, 295, 318ff.

267 Vgl. dazu näher unten D. II.

268 BVerfG Az. 1 BvR 661/94, Beschluß vom 20.2.1998; ZUM 1998, 306; vgl. oben 3. b).

flußnahme sei bei der Auswahl und Zulassung der Veranstalter „besonders groß“[269].

Damit wird eine auf die Phase des Zulassungsverfahrens antizipierte Schutzwirkung der Programmfreiheit anerkannt. Ob die Rundfunkfreiheit des Art. 5 Abs. 1 S. 2 GG ein originäres Recht auf Gründung eines Rundfunkunternehmens gewährt, bleibt weiterhin unentschieden. Das Bundesverfassungsgericht läßt es ausdrücklich offen, wie weit die zuvor anerkannte Rechtsposition reicht. Die Formulierung, der Bewerber habe „jedenfalls einen Anspruch darauf, daß bei der Auslegung und Anwendung (der Auswahl- und Zulassungsregeln, d. Verf.) seine Position als Träger des Grundrechts der Rundfunkfreiheit hinreichend beachtet wird“[270], verschleiert mehr als sie klärt[271] und spricht eher gegen die Anerkennung eines umfassenden Veranstaltungsrechts. Vermerkt werden kann jedenfalls, daß das Bundesverfassungsgericht zunehmend auch die subjektiv-rechtlichen Gehalte der Rundfunkfreiheit heranzieht. Die hier untersuchte Problematik eines umfassenden Veranstaltergrundrechts bleibt aber nach wie vor offen, „Kern der Rundfunkfreiheit“ ist weiterhin die „Programmfreiheit“[272].

Im folgenden soll daher untersucht werden, ob es unter den gegenwärtigen Bedingungen im Rundfunkwesen noch schlüssig ist, die Rundfunkfreiheit schon hinsichtlich des Schutzbereichs als grundrechtlichen Sonderfall zu behandeln, ob also Art. 5 Abs. 1 S. 2 GG nur die Ausübung, nicht aber die Aufnahme der vom Grundrechtstatbestand erfaßten Tätigkeit gewährleistet.

Betont sei nochmals, daß sich nicht mehr die früher heftig umstrittene Frage stellt, ob es sich bei der Rundfunkfreiheit des Art. 5 Abs. 1 S. 2 GG um eine rein objektiv-rechtliche Gewährleistung handelt. Dies muß nach der Anerkennung der Schutzwirkung für zugelassene Veranstalter als geklärt gelten[273]. Gegenstand der Kontroverse ist heute allein, ob auch der Bewerber um eine Zulassung über ein aus der Rundfunkfreiheit fließendes Veranstaltungsrecht verfügt.

---

269 BVerfG Az. 1 BvR 661/94, Beschluß vom 20.2.1998; ZUM 1998, 306, 310.

270 BVerfG, a.a.O., S. 310.

271 Kritisch auch *Stettner*, ZUM 1998, 312, 315.

272 BVerfG, a.a.O., S. 310; vgl. schon BVerfGE 59, 231, 258; 90, 60, 87; 95, 220, 234.

273 Zu diesem Ergebnis gelangen unzweideutig auch *Bethge*, NVwZ 1997, 1, 4 und *Bumke*, Landesmedienanstalten, S. 99.

c) Die Vermutung für einen umfassenden Grundrechtsschutz

Hält man sich die Reichweite der Schutzbereiche anderer Freiheitsgrundrechte vor Augen, ist man geneigt, die Frage, ob neben der Ausübung der Rundfunktätigkeit auch deren erstmalige Aufnahme grundrechtlich gewährleistet ist, allein aus systematischen Gründen spontan zu bejahen. Denn es ist geradezu ein grundrechtlicher Regelfall, daß die jeweils erfaßten Tätigkeiten umfassend, also von der erstmaligen Aufnahme bis zum ihrem Abschluß geschützt werden. So schützt das einheitliche Grundrecht des Art. 12 GG die Berufsausübung aber auch die Freiheit, „jede Tätigkeit, für die er (der Bürger) sich geeignet glaubt, als Beruf zu ergreifen"[274]. Die Religionsfreiheit des Art. 4 Abs. 1 und 2 GG verleiht das umfassende „Recht des Einzelnen, sein gesamtes Verhalten an den Lehren seines Glaubens auszurichten"[275] und gebietet, „Raum für die aktive Betätigung der Glaubensüberzeugung (...) zu sichern"[276]. Auf die Wissenschaftsfreiheit kann sich der aktive Wissenschaftler, aber auch derjenige berufen, der erst „tätig werden will"[277]. Auch die Gewährleistung der Ehe in Art. 6 Abs. 1 GG, deren Formulierung eher eine vorrangig institutionelle Bedeutung nahelegt, schützt nicht nur die bestehende Ehe, sondern auch die Eheschließung, den „Zugang zur Ehe"[278], und verstärkt damit die Allgemeine Handlungsfreiheit des Art. 2 Abs. 1 GG[279]. Entsprechend gewährleistet die Pressefreiheit nicht nur die ungestörte Tätigkeit sondern auch die „freie Gründung von Presseorganen"[280].

Auf den ersten Blick erscheint es damit schlicht systemfremd, den Schutz der Rundfunkfreiheit dahingehend einzuschränken, daß nur die Ausübung bereits aufgenommener Tätigkeiten geschützt wird. Wie die genannten Beispiele zeigen, ist nach der herkömmlichen Dogmatik der Grundrechtstatbestände vielmehr von einer Vermutung eines umfassenden Schutzes der Rundfunktätigkeit auszugehen[281]. Im Bewußtsein dieser Vermutung für einen umfassenden Grundrechtsschutz wird nachfolgend konkret auf die jeweils erhobenen Einwände ge-

---

274 BVerfGE 30, 292, 334.

275 BVerfGE 32, 98, 106f.

276 BVerfGE 41, 29, 49.

277 BVerfGE 15, 256, 263f.; *Bethge*, in: Sachs, GG, Art. 5 Rn. 208: „jedermann" als Grundrechtsträger.

278 BVerfGE 29, 166, 175; 36, 146, 161; den individualrechtlichen Gehalt verkennt *Wieland*, Die Freiheit des Rundfunks, S. 128.

279 Vgl. *Schmidt-Kammler*, in: Sachs, GG, Art. 6 Rn. 20.

280 BVerfGE 20, 162, 175f.

281 Vgl. *Selmer*, Bestands- und Entwicklungsgarantien, S. 45; *Hain*, Rundfunkfreiheit, S. 30; *H. H. Klein*, Rundfunkfreiheit, S. 41, spricht treffend von der „Beweislast" der tatbestandseinengenden Auffassung.

gen einen weiten Schutzbereich der Rundfunkfreiheit eingegangen. Vermag keiner der Einwände zu überzeugen, besteht kein Grund für eine von der genannten Vermutung abweichende Behandlung des Grundrechts der Rundfunkfreiheit.

d) Ansatzpunkte für die Widerlegung der Vermutung

aa) Der Wortlaut des Art. 5 Abs. 1 S. 2 GG

Als Indiz für einen eng gefaßten Schutzbereich der Rundfunkfreiheit werden zunächst die unterschiedlichen Formulierungen innerhalb des Art. 5 Abs. 1 S. 2 GG genannt. Während einerseits umfassend die „Pressefreiheit“ gewährleistet werde, bestehe hinsichtlich des Rundfunks lediglich eine „Freiheit *der Berichterstattung* durch" dieses Medium. Unter den Begriff „Berichterstattung“ falle aber schon nach dem allgemeinen Sprachgebrauch nicht das gesamte Rundfunkprogramm, sondern nur eine quellenorientierte Informationsvermittlung[282]. Dies widerspricht aber der ganz herrschenden weiten Auslegung des Begriffs[283] und wird heute als Argument nicht mehr vorgebracht.

Bedeutsam soll der Umstand sein, daß die „Freiheit“ sprachlich nicht einem Subjekt, etwa „jedermann“, „gewährleistet“ wird, sondern die Freiheit selbst Subjekt der Gewährleistung ist[284]. Dies zeige, daß nicht dem Menschen ein Freiheitsraum gesichert werden solle, sondern ein Zustand des Mediums im Vordergrund stehe[285]. Dem ist jedoch entgegenzuhalten, daß die Formulierungen anderer, umfassend subjektiv-rechtlich wirkender Grundrechte ebenfalls nicht auf einzelne Grundrechtsträger abstellen[286]. Dies ist etwa bei der Pressefreiheit aber auch bei Art. 5 Abs. 3 GG und der Religionsfreiheit der Fall. Ohnehin zieht *Wieland* aus dem Argument den Schluß, daß Art. 5 Abs. 1 S. 2 GG insgesamt kein Individualrecht des Bürgers enthalte[287]. Die Argumentation bezieht sich damit auf die These einer rein objektiv-rechtlichen Gewährleistung. Daß dies angesichts des allgemein anerkannten Grundrechtsschutzes zugelassener Veranstalter als überholt gelten muß, wurde bereits dargelegt. Für die hier

282 *Böckenförde/Wieland*, AfP 1982, 77, 78; *Wieland*, Die Freiheit des Rundfunks, S. 80ff.
283 Vgl. bereits BVerfGE 12, 205, 260.
284 *Wieland*, Die Freiheit des Rundfunks, S. 93.
285 *Wieland*, Die Freiheit des Rundfunks, S. 93f.
286 *Hain*, Rundfunkfreiheit, S. 31.
287 *Wieland*, Die Freiheit des Rundfunks, S. 94.

fragliche Unterscheidung zwischen Aufnahme und Ausübung der Rundfunktätigkeit geben die Darlegungen jedenfalls nichts her.

Anders steht es mit dem Einwand, daß in der Norm nicht von einer „Freiheit *zur* Berichterstattung“ sondern der „Freiheit *der* Berichterstattung“ gesprochen werde[288]. Daraus könnte man in der Tat einen Hinweis auf einen Schutz lediglich der Ausübung, nicht aber der Aufnahme der Rundfunktätigkeit entnehmen. Letztlich vermag aber auch dies nicht zu überzeugen. Eine Textfassung, die nur die Freiheit *zur* Berichterstattung enthielte, wäre vielmehr als unvollständig zu bezeichnen, denn dann bliebe wiederum der Schutz der Inhaltsfreiheit sprachlich unberücksichtigt. Im übrigen ist die gewählte Formulierung für den Grundrechtsteil des Grundgesetzes durchaus typisch. So sind andere Grundrechtsgewährleistungen in gleicher Weise vergröbert formuliert, wie schon ein Blick auf Art. 4 Abs. 1 GG, nach dem die Freiheit *des* Glaubens und nicht (auch) *zum* oder *zu* Glauben gewährleistet wird, bestätigt.

Insgesamt kann man den Wortlaut des Art. 5 Abs. 1 S. 2 GG im hier interessierenden Zusammenhang nur als unergiebig bezeichnen; sichere Rückschlüsse läßt er in keine Richtung zu. Damit steht er der Anerkennung eines Rechts auf Veranstaltung von Rundfunk nicht entgegen[289].

bb) Die Entstehungsgeschichte der Rundfunkfreiheit

Die Gegner einer umfassenden subjektiv-rechtlichen Wirkung der Rundfunkfreiheit für Private berufen sich neben dem Wortlaut auch auf die Entstehungsgeschichte des Art. 5 Abs. 1 S. 2 GG. Zunächst werden Äußerungen einzelner Mitglieder des Grundsatzausschusses des Parlamentarischen Rates zitiert, aus denen deutlich werde, daß man von Beginn an in wirtschaftlicher Hinsicht zwischen Presse und Film auf der einen und Rundfunk auf der anderen Seite unterschieden habe[290]. Dem wird man aber die Frage entgegenhalten müssen, warum dann die Freiheiten von Film und Rundfunk mit identischer Formulierung im gleichen Satzteil verankert wurden.

Hingewiesen wird auch darauf, daß man die Organisation des Rundfunks im Grundgesetz nicht festlegen, sondern dem einfachen Gesetzgeber habe überlas-

---

288 *Böckenförde/Wieland*, AfP 1982, 77, 78.

289 So auch *Bethge*, Zulassung von Rundfunkveranstaltern, S. 70; *Degenhart*, in: BK, Art. 5 Abs. 1 u. 2. Rn. 657; *Stender-Vorwachs*, Staatsferne und Gruppenferne, S. 73f.

290 *Böckenförde/Wieland*, AfP 1982, 77, 79; *Wieland*, Die Freiheit des Rundfunks, S. 99f.

sen wollen[291]. Tatsächlich ist dies in den Verhandlungen des Grundsatzausschusses des Parlamentarischen Rates zum Ausdruck gekommen: So ist etwa folgende Äußerung des Abgeordneten *Eberhard* festgehalten: „Es ist alles noch so im Fluß, daß ich das Rundfunkgesetz nicht durch etwas präjudizieren möchte, was jetzt hier hereingeschrieben wird“[292]. Auch der Abgeordnete *Süsterhenn* hielt es mit Blick auf private Rundfunkgesellschaften in anderen Ländern für falsch, „die zukünftige Form des Rundfunks ein für allemal in der Verfassung festzulegen“[293].

Bei der Deutung dieser Aussagen muß vor allem beachtet werden, daß sie im Zusammenhang mit den - abgelehnten - Vorschlägen des Abgeordneten *von Mangoldt* gefallen sind, ein Sendemonopol öffentlich-rechtlicher Rundfunkanstalten festzuschreiben[294]. Einzuräumen ist, daß bei der Beratung über die Fassung der Norm die Frage eines Rechts auf Rundfunkveranstaltung tatsächlich keine Rolle gespielt hat. Die zitierten Äußerungen einiger Ausschußmitglieder zeugen aber von dem Willen, kein öffentlich-rechtliches Monopol zementieren zu wollen[295]. Wenn aber im Bewußtsein der möglichen Veranstaltung von Rundfunk durch Private keine Formulierung gewählt wurde, die eine eindeutige Beschränkung erkennen läßt, ist insofern kein Grund ersichtlich, Art. 5 Abs. 1 S. 2 GG restriktiv auszulegen. Auch die Einwände aus der Entstehungsgeschichte verbieten nicht, die Rundfunkfreiheit wie die anderen - teilweise nicht minder zurückhaltend formulierten[296] - Gewährleistungen im Grundrechtsteil des Grundgesetzes umfassend individualrechtlich zu verstehen[297].

Ohnehin darf die Entstehungsgeschichte in ihrer Bedeutung für die Verfassungsinterpretation nicht überschätzt werden. Insbesondere die Erklärungen einzelner Mitglieder der an der Entstehung beteiligten Gremien können nicht mit einem Willen des gesamten Verfassungsgebers gleichgesetzt werden. Dieser

---

291 *Böckenförde/Wieland*, AfP 1982, 79; *Wieland*, Die Freiheit des Rundfunks, S. 100ff.

292 Stenographisches Protokoll der 25. Sitzung des Grundsatzausschusses am 24.11.1948, S. 21.

293 Stenographisches Protokoll der 25. Sitzung des Grundsatzausschusses am 24.11.1948, S. 41.

294 Vgl. zum Verlauf der Sitzungen *Wieland*, Die Freiheit des Rundfunks, S. 99ff.

295 Vgl. *H.H. Klein*, Rundfunkfreiheit, S. 41f.; *Schmitt Glaeser*, Kabelkommunikation, S. 143ff.; eindeutige Anhaltspunkte *für* ein Recht auf Gründung von Rundfunkunternehmen in der Entstehungsgeschichte sieht *Stender-Vorwachs*, Staatsferne und Gruppenferne, S. 76.

296 Vgl. etwa die schon genannten Beispiele des Art. 6 Abs. 1, Art. 4 Abs. 2; Art. 5 Abs. 3 GG.

297 Keinen Anhaltspunkt für eine Sonderbehandlung der Rundfunkfreiheit in der Entstehungsgeschichte sieht auch *Hain*, Rundfunkfreiheit, S. 39f.; *Wendt*, in: von Münch/Kunig, Grundgesetz-Kommentar, Bd. 1; Art. 5 Rn. 50.

wird verläßlich nicht in den Äußerungen einzelner Personen, sondern allein in der eigentlichen Beschlußfassung über den Verfassungstext sichtbar[298]. Vorrang genießt dementsprechend auch in der Rechtsprechung des Bundesverfassungsgerichts der „objektivierte Wille" des Gesetzgebers. „Nicht entscheidend ist dagegen die subjektive Vorstellung der am Gesetzgebungsverfahren beteiligten Organe oder einzelner Mitglieder über die Bedeutung der Bestimmung"[299].

Im Ergebnis erscheint es vor diesem Hintergrund keineswegs zwingend, aus der Entstehungsgeschichte des Art. 5 Abs. 1 S. 2 GG die Beschränkung auf einen Schutz lediglich der Ausübung der Veranstaltertätigkeit abzuleiten[300].

cc) Die Systematik innerhalb des Art. 5 Abs. 1 GG

Angesichts des eingangs gezogenen Vergleichs mit anderen Verbürgungen des Grundrechtsteils des Grundgesetzes[301] überrascht es nicht, daß sich in erster Linie die Befürworter eines umfassenden Schutzbereichs im Sinne einer Rundfunkveranstaltungsfreiheit auf systematische Argumente stützen. Aber auch die Gegenmeinung sieht sich durch die grundgesetzliche Systematik bestätigt. Dabei handelt es sich jedoch zum Teil um Argumente, die gegen die Anerkennung jeglichen individualrechtlichen Gehalts vorgebracht werden. Obwohl dies, wie bereits ausgeführt, eine hier nicht mehr zu vertiefende Vorfrage ist, soll darauf kurz eingegangen werden: Die Nachbarschaft zur Meinungsäußerungsfreiheit, der Informationsfreiheit und den anderen Medienfreiheiten soll zum Ausdruck bringen, daß das Anliegen der Gewährleistung nicht die Entfaltung der Rundfunkveranstalter, sondern die Meinungsbildung der Bürger ist[302]. Es wird jedoch nicht dargelegt, warum es sich dabei zwingend um zwei gegensätzliche Ziele handeln muß. Die Möglichkeit, daß eine umfassende, subjektiv-rechtliche Gewährleistung ein geeignetes Mittel sein könnte, um eine ausgewogene Meinungsbildung zu erreichen, bleibt zu Unrecht außer Betracht.

Richtigerweise sprechen systematische Gesichtspunkte gerade für einen weiten Schutzbereich der Rundfunkfreiheit: Sie befindet sich nicht nur in unmittelbarer Nachbarschaft zu der klassisch individualrechtlichen Meinungs- und der Infor-

---

298 *Badura*, Staatsrecht, A 15.

299 BVerfGE 1, 299, 312; zur Nachrangigkeit der Entstehungsgeschichte bei der Bestimmung der Reichweite eines Grundrechts vgl. jüngst BverfGE 94, 49, 95.

300 Vgl. auch *Degenhart*, in: BK, Art. 5 Abs. 1 u. 2. Rn. 657; *Hain*, Rundfunkfreiheit, S. 40.

301 Vgl. oben 3 c).

302 *Wieland*, Die Freiheit des Rundfunks, S. 128.

mationsfreiheit in Art. 5 Abs. 1 S. 1 GG, sondern sogar in einem Satz mit der Pressefreiheit[303], deren Schutzbereich gerade auch die Gründung von Presseunternehmen umfaßt. Die einheitlich für alle Berechtigungen des Absatz 1 geltende Schrankenregelung des Art. 5 Abs. 2 GG spricht ebenfalls für eine Strukturgleichheit auch auf der Schutzbereichsebene. Im übrigen hat das Bundesverfassungsgericht selbst stets die Funktionsgleichheit von Presse und Rundfunk betont[304].

Auch der Vergleich mit anderen subjektiv-rechtlichen Gewährleistungen des Grundrechtsteils des Grundgesetzes zeigt, daß die Schutzbereiche ganz überwiegend sehr weit gefaßt werden. Selbst Vorschriften, die eindeutig auch institutionelle Garantien enthalten, wie der Schutz von Ehe und Familie in Art. 6 Abs. 1 GG oder die Wissenschaftsfreiheit enthalten nach herrschender Meinung gleichzeitig umfassende subjektive Betätigungsrechte[305]. Die tatbestandsmäßigen Verhaltensweisen werden durchgängig in allen Stadien geschützt, nicht nur in der Ausübungsphase. Dies zeigt, daß ungeschriebene Schutzbereichsausnahmen dem Grundprinzip der Grundrechte widersprechen.

dd) Die dienende Funktion der Rundfunkfreiheit

Gegen ein weites Verständnis des Schutzbereichs der Rundfunkfreiheit werden häufig Argumente vorgebracht, die an vermeintliche Besonderheiten von Wesen und Zweck des Grundrechts anknüpfen. Es handelt sich dabei um Gesichtspunkte, die teilweise erst im Zusammenhang mit der Frage eines Ausgestaltungsvorbehalts genannt werden, die aber gleichwohl bereits für eine Einengung des Grundrechtstatbestands sprechen könnten. Auf sie ist daher schon hier - gleichsam eine Stufe früher - einzugehen.

Als zentrales Argument der Anhänger eines einschränkenden Verständnisses wird auf die vom Bundesverfassungsgericht[306] durchgehend betonte dienende Funktion gegenüber der Freiheit der Meinungsbildung hingewiesen. Dieser dienende Charakter wird im Schrifttum häufig als typische Eigenschaft der Rund-

---

303 Vgl. *H.H. Klein*, Rundfunkfreiheit, S. 41; *Schmitt Glaeser*, Kabelkommunikation, S. 144f.

304 Vgl. bereits BVerfGE 12, 205, 260; *Selmer*, Bestands- und Entwicklungsgarantien, S. 45.

305 Vgl. schon oben 3. c).

306 BVerfGE 57, 295, 320; 73, 118, 152; 74, 297, 323; 83, 238, 296; 87, 181, 197; 90, 60, 87.

funkfreiheit bezeichnet[307]. Durch diese Funktion gegenüber dem übergeordneten Ziel der freien Meinungs- und Willensbildung, welche als Leitprinzip in Art. 5 Abs. 1 GG enthalten ist, soll sie maßgeblich geprägt sein. Dem Rundfunk wird in dem Kommunikationsprozeß, in dem sich die Meinungsbildung vollzieht, die Rolle eines Mediums und Faktors zugesprochen[308].

Das durch die dienenden Funktion determinierte hierarchische Verhältnis[309] innerhalb des Art. 5 Abs. 1 GG könnte dazu führen, daß der Schutzbereich, anders als sonst üblich, eng auszulegen ist, denn die dienende Funktion „bestimmt die Eigenart und die Bedeutung der Rundfunkfreiheit“[310]. Dieser Schluß erscheint jedoch nicht zwingend. So hat das Bundesverfassungsgericht eine dienende Funktion gegenüber der Meinungsbildungsfreiheit nicht isoliert für die Rundfunkfreiheit, sondern ebenso für die anderen Garantien des Art. 5 Abs. 1 GG festgestellt[311]. Die identische Funktion der Pressefreiheit wurde gerade im Rahmen einer Prüfung der Rundfunkfreiheit hervorgehoben. Ist somit auch die weit auszulegende Pressefreiheit eine dienende Freiheit, kann diese Eigenschaft allein eine enge Auslegung der Rundfunkfreiheit nicht überzeugend begründen.

Zu einem restriktiveren Verständnis könnte allerdings die Feststellung des Bundesverfassungsgerichts leiten, wonach die Rundfunkfreiheit den Grundrechtsträgern „nicht zum Zweck der Persönlichkeitsentfaltung oder Interessenverfolgung eingeräumt ist“[312]. Die Rundfunkfreiheit wird daher auch als „gemein-“ oder „fremdnützige Freiheitsrecht“ bezeichnet[313]. Der Sinn eines solchen Grundrechts liegt darin, einem Rechtssubjekt Handlungs-, Gestaltungs- und Entscheidungsautonomie einzuräumen, um ein dem öffentlichen Interesse entsprechendes Produkt zu erzeugen oder gründet sich darauf, daß die Ab-

---

307 Vgl. *Bethge*, in: Sachs, GG, Art. 5 Rn. 92ff.; *Jarass*, in: Jarass/Pieroth, GG, Art. 5 Rn. 28; *Degenhart*, in: BK, Art. 5 Abs. 1 u. 2. Rn. 527; *Burmeister*, Der Rundfunk unter der Herrschaft der technischen Entwicklung, S. 54ff.; *Dörr*, Das für die Medienkonzentration maßgebliche Verfahrensrecht, S. 38f.; *Niepalla*, Die Grundversorgung, S. 23ff.

308 Vgl. dazu eingehend: *Stock*, Medienfreiheit, S. 333f.

309 *Hain*, Rundfunkfreiheit, S. 42.

310 BVerfGE 57, 295, 320.

311 BVerfGE 73, 118, 152; vgl. auch BVerfGE 80, 124, 135; entsprechend werden in BVerfGE 20, 56, 97f.; 35, 202. 221 sämtliche Einzelverbürgungen des Art. 5 Abs. 1 GG als „für eine freiheitliche demokratische Staatsordnung schlechthin konstituierend" bezeichnet. Dieser Superlativ läßt eine weitere Abstufung nicht sinnvoll erscheinen.

312 BVerfGE 87, 181, 197; vgl. auch *Wufka*, Grundlagen der Rundfunkfreiheit, S. 79f.

313 *Burmeister*, Der Rundfunk unter der Herrschaft der technischen Entwicklung, S. 55; *Niepalla*, Die Grundversorgung, S. 23ff., spricht von „privatnützig“; *Dörr*, Das für die Medienkonzentration maßgebliche Verfahrensrecht, S. 39 („drittnützig“).

schirmung von Handlungsbefugnissen der Gewährleistung des Freiheitsstatus Dritter dient[314].

Zu berücksichtigen ist aber, daß - auch wenn man die objektiv-rechtlichen Funktionen der Rundfunkfreiheit anerkennt und in den Vordergrund stellt - dies nicht automatisch eine Verengung des grundrechtlichen Schutzbereichs in subjektiv-rechtlicher Hinsicht bedingt. Andernfalls würde die Ebene der Grundrechtsschranken voreilig ausgeblendet. Ohnehin hat sich das Bundesverfassungsgericht an anderer Stelle entscheidend zurückhaltender ausgedrückt: Danach wird die Rundfunkfreiheit „*nicht primär* im Interesse der Rundfunkveranstalter, sondern im Interesse freier individueller und kollektiver Meinungsbildung gewährleistet“[315]. Die Verwendung des Wortes „primär“ kann man nicht anders deuten, als daß die Verfolgung privater Veranstalterinteressen jedenfalls nicht völlig ausscheiden muß. Die verfassungsgerichtliche Billigung eines dualen Systems belegt, daß die Zulassung privaten Rundfunks gerade nicht ausschließt, daß den objektiv-rechtlichen Gehalten der Rundfunkfreiheit hinreichend Rechnung getragen werden kann; auch eine dienende Freiheit muß eine Freiheit bleiben[316]. Ein Freiheitsrecht kann durchaus zugleich eigen- und gemeinnützig sein[317].

Die Verfechter der Kategorie des ausschließlich dienenden Freiheitsrechts[318] sind bis heute den Nachweis schuldig geblieben, daß die Einräumung individueller Veranstaltungsrechte - unter Berücksichtigung der Grundrechtsschranken - nicht sogar im Hinblick auf Vielfaltsaspekte der Zwecksetzung der dienenden Funktion entsprechen kann. Beispielsweise den existierenden privaten Nachrichtensendern wird man einen Zugewinn an sachlicher Information und damit die Erbringung eines Dienstes im Sinne der Meinungsbildungsfreiheit nicht absprechen können. Ebenso wie die umfassenden subjektiv-rechtlichen Gewährleistungen der Pressefreiheit deren dienendem Charakter nicht zuwiderlaufen, ist auch eine im Sinne einer Veranstaltungs- und Pro-

---

314 *Dörr*, Das für die Medienkonzentration maßgebliche Verfahrensrecht, S. 39.

315 BVerfGE 83, 238, 315 (Hervorhebung nicht im Original); das einschränkende Wort „primär“ wurde auch schon im *FRAG*-Urteil verwandt, BVerfGE 57, 295, 320, 2. Absatz.

316 Vgl. auch *Degenhart*, in: BK, Art. 5 Abs. 1 u. 2. Rn. 537.

317 Einen solchen Doppelcharakter erkennt *Burmeister* etwa bei der Wissenschaftsfreiheit an, vgl.: Der Rundfunk unter der Herrschaft der technischen Entwicklung, S. 56 (in Fn. 51) m.w.N. Auch *Niepalla*, Die Grundversorgung, S. 26, spricht nur von einer „nicht primär“ privatnützigen Zielrichtung; damit wird den Aussagen des BVerfG entsprechend die gleichzeitige Verfolgung gemeinnütziger und individueller Ziele nicht ausgeschlossen.

318 Vgl. statt vieler *Burmeister*, Der Rundfunk unter der Herrschaft der technischen Entwicklung, S. 54ff.

grammfreiheit verstandene Rundfunkfreiheit mit der primär gemeinnützigen Zielrichtung des Grundrechts in Einklang zu bringen.

Im Ergebnis kann der dienende Charakter als Grund für eine Sonderbehandlung der Rundfunkfreiheit auf der Ebene des Schutzbereichs nicht überzeugen.

ee) Die „Sondersituation" im Rundfunkwesen

Im ersten Rundfunkurteil[319] hat das Bundesverfassungsgericht durch Hinweis auf die „Sondersituation im Bereich des Rundfunkwesens" den Unterschied zur Presse betont. Eine Sondersituation besteht danach in zweierlei Hinsicht: In der Knappheit der verfügbaren Übertragungsmöglichkeiten und zum zweiten in dem zur Veranstaltung von Rundfunk notwendigen, außergewöhnlich großen finanziellen Aufwand. Dies bedinge von vornherein eine im Vergleich zum Pressemarkt kleine Zahl der Veranstalter.

Mit der daraus folgenden Notwendigkeit besonderer Vorkehrungen wurde dann auch die rundfunktypische Ausgestaltungsdogmatik[320] begründet. Auch mit dieser Erkenntnis kann aber eine unterschiedliche Auslegung der Schutzbereiche von Rundfunk- und Pressefreiheit nicht gerechtfertigt werden. Dies gilt schon deshalb, weil heute zumindest von einem teilweisen Wegfall der Sondersituation auszugehen ist [321]. Neue Übertragungskapazitäten eröffneten sich zunächst durch die Errichtung und den fortlaufenden Ausbau der Breitbandkabelnetze sowie die Verbreitung der Satellitenübertragung[322]. Die jetzt einsetzbare Digitalisierungs- und Datenkompressionstechnik führt schließlich zu einer weiteren Vervielfachung der Übertragungsmöglichkeiten[323]. Das Bundesverfassungsgericht stellt zu Recht bereits seit dem Dritten Rundfunkurteil nicht mehr entscheidend auf die Knappheit der Übertragungskapazitäten ab[324].

Auch das Kostenargument hat mit der Zunahme der Übertragungswege beträchtlich an Bedeutung verloren. Ohnehin galt es von Anfang an zumindest

319 BVerfGE 12, 205, 261.
320 Dazu unten 4. a).
321 Vgl. schon *Rudolf*, Über die Zulässigkeit privaten Rundfunks, S. 63 und *Scheuner*, Rundfunkfreiheit, S. 66ff.
322 Allein die derzeit im Orbit befindlichen sieben *Astra*-Satelliten können mehr als 300 Fernseh- und ebensoviele Radioprogramme übertragen.
323 Vgl. dazu etwa *Gersdorf*, Rundfunkbegriff, S. 17ff.; *Hesse*, BayVBl. 1997, 132, 133.
324 BVerfGE 57, 295, 322f.

beim Hörfunk nur sehr eingeschränkt[325]. In diesem Zusammenhang wurde als Argument gegen eine Rundfunkveranstaltungsfreiheit vorgebracht, wegen des erheblichen Kostenaufwands würden nur wenige Grundrechtsträger das Grundrecht tatsächlich in Anspruch nehmen können. Die Folge sei ein mit dem Normalfall des „Jedermann-Grundrecht" unvereinbares Privileg einer kapitalkräftigen Minderheit[326]. Dem ist aber entgegenzuhalten, daß es bei der Bestimmung eines grundrechtlichen Schutzbereichs generell nicht auf die tatsächliche Ausübungsmöglichkeit ankommen kann. Zu Recht wird darauf hingewiesen, daß niemand daran denken würde, die Errichtung kapitalintensiver Großbetriebe vom Schutz der Berufsfreiheit auszunehmen[327]. Ohnehin ist nicht nachgewiesen worden, daß nicht zahlreiche, interessierte und ausreichend finanzkräftige Interessenten existieren[328]. Schließlich erscheinen beispielsweise die Kosten einer überregionalen Tageszeitung mit einem entsprechenden Korrespondentennetz nicht eben gering. Nicht ohne Grund sind gerade Zeitungsverlage in erheblichem Umfang an den heute existierenden privaten Sendern beteiligt[329].

Ein gerade im Rundfunkwesen besonders relevantes Gefährdungspotential stellt heute allerdings die zunehmende horizontale und vertikale Konzentration dar, die ihren vorläufigen Höhepunkt mit der angestrebten Zusammenarbeit der auch das frei empfangbare Fernsehen beherrschenden *Kirch*-Gruppe und der *CLT-UFA* im Bereich des Pay-TV erreicht haben dürfte[330]. Trotz der zweifellos nicht unerheblichen Konzentration im Pressemarkt bestehen in dieser Hinsicht qualitative Unterschiede. Dies gilt auch deshalb, weil im Rundfunkbereich kleinere lokale und regionale Anbieter weit weniger bedeutsam sind. Auf die Gefahren dieser Konzentrationstendenzen hat das Bundesverfassungsgericht in seinem Beschluß vom 18.12.1996[331] ausdrücklich hingewiesen und das Gebot der Vielfaltssicherung bekräftigt. Die Notwendigkeit vielfaltssichernder Maßnahmen

---

325 Kritisch zum Kostenargument bereits *Rudolf*, Über die Zulässigkeit privaten Rundfunks, S. 63f.; *Scheuner*, Rundfunkfreiheit, S. 71f.; *Herrmann*, Fernsehen und Hörfunk, S. 132f.

326 *Bethge*, Zulassung von Rundfunkveranstaltern, S. 86f.

327 *Herrmann*, Fernsehen und Hörfunk, S. 132f.; *Schmitt Glaeser*, Kabelkommunikation, S. 148.

328 *Rudolf*, Über die Zulässigkeit privaten Rundfunks, S. 63f.

329 Vgl. nur die Übersichten über die Beteiligung der großen Verlagshäuser an Rundfunkunternehmen in: Media Perspektiven, Daten zur Mediensituation in Deutschland 1997, S. 36ff.

330 Auch nach der Untersagung einer umfassenden Kooperation von *CLT-UFA*, *Kirch-Gruppe* und der *Deutschen Telekom AG* durch die Europäische Kommission planen die beiden erstgenannten Konzerne einen Ausbau des Pay-TV im Rahmen des *Premiere*-Programms; vgl. epd medien Nr. 47 vom 20.6.1998, S. 12.

331 BVerfGE 95, 163, 172f.

zwingt indes nicht zu einer Verengung des Schutzbereichs der Rundfunkfreiheit. Besonderen Gefahren einer Tätigkeit wird bei anderen Grundrechten regelmäßig durch die Wahrnehmung der Schrankenvorbehalte entgegengetreten. Daß dies nicht auch bei der Rundfunkveranstaltung möglich ist, ist bislang nicht dargetan[332].

ff) Die Wahrnehmungsbedingungen und die Mißbrauchsanfälligkeit des Rundfunks

Nachdem das Argument der „Sondersituation“ des Rundfunkwesens gegenüber anderen Massenmedien an Durchschlagskraft verloren hat, wird in der Rechtsprechung des Bundesverfassungsgerichts zunehmend auf die besondere „Suggestivkkraft, Aktualität und Breitenwirkung“ von Rundfunksendungen abgestellt[333].. Im Schrifttum wurden die Wahrnehmungsbedingungen des Rundfunks schon früh als Begründung für eine betont objektiv-rechtliche Auslegung der Rundfunkfreiheit angeführt. So wird der Verbindung von akustischer und visueller Wirkungsweise des Fernsehens eine gesteigerte psychologische Eindringlichkeit zugeschrieben[334]. Die Authentizität und der „Eindruck des Dabeiseins“ bewirkten einen Glaubwürdigkeitsvorsprung gegenüber der Presse[335]. Wegen dieser Besonderheiten sei der Rundfunk in erhöhtem Maße mißbrauchsanfällig.

Eine typische Eigenschaft des Rundfunks soll zudem der aus der begrenzten Sendezeit folgende Zwang sein, die Mitteilungen zu selektieren und die Informationen vergröbert darzustellen[336]. Zu berücksichtigen habe man auch, daß die Möglichkeit der Rezipienten, über den Informationsfluß frei zu disponieren, im Vergleich zu gedruckten Medien wesentlich eingeschränkt sei[337]. Anders als bei der Presse stünden die Informationen nicht jederzeit zur Verfügung, sondern seien auf bestimmte Zeiten festgelegt. Da der Rezipient sich dem Programmablauf nicht immer anpassen könne, sei die Zahl der Informations-

---

332 Vgl. dazu unten 4. a) bb) und b).

333 Vgl. dazu BVerfGE 54, 208, 216; 90, 60, 87.

334 *Stern/Bethge*, Öffentlich-rechtlicher und privatrechtlicher Rundfunk, S. 42, 45; *W. Schmidt*, Rundfunkgewährleistung, S. 79ff.; *Hoffmann-Riem*, in: AK GG, Bd. 1, Art. 5 Abs. 1, 2 Rn. 169; vgl. auch *Starck*, in: von Mangoldt/Klein/Starck, GG, Bd. 1, Art. 5 Abs. 1, 2 Rn. 72; *H.H. Klein*, Rundfunkfreiheit, S. 70f.; *Lieb*, Kabelfernsehen, S. 220.

335 *Lieb*, Kabelfernsehen, S. 222; *Stern/Bethge*, Öffentlich-rechtlicher und privatrechtlicher Rundfunk, S. 44; *Herrmann*, Fernsehen und Hörfunk, S. 230.

336 *Herrmann*, Fernsehen und Hörfunk, S. 226f.; *Lieb*, Kabelfernsehen, S. 221f.

337 *W. Schmidt*, Rundfunkgewährleistung, S. 79ff.; *Lieb*, Kabelfernsehen, S. 222.; *Herrmann*, Fernsehen und Hörfunk, S. 230; vgl. auch *H.H. Klein*, Rundfunkfreiheit, S. 70f.

angebote eingeschränkt. Beim Rundfunk komme anders als bei Printmedien auch ein beliebiges Wechseln, Verweilen und Springen innerhalb der Mitteilung nicht in Betracht[338]. Schließlich soll aus der „Bequemlichkeit" der Informationsaufnahme über den Rundfunk - der Konsument kann sich auf eine vergleichsweise passive Entgegennahme der Information beschränken - im Alltag ein Vorteil gegenüber anderen Medien folgen[339].

Eine tiefergehende Betrachtung im Rahmen der gegenwärtigen Situation der deutschen Medienlandschaft zeigt allerdings, daß einige der vorgebrachten Aspekte entscheidend an Gewicht verloren haben. Wenn auch die besonderen Umstände der Rezeption von Rundfunksendungen nicht geleugnet werden können, so bestehen doch erhebliche Zweifel, ob sich damit gerade auch die fragliche verfassungsrechtliche Schlußfolgerung, die Sonderbehandlung auf der Schutzbereichsebene, rechtfertigen läßt.

Die Aktualität erscheint als Argument für eine unterschiedliche verfassungsrechtliche Behandlung wenig überzeugend. Der zeitliche Vorsprung gilt nur für bestimmte Sendungen und beträgt teilweise nur wenige Stunden. Daß aus der bloßen Aktualität eine wesentlich andere Wirkungsweise folgen soll, erscheint ohnehin zweifelhaft. Beachtlicher ist dagegen der Hinweis auf die dem Rundfunk häufig zukommende Funktion als erste Informationsquelle; nicht selten bleibt der Rundfunk auch die einzige Quelle[340]. Allerdings bestehen vergleichbare individuelle Informationsmonopole auch bei der Nutzung von Printmedien, so dürfte beispielsweise der Bezug mehrerer - insbesondere überregionaler - Tageszeitungen oder Nachrichtenmagazine im Alltag eher den Ausnahmefall bilden.

Was die Suggestivkraft und Authentizität angeht, ist zu entgegnen, daß dies für den Hörfunk mangels visueller Mittel von vornherein nur eingeschränkt gilt. Aber auch hinsichtlich des Fernsehens ist der Nachweis einer entscheidend intensiveren Wirkung und Nachhaltigkeit der Informationen als bei Printmedien bislang nicht erbracht[341]. Tatsächlich leuchtet nicht ohne weiteres ein, daß etwa großflächige Schlagzeilen und Bilder auflagenstarker Zeitungen nicht minder eindringlich wirken. Desweiteren erscheint es durchaus vorstellbar, daß bewegte Bilder in der Erinnerung schneller verblassen, während die Lektüre von Tex-

---

338 *Lieb*, Kabelfernsehen, S. 223f.

339 *H.H. Klein*, Rundfunkfreiheit, S. 70f.; *Lieb*, Kabelfernsehen, S. 220f.

340 *Lieb*, Kabelfernsehen, S. 221f.

341 Vgl. dazu eingehend *Hain*, Rundfunkfreiheit, S. 51ff.

ten bestimmte Informationen länger im Gedächtnis haften lassen kann[342]. Gedruckten Fotos wird man einen Mangel an Authentizität gegenüber Fernsehbildern ohnehin kaum zusprechen können.

Gerade aufgrund des reichhaltigen Programmspektrums des deutschen Rundfunkmarkts darf auch die Breitenwirkung einzelner Sendungen im Vergleich zu Massenblättern des Zeitschriftenmarkts nicht überschätzt werden[343]. Bezieht man das Argument der Breitenwirkung auf bestimmte Verbreitungsgebiete, zeigt sich ein extremes Ausmaß eher bei Tageszeitungen, denn in vielen Regionen bestehen hier Mono- oder Oligopole. Demgegenüber kann der Fernsehzuschauer regelmäßig zwischen über 30 Programmen wählen.

Eine gegenüber anderen Massenmedien bestehende besondere Breitenwirkung kann jedenfalls nicht pauschal für den gesamten Rundfunk angenommen werden. Mit der Situation im bundesweiten Fernsehen sind etwa die Verbreitungsumstände lokaler Hörfunkprogramme schlicht unvergleichbar. Derartige Veranstaltungen kann man insofern allenfalls mit lokalen Printmedien auf eine Stufe stellen. Schon hinter regionalen Zeitungsketten kann deren Reichweite zurückbleiben. Dies zeigt, daß es eine Überreaktion darstellt, wenn man mit Blick auf massenattraktive bundesweite Fernsehprogramme den Schutzbereich der einheitlich für alle Veranstaltungsformen geltenden Rundfunkfreiheit verkürzt. Dem nach Art der Veranstaltung unterschiedlich ausgeprägten Regelungsbedürfnis kann auf der Schutzbereichsebene nicht angemessen nach-gekommen werden. Die gebotene einzelfallabhängige Begrenzung von nicht allgemein mißbilligten Tätigkeiten ist auch im Bereich des Rundfunks eine generell auf der Schrankenebene zu erfüllende Aufgabe.

Die Notwendigkeit der Selektion der zu übermittelnden Inhalte stellt sich für den Redakteur einer Nachrichtensendung nicht wesentlich anders als für den Pressejournalisten. Auch in den Printmedien steht für die einzelnen Meldungen nur begrenzter Raum zur Verfügung. Die Frage, ob und an welcher Stelle eine

---

342 Vgl. *Hain*, Rundfunkfreiheit, S. 53 und S. 55f., auch zu kommunikationswissenschaftlichen Untersuchungen, die eine besondere Wirkungsqualität des Fernsehens nicht belegen konnten.

343 Beispielsweise betrug die Auflage der *Bild*-Zeitung der *Axel Springer-Verlag AG* im Jahre 1997 4,4 Millionen Exemplare. Die führende privatrundfunkliche Nachrichten-Sendung *RTL-Aktuell* hatte 1996 durchschnittlich 4,25 Millionen Zuschauer. Die politischen Magazine der ARD erreichten im gleichen Jahr im Durchschnitt 3,56 Millionen Fernsehzuschauer (Angaben nach Media Perspektiven, Basisdaten für 1997). Bei einem Vergleich ist zu berücksichtigen, daß Zeitungsexemplare nicht selten von mehreren Personen gelesen werden und daß gerade die Titelseite durch Auslage an den Verkaufsstellen zusätzliche Verbreitung sozusagen „im Vorübergehen" findet.

Mitteilung erfolgt, stellt sich in beiden Medienbereichen in nicht wesentlich anderer Weise[344].

Der Hinweis auf die besondere Wirkungsweise und Wahrnehmung von Rundfunksendungen mag auch heute noch in einigen der genannten Aspekte berechtigt sein. Sie sind aber in der heutigen Medienlandschaft nicht von so unvergleichbarer Qualität, daß sie ein systemfremdes, enges Schutzbereichsverständnis rechtfertigen[345]. Der Nachweis, daß aus den tatsächlichen Umständen dennoch eine enge Auslegung des Schutzbereichs der Rundfunkfreiheit folgt, ist bislang nicht erbracht. Nur wenn den rundfunkspezifischen Gefährdungen durch den Gesetzgeber auf dem Boden eines Veranstaltungsgrundrechts schlechthin nicht zu begegnen wäre, könnte eine Schutzbereichsausnahme legitim erscheinen. Ein solcher Begründungsansatz wäre dennoch im Hinblick auf die kaum zu leugnende Ergebnisorientierung fragwürdig. Daß die herkömmliche Schrankendogmatik der Grundrechte des Grundgesetzes nicht auch den Rundfunkgesetzgebern das notwendige Instrumentarium zur Sicherung der Allgemeininteressen bereitstellt, ist von den Kritikern eines individuellen Rechts auf Rundfunkveranstaltung offenbar als nicht näher zu untersuchende, verfassungsrechtliche Selbstverständlichkeit betrachtet worden.

e) Schlußbetrachtung

Es hat sich gezeigt, daß die vorgebrachten Einwände gegen ein konsequent subjektiv-rechtliches Verständnis der Rundfunkfreiheit nicht so gewichtig sind, daß sie einer einheitlichen Bestimmung der Reichweite der Schutzbereiche der in Art. 5 Abs. 1 S. 2 GG gewährleisteten Rechte entgegenstehen[346].

Die Beschränkung des Grundrechtsschutzes auf zugelassene Veranstalter würde zu einer Grundrechtsgeltung „nach Maßgabe der Gesetze“ führen[347]. Auch die Rechtsschutzmöglichkeiten wären eingeschränkt, da die Klage- und Antragsbefugnis der Veranstalter zweifelhaft würde[348]. Daß es der modernen Grundrechtsdogmatik nicht entspricht, den Schutzbereich der Grundrechte eng zu

344 *Herrmann*, Fernsehen und Hörfunk, S. 226f., sieht darin zu Recht eine Gemeinsamkeit aller Massenmedien.

345 So auch *H.H. Klein*, Rundfunkfreiheit, S. 71; *Hain*, Rundfunkfreiheit, S. 57f; *Wendt*, in: von Münch/Kunig, GG, Bd. 1, Art. 5 Rn. 53.

346 Als Zwischenergebnis so wohl auch *Bethge*, Zulassung von Rundfunkveranstaltern, S. 72, der anschließend aber den Ausgestaltungsgedanken als Begrenzung der Veranstalterrechte heranzieht.

347 *Bethge*, in: Sachs, GG, Art. 5 Rdnr. 112.

348 Vgl. *Bethge*, in: Sachs, GG, Art. 5 Rdnr. 112.

ziehen, zeigt besonders deutlich die jüngste Rechtsprechung des Bundesverwaltungsgerichts zu der Erteilung von Spielbankerlaubnissen[349]. Dezidiert tritt das Gericht darin der von der Vorinstanz vertretenen Ansicht entgegen, der Betrieb von Spielbanken stehe von vornherein nicht unter dem Schutz der Berufsfreiheit des Art. 12 Abs. 1 GG. Eine Schutzbereichsausnahme ist danach insbesondere auch nicht im Falle eines repressiven Verbots mit Dispensierungsvorbehalt anzunehmen[350]. Selbst den im Schrifttum befürworteten Ausschluß „schlechthin gemeinschaftsschädlicher" Betätigungen läßt des Bundesverwaltungsgericht offen[351]. Statt eine Eingrenzung auf der Schutzbereichsebene vorzunehmen, betont das Gericht die Beschränkungsmöglichkeiten. Vor dem Hintergrund eines hochrangigen Schutzgutes - im entschiedenen Fall den Schutz der Bevölkerung vor den mit der Spielleiden-schaft verbundenen Gefahren - wird sogar eine Konzessionierung ausschließlich staatlicher Betriebe für möglich gehalten[352]. Das Gericht hält damit auch im Falle der Betroffenheit eines grundrechtlichen Schutzbereichs einen Ausschluß privater Aktivitäten aus Gründen des Allgemeininteresses für möglich. Über-trägt man diese Diktion auf den Rundfunk, besteht kein Anlaß, von vornherein die Möglichkeit auszuschließen, daß - unter bestimmten Umständen oder in bestimmten Bereichen - private Aktivitäten trotz eines bestehenden Veran-staltungsgrundrechts erheblich beschränkt, wenn nicht sogar untersagt werden könnten.

Festzustellen ist im Ergebnis, daß der Schutzbereich der Rundfunkfreiheit des Art. 5 Abs. 1 S. 2 GG nicht nur die Ausübung der Rundfunktätigkeit durch bereits zugelassene Veranstalter, sondern auch die Aufnahme der Tätigkeit, insbesondere die Gründung von Rundfunkunternehmen, erfaßt. Die Rundfunkfreiheit erschöpft sich nicht in einem Abwehrrecht im Sinne der Programmfreiheit, sondern enthält daneben eine umfassende Rundfunkveranstaltungsfreiheit.

---

349 BVerwG NVwZ 1995, 478, vgl. auch die Entscheidung zum rheinland-pfälzischen Sportwettgesetz NVwZ 1995, 475; zur weiten Auslegung der Grundrechtsschutzbereiche nachdrücklich auch *Lübbe-Wolf*, Die Grundrechte, S. 87ff., zusammenfassend S. 98 m.w.N.

350 BVerwG NVwZ 1995, 478.

351 BVerwG NVwZ 1995, 478, 479.

352 BVerwG NVwZ 1995, 478, 480, unter e). In NVwZ 1995, 475, 477, unter c) hält das BVerwG dementsprechend ein generelles Verbot von Sportwettunternehmen trotz der Eröffnung des Schutzbereichs der Berufsfreiheit für zulässig: „Die Bedeutung dieses Gemeinschaftsgutes (die Abwehr von Gefahren durch die Ausnutzung der Spielleidenschaft) rechtfertigt ein generelles Verbot des Betriebs von Sportwettunternehmen".

4. Ausgestaltung und Beschränkung der Rundfunkveranstaltungsfreiheit

a) Die Ausgestaltungs- und Schrankendogmatik

Die aus der Rundfunkfreiheit folgenden subjektiven Berechtigungen gelten - wie alle Grundrechte des Grundgesetzes - nicht grenzenlos. Vielmehr sind die geschützten Verhaltensweisen der gesetzlichen Regelung zugänglich. Abweichend vom klassischen Eingriffs-/Rechtfertigungsschema soll nach der Rechtsprechung des Bundesverfassungsgerichts und einem großen Teil des Schrifttums im Rahmen der Rundfunkfreiheit strukturell und funktional zwischen zwei Kategorien gesetzlicher Regelungen zu unterscheiden sein. Die erste Kategorie bilden die Schrankengesetze. Hinzu treten - und darin liegt die Besonderheit des Art. 5 Abs. 1 S. 2 GG - die sogenannten Ausgestaltungsregelungen.

Bei den Schrankengesetzen handelt es sich um den Schutzbereich eines Grundrechts beeinträchtigende Regelungen, also echte Grundrechtseingriffe, auf die die allgemeinen Regeln über die verfassungsrechtliche Rechtfertigung anzuwenden sind. Für die Rundfunkfreiheit ist insofern zunächst eine Rechtfertigung aufgrund des Schrankenvorbehalts in Art. 5 Abs. 2 GG in Betracht zu ziehen. Darüber hinaus kann sich eine Begrenzung des Grundrechts aber auch aus Gesetzen ergeben, die kollidierenden Rechtsgütern mit Verfassungsrang Rechnung tragen, den sogenannten verfassungsimmanenten Schranken[353]. Erhebliches Gewicht kommt bei der Beurteilung im Einzelfall dem Grundsatz der Verhältnismäßigkeit und dem Gebot „praktischer Konkordanz“[354] zu.

Aus der durch Schutzbereich und Schrankenvorbehalt gebildeten Grundstruktur folgt als zentrales Prinzip der Freiheitsgrundrechte, daß der Bürger ohne weitere Voraussetzungen die geschützten Tätigkeiten ausüben kann, sofern sie nicht gesetzlich untersagt oder beschränkt werden. Aus dem abwehrrechtlichen Gehalt folgt inVerbindung mit dem Vorbehalt des Gesetzes der Satz: Erlaubt ist,

---

353 Auch wenn die verfassungsimmanenten Schranken im Bereich von Grundrechten ohne Gesetzesvorbehalt regelmäßig größere Bedeutung erlangen, sind sie ebenso bei Grundrechten mit Schrankenvorbehalt heranzuziehen. Dies gilt insbesondere auch für die Kommunikationsfreiheiten; vorrangig ist hier aber eine Rechtfertigung durch Art. 5 Abs. 2 GG zu untersuchen; vgl. BVerfGE 66, 116, 136; *Herzog*, in: Maunz/Dürig, Grundgesetz, Art. 5 I, II Rn. 293; *Schulze-Fielitz*, in: Dreier (Hrsg.), Grundgesetz-Kommentar, Bd. I, Art. 5 I, II Rn. 121; *Jarass*, in: Jarass/Pieroth, GG, Art. 5 Rn. 53; *Ruck*, AöR 117 (1992), 542, 552 (in Fn. 52), vgl. näher unten b) bb).

354 Vgl. dazu *Hesse*, Grundzüge des Verfassungsrechts, Rn. 317ff.; *Manssen*, Staatsrecht I, Rn. 608ff.; *Pieroth/Schlink*, Grundrechte Staatsrecht II, Rn. 273ff.

was nicht verboten ist[355]. Für die Rundfunkfreiheit soll dies nach verbreiteter Meinung gerade nicht gelten. Das Mittel, mit dem diese Sonderbehandlung erreicht wird, liefert die vom Bundesverfassungsgericht entwickelte Kategorie der „gesetzlichen Ausgestaltung"[356]. Ohne eine Regelung durch den Gesetzgeber könne die Rundfunkfreiheit nicht „wirksam werden"[357]. Der Gesetzgeber sei von Verfassungs wegen verpflichtet, eine positive Ordnung zu schaffen, die, um der Aufgabe des Rundfunks als Medium und Faktor der öffentlichen Meinungsbildung gerecht zu werden, sicherstellt, daß die Vielfalt der vorhandenen Meinungen im Rundfunk in möglichster Breite und Vollständigkeit Ausdruck findet[358].

aa) Ausgestaltung als Ausübungsvorbehalt

Als Charakteristikum der Ausgestaltungsregelungen wird im Schrifttum hervorgehoben, daß sie den subjektiven Gehalt der Rundfunkfreiheit nicht verkürzen, sondern den Freiheitsbereich konkretisieren und die Rundfunktätigkeit überhaupt erst ermöglichen[359]. Durch sie werde nicht, wie bei den Schrankengesetzen, entgegenstehenden Interessen Rechnung getragen, sie dienten vielmehr der Verwirklichung der Rundfunkfreiheit selbst[360].

Wegen dieses Unterschieds zu den Schrankenregelungen werden allein der grundlegenden Zielsetzung der Rundfunkfreiheit, der Gewährleistung freier Meinungsbildung, auch die Maßstäbe für die Beurteilung der Zulässigkeit derartiger Regelungen entnommen: Der Gestaltungsspielraum des Gesetzgebers soll seine Grenze allein an diesem Regelungsziel finden[361]. Ausgestaltungsregelungen sind demzufolge bereits dann verfassungsrechtlich unbedenklich, wenn sie geeignet sind, eine freie und umfassende Meinungsbildung durch den Rundfunk zu gewährleisten[362]. Einer Verhältnismäßigkeitsprüfung, innerhalb derer

355 *Gersdorf*, Rundfunkfreiheit, S. 14.

356 BVerfGE 57, 295, 319 - seit dem ständige Rechtsprechung, zuletzt Urteil vom 17.2.1998, MMR 1998, 202, 209.

357 BVerfGE 57, 295, 319.

358 BVerfGE 57, 295, 320; 83, 238, 296; 90, 60, 88.

359 *Hoffmann-Riem*, in: HVerfR, § 7 Rn. 34; *ders.*, Erosionen, S. 14; *Jarass*, DJT-Gutachten, G 33; *Bethge*, Zulassung von Rundfunkveranstaltern, S. 72; *Ruck*, AöR 117 (1992), 542, 546f.

360 *Hoffmann-Riem*, in: HVerfR, § 7 Rn. 34.

361 BVerfGE 57, 295, 320f.; 73, 118, 166; 74, 297, 334; 83, 238, 296.

362 BVerfGE 57, 295, 320f.; 73, 118, 166; 74, 297, 334; 83, 238, 296; nach dem Urteil vom 17.2.1998, MMR 1998, 202, 209, sind „die von Art. 5 Abs. 1 S. 2 GG geschützten Interessen angemessen zu berücksichtigen". Ob damit eine Angemessenheitsprüfung ver-

insbesondere die Erforderlichkeit und die Angemessenheit eingehender zu untersuchen wären, bedarf es bei Ausgestaltungsgesetzen nach ganz überwiegender Auffassung nicht[363]. Was dieser Maßstab praktisch bedeutet, bringt das Bundesverfassungsgericht in seinem Urteil zum Kurzberichterstattungsrecht auf den Punkt, wenn es feststellt: „Bei der Ausgestaltung der Rundfunkfreiheit im einzelnen genießt der Gesetzgeber weitgehende Freiheit“[364].

Gerade für die Frage nach der Existenz einer Rundfunkveranstaltungsfreiheit kommt der dargestellten Ausgestaltungsdogmatik erhebliche Bedeutung zu. Deren Befürworter ziehen nämlich aus dem Erfordernis der Ausgestaltung die Konsequenz, daß ein Recht auf Veranstaltung von Rundfunk von vornherein nur nach Maßgabe gesetzlicher Regelungen besteht[365]. Interessanterweise teilt auch *Bethge* diese Einschätzung, obwohl er offensichtlich die Aufnahme der Rundfunktätigkeit grundsätzlich als vom Schutzbereich der Rundfunkfreiheit erfaßt sieht[366]. Die Ausgestaltungsdoktrin läßt sich danach als Sperre für die Berufung auf den Schutz der angestrebten Tätigkeit beschreiben. Sie führt faktisch zu einer Reduktion des Schutzbereichs, denn der Ebene der Grundrechtsschranken läßt sich die Problematik nicht zuordnen. Es geht nämlich gerade nicht um eine Beschränkung der geschützten Tätigkeit *durch* ein Gesetz. Vielmehr wird zwischen Schutzbereich und Beschränkung eine individualrechtsbegrenzende Ausgestaltungsebene geschoben, auf der ein Element des geschützten Verhaltens, die Aufnahme der Rundfunktätigkeit, dem Vorbehalt gesetzlicher Regelung unterworfen wird.

Im Ergebnis wird durch die Ausgestaltungsdogmatik, nach der die Grundrechtsausübung das Bestehen entsprechender Organisationsgesetze voraussetzt, die

langt wird, wie sie Bestandteil des Grundsatzes der Verhältnismäßigkeit ist, erscheint angesichts der zurückhaltenden Wortwahl „zu berücksichtigen“ zweifelhaft; jedenfalls läßt auch diese Formulierung die Erforderlichkeit vermissen.

363 *Schulze-Fielitz*, in: Dreier (Hrsg.), Grundgesetz-Kommentar, Bd. I, Art. 5 I, II Rn. 168 (in Fn. 115); *Eberle*, Rundfunkübertragung, S. 41; *Engel*, AfP 1994, 185, 186; *Ruck*, AöR 117 (1992), 542, 549f.; a.A. *Jarass*, DJT-Gutachten, G 27.

364 BVerfGE, Urteil vom 17.2.1998, MMR 1998, 202, 209.

365 *Badura*, Verfassungsrechtliche Bindungen, S. 45ff.; *Bethge*, Zulassung von Rundfunkveranstaltern, S. 79; *ders.*, Rundfunkfreiheit, S. 36f.; *Stern*, DVBl. 1982, 1116; *Lerche*, Rundfunkmonopol, S. 34 ff.; *Ossenbühl*, DÖV 1972, 299f.; *Hoffmann-Riem*, in: HVerfR, § 7 Rn. 39; so wohl auch *Selmer*, Bestands- und Entwicklungsgarantien, S. 48; anders aber *Jarass*, DJT-Gutachten, G 28.

366 Vgl. *Bethge*, Zulassung von Rundfunkveranstaltern, S. 72, der „die Frage, ob Art. 5 Abs. 1 S. 2 GG auch individuelle Zugangsrechte tatbestandsmäßig erfaßt“ bejaht, unter dem Topos „Schranken“ aber feststellt, daß „ohne gesetzliche Grundlage private Rechtsträger keinen Zugang haben können“.

oben genannte freiheitsrechtliche Grundregel auf den Kopf gestellt: Verboten ist, was nicht ausdrücklich erlaubt ist[367].

bb) Ausgestaltung als Handlungsauftrag

Die Auffassung, die aus dem Ausgestaltungsgedanken einen Vorbehalt für die Aufnahme der Rundfunktätigkeit durch Private ableitet, war von Beginn an massiver Kritik ausgesetzt. Die Rundfunkfreiheit gelte damit nur noch nach Maßgabe des Gesetzes[368], dies bedeute nichts anderes als eine „Preisgabe der Grundrechtsdogmatik“[369]. Das Grundrecht denaturiere zu einem bloßen Gesetzgebungsauftrag[370].

Tatsächlich stellt ein derartiger Ausübungsvorbehalt eine rechtfertigungsbedürftige Sonderbehandlung der Rundfunkfreiheit innerhalb des Grundrechtskanons dar. Dem kann nicht entgegengehalten werden, die Kategorie der gesetzlichen Ausgestaltung kenne man auch bei anderen Freiheitsrechten, insbesondere der Eigentumsgarantie des Art. 14 GG oder bei Art. 6 Abs. 1 GG[371], und ebenso wie diese Grundrechte sei die Rundfunkfreiheit ohne entsprechende Organisationsgesetze nicht realisierbar[372]. Bei diesem Vergleich wird nämlich vernachlässigt, daß es sich bei den genannten Beispielen um sogenannte „normgeprägte“ Grundrechte handelt[373], deren Schutzbereiche durch Rechtsbegriffe geprägt werden, die naturgemäß der Konkretisierung durch den Gesetzgeber bedürfen. So steht und fällt der Begriff des Eigentums mit einer entsprechenden gesetzlichen Eigentumsordnung. Allein diese Abhängigkeit von einem Rechtsbegriff rechtfertigt das grundrechtsuntypische Ausgestaltungserfordernis. Bei dem Begriff Rundfunk handelt es sich dementgegen gerade nicht um einen Tatbestand, der ohne eine gesetzliche Ausfüllung nicht bestimmbar ist. Auch wenn sich im Rundfunkstaatsvertrag und in den Rundfunk- und Mediengesetzen Definitionen des Rundfunkbegriffs finden und in Einzelfällen erhebliche Abgrenzungsprobleme bestehen, ist der Grundtypus der geschützten Tätigkeit unabhängig von rechtlichen Beschreibungen ersichtlich. Der verfas-

367 *Gersdorf*, Rundfunkfreiheit, S. 32f.

368 *Scholz*, JZ 1981, 561, 566; *Isensee*, in: HStR V, § 115 Rn. 142.

369 *Engel*, AfP 1994, 185, 187.

370 *Lücke*, Die allgemeinen Gesetze, S. 15.

371 So aber *Ruck*, AöR 117 (1992), 542, 548.

372 *Bethge*, Zulassung von Rundfunkveranstaltern, S. 72; *Ruck*, AöR 117 (1992), 542, 548.

373 Zu den Kategorien „normgeprägte“ und „sachgeprägte“ Grundrechte vgl. *Nierhaus*, AöR Bd. 116 (1991), 72, 82ff.; *Isensee*, in: HStR V, § 111 Rn. 51; *Pieroth/Schlink*, Grundrechte Staatsrecht II, Rn. 226ff.; *Manssen*, Staatsrecht I, Rn. 253ff.

sungsrechtliche Rundfunkbegriff ist autonom zu interpretieren[374]. Die Rundfunkfreiheit ist eben kein normgeprägtes Grundrecht, sondern wird maßgeblich durch technische Gegebenheiten bestimmt. Es zählt zu den „sachgeprägten“ Grundrechten, deren Ausübung grundsätzlich unabhängig von einer gesetzlichen Konkretisierung möglich ist[375]. Daß die Veranstaltung von Rundfunk auch ohne eine vorherige gesetzliche Frequenzordnung des Sitzstaates des Grundrechtsträgers vorstellbar ist, zeigt schon das Beispiel der Verbreitung über Breitbandkabelnetze oder ausländische Satelliten.

Gleichwohl läßt sich nicht bestreiten, daß der Rundfunk nicht dem freien Spiel der Kräfte überlassen werden darf, sondern den spezifischen Gefahren durch gesetzliche Regelungen begegnet werden muß. Besondere Gefahren ergeben sich insbesondere für die Meinungsvielfalt und Ausgewogenheit aufgrund der bereits sehr ausgeprägten und weiter zunehmenden Konzentrationstendenzen[376]. Zweifelhaft erscheint aber, ob diese Gefahrensituation einen Ausübungsvorbehalt rechtfertigt, der die herkömmliche Grundrechtsdogmatik sprengt. Daß die Ausübung von Grundrechten erhebliche Gefahren für andere Rechtsgüter mit sich bringen kann, ist nämlich nichts Ungewöhnliches. Als Beispiel sei hier nur die Nutzung der Kernenergie genannt. Trotz der mit ihr generell verbundenen Gefahren wird die Errichtung und der Betrieb eines Kernkraftwerks als von der Berufsfreiheit des Art. 12 Abs. 1 GG umfassend geschützte Verhaltensweise ohne Ausübungsvorbehalt angesehen[377]. Nach richtiger Auffassung sind aus dem Schutzbereich der Grundrechte nur solche Tätigkeiten herauszunehmen, die dem Menschenbild des Grundgesetzes entgegenstehen[378]. Den im Vergleich zum Rundfunk sicherlich nicht geringzuschätzenden potentiellen Gefahren der Kernenergie wird aber durch das Atomgesetz allein auf der Ebene der Grundrechtsbeschränkung begegnet, von Ausgestaltungs- oder Ausübungsvorbehalt ist hier keine Rede[379]. Nichts anderes gilt auch für die Gefahrenabwehr hin-

---

374 Vgl. dazu statt vieler *Jarass*, AfP 1998, 133.

375 *Eberle*, Rundfunkübertragung, S. 41; *Hain*, Rundfunkfreiheit, S. 37; *Lücke*, Die allgemeinen Gesetze, S. 15; vgl. auch *Gersdorf*, Rundfunkfreiheit, S. 20f.

376 Vgl. oben 3. g) cc).

377 Vgl. etwa *Borgmann*, Rechtliche Möglichkeiten, S. 315, 391f.; dies ergibt sich auch aus den Ausführungen des BVerfG im *Kalkar*-Beschluß, BVerfGE 49, 89, 144f.: Das Gericht hat einen Verstoß des Genehmigungsvorbehalts des § 7 des Atomgesetzes gegen Art. 12 Abs. 1 GG geprüft und die Vorschrift ausdrücklich als präventives Verbot mit Erlaubnisvorbehalt angesehen. Dieses unterscheidet sich vom repressiven Verbot mit Befreiungsvorbehalt gerade dadurch, daß die Genehmigung lediglich eine Freiheit wiederherstellt, die bereits grundrechtlich gewährleistet ist, vgl. *Maurer*, Allgemeines Verwaltungsrecht, § 9 Rn. 52.

378 Vgl. *Tettinger*, in: Sachs, GG, Art. 12 Rn. 36ff. m.w.N.

379 Vgl. erneut den *Kalkar*-Beschluß des BVerfG zum Atomgesetz, BVerfGE 49, 89, 141ff., in dem unter Hinweis auf besondere „Risiken und Gefahren“ explizit eine

sichtlich emittierender Anlagen oder dem Betrieb von Spielbanken[380]. Die Ausübung sämtlicher Grundrechte kann in bestimmten Erscheinungsformen Risiken in sich bergen. Die Mißbrauchsgefahr ist ein Risiko der Freiheit an sich[381].

Der besonderen Gefährlichkeit bestimmter Betätigungen wird in anderen Lebensbereichen nicht durch die Installation eines Ausübungsvorbehalts, sondern vielmehr durch den vom Bundesverfassungsgericht in ständiger Rechtsprechung verfolgten Schutzpflichtgedanken Rechnung getragen. So leiten das Bundesverfassungsgericht und der überwiegende Teil des Schrifttums aus den in den Grundrechten enthaltenen objektiv-rechtlichen Wertentscheidungen Schutzpflichten des Gesetzgebers ab[382]. Der Staat hat sich schützend und fördernd vor die durch die Grundrechte geschützten Rechtsgüter zu stellen[383]. Seinen verfassungsrechtlichen Schutzpflichten kann der Gesetzgeber insbesondere dadurch nachkommen, daß er Genehmigungen für ein gefährliches Vorhaben nur innerhalb eines formalisierten Verwaltungsverfahrens zuläßt, wonach eine Genehmigung versagt werden muß, wenn die Schwelle hinzunehmender Gefährdungen überschritten wird[384].

Dieser Ansatz läßt sich auf das Rundfunkwesen unproblematisch übertragen indem man als Gegenstand grundrechtlicher Schutzpflichten die in Art. 5 Abs. 1 enthaltene Freiheit der Meinungs- und Willensbildung sowie die Rundfunkfreiheit anderer Veranstalter heranzieht. Auch das Demokratieprinzip kommt als verpflichtender Tatbestand in Betracht, denn Staatsprinzipien zeichnen sich gerade durch objektiv-rechtliche Handlungsaufträge für den Gesetzgeber aus[385]. Dies zeigt, daß ein Handlungsauftrag für die Rundfunkgesetzgeber begründbar ist, ohne daß es einer rundfunkspezifischen Ausgestaltungsdogmatik bedarf.

„Sonderstellung" der Materie festgestellt (S. 146), gleichwohl aber ausschließlich auf den Schutzpflichtgedanken abgestellt wird.

380 Vgl. BVerwG NVwZ 1995, 478, 480; dazu schon oben 3. h).

381 *Hain*, Rundfunkfreiheit, S. 58.

382 Grundlegend: BVerfGE 39, 1, 41ff.; vgl. auch 53, 30, 57ff.; 77, 170, 214/222ff.; 88, 203, 251ff.; *E. Klein*, NJW 1989, 1633; *H.H. Klein*, DVBl. 1994, 489; *Stern*, Staatsrecht III/1, S. 931f. m.w.N. Diesem Begründungsansatz wird zu Recht entgegnet, daß sich Schutzpflichten schon auf Grundlage des herkömmlichen Grundrechtsverständnisses begründen lassen, der Umweg über die objektiv-rechtliche Kategorie also entfallen kann, vgl. eingehend: *Dörr*, Die deutsche Handelsflotte und das GG, S. 172ff.; *Murswiek*, Die staatliche Verantwortung für die Risiken der Technik, S. 101ff.

383 BVerfGE 39, 1, 42; 49, 89, 141f.; 53, 30, 57; 88, 202, 251; 90, 145, 195; vgl. eingehend: *Dietlein*, Die Lehre von den grundrechtlichen Schutzpflichten.

384 BVerfGE 53, 30, 59/65; 49, 89, 142f.

385 Vgl. nur *Badura*, Staatsrecht, D 42f.

Gründe für eine besondere Ausgestaltungsbedürftigkeit der Rundfunkfreiheit könnten aber der vom Bundesverfassungsgericht mehrfach verwandten Formulierung zu entnehmen sein, wonach sich im Rundfunkwesen „einmal eingetretene Fehlentwicklungen nur schwer rückgängig machen lassen“[386]. Diese Aussage wurde insbesondere auf die Gefahren der Konzentration von Meinungsmacht bezogen. Allerdings hat das Gericht die Feststellung anfangs gar nicht näher begründet und in seinem Beschluß zum *Deutschen Sportfernsehen*[387] lediglich auf den durch Verflechtungen entstehenden, „auch politisch einsetzbaren Einfluß“ verwiesen. Damit ist jedoch nicht nachgewiesen, daß es sich um eine spezifisch im Rundfunkwesen vorkommende Problematik handelt. Im Pressewesen besteht gerade im Bereich der Tageszeitungen eine ganz erhebliche, nicht minder bedenkliche Konzentration[388]. Gleichwohl werden die Regelungen der Landespressegesetze als Schrankengesetze angesehen[389]. Auch in den bereits beispielhaft genannten Bereichen des Atom- oder Immissonsschutzrechtes kann der nachträgliche Ausgleich von Defiziten auf Hindernisse stoßen. Dies ist gerade ein Grund, weshalb Erlaubnisvorbehalte errichtet werden und verfassungsrechtlich zu rechtfertigen sind. Daß gerade im Rundfunkwesen eine wirksame Gefahrenabwehr einen unmittelbar grundrechtlichen Ausübungsvorbehalt erfordert, ist bislang nicht belegt. Kartellbildungen und marktbeherrschende Unternehmensverflechtungen sind in anderen Wirtschaftsbereichen ebensowenig erwünscht wie im privaten Rundfunk. Die Gefahr von Fehlentwicklungen und Schwierigkeiten bei der nachträglichen Behebung bestehen auch dort. Dies gilt nicht minder für den vom Bundesverfassungsgericht genannten „politischen Einfluß“. Das geeignete Instrumentarium kann und muß der Gesetzgeber in Form von kartellrechtlichen Regelungen bereitstellen, ohne daß es des Ausgestaltungsgedankens bedarf.

Ein Ausübungsvorbehalt könnte möglicherweise dann verfassungsrechtlich geboten sein, wenn ohne spezielle rundfunkrechtliche Regelungen tatsächlich ein Zustand der völligen Unregulierbarkeit bestünde. Allerdings ergeben sich auch für den Rundfunk Grenzen hinsichtlich der Konzentration aus dem allgemeinen nationalen und europäischen Kartellrecht. Daß dies durchaus eine scharfe Waffe sein kann, hat sich jüngst im Zusammenhang mit dem Zusammenschluß der beiden Branchenriesen im Bereich des digitalen Fernsehens gezeigt.

---

386 BVerfGE 57, 295, 323; 73, 118, 160; 95, 163, 172f.

387 BVerfGE 95, 163, 173.

388 Vgl. nur die Übersichten über die Beteiligungsverhältnisse in Media Perspektiven, Daten zur Mediensituation in Deutschland 1997, S. 36ff.

389 *Starck*, in: von Mangoldt/Klein/Starck, GG, Bd. 1, Art. 5 Abs. 1, 2 Rn. 139ff.; *Hain*, Rundfunkfreiheit, S. 43; *Hoffmann-Riem*, in: AK GG, Bd. 1, Art. 5 Abs. 1, 2 Rn. 150.

Probleme könnten aber in einer Konstellation entstehen, in der ein Unternehmer in einem neuartigen, bisher gesetzlich nicht geregelten Bereich tätig wird. Prekär wird die Lage, wenn er sich auf grundrechtliche Berechtigungen stützen kann, die Aktivitäten aber gleichwohl mit nicht hinnehmbaren Gefährdungen von Allgemeininteressen verbunden sind. Die Befürworter eines Ausgestaltungsvorbehalts könnten argumentieren, nach der Gegenauffassung sei den Behörden die Gefahrenbekämpfung in solchen Fällen unmöglich.

Ein staatliches Eingreifen ist bei der Veranstaltung von Rundfunk aber zumindest in Extremfällen auch auf Grundlage des allgemeinen Polizei- und Ordnungsrechts möglich. Insbesondere bei Verstößen gegen die Menschenwürde oder den Jugendschutz wäre sogar eine Berufung auf das in den polizeilichen Generalklauseln enthaltene Schutzgut der öffentlichen Ordnung vorstellbar. Dieses umstrittene und teilweise schon totgeglaubte Schutzgut hat etwa das Oberverwaltungsgericht Rheinland-Pfalz für die Untersagung der gewerblichen Veranstaltung des sogenannten Quasarspiels, bei dem Tötungshandlungen simuliert werden, herangezogen[390]. Polizei- oder ordnungsbehördliche Maßnahmen wären dementsprechend etwa bei Rundfunksendungen, die die Menschenwürde verletzende Inhalte aufweisen, nicht ausgeschlossen. Der Rundfunk wäre daher in bestimmten Fällen auch ohne die Existenz rundfunkspezifischer Regelungen nicht völlig unregulierbar.

Insgesamt ist für die Rundfunkfreiheit somit keine gegenüber anderen Grundrechten so wesentlich andere Lage ersichtlich, die eine Sonderbehandlung durch die Errichtung eines Ausübungsvorbehalts rechtfertigt. Diese Feststellung bedeutet aber nicht, daß dem Ausgestaltungsgedanken jegliche Bedeutung und Berechtigung abzusprechen ist. Vielmehr ist, wie bereits ausgeführt wurde, von einem Handlungsauftrag des Gesetzgebers auszugehen, der dem Schutzpflichtgedanken entspringt[391].

cc) Ausgestaltung als Grundrechtsbeschränkung

Geht man entgegen der hier vertretenen Ansicht von einem Ausgestaltungsvorbehalt aus, drängt sich die Frage auf, ob aus dieser funktionellen Besonderheit auch eine besondere Rechtsnatur der Ausgestaltungsvorschriften folgt. Nach Ansicht der Befürworter dieses Verständnisses werden die ausgestaltenden Regelungen durch ihre besondere, eingangs beschriebene Zielsetzung geprägt. Eine dogmatische Einordnung der rundfunkrechtlichen Vorschriften ist aber auch

[390] NVwZ-RR, 1995, 30.
[391] So im Ergebnis auch *Lücke*, Die allgemeinen Gesetze, S. 16.

dann notwendig, wenn man den Ausgestaltungsgedanken im Sinne eines Handlungsauftrags versteht, denn auch nach diesem Verständnis erfüllen die fraglichen Vorschriften eine besondere Funktion.

Aus der besonderen Zielsetzung der Ausgestaltungregelungen und des daraus abgeleiteten Gestaltungsspielraums[392] wird im Schrifttum weithin gefolgert, sie seien dogmatisch strengstens von den Schrankengesetzen zu unterscheiden. Eine solche Regelung soll auch dann nicht in einen Grundrechtseingriff umschlagen, wenn der gesetzgeberische Spielraum überschritten wird; insbesondere eine Rechtfertigung nach Art. 5 Abs. 2 GG komme wegen des grundlegend anderen Charakters nicht in Betracht[393].

Nach diesem Verständnis ist jede rundfunkrechtliche Vorschrift unabhängig von ihrer rechtlichen Zulässigkeit eindeutig und ohne fließende Übergänge entweder als in den Schutzbereich eingreifende Beschränkung, also als Grundrechtseingriff, oder aber als Ausgestaltungsregelung einzuordnen. Auszugehen wäre durchgängig von einer strengen Alternativität.

Das gegenwärtige Zulassungsregime der Rundfunk- und Mediengesetze ist nach dem Bundesverfassungsgericht als Maßnahme der Ausgestaltung einzuordnen. Schon im *FRAG*-Urteil hat das Gericht ausdrücklich die Vorschriften über die Durchführung eines „Erlaubnisverfahrens“[394] und der „laufenden Kon-trolle“[395] als durch die Zielsetzung der Rundfunkfreiheit gedeckte und geforderte Ausgestaltungsregelungen angesehen.

Die strikte Unterscheidung der Ausgestaltungsregelungen von der Kategorie der Schrankengesetze stößt im Schrifttum jedoch zunehmend auf Kritik. Da sich dieses Verständnis in erster Linie auf die Rechtsprechung des Bundesverfassungsgerichts stützt, soll zunächst untersucht werden, ob sich den Aussagen des Gerichts eine derartig strikte Unterscheidung tatsächlich zweifelsfrei entnehmen läßt.

Eine Gegenüberstellung von Ausgestaltung und Grundrechtsbeschränkung findet sich erstmals im *FRAG*-Urteil: „Die aus Art. 5 Abs. 1 GG folgende Aufgabe, Rundfunkfreiheit rechtlich auszugestalten, berechtigt jedoch nicht zu einer Be-

---

392 Vgl. oben 4. a) aa).

393 *Schulze-Fielitz*, in: Dreier (Hrsg.), Grundgesetz-Kommentar, Bd. I, Art. 5 I, II Rn. 168; *Rossen*, Freie Meinungsbildung, S. 291, 307ff.; *Hoffmann-Riem*, in: HVerfR, § 7 Rn. 34; *Jarass*, AöR 110 (1985), 363, 392f.; *Ruck*, AöR 117 (1992) 117, 543, 550, 558f.; zurückhaltender: *Bethge*, DVBl 1983, 369, 376.

394 BVerfGE 57, 295, 326.

395 BVerfGE 57, 295, 333.

schränkung des Grundrechts. Eine solche ist nur gemäß Art. 5 Abs. 2 GG zulässig"[396]. Diese Formulierung läßt bei genauer Betrachtung offen, ob nicht auch in einer Ausgestaltungsregelung ein Grundrechtseingriff liegen kann und damit Art. 5 Abs. 2 GG anzuwenden wäre[397]. Sie kann - gerade wegen der Formulierung „berechtigt nicht" - ebenso gut als Bekräftigung interpretiert werden, daß beschränkende Regelungen stets einer Rechtfertigung nach Art. 5 Abs. 2 GG bedürfen, der Ausgestaltungszweck also nicht ausreicht. Als Beleg für die Annahme strikter Alternativität der Regelungskategorien taugt diese Aussage daher nicht. Deutlicher sind dagegen die Ausführungen im *Niedersachsen*-Urteil. Darin wird ausdrücklich festgestellt, daß ausgestaltende Regelungen „keinen Grundrechtseingriff enthalten können", sie bedürften deshalb keiner „weiteren verfassungsrechtlichen Rechtfertigung"[398]. Anschließend hält das Gericht die Frage für statthaft, welcher der beiden „Gruppen der begrenzenden Regelungen" die streitigen Vorschriften des Landesrundfunkgesetzes zuzuordnen sind[399]. Gerade die letztgenannte Aussage belegt das im Schrifttum vorherrschende Verständnis der strengen Alternativität der Regelungskategorien.

In die entgegengesetzte Richtung deuten dagegen die Ausführungen des Bundesverfassungsgerichts im sogenannten *Baden-Württemberg*-Beschluß[400]. In dem Rechtsstreit hatte das Gericht über die Verfassungsmäßigkeit von Vorschriften des baden-württembergischen Landesmediengesetzes zu entscheiden, nach denen die öffentlich-rechtlichen Rundfunkanstalten von der Veranstaltung regionaler und lokaler Rundfunkprogramme und rundfunk-ähnlicher Kommunikationsdienste ausgeschlossen wurden. Zunächst hat das Gericht die Maßgeblichkeit der Rundfunkfreiheit und deren generelle Anforderungen herausgestellt. Anschließend erfolgte die - den oben dargelegten Grundsätzen entsprechende - Prüfung anhand der Ausgestaltungsaufgabe des Gesetzgebers. Das Gericht gelangte zu dem Ergebnis, die streitige Vorschrift des Mediengesetzes sei von der Aufgabe zur Ausgestaltung nicht gedeckt; die durch die dienende Funktion gebildete Grenze sei nicht eingehalten[401]. So weit, so gut. Statt aber damit die verfassungsrechtliche Prüfung zu beenden und das Vorliegen einer unzulässigen Ausgestaltungs-regelung festzustellen, prüft das Gericht zur Überraschung des Lesers unmittelbar anschließend eine Recht-fertigung nach Art. 5 Abs. 2 GG und nimmt dabei eine geradezu schulmäßige Prüfung des Grundsatzes der Verhältnismäßigkeit vor[402]. Damit zieht es eine Beschrän-

396 BVerfGE 57, 295, 321.
397 Vgl. *Ruck*, AöR 117 (1992), 542, 547.
398 BVerfGE 73, 118, 166.
399 BVerfGE 73, 118, 166f.
400 BVerfGE 74, 297.
401 BVerfGE 74, 297, 331ff.
402 BVerfGE 74, 297, 336ff.

kungsmöglichkeit heran, die nach dem oben beschriebenen Verständnis ausschließlich auf grundrechtseingreifende Vorschriften anzuwenden wäre[403]. Mit der vom Schrifttum überwiegend angenommenen strengen Alternativität der Regelungskategorien ist dies nicht zu vereinbaren. Diese Vorgehensweise steht damit im Widerspruch zu der beschriebenen Lösung der Abgrenzungsproblematik.

Für die Anwendung des Schrankenvorbehalts des Art. 5 Abs. 2 GG auch auf Vorschriften, die der Ausgestaltung dienen, sprechen gewichtige grundrechtsdogmatische Erwägungen: Klar ersichtlich ist - dies wird auch von einigen Anhängern der gegenteiligen Auffassung nicht bestritten -, daß auch Ausgestaltungsregelungen in erheblichem Maße belastend wirken können[404]. Man denke etwa an die Werbebegrenzungen oder die Vorschriften zur Konzentrationskontrolle. Mit der Feststellung einer Belastung eines grundrechtlich geschützten Verhaltens liegt aber gerade das nach dem modernen Eingriffsbegriff entscheidende Merkmal vor[405].

Es widerspricht dem heute herrschenden Grundrechtsverständnis, schon bei der Frage nach einem Eingriff wertende Elemente wie Zielsetzungen und gegenläufige Interessen einfließen zu lassen. Nichts anderes stellt aber die Anerkennung eines Ausgestaltungsvorbehalts dar[406]. Derartige relativierende Erwägungen werden bei anderen Freiheitsrechten typischerweise auf der Rechtfertigungsebene vorgenommen[407]. Auch im Rahmen der Rundfunkfreiheit ist kein Grund ersichtlich, im Falle einer tatsächlichen Verkürzung des Schutzbereichs nicht die Stufe des Eingriffs zu verlassen und Abwägungsentscheidungen ausschließlich auf der Rechtfertigungsebene zu treffen. Dort können die Besonderheiten der Materie und die Ausgestaltungsaufgabe des Gesetzgebers hinreichend und ebenso effektiv berücksichtigt werden[408]. Selbst wenn sich eine Re-

---

403 Ausschließlich Art. 5 Abs. 1 S. 2 GG zieht das BVerfG dagegen in dem Kammerbeschluß zur Änderung der Zusammensetzung des Rundfunkrats des NDR vom 7.11.1995, ZUM 1996, 514, 516f. = JuS 1997, 267 (D. Dörr) heran.

404 *Schulze-Fielitz*, in: Dreier (Hrsg.), Grundgesetz-Kommentar, Bd. I, Art.5 I, II Rn. 168; *Jarass*, DJT-Gutachten, G 26, *ders.*, AöR 110 (1985), 363, 391; *Eberle*, Rundfunkübertragung, S. 41; *Ruck*, AöR 117 (1992), 542, 547.

405 Vgl. zur Weite des Schutzbereichs- und Eingriffsbegriffs: *Manssen*, Staatsrecht I, Rn. 255ff.; *Pieroth/Schlink*, Grundrechte Staatsrecht II, Rn. 26ff.; *Lübbe-Wolff*, Die Grundrechte, S. 47ff.

406 Vgl. etwa *H.H. Klein*, Rundfunkfreiheit, S. 74; *Scholz*, JuS 1974, 299, 306; *ders.*, JZ 1981, 561, 566; *Starck*, Staatliche Organisation, S. 495.

407 Vgl. *Manssen*, Staatsrecht I, Rn. 255ff.; *Alexy*, Theorie der Grundrechte, S. 290ff.

408 Beispielsweise hat das Bundesverwaltungsgericht in NVwZ 1995, 478, 480 hinsichtlich der Erteilung von Spielbankerlaubnissen vor dem Hintergrund eines hochrangigen Schutzgutes sogar eine Konzessionierung ausschließlich staatlicher Betriebe für möglich

gelung nicht als „allgemeines Gesetz“ im Sinne des Art. 5 Abs. 2 GG einordnen läßt[409], besteht immer noch die Möglichkeit einer Rechtfertigung als verfassungsimmanente Schranke[410].

Der hier befürworteten Verlagerung des Ausgestaltungsgedankens auf die Rechtfertigungsebene kann auch nicht entgegengehalten werden, daraus resultiere eine - bedingt durch die Vornahme einer Verhältnismäßigkeitsprüfung - zu strenge Bindung des Gesetzgebers. Die grundsätzliche Bindung an den Verhältnismäßigkeitsgrundsatz ist nämlich keineswegs eine systemwidrige Gängelung des Rundfunkgesetzgebers, sondern die zwingende Folge der Anerkennung von Veranstaltergrundrechten. Auch wenn man die Existenz objektivrechtlicher Gehalte und die daraus abgeleitete Notwendigkeit von ausgestaltenden Regelungen anerkennt, kann dies nicht die Ausblendung aller subjektivrechtlichen Grundsätze zur Folge haben. Der Gesetzgeber muß, wenn er im Rahmen der Ausgestaltung subjektiv-rechtliche Gehalte der Rundfunkfreiheit beeinträchtigt, die dafür geltenden erhöhten Anforderungen beachten[411].

Ohnehin muß die sich aus dem Verhältnismäßigkeitsgrundsatz ergebende Bindung des Gesetzgebers nicht zwingend so streng sein, wie im Schrifttum häufig der Anschein erweckt wird. In der Rechtsprechung des Bundesverfassungsgerichts ist nämlich im Rahmen der Verhältnismäßigkeitsprüfung durchaus ein Einschätzungs- und Beurteilungsspielraum des Gesetzgebers anerkannt. Beispielsweise hat das Gericht bei der Prüfung des Grundrechts der Berufsfreiheit dem Gesetzgeber auf dem Gebiet der Arbeitsmarkt-, Sozial- und Wirtschaftsordnung stets einen besonders weitgehenden Einschätzungs- und Prognosevorrang attestiert. Dies hat das Gericht etwa bei der Prüfung eines Verbots gewerbsmäßiger Arbeitnehmerüberlassung im Baugewerbe ausgesprochen[412]. Dort heißt es in bemerkenswerter Klarheit:

„Es ist vornehmlich Sache des Gesetzgebers, auf der Grundlage seiner wirtschafts-, arbeitsmarkt- und sozialpolitischen Vorstellungen und Ziele und unter Beachtung der Sachgesetzlichkeiten des betreffenden Gebiets zu entscheiden, welche Maßnahmen er im Interesse des Gemeinwohls ergreifen will. Auch bei

---

gehalten. In NVwZ 1995, 475, 477 bestätigte das BVerwG trotz der Eröffnung des Schutzbereichs der Berufsfreiheit die Zulässigkeit eines generellen Verbots von Sportwettunternehmen. Vgl. oben 3. h).

409 Zu dem immer noch heftig umstrittenen Begriff der „allgemeinen Gesetze“ vgl. unten 4. b) aa).

410 Vgl. schon oben 4. a) aa), siehe im einzelnen unter 4. b) bb).

411 Kritisch zu den „rechtsstaatlichen Defiziten“ der Ausgestaltungsdogmatik auch *Eberle*, Rundfunkübertragung, S. 44.

412 BVerfGE 77, 84, 106.

der Prognose und Einschätzung gewisser der Allgemeinheit drohender Gefahren, zu deren Verhütung der Gesetzgeber glaubt tätig werden zu müssen, billigt ihm die Verfassung einen Beurteilungsspielraum zu, den er nur dann überschreitet, wenn seine Erwägungen so offensichtlich fehlsam sind, daß sie vernünftigerweise keine Grundlage für gesetzgeberische Maßnahmen abgeben können (...). Dies gilt entsprechend für die Beurteilung der Eignung und Erforderlichkeit des gewählten Mittels zur Erreichung der gesetzgeberischen Ziele (...).“[413]

Demnach ist dem Gesetzgeber bezüglich des Verhältnismäßigkeitsgrundsatzes in bestimmten Regelungsgebieten ein Beurteilungsspielraum einzuräumen. Bedeutsam ist auch die anschließende Feststellung des Gerichts, wonach bei der verfassungsgerichtlichen Nachprüfung „besondere Zurückhaltung“ dann geboten ist, wenn „der Gesetzgeber auf besonders komplexe, schwer überschaubare und im einzelnen unklare Verhältnisse einwirken muß“[414].

Gerade das Rundfunkwesen ist - das Bundesverfassungsgericht bringt es, in der Sache identisch, durch seine Ausgestaltungsrechtsprechung zum Ausdruck -, ein schwer überschaubares, besonders gefahrenträchtiges Sachgebiet. Dies folgt aus der Breitenwirkung eines jeden Massenmediums und den in hohem Maße komplexen und in den einzelnen Abläufen nicht exakt faßbaren Vorgängen der privaten und öffentlichen Meinungsbildung. Für ein in hohem Maße von prognostischen Einschätzungen abhängiges Rechtsgebiet treffen die vom Verfassungsgericht beschriebenen Umstände in Reinkultur zu. Hier muß demnach von einer verringerten Kontrolldichte entsprechend der zitierten Rechtsprechung ausgegangen werden. Gerade gesetzgeberische Prognosen sind im Hinblick auf den Grundsatz der Verhältnismäßigkeit schon dann unbedenklich, wenn sie sich nicht als „nachweislich unrichtig“ [415] entkräften lassen.

Auch hier zeigt sich also, daß die „positive Ordnung“ keineswegs eine Abweichung von der herkömmlichen Grundrechtsdogmatik, wie sie die Ausgestaltungsdogmatik darstellt, erfordert. Im übrigen läßt sich ein Verständnis des Begriffs der Ausgestaltung im Sinne eines Auftrages - nicht aber einer Befugnis zu grundrechtsverkürzenden Maßnahmen - durchaus mit den vom Bundesverfassungsgericht verwendeten Formulierungen in Einklang bringen: Das Gericht

---

413 BVerfGE 77, 84, 106, vgl. auch BVerfGE 25, 1, 19f.; 37, 1, 20; 40, 196, 223; 50, 290, 332ff.; 51, 193, 208.

414 BVerfGE 77, 84, 106f. Dies Grundsätze hat das BVerfG in E 87, 363, 383 hinsichtlich des Nachtbackverbotes bestätigt.

415 Vgl. BVerfGE 77, 84, 107, 112.

hat selbst nie von einer „Befugnis“, sondern stets von einer „Aufgabe“ des Gesetzgebers gesprochen[416].

Dieses Verständnis hat gegenüber der Annahme einer Ausgestaltungsbefugnis den Vorteil, daß nicht für jede Regelung, die als ausgestaltende Maßnahme einzuordnen ist, schon vorab ein geringeres Rechtfertigungsniveau gilt. Sie ermöglicht es vielmehr, nach der konkret zu beurteilenden Vorschrift und ihrer Zielsetzung zu unterscheiden und die jeweils angemessene Kontrolldichte zu bestimmen. Bei der Beurteilung der bestehenden Regelungen zur Privatfunkaufsicht ist daher, um einen unnötigen Bruch mit der modernen Grundrechtsdogmatik zu vermeiden, keinesfalls vorab auf das von den einzelnen Vorschriften verfolgte Regelungsziel, also die Frage, ob der Gesetzgeber damit seinem Ausgestaltungsauftrag nachkommen will, abzustellen. Vielmehr ist zunächst zu untersuchen, ob damit eine Beeinträchtigung eines von dem Schutzbereich der Rundfunkfreiheit umfaßten Verhaltens verbunden ist. Läßt sich eine dahingehende Belastung eines Grundrechtsträgers feststellen, ist die verfassungsrechtliche Rechtfertigung der Regelungen zu untersuchen. Auf dieser Stufe kann die Notwendigkeit einer Vorschrift zur Erfüllung objektiv-rechtlicher Vorgaben im Rahmen der allgemein anerkannten Grundsätze der Rechtfertigung von Grundrechtseingriffen maßgeblich berücksichtigt werden[417].

Im anderen Fall, also wenn die zu beurteilende Vorschrift in keiner Weise Beeinträchtigungen der Grundrechte einzelner Rechtsträger zur Folge hat, entfällt die Prüfung der verfassungsrechtlichen Rechtfertigung. Die Frage, ob es sich um zur Ausgestaltung der Rundfunkfreiheit notwendige Regelungen handelt, bleibt für derartige Vorschriften aber insofern relevant, als der Gesetzgeber im Falle einer positiven Antwort von Verfassungs wegen verpflichtet war, die Vorschriften zu erlassen und dabei die objektiv-rechtlichen Gehalte der Rundfunkfreiheit zu beachten[418].

---

416 BVerfGE 57, 295, 321; 73, 118, 153; 74, 297, 334.

417 Näher dazu unten 4. b) und c).

418 Die Frage einer objektiv-rechtlichen Verpflichtung des Gesetzgebers zum Erlaß bestimmter Vorschriften stellt sich ebenso im Falle einer grundrechtseingreifenden Regelung. Sie ist aber von der Frage der Berechtigung zu Eingriffen in subjektive Rechtspositionen von Grundrechtsträgern zu unterscheiden. Deshalb ist es auch nicht ausgeschlossen, daß eine grundrechtsbeeinträchtigende Regelung in subjektivrechtlicher Hinsicht die Rechtfertigungsanforderungen erfüllt, gleichwohl aber hinter dem objektiv-rechtlichen Handlungsauftrag zurückbleibt. Diese Problematik geht aber thematisch über die vorliegende, subjektiv-rechtlich ausgerichtete Untersuchung hinaus, so daß sie hier nicht vertieft werden kann.

b) Die Schranken der Rundfunkveranstaltungsfreiheit

Nach dem hier vertretenen Verständnis des Grundrechts kommt den Schranken der Rundfunkfreiheit eine ungleich größere Bedeutung zu als nach der Lehre vom Ausgestaltungsvorbehalt: Jedwede Regelung, die die Veranstaltung von Rundfunkprogrammen behindert, bedarf einer verfassungsrechtlichen Rechtfertigung im herkömmlichen Sinne. Handelt es sich um eine Regelung, die für Grundrechtsträger belastend wirkt, kann sie nicht schon deshalb verfassungsrechtlich gebilligt werden, weil sie der „Ausgestaltung“ des Grundrechts dient[419]. Der Anwendungsbereich der Schranken des Art. 5 Abs. 1 S. 2 GG wird damit gegenüber der Gegenansicht beträchtlich erweitert.

Beschränkungen der Rundfunkfreiheit sind wie alle Eingriffe in die durch Art. 5 Abs. 1 GG gewährleisteten Rechte zunächst an dem Gesetzesvorbehalt des Art. 5 Abs. 2 GG zu messen. Die Rechtfertigung kann sich zweitens aber auch aus kollidierenden Rechtsgütern mit Verfassungsrang, den sogenannten verfassungsimmanenten Schranken, ergeben.

aa) Der Schrankenvorbehalt des Art. 5 Abs. 2 GG

Nach Art. 5 Abs. 2 GG finden die in Absatz 1 gewährleisteten Rechte „ihre Schranken in den Vorschriften der allgemeinen Gesetze, den gesetzlichen Bestimmungen zum Schutze der Jugend und in dem Recht der persönlichen Ehre“.

(1) Der Vorbehalt des Jugendschutzes und des Rechts der persönlichen Ehre

Bestimmungen zum Schutz der Jugend sind Vorschriften, die Darbietungen untersagen, welche „Gewalttätigkeiten oder Verbrechen glorifizieren, Rassenhaß provozieren, den Krieg verherrlichen oder sexuelle Vorgänge in grob schamverletzender Weise darstellen“ und die deshalb zu erheblichen, schwer oder gar nicht korrigierbaren Fehlentwicklungen führen können[420]. Da diese Formel durchgängig Maßstäbe enthält, die von gesellschaftlichen Entwicklungen abhängig sind, ist der jeweilige Verlauf der Toleranzgrenze dem Wandel

---

419 Vgl. oben 4. bb), cc).

420 BVerfGE 30, 336, 347.

unterworfen[421]. Das Bundesverfassungsgericht hat bereits im *FRAG*-Urteil die Berücksichtigung des Jugendschutzes in der Rundfunkgesetzgebung postuliert und auf Art. 5 Abs. 2 GG hingewiesen[422]. Daraus läßt sich schließen, daß nach Auffassung des Gerichts derartige Vorschriften nicht lediglich Ausgestaltungsregelungen, sondern Grundrechtsbeschränkungen darstellen. Andernfalls würde der Verweis auf Art. 5 Abs. 2 GG keinen Sinn ergeben, denn, wie bereits dargestellt, soll für ausgestaltende Vorschriften nur der Maßstab des Art. 5 Abs. 1 GG gelten.

Den Vorgaben des Vorbehalts - insbesondere dem dabei stets zu beachtenden Grundsatz der Verhältnismäßigkeit[423] - entsprechen im Bereich des Rundfunks etwa Regelungen über die Ausstrahlungszeit von jugendgefährdenden Fernsehfilmen[424]. Auf die Schranke des Jugendschutzes lassen sich aber auch sämtliche Programmanforderungen des § 3 RStV stützen[425].

Durch die Schranke des Schutzes der persönlichen Ehre sind zunächst die strafrechtlichen Beleidigungstatbestände der §§ 185ff. des Strafgesetzbuchs verfassungsrechtlich gerechtfertigt. Gleiches gilt für die aus § 1004 in Verbindung mit den §§ 823ff. BGB ableitbaren Unterlassungs- und Widerrufsansprüche und für die in sämtlichen Rundfunk- und Mediengesetzen normierten Gegendarstellungsrechte[426].

Wenn es sich auch bei den beschriebenen Rechtfertigungsgründen um unmittelbar in der Verfassung genannte Schranken handelt, darf nicht übersehen werden, daß darauf fußende, belastende Maßnahmen dennoch stets einer gesetzlichen Grundlage bedürfen[427].

---

421 Vgl. BVerwGE 39, 197, 206.

422 BVerfGE 57, 295, 326.

423 BVerwGE 39, 197, 353f.

424 *Wendt*, in: von Münch/Kunig, Grundgesetz-Kommentar, Bd. 1, Art. 5 Rn. 81; *Hoffmann-Riem*, in: AK, Bd. 1, Art. 5 Abs. 1, 2 Rn. 106.

425 Vgl. *Hartstein/Ring/Kreile/Dörr/Stettner*, Rundfunkstaatsvertrag, § 3 Rn. 3; *Rikker/Schiwy*, Rundfunkverfassungsrecht, Kap. F Rn. 111.

426 Vgl. *Bethge*, in: Sachs, GG, Art. 5 Rn. 162ff.; *Schulze-Fielitz*, in: Dreier (Hrsg.), Grundgesetz-Kommentar, Bd. I, Art. 5 I, II Rn. 119; *Ricker/Schiwy*, Rundfunkverfassungsrecht, Kap. B Rn. 175 und Kap. F Rn. 112ff.

427 BVerfGE 33, 1, 16f.

(2) Die Schranke der allgemeinen Gesetze

Da die beiden genannten Schrankenvorbehalte sich auf zwei abgegrenzte Regelungsbereiche beschränken, also lediglich bereichsspezifisch anwendbar sind, kommt die größte Bedeutung innerhalb der Schrankentrias des Art. 5 Abs. 2 GG der Rechtfertigung durch die vergleichsweise „offene“[428] Formel der „allgemeinen Gesetze“ zu. „Gesetze“ in diesem Sinne sind nach allgemeiner Auffassung alle Erscheinungsformen staatlicher Rechtsetzung im formellen und materiellen Sinne, neben Parlamentsgesetzen also auch Rechtsverordnungen und Satzungen[429].

Der engere und deshalb für die praktische Anwendung ausschlaggebende Begriff der „Allgemeinheit“ ist dagegen bis heute heftig umstritten. Die Auslegung des Begriffs wurde schon im Rahmen der Vorgängernorm, Art. 118 Abs. 1 der Weimarer Reichsverfassung, kontrovers diskutiert[430]. Geklärt dürfte sein, daß ein Gesetz nicht bereits dann „allgemein“ ist, wenn es abstrakt-generell gefaßt ist. Sonst würde der Regelungsgehalt nicht über das durch Art. 19 Abs. 1 GG statuierte Verbot von Einzelfallgesetzen hinausgehen; die Formulierung „allgemein“ wäre schlichtweg überflüssig. Im übrigen bestehen bereits im Ansatz konträre Auffassungen.

Nach der sogenannten Abwägungslehre sind materielle Kriterien ausschlaggebend: „Allgemein" sind danach nur solche Gesetze, die den Schutz von gegenüber der Meinungsfreiheit höherrangigen Gütern verfolgen[431]. Demnach ist schon bei der Ausfüllung des Begriffs „allgemein“ eine Güterabwägung vorzunehmen, nicht erst im Rahmen der Verhältnismäßigkeit. Entscheidend sind schon hier nicht strukturbezogene, formale Kriterien, sondern materielle Wertigkeiten[432].

Dieser Ansatz vermag jedoch nicht zu überzeugen. Letztlich würde damit nicht mehr als eine der üblichen Verhältnismäßigkeitsprüfung entsprechende Abwä-

---

428 *Starck*, in: von Mangoldt/Klein/Starck, GG, Bd. 1, Rn. 117.

429 Vgl. *Wendt*, in: von Münch/Kunig, Grundgesetz-Kommentar, Bd. 1, Art. 5, Art. 5 Rn. 73; *Jarass*, in: Jarass/Pieroth, GG, Art. 5 Rn. 45; *Schulze-Fielitz,* in: Dreier (Hrsg.), Grundgesetz-Kommentar, Bd. I, Art. 5 I, II Rn. 106 m.w.N.

430 Vgl. *Starck*, in: von Mangoldt/Klein/Starck, GG, Bd. 1, Art. 5 Rn. 121; *Herzog*, in: Maunz/Dürig, Grundgesetz, Art. 5 I, II Rn. 250ff.

431 *Smend*, VVDStRL 4 (1928), 44, 51f.; *Scheuner*, VVDStRL 22 (1965), S. 81; heute noch befürwortet z.B. von *Hain*, Rundfunkfreiheit, S. 97f. und *Manssen*, Staatsrecht I, Rn. 543f.

432 Vgl. *Lücke*, Die allgemeinen Gesetze, S. 17.

gungsentscheidung getroffen[433]. Die von einfachen Gesetzesvorbehalten deutlich abweichende Formulierung des Art. 5 Abs. 2 GG ist danach im Ergebnis völlig bedeutungslos. Der Begriff des allgemeinen Gesetzes wird nur noch im Wege einer relativen Betrachtung bestimmbar und damit die Vorhersehbarkeit der gerichtlichen Beurteilung von Einzelfällen erheblich erschwert[434]. Versteht man die Abwägunglehre dahingehend, daß die kollidierenden Rechtsgüter abstrakt, also ohne Bezug zum konkret zu regelnden Sachverhalt, einander gegenübergestellt werden[435], erweist sie sich, wenn die Kommunikationsfreiheiten mit anderen verfassungsrechtlich geschützten Gütern kollidieren, mangels einer im Grundgesetz eindeutig erkennbaren Rangordnung der normierten Werte als praktisch undurchführbar[436].

Auf materielle Kriterien stellt auch eine jüngst von *Lücke* vorgeschlagene Konzeption ab. Danach sind allgemeine Gesetze solche Regelungen, „die dem Schutz eines in Art. 5 Abs. 2 GG nicht speziell genannten, das heißt anderen Rechtsguts dienen, das der Jugend und der persönlichen Ehre als Verfassungsgütern gleichwertig (ebenbürtig) und als wichtiges Gemeinschaftsanliegen bzw. Individualinteresse gleichartig (ähnlich) ist“[437]. Die in Abs. 2 explizit genannten Rechtsgüter werden also als Orientierungspunkte für die Konkretisierung der Anforderungen des Vorbehalts der allgemeinen Gesetze herangezogen. Den genannten Rechtsgütern kommt damit eine Art Beispielcharakter für die Bestimmung allgemeiner Gesetze zu. Allerdings erscheint es vom Wortlaut her ebenso vertretbar, die Nennung der beiden speziellen Rechtsgüter damit zu erklären, daß Gesetze in diesen Bereichen häufig gerade nicht die Anforderungen der Allgemeinheit erfüllen. Soweit *Lücke* fordert, das fragliche Rechtsgut müsse Verfassungsrang haben, rückt er seine Konzeption letztlich in die Nähe der von ihm selbst kritisierten[438] Anwendung verfassungsimmanenter Schranken. Bedenken könnten daran anknüpfen, daß durch die neue Konzeption die warnende Wirkung der abgestuften Schrankensystematik verloren geht. Diese entsteht für den Gesetzgeber, wenn er mit einer Regelung den Bereich geschriebener Schranken verläßt und sich auf verfassungsimmanente Grenzen stützen muß. Dies kann ihn zu einer besonderen gewissenhaften Prüfung seines Vorhabens anhalten. Soweit auf das gleichzeitige Vorliegen eines „wichtigen Gemein-

433 So ausdrücklich auch ein Befürworter dieser Auslegung, *Hain*, Rundfunkfreiheit, S. 102.

434 Vgl. *Schulze-Fielitz*, in: Dreier (Hrsg.), Grundgesetz-Kommentar, Bd. I, Art. 5 I, II Rn. 110; *Wendt*, in: von Münch/Kunig, Grundgesetz-Kommentar, Bd. 1, Art. 5 Rn. 77; *Lükke*, Die allgemeinen Gesetze, S. 18.

435 Zu dieser Deutung des Ansatzes vgl. *Lücke*, Die allgemeinen Gesetze, S. 18; *Hoppe*, JuS 1991, 734, 735; *H.H. Klein*, Der Staat 10, (1971), 145, 152.

436 Vgl. *Lücke*, Die allgemeinen Gesetze, S. 18ff.

437 *Lücke*, Die allgemeinen Gesetze, S. 29ff., 66.

438 *Lücke*, Die allgemeinen Gesetze, S. 10f.

schaftsanliegens“ abgestellt wird[439], lassen sich auch bei dieser Konzeption Unsicherheiten bei der Rangbestimmung der Güter nicht ausschließen. Nicht zuletzt wegen der Schwierigkeit einer abstrakten Gewichtung bestimmter Rechtsgüter wird zu Art. 12 GG vorgeschlagen, die auf ähnlichen Abschichtungen beruhende Dreistufentheorie durch eine herkömmliche Verhältnismäßigkeitsprüfung zu ersetzen[440].

Ein den beschriebenen Konzeptionen gegenläufiges Modell verleiht dem Begriff der „Allgemeinheit“ eine verstärkt an finalen und formalen Kriterien ausgerichtete Bedeutung. Nach der auf *Häntzschel*[441] zurückgehenden, sogenannten Sonderrechtslehre ist ein Gesetz dann nicht allgemein, wenn es sich „gegen eine bestimmte Meinung oder eine besondere Art der Verbreitung bestimmter Meinungen“ richtet[442]. Keine allgemeinen Gesetze sind demnach Vorschriften, die sich gegen die „geistige Zielrichtung“[443] einer Kommunikationstätigkeit wenden.

Das Bundesverfassungsgericht legt seiner Rechtsprechung eine Formel zugrunde, die die beiden vorgenannten Ansätze sprachlich kombiniert. Es verwendet - mit gewissen Nuancen - in ständiger Rechtsprechung für alle Kommunikationsfreiheiten des Art. 5 Abs. 1 GG eine einheitliche Definition: Allgemeine Gesetze sind solche Gesetze, die „weder die Äußerung oder Verbreitung bestimmter Meinungen noch den Prozeß freier Meinungsbildung als solchen beeinträchtigen“, sondern die „dem Schutz anderer, ohne Rücksicht auf bestimmte Meinungen zu schützender Rechtsgüter“ dienen[444].

Dabei scheint das Bundesverfassungsgericht in der Vergangenheit das Schwergewicht meist auf den zweiten Teil der Formel, die Zielrichtung des Schutzes

---

439 *Lücke*, Die allgemeinen Gesetze, S. 31f.

440 Vgl. *J. Ipsen*, Staatsrecht II, Rn. 633; *Pieroth/Schlink*, Grundrechte, Staatsrecht II, Rn. 856ff.; *Tettinger*, in: Sachs, GG, Art. 12 Rn. 109f., 123ff. m.w.N.

441 in: Anschütz/Thoma, Handbuch des deutschen Staatsrechts II, S. 651, 659f.

442 *Rothenbücher*, VVDStRL 4 (1928), 1, 20; ausdrücklich bezogen auf die Rundfunkfreiheit etwa *Hesse*, Rundfunkrecht, S. 60; zu weiteren Nachweisen vgl. *Lücke*, Die allgemeinen Gesetze, S. 5.

443 *Häntzschel*, in: Anschütz/Thoma, Handbuch des deutschen Staatsrechts II, S. 651, 659f.

444 BVerfGE 74, 297, 343; 93, 266, 291; im *Lüth*-Urteil (BVerfGE 7, 198, 209f.) hieß es noch ergänzend, es müsse um den Schutz eines Gemeinschaftswerts gehen, „der gegenüber der Betätigung der Meinungsfreiheit den Vorrang hat“; demgegenüber wird in BVerfGE 91, 125, 135 nur ein Rechtsgut gefordert, „das dem Grundrechtsschutz der Medien nicht nachsteht“; in dem Beschluß vom 26.2.1997, AfP 1997, 616, 617, ist schließlich von Vorrang oder Gleichrang des zu schützenden Rechtsguts im Zusammenhang mit dem Begriff der Allgemeinheit keine Rede mehr.

eines anderen Rechtsguts, gelegt zu haben[445]. Diese Vorgehensweise wird im Schrifttum als zu zurückhaltend kritisiert. Die eingrenzende Funktion des Begriffs gegenüber einer einfachen Verhältnismäßigkeitsprüfung laufe dadurch leer[446]. Der Ansatz ist den schon gegen die Abwägungslehre erhobenen Vorwürfen ausgesetzt. Gleichwohl entstehen bei einer parallelen Anwendung beider Elemente der Formel des Bundesverfassungsgerichts Probleme, weil sie zu widersprüchlichen Ergebnissen führen kann.

So gibt es Vorschriften, die zwar dem Schutz eines anderen Rechtsguts dienen, also dem zweiten Teil der Formel entsprechen, sich aber dennoch gegen bestimmte Meinungs- oder Kommunikationsinhalte wenden, was mit dem ersten Element der Formel nicht in Einklang steht. Zu nennen wäre etwa das Verbot der Verbreitung nationalsozialistischer Propagandamittel (§ 86 Abs. 1 Nr. 4 StGB) oder das in § 90a Abs. 1 Nr. 2 des Strafgesetzbuches enthaltene Verbot der Verunglimpfung von Staatssymbolen. Diese Vorschriften wenden sich eindeutig gegen einen bestimmten Kommunikationsinhalt, sie können durchaus als Sondergesetze angesehen werden[447]. Gleichwohl dienen sie aber dem Schutz anderer Rechtsgüter, nämlich der freiheitlich demokratischen Grundordnung[448] beziehungsweise der Bundesrepublik und ihrer Symbole[449]. Ebenso problematisch wird die Einordnung des § 130 Abs. 3 StGB, der das Billigen, Leugnen und Verharmlosen des nationalsozialistischen Völkermords unter Strafe stellt. Mit dieser Vorschrift soll insbesondere die sogenannte Auschwitzlüge bekämpft werden. Durch die Norm kann aber in bestimmten Konstellationen der Schutzbereich des Art. 5 Abs. 1 GG berührt sein. Zwar wird nach ständiger Rechtsprechung des Bundesverfassungsgerichts die Behauptung erwiesen oder bewußt unwahrer Tatsachen nicht von der Meinungsäußerungsfreiheit erfaßt[450]. Die Behauptung einer Tatsache - auch wenn sie unwahr ist - kann nach dem Bundesverfassungsgericht aber dann in den Schutzbereich des Grundrechts fallen, wenn innerhalb einer Äußerung tatsächliche und wertende Bestandteile nicht ohne den Inhalt zu verfälschen getrennt werden können[451]. Zumindest die Tatbestandsalternativen des „Verharmlosens“ und des „Billigens“ bewegen sich im Bereich der Meinungsäußerung[452]. Soweit dann § 130 Abs. 3 StGB den Schutz-

---

445 *Schulze-Fielitz*, in: Dreier (Hrsg.), Grundgesetz-Kommentar, Bd. I, Art. 5 I, II Rn. 112; *Jarass*, in: Jarass/Pieroth, GG, Art. 5. Rn. 46; anschaulich jüngst etwa BVerfGE 93, 266, 290 zu § 185 StGB.

446 *Jarass*, in: Jarass/Pieroth, GG, Art. 5. Rn. 46; *Schmidt-Jortzig*, in: HStR VI, § 141 Rn. 41.

447 *Copic*, Grundgesetz und politisches Strafrecht, S. 253f.

448 *Schönke/Schröder-Stree*, Kommentar zum StGB, § 86 Rn. 3.

449 *Lackner*, Strafgesetzbuch, § 90a Rn. 1.

450 BVerfGE 54, 208, 219; 61, 1, 8; 85, 1, 15; 90, 241, 247ff.

451 BVerfGE 90, 241, 248, 250; 61, 1, 8; vgl. *Huster*, NJW 1996, 487, 487f.

452 *Huster*, NJW 1996, 487, 488.

bereich des Art. 5 Abs. 1 S. 1 GG berührt, handelt es sich offensichtlich um ein gegen eine bestimmte Meinung gerichtetes Sondergesetz. Da die Norm gleichwohl dem Schutz eines anderen Rechtsguts, dem öffentlichen Frieden[453], dient, zeigt sich auch an diesem Beispiel, daß die parallele Anwendung beider Elemente der genannten Formel des Bundesverfassungsgerichts zu widersprüchlichen Ergebnissen führen kann.

In den genannten Beispielen allein auf den zweiten Teil der Formel abzustellen und die Allgemeinheit zu bejahen, erscheint aber, wie bereits ausgeführt, nicht sachgerecht. Dann würde der Unterschied zwischen dem qualifizierten Gesetzesvorbehalt des Art. 5 Abs. 2 GG und einfachen Gesetzesvorbehalten vollends verwischt. Zu Recht wäre auch zu fragen, was überhaupt noch „nicht allgemein", sondern Sonderrecht sein soll, wenn nicht das Verbot, bestimmte Meinungen zu äußern[454].

Zu Recht wird deshalb vorgeschlagen, im Sinne der Sonderrechtslehre maßgeblich auf das erste Element der bundesverfassungsgerichtlichen Formel abzustellen[455]. Eine dahingehende Tendenz läßt sich auch der neueren Rechtsprechung des Verfassungsgerichts entnehmen[456]. Gerade bezogen auf die Rundfunkfreiheit hat das Gericht in seinem Beschluß über die Verfassungsmäßigkeit von Aufzeichnungs- und Vorlagepflichten privater Rundfunkveranstalter nach dem baden-württembergischen Landesmediengesetz nur sehr knapp auf den Umstand hingewiesen, daß die streitigen Vorschriften „ihrerseits der Durchsetzung allgemeiner Gesetze dienen", und dabei lediglich den ersten Teil der Formel vollständig herangezogen und subsumiert[457]. Schon in einer früheren Entscheidung hatte das Bundesverfassungsgericht die Frage nach dem „Sonderrecht"-Charakter deutlich hervorgehoben: „Mit dem Erfordernis der Allgemeinheit soll Sonderrecht gegen den Prozeß freier Meinungsbildung ausgeschlossen werden, das die geistige Wirkung von Meinungsäußerungen zu unterbinden sucht"[458]. Vor diesem Hintergrund kann man der Einschätzung *Lücke*s, wonach das Bundesverfassungsgericht im Kern der Sonderrechtslehre verhaftet ist[459], nur zustimmen.

---

453 Vgl. *König/Seitz*, NStZ 1995, 1, 3; *Huster*, NJW 1996, 487, 488.
454 *Huster*, NJW 1996, 487, 489.
455 *Schmidt-Jortzig,* in: HStR VI, § 141 Rn. 41; *Schwark*, Der Begriff der „Allgemeinen Gesetze", S. 130ff.; *Schmitt Glaeser*, AöR 97 (1972) 60ff. und S. 276ff.
456 So auch *Lücke*, Die allgemeinen Gesetze, S. 22.
457 BVerfGE 95, 220, 235f.
458 BVerfGE 71, 206, 214.
459 *Lücke*, Die allgemeinen Gesetze, S. 25.

Praktisch von großer Bedeutung für die Rechtfertigung rundfunkrechtlicher Vorschriften ist die Feststellung des Bundesverfassungsgerichts, daß die Definition jedenfalls so zu verstehen ist, daß auch eine Regelung, die ausschließlich auf Rundfunk oder Presse ausgerichtet ist, ein allgemeines Gesetz sein kann[460]. Dafür spricht vor allem die Entstehungsgeschichte des Vorbehalts der allgemeinen Gesetze. Aus den Beratungen des Grundsatzausschusses des Parlamentarischen Rates ergibt sich, daß man von der Möglichkeit einer bereichsspezifischen Regelung der Medien durch den Gesetzgeber ausgegangen ist. Man wollte bewußt vermeiden, „die zukünftige Form des Rundfunks ein für allemal in der Verfassung festzulegen"[461]. Diese Aussage setzt die Annahme einer medienbezogenen Regelungsbefugnis des einfachen Gesetzgebers voraus. Nicht anders läßt sich auch erklären, warum die ursprünglich vorgeschlagene Formulierung „allgemeine Strafgesetze" in „allgemeine Gesetze" geändert wurde[462].

Der Auslegung des Bundesverfassungsgerichts, nach der darauf abzustellen ist, ob eine Handlung allein wegen ihrer geistigen Zielrichtung verboten wird, ist nach alledem zuzustimmen. Für sämtliche Einzelgewährleistungen des Art. 5 Abs. 1 GG läßt sich demnach eine einheitliche Grundregel formulieren[463]: Keine allgemeinen Gesetze sind solche Vorschriften, die sich gegen bestimmte Kommunikationsinhalte richten[464]. Zu beachten ist aber die Ergänzung des Gerichts, eine Vorschrift dürfe auch nicht „den Prozeß freier Meinungsbildung als solchen beeinträchtigen". Dieser Halbsatz läßt sich als Erweiterung der ersten Teilformel verstehen. Nicht „allgemein" erscheinen unter diesem Aspekt etwa

---

460 BVerfGE 74, 297, 343; bestätigt in AfP 1997, 616, 617; *Jarass*, in: Jarass/Pieroth, GG, Art. 5. Rn. 46; *Schulze-Fielitz*, in: Dreier (Hrsg.), Grundgesetz-Kommentar, Bd. I, Art. 5 I, II Rn. 107; *Hain*, Rundfunkfreiheit, S. 94f; anderer Ansicht offensichtlich diejenigen, die die Allgemeinheit verneinen, wenn sich eine Regelung allein im Schutzbereich der Kommunikationsgrundrechte auswirkt: *Wendt*, in: von Münch/Kunig, Grundgesetz-Kommentar, Bd. 1, Art. 5 Rn. 71; *Ridder*, JZ 1961, 537, 539; *Bettermann*, JZ 1964, 601, 604. Diese Ansicht krankt aber an der Zufälligkeit und Unpraktikabilität ihrer Ergebnisse, vgl. *Schulze-Fielitz*, in: Dreier (Hrsg.), Grundgesetz-Kommentar, Bd. I, Art. 5 I, II Rn. 114.

461 So etwa der Abgeordnete *Süsterhenn* in der 32. Sitzung des Grundsatzausschusses am 11.1.1949 ausweislich des stenographischen Protokolls, S. 41f.; vgl. auch *Wieland*, Die Freiheit des Rundfunks, S. 102f.; *Oermann*, Rundfunkfreiheit und Funkanlagenmonopol, S. 103f.

462 Vgl. *Oermann*, Rundfunkfreiheit und Funkanlagenmonopol, S. 103.

463 Auf die Notwendigkeit einer auf alle Einzelgewährleistungen zugeschnittenen Formel weist zutreffend *Lücke*, Die allgemeinen Gesetze, S. 7, hin.

464 *Schulze-Fielitz*, in: Dreier (Hrsg.), Grundgesetz-Kommentar, Bd. I, Art. 5 I, II Rn. 113; *Jarass*, in: Jarass/Pieroth, GG, Art. 5. Rn. 46; *Degenhart*, in: BK, Art. 5 Abs. 1 u. 2 Rn. 183f; *K. Hesse*, Grundzüge des Verfassungsrechts, Rn. 399; vgl. auch *Herrmann*, Fernsehen und Hörfunk, S. 185 („bestimmte subjektive Kommunikationsrichtungen").

solche Regelungen, die bestimmte Personengruppen von einem Kommunikationsvorgang ausschließen. Die Gleichstellung mit dem Verbot bestimmter Meinungsinhalte rechtfertigt sich durch den untrennbaren Zusammenhang zwischen Meinung und Person. So sind bestimmte Meinungsrichtungen in verschiedenen Personengruppen regelmäßig in unterschiedlicher Häufigkeit vertreten. Zumindest finden sich in bestimmten, homogenen Personengruppen zwangsläufig gegenüber der Allgemeinheit spezifische Tendenzen. Der erwünschte Meinungsmarkt ist deshalb auch dann nicht vollständig und vielfältig, wenn bestimmte Personengruppen daran von vornherein nicht teilhaben.

Es bleibt damit die Frage nach der Bedeutung des zweiten Teils der bundesverfassungsgerichtlichen Formel, dem Aspekt des Schutzes anderer Rechtsgüter. Diesbezüglich erweist sich eine andere Formulierung des Gerichts in dem bereits genannten Beschluß des Bundesverfassungsgerichts als interessant: Die Vorschriften „gehören nicht zu denjenigen Normen, die die Rundfunkfreiheit sichern. Sie dienen vielmehr dem Schutz anderer Rechtsgüter, die von Rundfunksendungen gefährdet werden können“[465]. Dies läßt sich - gerade wegen der Nennung des Aspekts, daß es nicht um die Sicherung der Rundfunkfreiheit selbst geht - dahingehend verstehen, daß der Frage nach dem Schutzgut Bedeutung vorrangig für die Abgrenzung zu der Kategorie der Ausgestaltungsregelungen zukommt. In der Diktion des Gerichts handelt es sich dann nicht um eine Rechtfertigungsvoraussetzung innerhalb des Art. 5 Abs. 2 GG, sondern um ein Abgrenzungsmerkmal, das Vorliegen muß, damit der zweite Absatz überhaupt einschlägig ist.

Nach dem hier vertretenen Verständnis der Ausgestaltungsdogmatik, wonach keine strikte Alternativität der Regelungskategorien besteht[466], ist der zweite Teil der Formel dagegen verzichtbar, er vermag allenfalls als Indiz zu liefern oder als zusätzlicher Aspekt die aufgrund des ersten Elements erlangte Gewißheit über das Vorliegen eines allgemeinen Gesetzes zu verstärken, weil solche Gesetze in aller Regel auch den Schutz anderer gewichtiger Rechtsgüter bezwecken[467].

Für in diesem Sinne nicht allgemeine Gesetze kommt im Rahmen des Art. 5 Abs. 2 GG eine Rechtfertigung durch den Jugendschutz und die persönliche Ehre in Betracht. Insofern läßt die Sonderrechtsformel gerade deutlich werden, warum der Jugend- und Ehrenschutz in Art. 5 Abs. 2 GG gesondert aufgenommen wurden, denn diese Schutzgüter erfordern typischerweise Son-

---

465 AfP 1997, 616, 617.

466 Vgl. oben 4. a) aa).

467 Vgl. *Hoppe*, JuS 1991, 734, 737.

derrecht im genannten Sinne[468]. Soweit sich für eine Beschränkung des Grundrechts keine Rechtfertigung aus Art. 5 Abs. 2 GG ergibt, stellt sich die Frage nach verfassungsimmanenten Schranken.

bb) Verfassungsimmanente Schranken

Das Bundesverfassungsgericht hat verfassungsimmanente Schranken zunächst im Zusammenhang mit Grundrechten ohne Gesetzesvorbehalt zum Leben erweckt: „Kollidierende Grundrechte Dritter und andere mit Verfassungsrang ausgestattete Rechtswerte sind mit Rücksicht auf die Einheit der Verfassung und die von ihr geschützte gesamte Wertordnung ausnahmsweise imstande, auch uneinschränkbare Grundrechte in einzelnen Beziehungen zu begrenzen“[469].

Bei der Wahrnehmung von Grundrechten, die einen ausdrücklichen Schrankenvorbehalt aufweisen, kann es in gleicher Weise zu Kollisionen mit anderen Verfassungswerten kommen. Dann stellt sich die Frage, ob eine Grundrechtsbegrenzung durch kollidierende Verfassungswerte auch bei solchen Grundrechten in Betracht kommt. Brisanz gewinnt die Problematik vor allem bei Grundrechten mit qualifizierten Gesetzesvorbehalten, da sich hier die Möglichkeit eröffnen würde, eine Beschränkung auch bei Nichtvorliegen der qualifizierten Anforderungen des geschriebenen Vorbehalts zu rechtfertigen. Das Bundesverfassungsgericht hat dazu - ohne dies überhaupt zu problema-tisieren - eindeutig Stellung genommen und den Gedanken der verfassungsimmanenten Begrenzung auch bei der Anwendung der Kommunikations-freiheiten des Art. 5 Abs. 1 GG herangezogen und andere Verfassungswerte ausdrücklich als zweite Schranke neben Art. 5 Abs. 2 GG genannt[470]. Hinsichtlich der Rundfunkfreiheit hat das Gericht diese Vorgehensweise im *Niedersachsen*-Urteil bestätigt[471].

Die im Schrifttum vereinzelt dagegen erhobenen Zweifel[472], die sich im wesentlichen auf die Gefahr eines Überspielens der qualifizierten Gesetzesvorbehalte gründen, vermögen nicht zu überzeugen, weil sonst die vorbehaltlos

468 *Pieroth/Schlink*, Grundrechte, Rn. 651; *Hoppe*, JuS 1991, 734, 738.

469 BVerfGE 28, 243, 261.

470 BVerfGE 66, 116, 136; zustimmend etwa *Jarass*, in: Jarass/Pieroth, GG, Art. 5 Rn. 53; *Schmidt-Jortzig*, in: HStR VI, § 141 Rn. 46.

471 BVerfGE 73, 118, 166; dagegen wurde im *FRAG*-Urteil nur Art. 5 Abs. 2 GG genannt, BVerfGE 57, 295, 321.

472 *Bethge*, in: Sachs, GG, Art. 5 Rn. 176f.; *Sachs*, in: Stern, Staatsrecht III/2, S. 523f.; *Lükke*, Die allgemeinen Gesetze, S. 11; differenzierend dagegen: *Huster*, NJW 1996, 487, 489f.

gewährleisteten Grundrechte stärker beschränkbar wären als solche, bei denen Beschränkungsmöglichkeiten bereits im Verfassungstext angelegt sind[473]. Wenn man mit dem Verfassungsgericht die Existenz verfassungsimmanenter Schranken mit der Einheit der Verfassung begründet, schließt dies aus, einzelne Grundrechte herauszunehmen, ohne den Begründungsansatz selbst in Frage zu stellen. Die Gefahr eines Leerlaufens der Schutzfunktion der besonderen Anforderungen qualifizierter Gesetzesvorbehalte entsteht erst dann, wenn man das Instrument verfassungsimmanenter Schranken überdehnt, indem man etwa in bedenklicher Weise auf die in den Art. 73ff. des Grundgesetzes enthaltenen Kompetenztitel zurückgreift[474]. Vor dem Rückgriff auf verfassungsimmanente Schranken ist im konkreten Fall aber stets eine Rechtfertigung durch Art. 5 Abs. 2 GG zu untersuchen[475].

Als mit dem Grundrecht der Rundfunkveranstalter kollidierender Verfassungswert kommt insbesondere die allen Teilgewährleistungen des Art. 5 Abs. 1 GG zugrundeliegende Basisgewährleistung der freien Meinungsbildung in Betracht. Gerade dadurch käme nach dem hier vertretenen subjektiv-rechtlichen Verständnis der dienende Charakter der Rundfunkfreiheit zur Geltung. Dieser Aspekt ist demnach nicht im Rahmen eines Ausgestaltungsvorbehalts, sondern erst auf der Ebene der Rechtfertigung zu berücksichtigen, ohne gegenüber der objektiv-rechtlichen geprägten Ausgestaltungsdogmatik an Gewicht zu verlieren. Dies wird sich bei der eingehenderen Betrachtung der Zulassungsvorschriften im nachfolgenden Abschnitt zeigen.

Zwar ist die freie Meinungsbildung nicht ausdrücklich im Verfassungstext genannt, sie wird jedoch einhellig als in Art. 5 Abs. 1 GG enthaltenes Leitprinzip verstanden[476]. Zweifeln daran, ob auch ein solcher nur konkludent in der Verfassung enthaltener Wert als kollidierendes Schutzgut zur Rechtfertigung von Grundrechtsbeschränkungen herangezogen werden kann, ist entgegenzuhalten, daß die Rechtsprechung auch in anderen Rechtsbereichen mit dem Nachweis von Verfassungswerten großzügig verfahren ist[477].

---

473 Vgl. *Jarass*, in: Jarass/Pieroth, GG, Vorb. Art. 1 Rn. 39; im Ergebnis auch: *Herzog*, in: Maunz/Dürig, Grundgesetz, Art. 5 I, II Rn. 293; *Lerche*, in: HStR V, § 122 Rn. 14.

474 So wohl auch *Jarass*, in: Jarass/Pieroth, GG, Art. 5 Rn. 53; zur Ablehnung dieser Praxis vgl. *Dreier*, in: Dreier (Hrsg.), Grundgesetz-Kommentar, Bd. I, Vorb. vor Art. 1 Rn. 88; *Manssen*, Staatsrecht I, Rn. 614ff.; *Selk*, JuS 1990, 895 m.w.N.

475 *Schulze-Fielitz*, in: Dreier (Hrsg.), Grundgesetz-Kommentar, Bd. I, Art. 5 I, II Rn. 121; *Jarass*, in: Jarass/Pieroth, GG, Art. 5 Rn. 53.

476 BVerfGE 54, 208, 219; 57, 295, 319; 59, 231, 257; 61, 1, 8; 74, 297, 323; 83, 238, 295f.; 85, 1, 14; 90, 60, 87; *Starck*, in: von Münch/Kunig, Grundgesetz-Kommentar, Bd. 1, Art. 5 Abs. 1, 2 Rn. 25; *Bethge*, in: Sachs, GG, Art. 5 Rn. 24.

477 Vgl. die eindrucksvollen Rechtsprechungsbeispiele bei *Manssen*, Staatsrecht I, Rn. 610ff., etwa die Entscheidung des BVerwG in NVwZ 1991, 983f., nach der sich das

Als kollidierende Verfassungswerte kommen jedenfalls die Informationsfreiheit und als Wurzel des Gebots der freien Meinungsbildung das Demokratieprinzip in Betracht. Desweiteren ist kein Grund ersichtlich, nicht auch die Rundfunkfreiheit selbst, nämlich in ihren institutionellen, objektiv-rechtlichen Gehalten als mit den subjektiven Berechtigungen der Rundfunkveranstalter kollidierenden Verfassungswert heranzuziehen[478]. So hat das Bundesver-fassungsgericht in der sogenannten Rundfunkmitarbeiterentscheidung[479] eine Beschränkung der Rundfunkfreiheit der Rundfunkanstalten durch die kollidierende Rundfunkfreiheit der Mitarbeiter erwogen. Wenngleich dies im konkreten Fall abgelehnt wurde, ist darin doch die Anerkennung einer derartigen Rechtfertigungsmöglichkeit durch entgegenstehende Berechtigungen aus dem gleichen Grundrecht zu erkennen. Entsprechend hat es das Bundesverfassungsgericht auch im Bereich der Pressefreiheit für möglich gehalten, verschiedene gegenläufige Teilberechtigungen desselben Grundrechts im genannten Sinne zum Ausgleich zu bringen[480]. In concreto wurde eine Beschränkung der Pressefreiheit eines Verlages durch die Meinungsäußerungs- und die Pressefreiheit eines Dritten erörtert. Eine Rechtfertigung rundfunkgesetzlicher Vorschriften mit kollidierenden Verfassungswerten unmittelbar aus Art. 5 Abs. 1 GG fügt sich demnach nahtlos in die verfassungsgerichtliche Rechtsprechung ein.

c) Das rundfunkrechtliche Zulassungssystem als Grundrechtsbeschränkung

Nachdem die allgemeinen Grundsätze der Beschränkbarkeit der Rundfunkveranstaltungsfreiheit herausgearbeitet worden sind, schließt sich im Rahmen der vorliegenden Untersuchung die Frage an, ob und wie das geltende Zulassungssystem der Rundfunk- und Mediengesetze innerhalb dieses Rahmens zu beurteilen ist. Innerhalb dieser Betrachtung erschließt sich gleichzeitig die effektive Reichweite des Gewährleistungsbereichs der Rundfunkfreiheit der privaten Veranstalter.

---

baurechtliche Verunstaltungsverbot auf Art. 2 Abs. 2 S. 1 GG zurückführen läßt, oder BVerfGE 81, 278, 293 zum mittelbar in Art. 22 GG enthaltenen Recht des Staates, sich Symbole wie der Bundesflagge zur Identifikation der Bürger mit den Grundwerten des Staates zu bedienen.

478 Auch *Eberle/Gersdorf*, Der grenzüberschreitende Rundfunk, S. 63 führen die Meinungsvielfalt als Verfassungswert an, der Beschränkungen der Rundfunkfreiheit durch nicht im Sinne von Art. 5 Abs. 2 GG allgemeine Gesetze rechtfertigen könnte.

479 BVerfGE 59, 231, 261f.; vgl. zu der Entscheidung: *Dörr*, Die freien Mitarbeiter und die Rundfunkfreiheit, in: Festschrift für Thieme, S. 911ff.

480 BVerfGE 66, 116, 136.

Aufgrund der Vielgestaltigkeit der landesgesetzlichen Zulassungsvorschriften verbietet sich dabei eine pauschale, einheitliche Beurteilung des Zulassungsregimes. Die einzelnen Regelungsbereiche, teilweise auch einzelne Vorschriften, müssen vielmehr separat auf ihre verfassungsrechtliche Rechtfertigung untersucht werden[481]. Dabei bedarf es an dieser Stelle lediglich einer Betrachtung der für die Erteilung einer Gestattungszulassung geltenden Vorschriften[482]. Allerdings kann in der vorliegenden länderübergreifenden Untersuchung nicht jeder landesrechtlichen Verästelung nachgegangen werden. Vorrangig gilt es, die gemeinsamen Grundkomponenten des Zulassungssystems im Hinblick auf die gewonnenen verfassungsrechtlichen Erkenntnisse zu untersuchen.

aa) Der Zulassungsvorbehalt

Entnimmt man mit der hier vertretenen Auffassung der Rundfunkfreiheit des Art. 5 Abs. 1 S. 2 GG ein originäres - nicht von einer Ausgestaltung abhängiges - Recht auf die Veranstaltung von Rundfunk, stellt bereits der Zulassungsvorbehalt des Rundfunkstaatsvertrags und der Rundfunk- und Mediengesetze eindeutig eine Beschränkung des Grundrechts dar. Die Eingriffsqualität von Genehmigungsvorbehalten hat das Bundesverfassungsgericht unabhängig von den jeweiligen Genehmigungsvorausssetzungen in anderen Bereichen stets unproblematisch bejaht. Schon im Urteil zum Sammlungsgesetz wurde unmißverständlich festgestellt, die einschlägige allgemeine Handlungsfreiheit werde durch die „angeordneten Genehmigungsvorbehalte eingeschränkt“[483]. Der Zulassungsvorbehalt des Rundfunkstaatsvertrags und der Rundfunk- und Mediengesetze bedarf demnach der verfassungsrechtlichen Rechtfertigung.

Nach den dargelegten Grundsätzen ist vorrangig zu prüfen, ob die Zulassungsvorbehalte „allgemeine Gesetze“ im Sinne des Art. 5 Abs. 2 GG sind. Wie herausgearbeitet wurde, kommt es entscheidend darauf an, ob eine Handlung allein wegen ihrer geistigen Zielrichtung verboten wird. Keine allgemeinen Gesetze

---

481 Vgl. auch *Stender-Vorwachs*, Staatsferne und Gruppenferne, S. 115.

482 Insbesondere die Auswahlregeln bei Bewerberüberhang werden erst im Zusammenhang mit der Erteilung von Gewährungszulassungen relevant, vgl. oben Teil 1 A. IV. 2. f) und unten Teil 3.

483 BVerfGE 20, 150, 154; in der Sache auch schon BVerfGE 8, 71, 76 hinsichtlich eines Genehmigungsvorbehalts im Bereich der Berufsfreiheit, wenn auch nur von einer „Berührung“ des Grundrechts gesprochen wird; ebenso BVerfGE 18, 353, 161f.; vgl. auch *Jarass*, Wirtschaftsverwaltungsrecht, § 3 Rn. 10.

sind Vorschriften, die sich gegen bestimmte Kommunikationsinhalte richten[484]. Der Genehmigungsvorbehalt als solcher ist in diesem Sinne meinungsneutral, er richtet sich nicht gegen bestimmte Inhalte, sondern gilt für jegliche Veranstaltung ohne Berücksichtigung des Inhalts der Programme. Die Vorschriften können demnach als allgemeine Gesetze im Sinne des Art. 5 Abs. 2 GG die Rundfunkveranstaltungsfreiheit beschränken, sofern das Gebot der Verhältnismäßigkeit gewahrt wird. Zu beachten ist hierbei die zu Art. 5 Abs. 1 GG entwickelte „Wechselwirkungslehre"[485].

Genehmigungsvorbehalte haben den Zweck, eine präventive Prüfung der für den jeweiligen Sachbereich geltenden Vorschriften zu ermöglichen. Verstöße sollen von Anfang an vermieden werden. Dieses Ziel erscheint gerade im Rundfunk aufgrund der aus der Breitenwirkung und der Suggestivkraft der Sendungen resultierenden besonderen Gefahren für den Prozeß der öffentlichen Meinungsbildung[486] legitim. Zwar rechtfertigt die besondere Wirkungsweise des Rundfunks keine Sonderbehandlung hinsichtlich des Grundrechtstatbestandes; sie begründet aber ein gesteigertes Kontrollbedürfnis des Staates, nicht minder als es etwa dem Gaststättengesetz oder dem Telekommunikationsgesetz zugrundeliegt.

Der Zulassungsvorbehalt muß aber auch geeignet, erforderlich und angemessen sein. An der Eignung ist nicht zu zweifeln, denn eine präventive Prüfung erhöht zumindest die Wahrscheinlichkeit, daß die Vorschriften während der nachfolgenden Tätigkeit eingehalten werden. Hinsichtlich der Erforderlichkeit könnte man fragen, ob nicht eine Pflicht zur Anzeige der geplanten Tätigkeit ausreicht, um den Kontrollzweck zu erreichen. Dies ist jedoch nicht der Fall, denn in dem Moment, in dem der Veranstalter mit der Ausstrahlung beginnt, ohne daß die Einhaltung der Vorschriften geprüft wurde, erhöht sich die Wahrscheinlichkeit von Verstößen. Beim Rundfunk ist zu beachten, daß einige Zulassungsvorschriften sehr komplexe Wertungen erfordern. Dies betrifft etwa die Zurechnung von Programmen und Beteiligungen im Rahmen des Zuschauermarktanteilmodells oder die wirtschaftliche Leistungsfähigkeit des Veranstalters. Hier erscheint eine sichere Beurteilung durch den Veranstalter selbst sehr schwierig.

---

484 *Schulze-Fielitz*, in: Dreier (Hrsg.), Grundgesetz-Kommentar, Bd. I, Art. 5 I, II Rn. 113; *Jarass*, in: Jarass/Pieroth, GG, Art. 5. Rn. 46; *Degenhart*, in: BK, Art. 5 Abs. 1 u. 2 Rn. 183f.; *K. Hesse*, Grundzüge des Verfassungsrechts, Rn. 399; vgl. schon *Herrmann*, Fernsehen und Hörfunk, S. 185 („bestimmte subjektive Kommunikationsrichtungen").

485 Vgl. dazu *Schulze-Fielitz*, in: Dreier (Hrsg.), Grundgesetz-Kommentar, Bd. I, Art. 5 I, II Rn. 126f.; grundlegend: BVerfGE 7, 198, 209; für die Rundfunkfreiheit: BVerfGE 59, 232, 265.

486 Vgl. dazu oben. 3. g) cc).

Das Risiko von Fehlentwicklungen wäre bei einer bloßen Anzeigepflicht beträchtlich erhöht.

Was die Angemessenheit der Regelung betrifft, ist zunächst festzustellen, daß es sich bei dem Zulassungsvorbehalt - sofern man, wenn alle Voraussetzungen vorliegen, von einer Pflicht zur Erteilung ausgeht - um eine relativ milde Maßnahme handelt, da lediglich eine vorläufige Suspendierung erfolgt, die Tätigkeit an sich aber nicht beschränkt wird. Zu berücksichtigen ist zudem, daß ein solcher Vorbehalt auch den Interessen des Antragstellers dient, indem er ihn, wenn eine Anforderung nicht erfüllt werden kann, vor weiteren, dann eventuell nutzlosen Investitionen schützt. Mit Blick auf die für eine funktionierende Demokratie fundamentale freie Meinungsbildung erscheint ein solcher Zulassungsvorbehalt den Rundfunkveranstaltern zumutbar.

Das Bundesverfassungsgericht erachtet Erlaubnisvorbehalte im übrigen schon dann als zulässig, wenn der Zweck darin besteht, zu klären, ob überhaupt eine geschützte Tätigkeit vorliegt[487]. Der Zulassungsvorbehalt ist daher als solcher verfassungsrechtlich unbedenklich. Die weitere Beurteilung des Zulassungssystems hängt entscheidend von den einzelnen Zulassungsvoraussetzungen ab.

bb) Die Zulassungsvoraussetzungen

Es würde den Rahmen der vorliegenden Abhandlung sprengen, sämtliche in den Landesgesetzen enthaltene Zulassungsvoraussetzungen auf ihre verfassungsrechtliche Rechtfertigung im einzelnen zu untersuchen. Die nachfolgende Betrachtung muß sich daher auf die gemeinsamen Grundelemente der Anforderungen der Rundfunk- und Mediengesetze beschränken. Dabei sind bereits mit einer Einordnung der fraglichen Vorschriften als allgemeine Gesetze oder ihrer Rückführbarkeit auf kollidierende Verfassungswerte die Weichen für die Zulässigkeit der jeweiligen Anforderungen gestellt. Vertieft kann nur auf einzelne grundlegende Zulassungsvoraussetzungen eingegangen werden.

(1) Geschäftsfähigkeit und Zuverlässigkeit

Bei den Zulassungsvoraussetzungen, die Anforderungen an die Person des Veranstalters stellen, handelt es sich ganz überwiegend um allgemeine Gesetze im

[487] BVerfGE 8, 71, 76.

Sinne des Art. 5 Abs. 2 GG. Die Erfordernisse der Geschäftsfähigkeit, der wirtschaftlichen Leistungsfähigkeit und der Zuverlässigkeit sind allgemeine Gesetze, denn sie richten sich nicht gegen bestimmte Kommunikationsinhalte. Durch sie werden auch in keiner Weise bestimmte Personengruppen von vornherein von der Kommunikation ausgeschlossen. Sie dienen der Sicherung der Einhaltung der geltenden Vorschriften. Letztlich geht es um die Erhaltung eines funktionsfähigen, einen gewissen Grundstandard wahrenden Rundfunkwesens, einem Ziel, dem vor dem Hintergrund des objektiv-rechtlichen Gehalts des Art. 5 Abs. 1 GG in der demokratischen Gesellschaft ein besonders hoher Rang zukommt. Im übrigen finden sich entsprechende Anforderungen in zahlreichen Gesetzen des Wirtschaftsverwaltungsrechts. Diese sind verfassungsrechtlich bisher nicht beanstandet worden und stellen sich, da sie lediglich die erforderlichen Grundvoraussetzungen für die Ausübung jeder Tätigkeit im Rechtsverkehr normieren, als verhältnismäßig dar. Selbst in weniger sensiblen Bereichen als dem des Rundfunks wurde dies soweit ersichtlich bisher nicht bezweifelt. Die Notwendigkeit und Angemessenheit von Aufsichtsregeln für den privaten Rundfunk hat das Bundesverfassungsgericht jüngst auch im Hinblick auf subjektiv-rechtliche Gesichtspunkte bestätigt[488].

(2) Ausschlüsse zur Gewährleistung der Staatsferne

Verfassungsrechtlich unbedenklich ist der Ausschluß juristischer Personen des öffentlichen Rechts, denn diese können sich als Grundrechtsadressaten, sofern sie nicht gerade wie die öffentlich-rechtlichen Rundfunkanstalten zum Zweck der Rundfunkveranstaltung geschaffen worden sind, nicht auf das Grundrecht der Rundfunkfreiheit berufen[489].

Problematisch erscheint dagegen der in einigen Rundfunk- und Mediengesetzen enthaltene Ausschluß von im öffentlichen Dienst leitend tätigen Personen[490]. Damit werden bestimmte Personengruppen generell ausgeschlossen, was sich als Beeinträchtigung des Prozesses freier Meinungsbildung als solchem darstellt und sich folglich nicht als allgemeines Gesetz einordnen läßt[491]. Es kommt deshalb allenfalls eine Rechtfertigung durch kollidierende Verfassungswerte in Betracht. Die Vorschriften dienen dem objektiv-rechtlich in Art. 5 Abs. 1 GG

---

488 BVerfGE 95, 220.

489 Vgl. nur *Schulze-Fielitz*, in: Dreier (Hrsg.), Grundgesetz-Kommentar, Bd. I, Art. 5 I, II Rn. 90f. m.w.N.

490 Vgl. § 6 Abs. 2 Nr. 2 HPRG; § 6 Abs. 2 Nr. 2 TRG.

491 Vgl. oben 4. b) aa) (1).

verankerten Gebot der Staatsferne[492]. Trotz des bestätigenden, aber nicht näher begründeten Votums des Bundesverfassungsgerichts[493] ließe sich über die Verhältnismäßigkeit dieser Regelungen diskutieren. Zu berücksichtigen ist hier aber der bereits beschriebene Einschätzungs- und Prognosevorrang des Gesetzgebers[494]. Da bei der Frage der Eindämmung staatlicher Einflüsse nicht klar faßbare, komplexe Beziehungen zu würdigen sind und das Gebot der Staatsferne ein besonders hochrangiges Interesse der Allgemeinheit darstellt, erscheint die Wertung des Gesetzgebers, auch die Möglichkeit derartiger mittelbarer Staatseinflüsse ausschließen zu müssen, vertretbar. Als offensichtlich fehlsam wird man die zugrundeliegende Prognose sicherlich nicht beurteilen können. Ohnehin sind die Regelungen praktisch wenig relevant, weil die Rundfunkveranstaltung ganz überwiegend in der Form von Kapitalgesellschaften betrieben wird.

(3) Sitzerfordernisse

Um ein allgemeines Gesetz handelt es sich dagegen bei der in einigen Rundfunk- und Mediengesetzen enthaltenen Zulassungsvoraussetzung eines Sitzes oder Wohnsitzes in Deutschland[495]. Durch diese Residenzpflichten wird nicht etwa ein bestimmter Personenkreis ausgeschlossen, es wird lediglich eine Pflicht zur Niederlassung im Inland begründet. Die Vorschriften sind zudem durch die EG-Fernsehrichtlinie determiniert und daher grundsätzlich nur an gemeinschaftsrechtlichen Maßstäben zu messen[496].

(4) Programmvorschriften und Werbegrenzen

Wie im ersten Teil der Untersuchung dargelegt, wird im Rahmen der Zulassungsentscheidung auch eine Prognose der Einhaltung der Programmvorschriften vorgenommen[497]. Im vorliegenden Zusammenhang wird besonders bedeutsam, wie die Vorschriften über Werbung und Sponsoring, insbesondere die Höchstgrenzen, einzuordnen sind. Nach nicht unbestrittener, aber überzeugen-

---

492 Vgl. BVerfGE 73, 118, 190f.; allgemein: *Gersdorf*, Staatsfreiheit, *Stender-Vorwachs*, Staatsferne und Gruppenferne, S. 135ff.

493 BVerfGE 73, 118, 191.

494 Vgl. oben 4. a) cc).

495 Vgl. oben. Teil 1 A. IV. 2. e) bb) (2).

496 Vgl. oben Teil 1 A. IV. 2. e) bb) (2).

497 Vgl. oben. Teil 1 A. IV. 2. e) bb) (4).

der Auffassung erfaßt der Schutzbereich des Art. 5 Abs. 1 S. 2 GG auch Werbesendungen[498].

Im *Baden-Württemberg*-Beschluß[499] hat das Bundesverfassungsgericht Werbeverbote als allgemeine Gesetze im Sinne des Art. 5 Abs. 2 GG angesehen. Allerdings hat es damals darauf abgestellt, daß mit dem Verbot der Schutz anderer Rechtsgüter verfolgt wird. Dies ist aber nach der hier vertretenen Auffassung nicht das entscheidende Kriterium[500]. Das maßgebliche Merkmal, die Richtung gegen bestimmte Kommunikationsinhalte, könnte dagegen durchaus vorliegen. Zwar wird nach dem Rundfunkstaatsvertrag Werbung nicht generell untersagt, gleichwohl richten sich die Vorschriften gegen bestimmte Programminhalte, was ausreicht, um die Allgemeinheit zu verneinen[501]. In Betracht kommt aber eine Rechtfertigung durch verfassungsimmanente Schranken. Die Werbebegrenzungen dienen der Sicherung der wirtschaftlichen Grundlagen einer Vielzahl von Medienunternehmen[502]. Die Notwendigkeit begrenzender Regelungen ergibt sich dabei aus der Beschränktheit des Werbemarkts[503]. Die grenzenlose Zulassung von Werbung würde zwangsläufig einige Medienunternehmen in wirtschaftliche Schwierigkeiten bringen. Hinter dem Ziel der Regelungen stehen damit als Verfassungswerte die Kommunikationsgrundrechte anderer Presse- und Rundfunkunternehmen sowie das objektiv-rechtlich in Art. 5 Abs. 1 GG verankerte Vielfaltsgebot[504]. Im übrigen ist auch hier zu beachten, daß es sich überwiegend um Regelungen handelt, die der Umsetzung entsprechender Vorgaben der EG-Fernsehrichtlinie dienen. Sie sind der Disposition durch die nationalen Rundfunkgesetzgeber weitgehend entzogen.

(5) Die Vorschriften zur Sicherung der Meinungsvielfalt

Die im Rundfunkstaatsvertrag enthaltenen Vorschriften zur Sicherung der Meinungsvielfalt erfüllen den Begriff der allgemeinen Gesetze. Das durch den Dritten Rundfunkänderungsstaatsvertrag eingeführte Zuschauermarktanteils-

---

498 Vgl. eingehend *Hartstein/Ring/Kreile/Dörr/Stettner*, Rundfunkstaatsvertrag, § 6 Rn. 11; *Hesse*, Rundfunkrecht, S. 58; *ders.*, ZUM 1987, 548, 551f.

499 BVerfGE 74, 297, 343; im an sich thematisch einschlägigen *Hessen 3*-Beschluß, BVerfGE 87. 181, wurde das streitige Werbeverbot dagegen nur unter dem Aspekt der Finanzgewährleistungspflicht erörtert.

500 Vgl. oben 4. b) aa) (2).

501 So auch *Hesse*, ZUM 1987, 548, 551f.; *ders.*, Rundfunkrecht, S. 58;

502 Vgl. BVerfGE 74, 297, 343.

503 Vgl. *Stender-Vorwachs*, Staatsferne und Gruppenferne, S. 254ff., 258f.

504 Zur Verpflichtung des Gesetzgebers zur Gewährleitung von Meinungsvielfalt vgl. BVerfGE 57, 295, 322f.

modell richtet sich nicht gegen bestimmte Kommunikationsinhalte. Die Regelungen führen auch nicht zu einem generellen Ausschluß bestimmter Personengruppen vom Kommunikationsprozeß, sondern begrenzen lediglich den Umfang der Rundfunktätigkeit einzelner Veranstalter. Darüber hinaus steht auch hier das verfassungsrechtlich in Art. 5 Abs. 1 GG verankerte Gebot der Meinungsvielfalt im Hintergrund. Der Bekämpfung der Konzentration im Rundfunkwesen hat das Bundesverfassungsgericht zuletzt in seinem Beschluß zur Zulassung des *Deutschen Sportfernsehens* erneut einen besonderen Stellenwert beigemessen[505].

Hinsichtlich der Verhältnismäßigkeit gilt hier das zum Einschätzungs- und Prognosespielraum des Gesetzgebers Gesagte in besonderem Maße. Die Wirkung der jeweiligen Konzepte und Instrumente vorherzusagen und im voraus zu bewerten, ist in diesem Bereich aus der Natur der Sache heraus nahezu unmöglich. Ob ein anderes, die Rundfunkveranstalter weniger beschränkendes Vielfaltssicherungsmodell ebenso geeignet wäre, wie das gegenwärtige, läßt sich nur im Wege einer sehr unsicheren Prognose beurteilen. Daß es sich bei dem Zuschauermarktanteilsmodell um eine extrem beschränkende Maßnahme handelt, kann jedenfalls nicht behauptet werden, wenn man bedenkt, daß die geltende 30%-Grenze im privaten Rundfunk praktisch eine Marktaufteilung zwischen zwei Lagern zuläßt[506].

d) Schlußbetrachtung

Die gefundenen Ergebnisse bestätigen, daß sich das gegenwärtig für private Rundfunkveranstalter geltende Zulassungssystem auch vor einem Recht auf Rundfunkveranstaltung verfassungsrechtlich rechtfertigen läßt. Die zentralen Vorschriften der Rundfunk- und Mediengesetze der Länder und des Rundfunkstaatsvertrags sind entweder bereits nach der Schrankenregelung des Art. 5 Abs. 2 GG rechtfertigbar oder lassen sich als Konkretisierung verfassungsimmanenter Schranken verstehen. Hinsichtlich des im Einzelfall ausschlaggebenden Maßstabs der Verhältnismäßigkeit kommt dem Einschätzungs- und Bewertungsspielraum[507] des Gesetzgebers entscheidende Bedeutung zu. Im Ergebnis sind die Regelungsmöglichkeiten der Rundfunkgesetzgeber nach dem hier vertretenen subjektiv-rechtlich ausgerichteten Ansatz durchaus mit denen nach der herkömmlichen Ausgestaltungsdogmatik im Sinne eines Ausübungsvorbehalts

---

505 Vgl. BVerfGE 95, 163, 173.

506 Vgl. *Dörr*, MP 1998, 54, 55; *ders.* MP 1996, 621, 626.

507 Vgl. zu dessen Anerkennung auch bei der Beschränkung von Grundrechten der Rundfunkveranstalter oben 4. a) cc).

vergleichbar[508]. Ein Bruch mit der allgemeinen Grundrechtsdogmatik ist damit auch im Bereich der Rundfunkfreiheit verzichtbar, ohne daß dabei die Erfüllbarkeit des Schutz- und Handlungsauftrags des Gesetzgebers in dem sensiblen Bereich des privaten Rundfunks beeinträchtigt wird.

5. Die Rundfunkfreiheit als Sendefreiheit

a) Einleitung

Die bisherige Untersuchung hat gezeigt, daß die Rundfunkfreiheit ein prinzipielles Recht gewährt, Rundfunkprogramme zu veranstalten. Für die Pressefreiheit hat das Bundesverfassungsgericht schon früh klargestellt, daß der Schutz auch die Phase der Verbreitung der Inhalte umfaßt.[509]. Betrachtet man die bisher festgestellten Entsprechungen von Presse- und Rundfunkfreiheit, liegt die Frage nahe, ob nicht auch die Verbreitung durch eigene Sendeanlagen in den Schutzbereich der Rundfunkfreiheit fällt.

Die Ausübung der grundrechtlich geschützten Tätigkeit mit eigenen technischen Vorrichtungen erweist sich beispielsweise im Rahmen der Berufsfreiheit als Grundform der Ausübung eines Freiheitsrechts. Im Rundfunkwesen stellt sich die tatsächliche Situation allerdings - insbesondere hinsichtlich der terrestrischen Verbreitung - anders dar[510]. Hier werden die Programme regelmäßig über Sendeanlagen selbständiger Netzbetreiber, insbesondere der *Deutschen Telekom AG* verbreitet; die privaten Rundfunkveranstalter betreiben selbst keine Sendeanlagen.

Zwar handelt es sich bei der Frage nach der Existenz einer Sendefreiheit um keine unmittelbar mit dem Zulassungssystem der Rundfunk- und Mediengesetze zusammenhängende Fragestellung, denn die Zulassung als Rundfunkveranstalter erfolgt zunächst unabhängig von der telekommunikationsrechtlichen Gestattung der Verbreitung von Rundfunksignalen[511]. Dennoch soll ihr zur Ab-

---

508 Dies zeigt auch ein Vergleich mit der Verfassungslage in anderen Ländern der Europäischen Union. Ein über einen Gestaltungs*auftrag* hinausgehender Ausgestaltungs*vorbehalt* ist dort überwiegend nicht ersichtlich, vgl. im Überblick: *Dörr*, Die Rolle des öffentlichen Rundfunks in Europa, S. 10ff.; *Petersen*, Rundfunkfreiheit, S. 200ff.

509 BVerfGE 10, 118, 121; 12, 205, 260; 20, 162, 176.

510 Siehe dazu oben Teil 1 A. III. 3. a).

511 Vgl. *Ory*, AfP 1998, 155, 158f. Die Berechtigung, eigene Sendeanlagen zu betreiben, ist vielmehr eine Frage, die sich nach den Regelungen des Telekommunikationsgesetzes (TKG; Gesetz vom 25.7.1996, BGBl. I 1996, S. 1120) beurteilt. Durch das TKG ist das Fernmeldeanlagengesetz weitgehend ersetzt worden.

rundung nachgegangen werden, weil sie eng mit dem behandelten Fragenkreis verbunden und für die praktische Verwirklichung der Rundfunkfreiheit von essentieller Bedeutung ist.

Eine grundrechtliche Freiheit, Rundfunk mit eigenen Vorrichtungen zu verbreiten, kann gerade im Zusammenhang mit der Erteilung von Gestattungszulassungen relevant werden. Gegenwärtig gilt dies allerdings nur eingeschränkt, da die Situation im Bereich der Satellitenverbreitung durch die Vorherrschaft des luxemburgischen *Astra*-Satellitensystems geprägt ist. In diesem Bereich ist das selbständige Betreiben von Übertragungswegen durch die Rundfunkveranstalter in der Praxis eher unwahrscheinlich. Vor dem Hintergrund der Liberalisierung des Telekommunikationsrechts durch das Telekommunikationsgesetz erscheint es aber dennoch nicht ausgeschlossen, daß die Veranstalter sich dafür interessieren werden, Rundfunk auch in verbreitungstechnischer Hinsicht in eigener Hand zu betreiben. Es stellt sich daher die Frage, ob Bestandteil der Rundfunkfreiheit auch die „Sendefreiheit“[512] ist.

b) Recht auf Errichtung und Betrieb eigener Sendeanlagen

Anlaß zu Zweifeln an einer grundrechtlichen Berechtigung der Programmveranstalter, Rundfunksendeanlagen zu betreiben, hat höchstrichterlich das Bundesverfassungsgericht im ersten Rundfunkurteil gegeben. Dort hat es lapidar festgestellt, aus „Art. 5 GG“ könne „nicht hergeleitet werden, daß die Veranstalter von Rundfunksendungen notwendig Eigentümer oder Verfügungsberechtigte über die sendetechnischen Anlagen sein und als Veranstalter notwendig auch das Recht besitzen müßten, diese Anlagen zu betreiben“[513]. Zu dieser Aussage fühlte sich das Gericht veranlaßt, als es über eine Vorschrift im NDR-Staatsvertrag zu entscheiden hatte, nach der dem NDR das (ausschließliche) Recht eingeräumt wurde, Sendeanlagen zu errichten und zu betreiben[514].

Um diese Aussage einordnen zu können, erscheint ein Blick auf andere Kommunikationsgrundrechte hilfreich: So ist, wie bereits eingangs erwähnt, für die Pressefreiheit anerkannt, daß auch der Verbreitungsvorgang vom Schutz des Grundrechts erfaßt wird[515]. Dazu gehört auch die Anschaffung von Maschinen

---

512 *Eberle*, Rundfunkübertragung, S. 27.

513 BVerfGE 12, 205, 239/263.

514 BVerfGE 12, 205, 223ff.

515 BVerfGE 10, 118, 121; *Jarass*, in: Jarass/Pieroth, GG, Art. 5 Rn. 22; *Herzog*, in: Maunz/Dürig, Grundgesetz, Art. 5 I, II Rn. 135ff.

und sonstigen Materials[516]. Da das Bundesverfassungsgericht bis in die jüngste Zeit auch hinsichtlich der Verbreitung die strukturelle Gleichheit von Presse- und Rundfunkfreiheit betont hat[517], erscheint der Schluß auf ein Recht, die Übertragung des Programms mit eigenen technischen Mitteln durchzuführen, konsequent[518]. Dies würde die Unabhängigkeit der Rundfunkveranstalter stärken, denn sie wären nicht ausschließlich auf die Zuweisung von Übertragungskapazitäten durch staatliche Stellen angewiesen.

Inn diese Richtung weist auch ein Blick auf den Schutzumfang der Informationsfreiheit des Art. 5 Abs. 1 S. 1 Hs. 2 GG. Dieses zur Rundfunkfreiheit komplementäre Grundrecht umfaßt auch das Recht, die technischen Empfangsmittel zu erreichten[519].

Trotz dieser systematischen Argumente wird die genannte, nicht näher begründete Aussage des Bundesverfassungsgerichts im Schrifttum dahingehend verstanden, der Betrieb von Sendeanlagen falle nach der Auffassung des Gerichts nicht in den Schutzbereich der Rundfunkfreiheit[520]. Diese Einschätzung kann aber nicht überzeugen. Zunächst ist kein Grund ersichtlich, der ein Abgehen von der strukturellen Entsprechung von Presse- und Rundfunkfreiheit gerade an diesem Punkt rechtfertigen könnte. Gründe, die einem Betrieb von Sendeanlagen durch Private entgegenstehen könnten, wie die Notwendigkeit einer frequenztechnischen Abstimmung, lassen sich angemessen auf der Schrankenebene berücksichtigen[521]. Dies belegt auch die Einführung eines Lizenzvergaberegimes durch das Telekommunikationsgesetzes.

Im übrigen erscheint es vom Wortlaut her auch nicht zwingend, der Aussage des Verfassungsgerichts eine Deutung zu geben, nach der schon der Schutzbereich nicht eröffnet sei. Vielmehr läßt die Formulierung Raum für eine Begrenzung erst auf der Schrankenebene, denn das Gericht nennt ausdrücklich Art. 5 GG insgesamt, beschränkt sich also nicht auf einen Absatz der Norm und bezieht damit sprachlich den Schrankenvorbehalt in Abs. 2 mit ein. Wie eingangs erwähnt, sah sich das Gericht - wohl wegen der geringen Relevanz für den zu entscheidenden Rechtsstreit - zu weitergehenden Ausführungen insgesamt nicht

516 *Herzog*, in: Maunz/Dürig, Grundgesetz, Art. 5 I, II Rn. 140.

517 BVerfGE 77, 65, 74; 91, 125, 134; vgl. auch oben 3. g) aa).

518 Vgl. *Oermann*, Rundfunkfreiheit und Funkanlagenmonopol, S. 91f.

519 Vgl. BVerfGE 90, 27, 32f. und eingehend: *Dörr/Braml*, AfP 1997, 507, 509.

520 Vgl. *Jarass, in:* Jarass/Pieroth, GG, Art. 5 Rn. 32; *Hesse*, Rundfunkrecht, S. 58; (Die Unterhaltung eigener Sendeanlagen wird dort jeweils im Abschnitt „geschütztes Verhalten" als Ausnahme genannt); ebenso, aber in der Sache dem Gericht nicht zustimmend: *Herrmann*, Fernsehen und Hörfunk, S. 102ff.; *H.H. Klein*, Rundfunkfreiheit, S. 37ff.

521 So auch *Eberle*, Rundfunkübertragung, S. 27ff.

veranlaßt, so daß auf eine Differenzierung zwischen Schutzbereich- und Schrankenebene verzichtet werden konnte.

Gegen eine Einengung des Schutzbereichs der Rundfunkfreiheit hat sich das Bundesverfassungsgericht in einer jüngeren Entscheidung zu der Phase der Informationsbeschaffung und der damit verbundenen Nutzung technischer Geräte ausgesprochen[522]. Explizit wird ausgeführt, daß mit technischen Vorkehrungen einhergehende Störungen anderer Interessen nur weitergehende Beschränkungen des Grundrechts, nicht aber eine Verengung des Schutzumfangs rechtfertigen. Dieser Aussage stellt das Gericht nochmals ausdrücklich voran, daß der Schutzbereich der Rundfunkfreiheit wie der der Pressefreiheit sowohl die Beschaffung als auch die Verbreitung von Informationen umfaßt[523].

Dies zeigt deutlich den Willen des Verfassungsgerichts, zu einer extensiven Auslegung der Grundrechtsschutzbereiche. Entsprechend wird im Schrifttum zunehmend befürwortet, dem Schutzbereich der Rundfunkfreiheit auch die Errichtung und den Betrieb eigener Sendeanlagen zuzuordnen[524]. Damit ist aber über konkrete, durchsetzbare Ansprüche der Veranstalter noch nichts gesagt. Auch hier kommt es auf die - entsprechend den genannten Grundsätzen[525] - bestehenden Beschränkungsmöglichkeiten des Gesetzgebers an. Als allgemeines Gesetz ist insbesondere das Telekommunikationsgesetz zu nennen, das sich nicht gegen bestimmte Kommunikationsinhalte richtet, sondern meinungsneutral die Nutzung von Übertragungswegen regelt. Als mit der Rundfunkfreiheit abzuwägendes Interesse ist hier die Notwendigkeit der Gewährleistung einer flächendeckenden und störungsfreien Versorgung zu nennen[526]. Ohne hier eine verfassungsrechtliche Prüfung einzelner Normen des Telekommunikationsgesetzes vornehmen zu können, stellt jedenfalls ein Funkanlagenmonopol, wie es nach dem alten Fernmeldeanlagengesetz bestand, eine unverhältnismäßige Beschränkung dar[527].

---

522 BVerfGE 91, 125, 134f. (Dort ging es um eine sitzungspolizeiliche Anordnung zu Fernsehaufnahmen im Strafverfahren gegen Honecker u.a.).

523 Daß die genannten Ausführungen in gleichem Maße für die Phase der Verbreitung gelten, bestätigt auch der erste Leitsatz der Entscheidung, a.a.O. S. 125.

524 Dafür auch *H.H. Klein*, Rundfunkfreiheit, S. 37ff., 45; *Herrmann*, Fernsehen und Hörfunk, S. 106; *ders.* , Rundfunkrecht, § 5 Rn. 9; *Oermann*, Rundfunkfreiheit und Funkanlagenmonopol, S. 92; für die Anerkennung einer subjektiv-rechtlichen „Sendefreiheit" auch *Eberle*, Rundfunkübertragung, S. 26ff.

525 Dazu schon oben 4. b).

526 Vgl. auch *Oermann*, Rundfunkfreiheit und Funkanlagenmonopol, S. 118f.

527 Vgl. zu der Verfassungswidrigkeit des Monopols nach alter Rechtslage: *Oermann*, Rundfunkfreiheit und Funkanlagenmonopol, S. 119ff.

III. Das Grundrecht der Berufsfreiheit des Art. 12 Abs. 1 GG

In der Diskussion eines Grundrechts auf Rundfunkveranstaltung kommt häufig nur beiläufig zum Ausdruck, daß nicht nur die Rundfunkfreiheit, sondern auch nicht speziell auf den Bereich der Kommunikation ausgerichtete Grundrechtsverbürgungen in Betracht kommen[528]. Dies gilt in vorderster Linie für die Berufsfreiheit des Art. 12 Abs. 1 GG. Da es sich bei der Rundfunkveranstaltung in privater Hand in aller Regel um kommerziell motivierte Unternehmungen handelt, stellt sich die Frage, ob sich der Bewerber um eine Zulassung nicht ebenso auf die Berufsfreiheit stützen kann, wie es jedem anderen Gewerbetreibenden möglich ist.

Soweit in der Anfangsphase des privaten Rundfunks auf das Fehlen eines entsprechenden Berufsbildes verwiesen wurde[529], war dies schon damals - wegen der Unabhängigkeit des Grundrechtsschutzes von der Existenz derartiger Kategorien[530] - unzutreffend[531], ist aber jedenfalls durch die tatsächliche Entwicklung überholt.

Nachdem mithin Art. 12 Abs. 1 GG thematisch einschlägig ist, steht zunächst die Problematik im Vordergrund, ob für dessen Anwendung neben Art. 5 Abs. 1 S. 2 GG überhaupt noch Raum bleibt. Es bedarf einer Analyse des Konkurrenzverhältnis der beiden Grundrechte[532]. In der Rechtsprechung des Bundesverfassungsgerichts hat die Berufsfreiheit in diesem Zusammenhang zur Rundfunkfreiheit bislang keine Rolle gespielt[533]. Die Konkurrenzfrage stellt sich aber

---

528 Umfassendere Erörterungen finden sich bei: *Bethge*, Zulassung von Rundfunkveranstaltern, S. 94ff.; *Schmitt Glaeser*, Kabelkommunikation, S. 164ff.

529 *Lerche*, Rundfunkmonopol, S. 82; *Wieland*, Die Freiheit des Rundfunks, S. 234; *Leisner*, Werbefernsehen und öffentliches Recht, S. 136ff.

530 Vgl. nur *Tettinger*, in: Sachs, GG, Art. 12 Rn. 27; *Gubelt*, in von Münch/Kunig, Grundgesetz-Kommentar, Bd. 1, Art. 12 Rn. 11; *J. Ipsen*, Staatsrecht II, Rn. 604; *Manssen*, Staatsrecht I, Rn. 392f.

531 Vgl. *Herrmann*, Fernsehen und Hörfunk, S. 140f; *Bethge*, Zulassung von Rundfunkveranstaltern, S. 102f; *Badura*, Verfassungsrechtliche Bindungen, S. 48; *H.H. Klein*, Rundfunkfreiheit, S. 43f.; *Stender-Vorwachs*, Staatsferne und Gruppenferne, S. 86; *Barth*, Rundfunkunternehmerfreiheit, S. 27 m.w.N.

532 Zu dem noch immer bestehenden Defizit an dogmatischer Bewältigung der Konkurrenzen im Bereich der Grundrechte, vgl. nur *Stern*, Staatsrecht III/2, § 92, S. 1366ff.

533 Dies erklärt sich daraus, daß den Rundfunkurteilen des BVerfG fast ausschließlich Organstreitverfahren und Streitigkeiten zwischen Bund und Ländern zugrunde lagen, so daß Art. 12 Abs.1 GG neben der objektiv-rechtlichen Komponente der Rundfunkfreiheit als Prüfungsmaßstab nicht einschlägig war. Offen gelassen wurde der Schutz durch die Berufsfreiheit vom Bundesverfassungsgericht in dem Verfassungsbeschwerdeverfahren des Veranstalters *extra radio*, ZUM 1998, 306, 311, vgl. oben 3. b).

nicht nur im Rahmen der Rundfunkfreiheit, sondern ebenso hinsichtlich der anderen von Art. 5 Abs. 1 S. 2 GG geschützten Tätigkeiten, insbesondere im Bereich der Pressefreiheit. In diesem Kontext kann es zwischen Rundfunkfreiheit und Pressefreiheit keinen Unterschied geben; die Konkurrenzfrage ist für Art. 5 Abs. 1 S. 2 GG einheitlich zu beantworten.

Im Schrifttum wird ganz überwiegend von einer Idealkonkurrenz der beiden Grundrechte ausgegangen[534]. Der Annahme einer Spezialität der Rundfunkfreiheit wird zu Recht entgegengehalten, daß Art. 5 Abs. 1 S. 2 GG gerade nicht als das schlechthin speziellere Gesetz angesehen werden kann, weil das Grundrecht nicht nur die beruflich ausgeübte Rundfunktätigkeit schützt und umgekehrt die Rundfunkveranstaltung nur eine der unzähligen von Art. 12 Abs. 1 GG erfaßten Tätigkeiten darstellt[535]. Dennoch wird vereinzelt ein Vorrang der Rundfunkfreiheit befürwortet, Art. 12 GG sei zwar tatbestandlich anwendbar, werde aber hinsichtlich der Veranstaltung von Rundfunk durch Art. 5 Abs. 1 S. 2 GG überlagert[536].

Die Bedeutung des Konkurrenzverhältnisses für die Bestimmung von Veranstaltungsrechten darf jedoch nicht überschätzt werden[537]. Angesichts der in der vorliegenden Untersuchung befürworteten Weite der Berechtigungen aus Art. 5 Abs. 1 S. 2 GG, wonach die Veranstaltertätigkeit umfassend geschützt wird, kann die Berufsfreiheit zu keiner Erweiterung der Rechtsposition führen[538]. Dies zeigt nicht nur der Vergleich der Schutzbereiche, sondern ergibt sich auch aus den Möglichkeiten der Grundrechtsbeschränkung. So wird allgemein davon ausgegangen, daß die spezifischen Aspekte der Rundfunkfreiheit, insbesondere die objektiv-rechtlichen Gehalte, auch im Rahmen des Art. 12

---

534 *H.H. Klein*, Rundfunkfreiheit, S. 42f.; *Scheuner*, Rundfunkfreiheit, S. 45f.; *Schmitt Glaeser*, Kabelkommunikation, S. 168f.; *Bethge*, Zulassung von Rundfunkveranstaltern, S. 95ff.; *Herzog*, in: Maunz/Dürig, Grundgesetz, Art 5 I, II Rn. 142 (unter Aufgabe der früheren Auffassung); *Jarass*, DJT-Gutachten, G 30. *Badura*, Verfassungsrechtliche Bindungen, S. 48f., *Scholz*, in: Maunz/Dürig, Grundgesetz, Art. 12 Rn. 161, *ders*., JuS 1974, 304; *Stender-Vorwachs*, Staatsferne und Gruppenferne, S. 89; *Schulze-Fielitz*, in: Dreier (Hrsg.), Grundgesetz-Kommentar, Bd. I, Art. 5 I, II Rn. 168; offengelassen von *Rudolf*, Über die Zulässigkeit privaten Rundfunks, S. 24.

535 *Schmitt Glaeser*, Kabelkommunikation, S. 168f.; *Bethge*, Zulassung von Rundfunkveranstaltern, S. 95ff.; *Scholz*, in: Maunz/Dürig, Grundgesetz, Art. 12 Rn. 161.

536 *Degenhart*, in: BK, Art. 5 Abs. 1 u. 2 Rn. 760, wobei nicht völlig klar wird, ob der Vorrang nicht doch erst auf der Ebene der Grundrechtsschranken herzustellen ist; dazu sogleich.

537 Vgl. auch *Rudolf*, Über die Zulässigkeit privaten Rundfunks, S. 24.

538 Dabei ergibt sich aus der Kumulation von Grundrechten auch keine Verstärkung der Grundrechtswirkung, vgl. *Stern*, Staatsrecht III/2, § 92 IV 4, S. 1407 (Fn.181); *Würkner*, DÖV 1992, 150, 151; a.A.: *Bleckmann/Wiethoff*, DÖV 1991, 722, 729.

Abs. 1 GG zu berücksichtigen sind[539]. Zweifelhaft erscheint allerdings der Vorschlag, die beiden Schrankenvorbehalte in dem Sinne zu verklammern, daß man die Schrankenregelung der Rundfunkfreiheit, weil es sich dabei um das „sachnähere" Grundrecht handele, auf die Berufsfreiheit überträgt[540]. Diese Konstruktion zeigt vielmehr die Erklärungsnot derjenigen, die ein Veranstaltungsrecht aus der Rundfunkfreiheit verneinen und die deshalb bei Art. 12 Abs. 1 GG in schweres Fahrwasser geraten.

Dementgegen gelangt man auch bei separater Anwendung der beiden Schrankenvorbehalte regelmäßig nicht zu divergierenden Ergebnissen. Denn das Schutzgut der freien Meinungsbildung ist mit allen seinen Strukturelementen als überragend wichtiges Gemeinschaftsgut im Sinne der Dreistufentheorie des Bundesverfassungsgericht einzuordnen[541], so daß selbst eine Rechtfertigung von Berufswahlregelungen möglich ist. Letztlich kommt es damit auch hier entscheidend auf die Verhältnismäßigkeit an.

Summa summarum ist für private Rundfunkveranstalter aus der Berufsfreiheit kein Recht herleitbar, das nicht bereits durch die Rundfunkfreiheit im hier verstandenen Sinne gewährt wird. Es ist praktisch kein staatlicher Eingriff vorstellbar, der vor Art. 5 Abs. 1 S. 2 GG Bestand hätte, aber das Grundrecht aus Art. 12 Abs. 1 GG verletzte. Insbesondere das geltende Zulassungsregime der Rundfunk- und Mediengesetze ist nach der Berufsfreiheit nicht anders zu beurteilen als im Rahmen der Rundfunkfreiheit. Als Fazit ergibt sich damit, daß das Grundrecht der Berufsfreiheit auf der Seite der privaten Rundfunkveranstalter neben die durch Art. 5 Abs. 1 S. 2 GG gewährleistete Rundfunkveranstaltungsfreiheit tritt. Die Berufsfreiheit hat jedoch für die subjektive Rechtsstellung der Rundfunkveranstalter keine substantiellen Auswirkungen, da der Schrankenvorbehalt des Art. 12 Abs. 1 S. 2 GG die Regelungsmöglichkeiten der Rundfunkgesetzgeber nicht stärker einengt, als dies nach der Rundfunkfreiheit der Fall ist. Das Zulassungssystem des Rundfunkstaatsvertrags und der Rundfunk-

---

539 *Stender-Vorwachs*, Staatsferne und Gruppenferne, S. 87; *Bethge,* Zulassung von Rundfunkveranstaltern, S. 110ff.; *H.H. Klein*, Rundfunkfreiheit, S. 43; *Schmitt Glaeser*, Kabelkommunikation, S. 169; *Jarass*, DJT-Gutachten, G 30; *Badura,* Verfassungsrechtliche Bindungen, S. 48ff.; *Scholz*, JuS 1974, 304.

540 *Bethge,* Zulassung von Rundfunkveranstaltern, S. 110ff., insbesondere S. 116f.; *ders.*, Rundfunkfreiheit und öffentlicher Organisationsvorbehalt, S. 48f.; *Jarass*, DJT-Gutachten, G 30; in der Sache auch *Stender-Vorwachs*, Staatsferne und Gruppenferne, S. 117f. Vgl. zu der Ansicht, nach der sich stets das stärkere Grundrecht durchsetzt näher *Stern*, Staatsrecht III/2, S. 1391f., 1405f. m.w.N.

541 Vgl. *Wieland*, Die Freiheit des Rundfunks, S. 172; *Bethge*, Zulassung von Rundfunkveranstaltern, S. 110f.; *Rudolf,* Über die Zulässigkeit privaten Rundfunks, S. 23; *Scholz*, JuS 1974, 304.

und Mediengesetze läßt sich auch im Hinblick auf die Berufsfreiheit verfassungsrechtlich rechtfertigen.

IV. Die allgemeine Handlungsfreiheit des Art. 2 Abs. 1 GG

Da die Veranstaltung von Rundfunk qua definitionem in den Schutzbereich des als allgemeine Handlungsfreiheit verstandenen Art. 2 Abs. 1 des Grundgesetzes fällt, stellt sich auch hier vorrangig die Frage nach dem Konkurrenzverhältnis zur Rundfunkfreiheit. Anders als im Bereich der Berufsfreiheit wird im Verhältnis zu Art. 2 Abs. 1 GG überwiegend von einer Spezialität des Grundrechts der Rundfunkfreiheit ausgegangen[542]. Die allgemeine Handlungsfreiheit stellt sich gegenüber den im Verfassungstext nachfolgenden Freiheitsrechten als allgemeinere Norm dar[543]. Sie kommt hier deshalb als selbständiger Prüfungsmaßstab nicht in Betracht. Im übrigen gilt hinsichtlich der Beschränkungsmöglichkeiten - gerade angesichts des weitreichenden Vorbehalts der verfassungsmäßigen Ordnung - der schon bei Art. 12 Abs. 1 GG festgestellte Gleichschritt. Die Rechte der Veranstalter aus Art. 2 Abs. 1 GG reichen im Ergebnis nicht weiter als die bereits durch die Rundfunkfreiheit gewährten Berechtigungen[544].

V. Zusammenfassung und Ergebnis

Die Rundfunkfreiheit des Art. 5 Abs. 1 S. 2 GG gewährt nicht nur zugelassenen Rundfunkveranstaltern Schutz vor staatlichen Eingriffen, sondern vermittelt bereits den Bewerbern um eine rundfunkrechtliche Erlaubnis ein prinzipielles Recht auf Rundfunkveranstaltung. Diese „Rundfunkveranstaltungsfreiheit" kann von den Trägern des Grundrechts in Anspruch genommen werden, ohne daß es einer vorherigen Ausgestaltung durch die Rundfunkgesetzgeber bedarf. Der Ausgestaltungsgedanke hat allein im Rahmen eines objektiv-rechtlichen Handlungsauftrags des Gesetzgebers Bedeutung. Regelungen, die die Grund-

---

542 *Bethge*, Zulassung von Rundfunkveranstaltern, S. 121f.; *Rudolf*, Über die Zulässigkeit privaten Rundfunks, S. 24; *Schulze-Fielitz*, in: Dreier (Hrsg.), Grundgesetz-Kommentar, Bd. I, Art. 5 I, II Rn. 244; a.A.: *Herrmann*, Fernsehen und Hörfunk, S. 142; *Krause-Ablaß*, DÖV 1972, 491; zur Subsidiarität des Art 2 Abs. 1 S. 1 allgemein: *Stern*, Staatsrecht III/2, § 92 IV 3, S. 1401f.

543 Vgl, etwa *Jarass*, in: Jarass/Pieroth, GG, Art. 2 Rn. 2; *Dreier*, in: Dreier (Hrsg.), Grundgesetz-Kommentar, Bd. I, Art. 2 I Rn. 22 m.w.N.

544 Vgl. *Bethge*, Zulassung von Rundfunkveranstaltern, S. 122f., allerdings mit anderem Ergebnis zur Frage des Bestehens eines Zulassungsanspruchs.

rechtsträger belasten, bedürfen stets einer Rechtfertigung durch den Vorbehalt des Art. 5 Abs. 2 GG oder durch verfassungsimmanente Schranken. Bei der Wahrnehmung der Beschränkungskompetenzen verfügt der Gesetzgeber in wichtigen Fragen aufgrund der rundfunkspezifischen Gefahren über einen Beurteilungsspielraum, wie ihn das Bundesverfassungsgericht auch für andere durch prognostische Einschätzungen geprägte Regelungsbereiche anerkennt.

Das Zulassungssystem des Rundfunkstaatsvertrags und der Rundfunk- und Mediengesetze ist in seinen Grundzügen von den Schranken der Rundfunkveranstaltungsfreiheit gedeckt.

Die Rundfunkfreiheit umfaßt auch das Recht privater Veranstalter, ihre Programme mit eigenen Sendeanlagen zu verbreiten. Ein prinzipielles Recht auf Rundfunkveranstaltung wird dem Rundfunkunternehmer ergänzend durch die Berufsfreiheit des Art. 12 Abs. 1 GG gewährt. Diese Berechtigungen können in gleichem Maße wie die Rundfunkveranstaltungsfreiheit durch den Gesetzgeber beschränkt werden.

Die grundrechtliche Rundfunkveranstaltungsfreiheit leitet zu einer verfassungskonformen Auslegung der rundfunkgesetzlichen Zulassungsvorschriften. Sie entscheidet die bei diesen Normen eingangs festgestellten wortlautbedingten Unsicherheiten im Sinne eines absoluten Zulassungsanspruchs, der Ermessenserwägungen, die über die gesetzlich vorgesehenen Anforderungen hinausgehen, verbietet.

D. Europäische Rechte auf Rundfunkveranstaltung

I. Einleitung

Eine Untersuchung der Veranstaltungsrechte privater Rundfunkveranstalter, die sich um eine umfassende Systematik bemüht, kann nicht auf der Ebene des nationalen Rechts stehen bleiben, denn das europäische Recht durchdringt zunehmend die nationalen Rechtsordnungen. Gerade auf dem Gebiet des Rundfunkrechts ist die nationale Gesetzgebung schon seit einiger Zeit in besonderer Weise von europarechtlichen[545] Vorgaben geprägt[546]. Richtungsweisenden

[545] „Europarechtlich" ist hier im weiteren Sinne, das heißt nicht beschränkt auf das Recht der Europäischen Gemeinschaften, gemeint. Zur Terminologie vgl. *Schweitzer/Hummer*, Europarecht, Rn. 7; *Herdegen*, Europarecht, Rn. 1ff.

[546] Vgl. eingehend: *Dörr*, Europäische Medienordnung und -politik, S. 71ff.; *ders.*, Die Einflüsse europarechtlicher Entwicklungen, S. 1ff.

Einfluß auf die Gestaltung der Rundfunkordnungen in den Mitgliedsstaaten der Europäischen Union hat zunächst die EG-Fernsehrichtlinie (Richtlinie zur Koordinierung bestimmter Rechts- und Verwaltungsvorschriften der Mitgliedstaaten über die Ausübung der Fernsehtätigkeit)[547]. Aber auch allgemeinere Vorschriften des Europarechts wirken unmittelbar in das Rundfunkwesen der europäischen Staaten ein. Von Bedeutung für die Frage eines Rechts auf Rundfunkveranstaltung sind insbesondere Art. 10 der Europäischen Konvention zum Schutze der Menschenrechte und Grundfreiheiten vom 4. November 1950 (EMRK)[548] sowie die Grundrechte und Grundfreiheiten des Europäischen Gemeinschaftsrechts. Wie die Grundrechte des Grundgesetzes lassen sich diese Verbürgungen als „subjektive Rechte par excellence“[549] bezeichnen.

II. Veranstaltungsrechte aus Art. 10 EMRK

1. Einleitung

In Anbetracht des Umstands, daß die Europäische Menschenrechtskonvention (EMRK) als völkerrechtlicher Vertrag im Sinne des Art. 59 Abs. 2 GG in der Bundesrepublik Deutschland lediglich den Rang eines einfachen Bundesgesetzes einnimmt[550], ist man versucht, die Bedeutung des Art. 10 EMRK für die nationale Rundfunkgesetzgebung im Vergleich zu den Grundrechten des Grundgesetzes gering anzusetzen. Dies wäre jedoch voreilig. Zwar vermag die Konvention nach der herrschenden Auffassung nicht, den Bundesgesetzgeber innerstaatlich zu binden; die Kompetenz für den Rundfunk liegt aber gerade bei den Ländern. Für diese ist die EMRK durch den Vorrang des Bundesrechts nach Art. 31 GG verbindlich. Art. 10 der EMRK ist daher bei Erlaß und Anwendung der Rundfunk- und Mediengesetze zu beachten[551]. Nicht möglich ist aber, eine

---

547 Richtlinie 89/552/EWG des Rates vom 3. Oktober 1989, ABl. L 298 vom 17.10.1989, S. 23; geändert durch die Richtlinie 97/36/EG vom 30. Juni 1997, ABl. L 202 vom 30.7.1997, S. 60.

548 Deutsches Vertragsgesetz vom 7.8.1952, BGBl. II S. 686, 953.

549 *Rupp*, AöR 88 (1963), 479, 484; *Schmitt Glaeser*, Verwaltungsprozeßrecht, Rn. 157.

550 Vgl. zum Rang der EMRK in den Vertragsstaaten eingehend: *Dörr,* Die Einflüsse europarechtlicher Entwicklungen, S. 149ff.; *Schmid*, Rang und Geltung der Europäischen Konvention; *Bleckmann*, EuGRZ 1994, 149; *Frowein*, in: Frowein/Peukert, EMRK, Einführung Rn. 6; *Herdegen*, Europarecht, Rn. 41; nach richtiger Auffassung genießt die EMRK auch keinen Vorrang nach Art. 25 S. 2 GG, vgl. *Dörr,* Die Einflüsse europarechtlicher Entwicklungen, S. 151f.; *ders.*, Faires Verfahren, S. 90f.; *Kugelmann*, Grundrechte, S. 20.

551 Vgl. *Astheimer*, Rundfunkfreiheit, S. 48; *Engel*, ZUM 1997, 497, 511.

Verfassungsbeschwerde auf eine Verletzung der EMRK zu stützen[552]. Allerdings berücksichtigt das Bundesverfassungsgericht die Konvention zunehmend bei der Auslegung der Grundrechte des Grundgesetzes, so daß die Konventionsgrundrechte zumindest mittelbar auch für den Bundesgesetzgeber Maßstäbe setzen können:

„Bei der Auslegung des Grundgesetzes sind auch Inhalt und Entwicklung der Europäischen Menschenrechtskonvention in Betracht zu ziehen. (...) Deshalb dient insoweit die Rechtsprechung des Europäischen Gerichtshofs für Menschenrechte als Auslegungshilfe für die Bestimmung von Inhalt und Reichweite von Grundrechten und rechtsstaatlichen Grundsätzen des Grundgesetzes".[553]

Grund für diese Vorgehensweise ist die aus einer Zusammenschau von Art. 1 Abs. 1, Art. 24, 25 und 26 GG zum Ausdruck kommende Völkerrechtsfreundlichkeit des Grundgesetzes[554]. Im Zweifel sind entgegen der lex posterior-Regel auch nach der Konvention erlassene Bundesgesetze völkerrechtskonform und damit konventionskonform auszulegen[555]. Im übrigen darf man den Blick nicht allein auf die prozessuale Möglichkeit der Verfassungsbeschwerde verengen, denn ein effektiver Rechtsschutz kann bereits vor den Verwaltungsgerichten erlangt werden.

In Extremfällen kann es durchaus zu unvereinbaren Widersprüchen zwischen den beiden Gewährleistungsebenen kommen. Wie bei derartige Kollisionen zu verfahren ist[556], ist im hier interessierenden Kontext aber nur dann relevant, wenn im Bereich der Veranstaltungsrechte aus Art. 5 Abs. 1 S. 2 GG und Art. 10 EMRK tatsächlich wesentliche Unterschiede bestehen. Dies gilt es zunächst zu untersuchen.

An Bedeutung gewinnt die EMRK schließlich durch die Existenz eines selbständigen Rechtsschutzverfahrens. Den Bürgern steht für die Rüge von Verstößen ein Beschwerdeverfahren vor dem Europäischen Gerichtshof für Menschenrechte (EGMR) zur Verfügung. Sämtliche Unterzeichnerstaaten der EMRK haben sich dem Verfahren der Individualbeschwerde unterworfen. Der Gerichtshof kann in ihren Rechten verletzten Bürgern nach Art. 50 der Konvention eine Entschädigung des verstoßenden Staates zusprechen.

---

552 BVerfGE 10, 271, 274; 34, 384, 395; 41, 88, 105f.

553 BVerfGE 74, 358, 370; vgl. auch: *Bleckmann*, EuGRZ 1994, 149, 152; *Herdegen*, Europarecht, Rn. 41.

554 *Dörr,* Die Einflüsse europarechtlicher Entwicklungen, S. 154f. m.w.N.

555 *Bernhardt*, EuGRZ 1996, 339; vgl. auch *Dörr*, Faires Verfahren, S. 151.

556 Vgl. dazu *Dörr,* Die Einflüsse europarechtlicher Entwicklungen, S. 155f.

Was die für ein subjektives Recht letztendlich entscheidende Durchsetzbarkeit betrifft, ist ein ganz erheblicher Fortschritt durch die Umsetzung des 11. Protokolls vom 11.5.1994[557] zu erwarten. Da das bisherige zweistufige Rechtsschutzverfahren zunehmend als zu langwierig und schleppend empfunden wurde, haben sich die Vertragsstaaten am 11.5.1994 auf eine umfassende Neugestaltung verständigt. Kernstück der Reform ist im institutionellen Bereich die Verschmelzung von Kommission und Gerichtshof zu einem neuen Spruchkörper, dem „ständigen Gerichtshof"[558]. In verfahrensrechtlicher Hinsicht wird mit dem neuen Art. 34 die unmittelbar an den neuen Spruchkörper zu richtende Individualbeschwerde geschaffen. Das bisherige, zweistufige Verfahren entfällt. Der Gerichtshof wird damit durch Individualpersonen leichter erreichbar als der Gerichtshof der Europäischen Gemeinschaften, denn es bedarf auch bei der Überprüfung nationalen Rechts keiner Vorlage durch ein Gericht des Mitgliedstaates[559]. Zu beachten ist zudem, daß sich die Jurisdiktionshoheit des EGMR gerade nicht auf Sachverhalte beschränkt, die einen grenzüberschreitenden Bezug[560] aufweisen. Die Einwirkungsmöglichkeit auf die nationalen Rechtsordnungen ist insofern ungleich stärker.

2. Die Garantie der Rundfunkveranstaltungsfreiheit in Art. 10 EMRK

a) Die Gewährleistung der Rundfunkfreiheit

In gleicher Weise wie bei Art. 5 Abs. 1 S. 2 GG stellt sich im Kontext der vorliegenden Untersuchung die Frage, ob Art. 10 EMRK im Grundsatz ein originäres Recht auf die Veranstaltung von Rundfunk gewährt. In der Ausgangslage besteht allerdings ein nicht unerheblicher Unterschied: Anders als in Art. 5 Abs. 1 S. 2 GG ist der Begriff „Rundfunk" als Schutzgut in den ersten beiden Sätzen des Art. 10 Abs. 1 EMRK nicht enthalten. Einen mittelbaren Hinweis enthält lediglich die Vorbehaltsregelung des Art. 10 Abs. 1 S. 3 EMRK, die die

---

557 Deutsches Vertragsgesetz vom 24.7.1995, BGBl. II, S. 578; gemäß Art. 4 des Protokolls treten die Neuregelungen ein Jahr nach Abschluß der letzten Ratifikation der Mitglieder der Konvention in Kraft. Die Änderungen sind demtentsprechend zum 1. November 1998 in Kraft getreten.

558 Vgl. näher *Meyer-Ladewig*, NJW 1995, 2813; *Herdegen*, Europarecht, Rn. 25.

559 Der EuGH wird mit solchen Fragen regelmäßig nur im Wege eines Vorabentscheidungsverfahrens gemäß Art. 177 EGV oder im Rahmen eines Vertragsverletzungsverfahrens (das dem Bürger verschlossen ist) befaßt. Zulässigkeitsvoraussetzung bleibt aber auch für die Beschwerde vor dem EGMR die Erschöpfung des innerstaatlichen Rechtswegs.

560 Dazu unten III. 1. und 4. b) bb) (4).

Durchführung eines Genehmigungsverfahrens für Rundfunkunternehmen gestattet. Dennoch ist durch den Europäischen Gerichtshof für Menschenrechte anerkannt und heute allgemeine Meinung, daß die in Art. 10 EMRK verbürgte Meinungsäußerungsfreiheit auch die Rundfunkfreiheit einschließt[561].

b) Die Gewährleistung der Rundfunkveranstaltungsfreiheit

Mit der vorstehenden Erkenntnis ist aber - hier zeigen sich weitgehende Parallelen zu der Diskussion um Art. 5 Abs. 1 S. 2 GG - noch nicht zwingend der Schluß verbunden, daß die Norm auch ein subjektives Recht Privater auf die Veranstaltung von Rundfunk enthält. Die darüber früher bestehende Meinungsverschiedenheit[562] ist aber durch die Rechtsprechung nachhaltig entschärft worden. Zwar findet sich in den Urteilen des Gerichtshofs bis heute keine ausdrückliche Anerkennung der Rundfunkveranstaltungsfreiheit, jedoch wurde das Bestehen eines solchen Rechts in den Urteilen *Groppera*[563] und *Informationsverein Lentia*[564] stillschweigend vorausgesetzt.

Im Fall *Groppera* hatte der Gerichtshof über die Beschwerde eines privaten Hörfunkveranstalters zu entscheiden, der sich gegen ein in der Schweiz bestehendes Verbot der Kabelübertragung bestimmter Programme wandte. Ausgeschlossen waren nach dieser Verordnung solche Programme, die von Sendern ausgestrahlt werden, welche nicht im Einklang mit den Bestimmungen des internationalen Fernmelderechts betrieben werden. In diesem Verbot hat der Gerichtshof, ohne die Problematik zu vertiefen, einen Eingriff in die durch Art. 10 EMRK gewährleisteten Rechte erblickt und anschließend die Frage der Rechtfertigung erörtert[565]. Ebenso ist der EGMR in der Sache *Informationsverein Lentia* verfahren[566]. In diesem Rechtsstreit setzte sich ein privater Bewerber ge-

---

561 EGMR, Urteil vom 28. 3.1990, EuGRZ 1990, 255 - *Groppera*; Urteil vom 22.3.1990, EuGRZ 1990, 261 - *Autronic*; Urteil vom 24.11.1993, EuGRZ 1994, 549 - *Informationsverein Lentia*, bestätigt durch Urteil vom 20.10.1997 - *Radio ABC/Österreich*; vgl. auch *Dörr,* Die Einflüsse europarechtlicher Entwicklungen, S. 134ff.; *ders.*, Die Rolle des öffentlich-rechtlichen Rundfunks, S. 50; *Bullinger*, GYIL 28 (1985), 88ff., 116; *Gornig*, Äußerungsfreiheit, S. 294; *E. Klein*, AfP 1994, 9, 13; *Petersen*, Rundfunkfreiheit, S. 254f.; *Holznagel*, Rundfunkrecht in Europa, S. 154 m.w.N.

562 Vgl. dazu eingehend *Astheimer*, Rundfunkfreiheit, S. 55ff.; *Petersen*, Rundfunkfreiheit, S. 253ff.

563 Urteil vom 28. 3.1990, EuGRZ 1990, 255.

564 Urteil vom 24.11.1993, EuGRZ 1994, 549.

565 Urteil vom 28. 3.1990, EuGRZ 1990, 255.

566 Urteil vom 24.11.1993, EuGRZ 1994, 549.

gen das damals in Österreich bestehende öffentlich-rechtliche Rundfunkmonopol zur Wehr.

In beiden Fällen setzt die Feststellung eines Eingriffs zwingend voraus, daß die Veranstaltung von Rundfunk durch Private überhaupt in den Schutzbereich des Art. 10 EMRK fällt[567]. Dies war für den Gerichtshof offensichtlich so eindeutig der Fall, daß er auf nähere Ausführungen verzichtete. Trotz des Begründungsdefizits der Rechtsprechung ist das Schrifttum der subjektiv-rechtlichen Sichtweise weitgehend kritiklos gefolgt[568]. Anders als bei Art. 5 Abs. 1 S. 2 GG kann der Streit um das Bestehen einer Rundfunkveranstaltungsfreiheit daher als erledigt angesehen werden[569]. Da die Problematik zudem angesichts des hier vertretenen Verständnisses der Rundfunkfreiheit des Grundgesetzes an Brisanz verliert, wird an dieser Stelle auf eine erneute Vertiefung des Streitstandes verzichtet[570]. Festzuhalten ist als Zwischenergebnis, daß Art. 10 EMRK ebenso wie Art. 5 Abs. 1 S. 2 und Art. 12 GG den Grundrechtsträgern ein prinzipielles Recht gewährt, Rundfunk zu veranstalten.

3. Die Schranken der Rundfunkveranstaltungsfreiheit aus Art. 10 EMRK

a) Einleitung

Wie die Grundrechte des Grundgesetzes gelten auch die Menschenrechte und Grundfreiheiten nach der EMRK nicht schrankenlos. Die Berechtigungen nach Art. 2 ff. EMRK weisen schon im Wortlaut detaillierte Schrankenvorbehalte auf. In Art. 10 EMRK finden sich gar an zwei Stellen Anknüpfungspunkte für die Zulässigkeit von Beschränkungen: Unmittelbar anschließend an die den

---

567 Vgl. *Dörr,* Die Einflüsse europarechtlicher Entwicklungen, S. 135f.; *Holznagel*, Rundfunkrecht in Europa, S. 155; *Engel*, Privater Rundfunk, S. 39; *Stettner*, ZUM 1994, 680, 683; *Frowein*, in: Frowein/Peukert, EMRK, Art. 10 Rn. 18.

568 Vgl. *Dörr* Die Einflüsse europarechtlicher Entwicklungen, S. 139; *ders*., Die Rolle des öffentlich-rechtlichen Rundfunks, S. 51; *Engel*, Privater Rundfunk, S. 39; *Stettner*, ZUM 1994, 680, 683; *Holznagel*, Rundfunkrecht in Europa, S. 155; vgl auch *Hartstein/Ring/Kreile/Dörr/Stettner*, Rundfunkstaatsvertrag, Allgemeine Erläuterungen Rn. 114; zuvor schon: *Berka*, Massenmedien, S. 81f.; *Binder,* EuGRZ 1986, 209, 210; *Gornig*, Äußerungsfreiheit, S. 294; *Astheimer*, Rundfunkfreiheit, S. 137 m.w.N; abweichend, aber vor dem *Lentia*-Urteil, *Petersen*, Rundfunkfreiheit, S. 255f.

569 So war dieser Punkt auch in der Sache *Informationsverein Lentia* unstreitig, vgl. Urteil vom 24.11.1993, EuGRZ 1994, 549, Tz. 27.

570 Vgl. zum Ganzen: *Astheimer*, Rundfunkfreiheit, S. 55ff.; *Dörr*, Die Einflüsse europarechtlicher Entwicklungen, S. 133ff. m.w.N.

Gewährleistungsinhalt des Art. 10 beschreibenden ersten beiden Sätze des Abs. 1 folgt in Satz 3 die sogenannte Rundfunkklausel: „Dieser Artikel schließt nicht aus, daß die Staaten Rundfunk-, Lichtspiel- oder Fernsehunternehmen einem Genehmigungsverfahren unterwerfen." Absatz 2 enthält daneben einen klassischen Schrankenvorbehalt, wonach „vom Gesetz vorgesehene(n) Formvorschriften, Bedingungen, Einschränkungen oder Strafandrohungen", gestattet werden, wenn sie für eines der aufgezählten Interessen „in einer demokratischen Gesellschaft (...) unentbehrlich sind".

b) Die Schrankensystematik nach dem *Groppera*-Urteil

Über das Verhältnis der beiden Textstellen besteht bis heute Uneinigkeit[571]. Teilweise wird die Regelung des Abs. 1 S. 3 gegenüber Abs. 2 in den Vordergrund gerückt[572]. Von anderen wird betont, beide Regelungen seien nebeneinander anzuwenden[573]. Vor allem die letztgenannte Auffassung konnte sich durch die Rechtsprechung des EGMR bestätigt fühlen: In der *Groppera*-Entscheidung hat der Gerichtshof Art. 10 Abs. 1 S. 3 EMRK für anwendbar erklärt, zusätzlich aber Abs. 2 herangezogen und dort auch das Schwergewicht der Prüfung gesetzt[574]. Konsequent wurde im Schrifttum gefolgert, daß die Rundfunkklausel des Art. 10 Abs. 1 S. 3 nach diesem Verständnis kaum mehr als eine Auslegungshilfe darstelle[575]. In diese Richtung deuteten auch die Ausführungen des Gerichtshofs in der Sache *Autronic*[576]: Dort wurde auf eine Prüfung des Art. 10 Abs. 1 S. 3 gänzlich verzichtet und nach ausführlicher Erörterung einer Rechtfertigung nach Abs. 2 im Ergebnis ein Verstoß gegen Art. 10 angenommen. An dieser Stelle darf jedoch nicht übersehen werden, daß es sich in der Sache *Autronic* um die Rüge eines Eingriffs in das Recht auf Empfang von Rundfunkprogrammen handelte. Daß in einem solchen Fall die Anwendbarkeit des Art. 10 Abs. 1 S. 3 EMRK zweifelhafter sein kann als in den Fällen, in denen ein Rundfunkveranstalter sich an seiner Sendetätigkeit gehindert sieht, ist jedenfalls nicht von vornherein auszuschließen. Da im Ergebnis auch die

---

571 Vgl. zum Streitstand vor dem *Lentia*-Urteil eingehend: *Engel*, Privater Rundfunk, S. 42ff.

572 *Hoffmann-Riem*, Rundfunkrecht, S.186ff.; *Binder*, EuGRZ 1986, 209, 210; *Degenhart*, EuGRZ 1983, 205, 212; *ders.*, in: BK, Art. 5 Abs. 1 und 2 Rn. 648h.

573 *Holoubek*, Rundfunkfreiheit, S. 174; *Wittmann*, Rundfunkfreiheit, S. 182f.; *Berka*, Rundfunkmonopol, S. 15; *Gornig*, Äußerungsfreiheit, S. 309; *Engel*, Privater Rundfunk, S. 54f. m.w.N.

574 Urteil vom 28. 3.1990, EuGRZ 1990, 255, 256f.

575 *Dörr*, Die Einflüsse europarechtlicher Entwicklungen, S. 141; *Engel*, Privater Rundfunk, S. 59; ähnlich *Petersen*, Rundfunkfreiheit, S. 272.

576 Urteil vom 22.5.1990, EuGRZ 1990, 261.

Voraussetzungen des Abs. 2 nicht vorlagen, war es zudem durchaus naheliegend, die Frage der Anwendbarkeit des Abs. 1 S. 3 offenzulassen. Vor diesem Hintergrund zeigt sich, daß die Ausführungen im *Autronic*-Urteil nicht unbedingt als gegenüber der *Groppera*-Entscheidung weitergehendes Abrücken von Art. 10 Abs. 1 S. 3 zu verstehen sind.

c) Die Schrankensystematik nach dem *Lentia*-Urteil

Eine gegenüber der *Groppera*-Entscheidung abweichende Rechtfertigungsprüfung findet sich dagegen im Urteils in der Sache *Informationsverein Lentia*[577]. Statt die beiden Schrankenregelungen entsprechend der bisherigen Diktion jeweils vollständig und unabhängig voneinander zu prüfen, hat der Gerichtshof eine Verknüpfung vorgenommen. Den ausdrücklich nur in Absatz 2 geforderten legitimen Zweck erörtert er vorab im Rahmen des Art. 10 Abs. 1 S. 3[578] und beschränkt sich bei der eigentlichen Prüfung des Abs. 2 auf die Fragen des Vorliegens einer gesetzlichen Regelung und der Verhältnismäßigkeit[579]. Damit bringt der Gerichtshof zum Ausdruck, daß über Abs. 1 S. 3 auch solche Ziele zu einer Rechtfertigung führen können, die in Abs. 2 nicht vorgesehen sind. Über Art. 10 Abs. 1 S. 3 ist also eine Erweiterung des Kreises der rechtfertigenden Ziele über die in Abs. 2 genannten hinaus möglich. Die Rundfunkklausel ermöglicht demnach die Berufung auf weitergehende Regelungsinteressen, ähnlich wie die kollidierenden Werte mit Verfassungsrang den Schrankenvorbehalt des Art. 5 Abs. 2 GG ergänzen[580]. Dabei ist in allen Fällen der Grundsatz der Verhältnismäßigkeit zu beachten. Aus der Vorgehensweise des Gerichtshofs ergibt sich zugleich, daß gedanklich zunächst die in Abs. 2 ausdrücklich genannten Gründe zu erwägen sind und erst nachfolgend ungeschriebene - vom Gerichtshof dogmatisch Abs. 1 S. 3 zugeordnete - rechtfertigende Ziele herangezogen werden können. Die Struktur dieser Rechtfertigungsprüfung läßt sich somit dahingehend beschreiben, daß stets Abs. 2 zu beachten ist, dabei aber der Katalog der legitimen Interessen unter Berufung auf die Rundfunkklausel des Abs. 1 S. 3 erweitert wird[581]. Die Urteilsgründe weisen allerdings eine etwas verschachtelte Prüfungsreihenfolge auf, der aber in der Sache die beschriebene gedankliche Struktur zugrundeliegt.

---

577 Urteil vom 24.11.1993, EuGRZ 1994, 549.

578 Textziffern 32 und 33 der Gründe.

579 Textziffern 34ff. der Gründe.

580 Vgl. oben C. II. 4. b) bb).

581 Vgl. auch *Probst*, Art. 10 EMRK, S. 51f.

Wenn man sich nach der *Lentia*-Entscheidung die Erwartungen in Erinnerung ruft, die im Schrifttum in Richtung auf eine Annäherung der Rechtsprechung des EGMR an die Ausgestaltungsdogmatik des Bundesverfassungsgerichts geäußert wurden[582], so kann hier nur eine gegenläufige Tendenz festgestellt werden[583]. Vielmehr ist die Ähnlichkeit der Dogmatik des EGMR zu dem in der vorliegenden Untersuchung vertretenen, der Lehre vom Ausgestaltungsvorbehalt widersprechenden Verständnis der Rundfunkfreiheit des Art. 5 Abs. 1 S. 2 GG augenscheinlich: Staatliche Beeinträchtigungen der Rechte der Rundfunkveranstalter sind stets anhand der herkömmlichen Schrankensystematik zu beurteilen. Rundfunkspezifische Interessen und die Notwendigkeit einer Ausgestaltung können lediglich in diese allgemeine Struktur der Rechtfertigung ergänzend einfließen, nicht aber zu einer isolierten Vorabrechtfertigung auf niedrigerem Niveau führen[584]. Von „Ausgestaltungsregelungen", für die der Grundsatz der Verhältnismäßigkeit generell keine Bindungswirkung entfaltet, ist im *Lentia*-Urteil keine Spur.

d) Verhältnismäßigkeit und Beurteilungsspielräume

Will der Gesetzgeber die Veranstaltungsrechte von Grundrechtsträgern beschränken, muß er in jedem Fall den Grundsatz der Verhältnismäßigkeit beachten. Dabei steht ihm aber ein der Eigenart der Sachlage im Einzelfall angemessener Beurteilungsspielraum zu. Gerade im *Groppera*-Urteil hat der EGMR lediglich geprüft, ob der nationale Gesetzgeber seinen Ermessensspielraum überschritten hat[585]. Einen Beurteilungsspielraum der Vertragsstaaten im Anwendungsbereich des Art. 10 Abs. 2 EMRK hat der EGMR bezogen auf Beschränkungen der Presse ausdrücklich in den Urteilen *markt intern*[586] und *Jacubowski*[587] anerkannt. Dort hat sich der Gerichtshof sogar einer eigenen Verhältnismäßigkeitskontrolle enthalten und lediglich untersucht, ob die nationalen Gerichte eine Abwägung vorgenommen haben[588]. Diese Zurückhaltung läßt sich seit dem Urteil in der Sache *Handyside*[589] - wenn auch hin und wieder

582 *Petersen*, Rundfunkfreiheit, S. 290, 295f.; *Hoffmann-Riem*, Rundfunkrecht, S. 193; *Berka*, Rundfunkmonopol, S. 22; *Astheimer/Moosmayer*, ZUM 1994, 395, 404; vgl. auch *Holznagel*, Rundfunkrecht in Europa, S. 160.

583 So im Ergebnis auch *Kühling*, EuGRZ 1997, 296, 302 und bereits nach der *Groppera*-Entscheidung: *Gersdorf*, AöR 119 (1994), 400, 415.

584 Vgl. für Art. 5 Abs. 1 S. 1 GG oben C. II. 3. d), e) und C. II. 4. a) cc).

585 Urteil vom 28. 3.1990, EuGRZ 1990, 255, Tz. 72f.

586 EuGRZ 1996, 302, Tz. 33ff.

587 EuGRZ 1996, 302, Tz. 26ff.

588 Vgl. *Callies*, EuGRZ 1996, 293, 295f.

589 EuGRZ 1977, 38.

Schwankungen zu erkennen waren - durchaus als Grundlinie der Rechtsprechung des EGMR bezeichnen[590].

Von einer eingehenderen Prüfung der Erforderlichkeit scheint der Gerichtshof dagegen in der besagten *Lentia*-Entscheidung auszugehen[591]. Allerdings wurde hier explizit darauf hingewiesen, daß es sich im konkreten Fall, in dem ein Rundfunkmonopol zu beurteilen war, um das am stärksten beschränkende Mittel handelte[592]. Die intensivere Nachprüfung im Fall *Informationsverein Lentia* läßt sich daher noch in die beschriebene Rechtsprechungstradition einfügen, wenn man einen weitergehenden Beurteilungsspielraum nur dann ablehnt, wenn sich die staatlichen Maßnahmen gegen bestimmte Programminhalte richten oder die Rundfunkveranstaltung in privater Hand gänzlich untersagt wird[593].

4. Schlußbetrachtung

Art. 10 EMRK gewährleistet ein prinzipielles Recht auf Rundfunkveranstaltung. Das Veranstaltungsrecht kann aber aufgrund legitimer Allgemeinwohlinteressen beschränkt werden, wobei den nationalen Gesetzgebern im Rahmen des Grundsatzes der Verhältnismäßigkeit ein gewisser Beurteilungsspielraum einzuräumen ist.

Die dargestellte Schutzbereichs- und Schrankensystematik zeigt, daß gerade auf der Grundlage eines umfassend subjektiv-rechtlichen Art. 5 Abs. 1 S. 2 GG die wünschenswerte Konvergenz nationaler und europarechtlicher Rundfunkfreiheit erreichbar ist[594]. Eine übereinstimmende Interpretation ist nicht nur innerhalb der Schutzbereiche, sondern im Grundsatz auch auf der Ebene der Schranken möglich und geboten.

---

[590] Vgl. *Bernhardt*, Menschenrechtsschutz, S. 81; *Blum,* Die Gedanken-, Gewissens-, und Religionsfreiheit, S. 39ff.; *Callies*, EuGRZ 1996, 293, 294.

[591] EuGRZ 1994, 549, 550, Tz. 35ff.; vgl. dazu *Kugelmann*, AfP 1994, 284, 285f.

[592] EuGRZ 1994, 549, 550, Tz. 39.

[593] Vgl. *Petersen*, Rundfunkfreiheit, S. 280f., ähnlich auch *Engel*, Privater Rundfunk, S. 459f. und *Holznagel*, Rundfunkrecht in Europa, S. 159f.

[594] *Gersdorf*, AöR 119 (1994), 400, 416, vergleicht die divergierende Rechtsprechung von BVerfG und EGMR mit zwei aufeinander zufahrenden Zügen, deren Kollision bevorsteht.

III. Gemeinschaftsrechtlich verankerte Rechte auf Rundfunkveranstaltung

1. Einleitung

Zu Beginn des Abschnitts wurde bereits auf die besonders enge Verzahnung von Gemeinschaftsrecht und nationalem Rundfunkrecht hingewiesen. Konstruktiv ergibt sich diese aus dem Grundsatz des Anwendungsvorrang des Gemeinschaftsrechts[595]. Dies bedeutet, daß nationales Recht, das gemeinschaftsrechtlichen Rechtssätzen widerspricht, von den nationalen Organen nicht angewendet werden darf. Bestünde ein gemeinschaftsrechtlich verankertes Recht auf Rundfunkveranstaltung, hätte dies zur Folge, daß nationale Vorschriften der Mitgliedstaaten, die diesen Vorgaben widersprechen, im Anwendungsbereich des Gemeinschaftsrechts nicht angewendet werden dürfen. Daß sich daraus weitreichende Auswirkungen auf die nationalen Rundfunkordnungen ergeben können, bedarf keiner weiteren Darlegung.

Zwischen Art. 10 EMRK und den gemeinschaftsrechtlichen Berechtigungen besteht aber ein wichtiger Unterschied. Die Grundfreiheiten des EG-Vertrags weisen einen funktionsspezifisch begrenzten Anwendungsbereich auf, sie sind grundsätzlich nur auf grenzüberschreitende Sachverhalte anwendbar. Bei der Suche nach subjektiven Veranstalterrechten kommt daher der Frage, inwiefern überhaupt ein grenzüberschreitender Sachverhalt vorliegt, eine Schlüsselfunktion zu. Handelt es sich um einen rein internen Sachverhalt, spielen die Grundfreiheiten des EG-Vertrags und zumeist auch die Gemeinschaftsgrundrechte keine Rolle[596].

[595] Zum Anwendungsvorrang des Gemeinschaftsrechts vgl. etwa *Herdegen*, Europarecht, Rn. 230; *Streinz*, Europarecht, Rn. 200; *Bleckmann*, Europarecht, Rn. 1070ff.

[596] Zu dieser Problematik näher unten 4. bb) (4).

2. Die Fernsehrichtlinie

Der EG-Fernsehrichtlinie[597] läßt sich kein Recht auf Veranstaltung von Rundfunk entnehmen. Ausweislich der ersten Begründungserwägung hat sie zwar zum Ziel, die rechtlichen Rahmenbedingungen für die Ausübung der Fernsehtätigkeit im Binnenmarkt zu schaffen, ob und unter welchen verfahrensrechtlichen Voraussetzungen Rundfunk veranstaltet werden darf, wird durch sie jedoch nicht geregelt. Sie beschränkt sich im wesentlichen auf bestimmte Anforderungen an die inhaltliche Gestaltung von Rundfunksendungen, läßt die Frage, wer berechtigt ist, Rundfunk zu veranstalten, dagegen unbeantwortet.

3. Gemeinschaftsgrundrecht auf Rundfunkveranstaltung

Art. F Abs. 2 des Unionsvertrags belegt, daß auch auf der Ebene des Gemeinschaftsrechts ein Grundrechtsschutz besteht. Angesichts der zu Art. 5 Abs. 1 S. 2 GG und Art. 10 EMRK gewonnenen Erkenntnisse drängt sich die Frage auf, ob nicht auch auf dieser Ebene ein Grundrecht auf Rundfunkveranstaltung existiert, das die Mitgliedstaaten verpflichtet. Aufgrund des Vorrangs des Gemeinschaftsrechts könnte eine solche Verbürgung möglicherweise unmittelbar in die nationalen Rundfunkordnungen hineinwirken.

a) Die Existenz und Herleitung von Gemeinschaftsgrundrechten

Im Unterschied zu zahlreichen Verfassungen der Mitgliedstaaten ist in den Gemeinschaftsverträgen ein kodifizierter Grundrechtskatalog nicht enthalten. Der EG-Vertrag weist lediglich einige als „grundrechtsähnlich“ zu bezeichnende Vorschriften auf, die den Angehörigen der Mitgliedstaaten von ihrer Funktion her vergleichbare Rechte einräumen[598]. Zu nennen sind etwa die Diskriminie-

---

597 Richtlinie 89/552/EWG des Rates vom 3. Oktober 1989 zur Koordinierung bestimmter Rechts- und Verwaltungsvorschriften der Mitgliedstaaten über die Ausübung der Fernsehtätigkeit, ABl. L 298 vom 17.10.1989, S. 23, geändert durch die Richtlinie 97/36/EG vom 30. Juni 1997, ABl. L 202 vom 30.7.1997, S. 60. Anders als die Grundfreiheiten und Grundrechte erfaßt die Fernsehrichtlinie auch die nicht grenzüberschreitende Fernsehveranstaltung.

598 *Bleckmann*, Europarecht, Rn. 453ff., versteht die Grundfreiheiten dagegen als „echte“ Grundrechte.

rungsverbote in Art. 6 und Art 119 EGV[599] und die Grundfreiheiten der Warenverkehrsfreiheit (Art. 30 ff. EGV), der Freizügigkeit der Arbeitnehmer (Art. 48 ff. EGV), der Niederlassungsfreiheit (Art. 52 ff. EGV), der Freiheit des Dienstleistungsverkehrs (Art. 59 ff. EGV) und der Freiheiten des Kapital- und Zahlungsverkehrs (Art. 73b ff. EGV). Diese Berechtigungen sind aber von den eigentlichen Gemeinschaftsgrundrechten zu unterscheiden, welche der EuGH schon lange bevor Art. F Abs. 2 des Unionsvertrages geschaffen worden ist als allgemeine Rechtsgrundsätze herausgearbeitet hat[600]. Dabei stützte sich der Gerichtshof schon früh auf zwei Erkenntnisquellen: Zunächst hat er die „gemeinsamen Verfassungsüberlieferungen der Mitgliedstaaten" rechtsvergleichend herangezogen[601]. Später wurden zusätzliche „Hinweise" den Menschenrechtsverträgen, „an deren Abschluß die Mitgliedstaaten beteiligt waren oder denen sie beigetreten sind", entnommen[602]. Zentrale Bedeutung ist dabei zunehmend der Europäischen Menschenrechtskonvention (EMRK)[603] zugewachsen.

Diese Rechtsprechung ist mit dem Vertrag von Maastricht durch Art F Abs. 2 des Unionsvertrages primärrechtlich bestätigt worden. Nicht völlig geklärt ist, ob sich aus dieser neuen vertraglichen Grundlage Folgen für die ursprüngliche Herleitung der Gemeinschaftsgrundrechte ergeben, ob die Grundrechte der EMRK nunmehr unmittelbar als Teil des Gemeinschaftsrecht gelten[604]. Im Schrifttum wird zunehmend von einer dahingehenden, von den „Verfassungsüberlieferungen der Mitgliedstaaten" unabhängigen Geltung der Konventionsgrundrechte ausgegangen[605]. In diese Richtung weist auch die jüngst in der Rechtsprechung des EuGH zu verzeichnende, direkte Bezugnahme auf Art. 10 EMRK: In der Rechtssache *Familiapress*, in der zu einem Verbot der Einfuhr von Zeitschriften, die Preisausschreiben oder Gewinnspiele enthalten, Stellung zu nehmen war, hat der Gerichtshof ohne Umschweife Bezug auf Art. 10

---

599 Die Artikel des EGV werden mit Inkrafttreten des Vertrags von Amsterdam neu geordnet und erhalten fast ausnahmslos neue Bezifferungen, vgl. die Tabelle zu Art. 12 im Anhang des Amsterdamer Vertrages.

600 Erstmalig erwähnt in der EuGH Rs. 29/69 (Stauder), Slg. 1969, 419; vgl. zum Ganzen etwa: *Streinz*, Europarecht, Rn. 354ff., *Schweitzer/Hummer*, Europarecht, Rn. 786ff. m.w.N.

601 EuGH Rs. 11/70 (Internationale Handelsgesellschaft), Slg. 1970, 1125, Rn. 3.

602 EuGH Rs. 4/73 (Nold), Slg. 1974, 491, Rn. 13; vgl. auch Rs. 136/75 (Rutili), Slg. 1975, 1219.

603 Europäische Konvention zum Schutze der Menschenrechte und Grundfreiheiten vom 4. November 1950.

604 Vgl. *Schweitzer/Hummer*, Rn. 798; *Hilf*, in: Grabitz/Hilf, Kommentar zur EU, Art. F EUV Rn. 24ff.

605 Vgl. *E. Klein*, in: Hailbronner/Klein/Magiera/Müller-Graff, Kommentar zum EWG-Vertrag, Art. F EUV Rn. 8; *Hilf*, in: Grabitz/Hilf, Kommentar zur EU, Art. F EUV Rn. 32; *Kugelmann*, Grundrechte, S. 27, 51; zurückhaltender insofern *Bleckmann*, Europarecht, Rn. 99ff.

EMRK genommen[606]. Im Rahmen der Prüfung eines Verstoßes gegen die Meinungsfreiheit wurde erstmalig ausdrücklich auf die durch den EGMR in der Entscheidung *Informationsverein Lentia*[607] herausgearbeiteten Rechtfertigungsgründe verwiesen[608]. Von einer Transformation über die eingangs genannten aus den Verfassungsüberlieferungen der Mitgliedstaaten abgeleiteten allgemeinen Rechtsgrundsätzen ist keine Spur mehr verblieben. Jedenfalls ist, was die Handhabung der Gemeinschaftsgrundrechte betrifft, eine enge Orientierung an der EMRK und der einschlägigen Rechtsprechung des EGMR zu erkennen.

b) Das Grundrecht der Meinungsäußerungsfreiheit

Zu den vom EuGH anerkannten Grundrechten gehört auch die Meinungsäußerungsfreiheit, hinsichtlich derer der Gerichtshof, wie bereits dargelegt, mittlerweile direkt auf Art. 10 EMRK Bezug nimmt[609]. Wenn sich der EuGH auch bislang nicht ausdrücklich an die Auslegung der EMRK durch den Straßburger Gerichtshof gebunden hat[610], ist doch gerade bei der Meinungsäußerungsfreiheit zunehmend eine intensive Rezeption der Rechtsprechung des EGMR erkennbar[611].

Diese Entwicklungen in der Rechtsprechung des EuGH leiten mit Blick auf die zu Art. 10 EMRK gewonnenen Erkenntnisse im hier interessierenden Kontext zu der Frage, ob die gemeinschaftsrechtliche Gewährleistung der Freiheit der Meinungsäußerung nicht auch ein prinzipielles Recht der Grundrechtsträger auf Veranstaltung von Rundfunk umfaßt.

---

606 EuGH Rs. C-368/95 (Familiapress), Slg. 1997, I-3689, Rn. 25.

607 Urteil vom 24.11.1993, EuGRZ 1994, 549.

608 EuGH Rs. C-368/95 (Familiapress), Slg. 1997, I-3689, Rn. 26.

609 EuGH Rs. C-368/95 (Familiapress), Slg. 1997, I-3689, Rn. 25f.; vgl. auch Rs. C-260/89 (ERT), Slg. 1991, I-2925 Rn. 41ff.; Rs. C-23/93 (TV 10 SA), Slg. 1994, I-4795 Rn. 23ff.

610 Vgl. *Streinz*, Europarecht, Rn. 361.

611 Vgl. etwa EuGH Rs. C-249/96, EuZW 1998, S. 213, Rn. 33f. und dazu die Anmerkung von *Szczekalla*, a.a.O., S. 215ff. Ein direkter Verweis auf die Rechtsprechung des EGMR findet sich auch in der bereits genannten Entscheidung *Familiapress*, Rs. C-368/95, Slg. 1997, I-3689, Rn. 26f.

c) Die Bedeutung eines Gemeinschaftsgrundrechts auf Rundfunkveranstaltung

Wie eingangs beschrieben, würde ein Gemeinschaftsgrundrecht auf Rundfunkveranstaltung aufgrund des Anwendungsvorrangs des Gemeinschaftsrechts bedeuten, daß nationale Vorschriften der Mitgliedstaaten, die den grundrechtlichen Vorgaben widersprechen, unangewendet bleiben müssen. Diese Rechtsfolge setzt aber voraus, daß das Gemeinschaftsgrundrecht überhaupt auf den jeweiligen Sachverhalt anwendbar ist. Die Bedeutung eines Grundrechts auf Rundfunkveranstaltung ist also ganz wesentlich von der Beantwortung der Frage abhängig, für welche Konstellationen im Rahmen der Zulassung privater Rundfunkveranstalter dessen Anwendungsbereich überhaupt eröffnet wäre.

Im Gegensatz zu den in den Vertragsstaaten umfassend geltenden Menschenrechten der EMRK sind die Gemeinschaftsgrundrechte gerade nicht uneingeschränkt neben den jeweiligen nationalen Grundrechten anzuwenden. Vielmehr richten sie sich vorrangig an die Organe der Gemeinschaften[612]. Ihr Hauptanwendungsfeld liegt damit gerade in einem Bereich, für den die nationalen Grundrechte keine Rolle spielen. Schon seit einiger Zeit ist aber anerkannt, daß auch die Mitgliedstaaten in bestimmten Fallgestaltungen Adressaten der Gemeinschaftsgrundrechte sein können[613]. Dazu findet sich in der Rechtsprechung des EuGH die Formulierung, daß die Tätigkeit der Mitgliedstaaten in den „Anwendungsbereich des Gemeinschaftsrechts" fallen muß[614]. Dies ist jedoch nur eine sehr allgemeine Formel, die, um sie auf Einzelfälle anwenden zu können, der Konkretisierung bedarf.

In der Rechtsprechung des Gerichtshofs lassen sich zwei Konstellationen nachweisen: Der leichter einsichtige Anwendungsfall liegt vor, wenn die Mitgliedstaaten Gemeinschaftsrecht vollziehen, wenn etwa Verordnungen durch die Behörden der Mitgliedstaaten angewendet werden oder wenn Richtlinien in nationales Recht umzusetzen sind[615]. Der zweite - für die hier zu behandelnde Problematik bedeutsamere Anwendungsfall ist geben, wenn die Mitgliedstaaten beschränkend in die Grundfreiheiten des EG-Vertrags eingreifen. Beeinträchtigt eine mitgliedstaatliche Regelung den Anwendungsbereich einer

612 Vgl. *Schweitzer/Hummer*, Europarecht, Rn. 790; *Ruffert*, EuGRZ 1995, 518, 519 m.w.N.

613 Vgl. zum Ganzen: *Ruffert*, EuGRZ 1995, 518ff.

614 Vgl. z.B. EuGH Rs. C-159/90 (Irisches Abtreibungsverbot), Slg. 1991, I-4685 Rn. 31; Rs. C-260/89 (ERT), Slg. 1991, I-2925, Rn. 42.

615 Vgl. z.B. EuGH Rs. 5/88 (Wachauf), Slg. 1989, 2609, Rn. 19 und *Ruffert*, EuGRZ 1995, 518, 519 m.w.N.

Grundfreiheit, muß die Maßnahme nicht nur den jeweils geltenden Beschränkungsvorbehalten - beispielsweise im Bereich der Dienstleistungsfreiheit Art. 56 EGV - genügen, sondern auch im Einklang mit den Grundrechten der Gemeinschaft stehen[616]. Dies hat der EuGH explizit bei der Meinungsäußerungsfreiheit im Bereich des Rundfunks entschieden[617].

In bestimmten Fällen sind demnach auch Maßnahmen der Mitgliedstaaten an den Gemeinschaftsgrundrechten zu messen, allerdings insofern nur mittelbar, als sie bei der Anwendung der Beschränkungsvorbehalte der Grundfreiheiten zu berücksichtigen sind. Die Prüfung erfolgt nicht isoliert, sondern verknüpft mit der Untersuchung eines Verstoßes gegen die jeweils einschlägige Grundfreiheit[618]. Daraus folgt, daß sich der Anwendungsbereich der Gemeinschaftsgrundrechte auf solche Sachverhalte beschränkt, die einen grenzüberschreitenden Bezug aufweisen, denn dies ist die Grundvoraussetzung für die Anwendbarkeit der Grundfreiheiten. Nach ständiger und unbestrittener Rechtsprechung des EuGH sind die Grundfreiheiten nämlich nicht auf rein „interne" Sachverhalte anwendbar, „deren wesentliche Elemente sämtlich nicht über die Grenzen eines Mitgliedstaates hinausweisen“[619]. Festzuhalten ist damit, daß ein Gemeinschaftsgrundrecht auf Rundfunkveranstaltung nur für grenzüberschreitende Rundfunktätigkeiten relevant würde. Welche Konstellationen im Rahmen der Zulassung privater Rundfunkveranstalter einen derartigen grenzüberschreitenden Bezug aufweisen, soll aber zunächst zurückgestellt werden. Darauf wird eingehend im sachnäheren Zusammenhang, bei der Untersuchung von Veranstalterrechten aus den Grundfreiheiten, eingegangen[620]. Zunächst muß der Inhalt des Gemeinschaftsgrundrechts der Meinungsäußerungsfreiheit im Hinblick auf die Veranstaltung von Rundfunk bestimmt werden.

---

616 Dies gilt auch dann, wenn es um die Ausfüllung ungeschriebener Ausnahmen (immanenter Schranken) geht, vgl. EuGH Rs. C-23/93 (TV 10 SA), Slg. 1994, I-4795, Rn. 23ff.; und zuvor schon: *Petersen*, Rundfunkfreiheit, S. 175; vgl. auch *Kühling*, EuGRZ 1997, 296, 298f. und *Holznagel*, Rundfunkrecht in Europa, S. 153 m.w.N.

617 EuGH, Rs. C-260/89 (ERT), Slg. 1991, I-2925, Rn. 43f.; EuGH Rs. C-23/93 (TV 10 SA), Slg. 1994, I-4795, Rn. 23ff.

618 Vgl. EuGH, Rs. C-260/89 (ERT), Slg. 1991, I-2925, Rn. 43f. und besonders deutlich: EuGH Rs. C-23/93 (TV 10 SA), Slg. 1994, I-4795, Rn. 23ff.; Rs. C-368/95 (Familiapress), Slg. 1997, I-3689, Rn. 25f.

619 EuGH Rs. C-134/95 (USSL), Slg. 1997, I-195, Rn. 19; Rs. 52/79 (Debauve), Slg. 1980, 833 Rn. 9; vgl. auch die gleichbedeutende Formulierung in der Rs. C-415/93 (Bosman), Slg. 1995, I-4921, Rn. 89: „Sachverhalte, die keinen Anknüpfungspunkt zu irgendeinem der im Gemeinschaftsrecht geregelten Sachverhalte aufweisen“.

620 Vgl. unten 4. b) bb) (4).

d) Die Rundfunkfreiheit als Bestandteil der Meinungsäußerungsfreiheit

Die Rechtsprechung des EuGH ist zur Frage eines Grundrechts der Rundfunkfreiheit bislang wenig ergiebig. Eine ausdrückliche Anerkennung der Rundfunkfreiheit, geschweige denn eines Grundrechts auf Rundfunkveranstaltung, sucht man in den Urteilen des Europäischen Gerichtshofs vergeblich. Jedoch läßt sich aus mehreren Entscheidungen zu mediengesetzlichen Regelungen der Mitgliedstaaten[621] der Schluß ziehen, daß auch der EuGH die Rundfunkfreiheit als Bestandteil der Meinungsäußerungsfreiheit ansieht. Sonst würde es keinen Sinn ergeben, Art. 10 EMRK bei der Beurteilung rundfunkrechtlicher Vorschriften heranzuziehen[622]. Jedenfalls haben Rundfunkprogramme zumindest dann am Schutz des Art. 10 EMRK teil, wenn Meinungsäußerungen verbreitet werden, der Rundfunk also als Hilfsmittel für vom Schutzbereich des Grundrechts eindeutig erfaßte Betätigungen fungiert.

Auch wenn eine inhaltliche Ausfüllung der gemeinschaftsrechtlichen Rundfunkfreiheit durch den EuGH noch aussteht, spricht doch einiges dafür, von einer strukturellen Gleichheit mit Art. 10 EMRK einschließlich eines subjektiven Rechts auf Rundfunkveranstaltung auszugehen. So wird zu Recht angeführt, daß ein sachlicher Grund für eine unterschiedliche Rezeption der Elemente der allgemeinen Äußerungsfreiheit, bei welcher der EuGH sich eng an die Rechtsprechung des EGMR anlehnt, und der Rundfunkfreiheit nicht ersichtlich ist[623].

Die Rechtsprechung des EuGH ist gerade im Bereich des Rundfunks von einer engen Anlehnung an Art. 10 EMRK gekennzeichnet. Schon in der *TV 10*-Entscheidung[624] hat der Gerichtshof auf die relativierende Formel, die Norm gebe bloße „Hinweise" für die Auslegung des Gemeinschaftsrechts, komplett verzichtet. Im Ergebnis ist daher festzuhalten, daß sich auch auf der Ebene des Gemeinschaftsrechts das Bestehen einer Rundfunkveranstaltungsfreiheit begründen läßt. Eine Prognose der Weiterentwicklung der Rechtsprechung des EuGH erscheint gleichwohl schwierig.

---

621 EuGH, Rs. C-260/89 (ERT), Slg. 1991, I-2925, Rn. 43f.; Rs. 288/89 (Stichting Collectieve Gouda), Slg. 1991, I-4007; EuGH Rs. C-23/93 (TV 10 SA), Slg. 1994, I-4795, Rn. 23ff.

622 Vgl. *Petersen*, Rundfunkfreiheit, S. 175; siehe auch *Dörr*, Die Einflüsse europarechtlicher Entwicklungen, S. 144.

623 *Petersen*, Rundfunkfreiheit, S. 175.

624 EuGH Rs. C-23/93 (TV 10 SA), Slg. 1994, I-4795, Rn. 23ff.

e) Die Schranken des Gemeinschaftsgrundrechts

Eine Grundrechtsdogmatik, die diesen Namen verdiente, existiert im Gemeinschaftsrecht nur in Fragmenten, insbesondere findet sich in der Rechtsprechung des EuGH nicht immer eine präzise Unterscheidung zwischen Schutzbereich- und Schrankenebene[625]. Klar ist aber, daß ein Recht auf Rundfunkveranstaltung wie jedes Grundrecht der Regelung und Beschränkung durch die Mitgliedstaaten zugänglich wäre. Bereits im Urteil *Hauer* hat der EuGH die Möglichkeit von Grundrechtsbeschränkungen anerkannt und ausgeführt, entscheidend sei, ob die „Einschränkungen tatsächlich dem allgemeinen Wohl dienenden Zielen der Gemeinschaft entsprechen“ und ob sie nicht einen „unverhältnismäßigen, nicht tragbaren Eingriff“ darstellen, der das Grundrecht „in seinem Wesensgehalt antastet“[626]. Wie sich deutlich dem Urteil in der Sache *TV 10*[627] und dem Urteil *Familiapress*[628] entnehmen läßt, können aus der Meinungsäußerungsfreiheit abgeleitete individuelle Berechtigungen zum Zwecke der „Aufrechterhaltung des Pluralismus" beziehungsweise der "Medienvielfalt“ begrenzt werden. Ähnlich wie im Rahmen von Art. 5 Abs. 1 S. 2 GG kommt also eine Beschränkung durch objektiv-rechtliche Gehalte des Grundrechts in Betracht[629]. Im Urteil *Familiapress* hat der EuGH erstmals auch hinsichtlich der Beschränkbarkeit der Meinungsfreiheit direkt auf die *Lentia*-Rechtsprechung des EGMR Bezug genommen[630]. Damit wird endgültig bestätigt, daß derartige pluralismussichernde Regelungen echte Grundrechtseingriffe darstellen, die aber durch objektiv-rechtliche Aspekte des Grundrechts gerechtfertigt sein können[631].

Was die Kontrolldichte betrifft, deutet die bisherige Rechtsprechung des EuGH eher auf einen zugunsten der Mitgliedstaaten großzügigen Rechtfertigungsmaßstab hin. So wurde bereits in der Entscheidung *Sacchi* aus dem Jahre 1974 die Errichtung eines Rundfunkmonopols als grundsätzlich mit dem Gemeinschaftsrecht vereinbar erachtet[632]. Bestätigt wurde dies in der Entscheidung *ERT* vom 18. Juni 1991, in der erstmals der Zusammenhang zur Meinungsäußerungsfreiheit hergestellt wurde[633]. Zu beachten ist dabei aber, daß der EuGH dort nicht eine eigene Beurteilung des konkreten Falles anhand des Grundrechts

---

625 *Bleckmann*, Europarecht, Rn. 114; *Rengeling*, Grundrechtsschutz, S. 213.

626 EuGH, Rs. 44/79, Slg. 1979, S. 3727, Rn. 23.

627 EuGH Rs. C-23/93 (TV 10 SA), Slg. 1994, I-4795, Rn. 25.

628 EuGH Rs. C-368/95 (Familiapress), Slg. 1997, I-3689, Rn. 26.

629 Zur Anerkennung objektiv-rechtlicher Gehalte der Meinungsäußerungsfreiheit vgl. *Gersdorf*, AöR Bd. 119 (1994), 400, 411ff. und unten 4. d) dd) (1) und IV. 2. a).

630 EuGH Rs. C-368/95 (Familiapress), Slg. 1997, I-3689, Rn. 26.

631 Vgl. *Kühling*, EuGRZ 1997, 296, 300.

632 EuGH Rs. 155/73, Slg. 1974, 409, Rn. 14.

633 EuGH Rs. C-260/89, Slg. 1991, I-2925, Rn. 10.

vorgenommen hat, sondern daß er es bei einem allgemeinen Hinweis auf dessen Relevanz belassen hat. In diesem Bereich darf mit Spannung abgewartet werden, inwieweit sich der Gerichtshof von der jüngsten Rechtsprechung des EGMR beeinflussen lassen wird.

Möglicherweise wird der EuGH aber auf genauere Aussagen verzichten können, weil sich ein Recht auf Rundfunkveranstaltung bereits aus den Grundfreiheiten des EG-Vertrags ergeben könnte, so daß es zur Statuierung subjektiver Rechte der Veranstalter eines Rückgriffs auf die Grundrechte nicht mehr bedürfte. Dieser Fragenkomplex ist Gegenstand des folgenden Abschnitts. Relativiert wird die Bedeutung eines Schutzes der Rundfunkveranstalter durch Gemeinschaftsgrundrechte zudem dadurch, daß die bisherige Rechtsprechungspraxis des EuGH in diesem Bereich eine - verglichen mit der Grundrechtsprüfung durch das Bundesverfassungsgericht - sehr geringe Kontrolldichte aufweist[634]. Gerade bei der Prüfung der Verhältnismäßigkeit läßt es der Gerichtshof bei vergleichsweise allgemeinen Aussagen bewenden[635]. Deshalb dürfte für den Bürger durchweg keine günstigere Beurteilung als im Rahmen der Grundfreiheiten zu erwarten sein. Dies zeigt deutlich die bereits genannte Entscheidung *Familiapress*, in der der EuGH ein Verbot des Verkaufs von Zeitschriften, die Preisrätsel oder Gewinnspiele enthalten, sowohl als Beeinträchtigung der Freiheit des Warenverkehrs als auch der Meinungsfreiheit eingeordnet hat. Die Prüfung des rechtfertigenden Allgemeininteresses und der Verhältnismäßigkeit wurde für beide Berechtigungen durchgehend einheitlich vorgenommen[636].

In der Gesamtschau ergibt sich damit ein gewisse Nachrangigkeit des Grundrechtsschutzes gegenüber durch die Grundfreiheiten des EG-Vertrags gewährten Rechten. Dies ergibt sich einmal aus der von der Betroffenheit einer Grundfreiheit abhängigen Anwendbarkeit der Gemeinschaftsgrundrechte. Zweitens folgt dies aus der Schrankensystematik, die dem Bürger gegenüber den für die Grundfreiheiten geltenden Grundsätzen keinen weitergehenden Schutz gewährt.

---

634 Vgl. die Kritik bei *Huber*, EuZW 1997, 517, 520; *Nettesheim*, EuZW 1995, S. 106; VG Frankfurt/M., EuZW 1997, 182, 189f.

635 Vgl. etwa Rs. C-23/93 (TV 10 SA), Slg. 1994, I-4795, Rn. 23ff., wo eine Beeinträchtigung des Individualrechts der Meinungsäußerungsfreiheit mit dem pauschalen Hinweis, daß das hinter der streitigen Regelung stehende Ziel der Aufrechterhaltung des Pluralismus gerade die freie Meinungsäußerung schützen soll, abgelehnt wird. Auf eine Abwägung zwischen individueller Berechtigung und objektiv-rechtlichen Gesichtspunkten wurde damit völlig verzichtet. Vgl. auch EuGH Rs. C-68/95 (T.Port), Slg. 1994, I-4973, Rn. 90ff.; eine nur angedeutete Angemessenheitsprüfung findet sich auch in den Rs. C-248/95 und 249/95, EuZW 1998, S. 178, 182.

636 EuGH Rs. 368/95 (Familiapress), Slg. 1997, I-3689, Rn. 26f.

4. Die Grundfreiheiten des EG-Vertrages als Grundlage von Rundfunkveranstaltungsrechten

a) Einleitung

Die Grundfreiheiten bilden, wie sich aus der Einordnung gleich zu Beginn des dritten Teils des EG-Vertrages ergibt, zentrale Elemente der „Politiken der Gemeinschaft“. Der Begriff „Politiken“ läßt dabei erkennen, daß sie zunächst die Funktion von Faktoren der wirtschaftlichen Integration erfüllen. Dennoch ist heute anerkannt, daß sie den Kernbestand subjektiver Rechte der Gemeinschaftsbürger bilden[637]. Der Europäische Gerichtshof hat den subjektiv-rechtlichen Charakter der Grundfreiheiten schon früh herausgestellt und legt diese Erkenntnis seiner Rechtsprechung mittlerweile ohne nähere Ausführungen zugrunde[638]. Jeder Gemeinschaftsbürger kann sich daher vor den nationalen Gerichten gegenüber Maßnahmen der Mitgliedstaaten auf die Grundfreiheiten berufen und gegebenenfalls die Nichtanwendung entgegenstehender nationaler Regelungen erwirken. Insofern kann man von grundrechtsähnlichen Berechtigungen mit spezifisch wirtschaftlicher Ausrichtung sprechen.

Für die hier zu untersuchende Problematik der Zulassung privater Rundfunkveranstalter sind die Grundfreiheiten als subjektive Rechte insofern interessant, als sie vom EuGH zunehmend als allgemeine Beschränkungsverbote verstanden werden. Das bedeutet, daß sich deren Gehalt nicht in bloßen Diskriminierungsverboten erschöpft, sondern daß sie grundsätzlich auch auf nichtdiskriminierende, nicht nach der Staatsangehörigkeit differenzierende Regelungen Anwendung finden. Nach der jüngeren Rechtsprechung des EuGH stellen alle Maßnahmen der Mitgliedstaaten, „die die Ausübung der durch den Vertrag garantierten grundlegenden Freiheiten behindern oder weniger attraktiv machen können“ grundsätzlich verbotene Beeinträchtigungen dar[639]. Unter diese weite Formel könnten auch Beschränkungen und Verbote der Rundfunktätigkeit einzuordnen sein. Ein derartiges Verbot von Beschränkungen wäre dann aber nichts anderes als ein prinzipielles Recht auf Rundfunkveranstaltung. Für die Tätigkeit der Veranstaltung von Rundfunk kommen von den Grundfreiheiten

---

637 Vgl. *Borchardt*, Grundlagen der Europäischen Union, S. 256f.; *Kingreen/Störmer*, EuR 1998, 263, 266.

638 Vgl. etwa EuGH verbundene Rs. C-46/93 und C-48/93 (Brasserie du pêcheur und Factortame) Slg. 1996, I-1029, Rn. 23.

639 Besonders deutlich: EuGH Rs. C-55/94 (Gebhard), Slg. 1995, I-4165, Rn. 37. Zu der Weiterentwicklung der Grundfreiheiten zu allgemeinen Beschränkungsverboten näher unten 4. b) cc) (2) und c) cc) (1) (b).

die Freiheit des Dienstleistungsverkehrs gemäß Art. 59 ff. EG-Vertrag[640] und die in Art. 52 ff. EGV[641] gewährleistete Niederlassungsfreiheit als mögliche Grundlage subjektiver Rechte in Betracht.

b) Die Dienstleistungsfreiheit als Grundlage subjektiver Veranstaltungsrechte

aa) Einleitung

In Rechtsprechung und Schrifttum wird die Dienstleistungsfreiheit mit dem Rundfunk in vielfältiger Weise in Beziehung gesetzt. Weitaus am häufigsten in den Blick genommen wird die Konstellation, in der ein Rundfunkveranstalter seine Programme über die Grenze seines Sitzstaates hinweg in einem anderen Mitgliedstaat verbreiten möchte, daran aber durch Maßnahmen des Empfangsstaates behindert wird. Typisch ist der Fall, in dem einem auswärtigen Programm die Einspeisung in die Kabelnetze verweigert wird[642]. Bei dieser geradezu „klassischen" Fallgestaltung handelt es sich aber um eine Problematik der Weiterverbreitung eines bereits zugelassenen Programms, sie liegt daher außerhalb des den Rahmen dieser Untersuchung bildenden Zulassungsverfahrens[643]. Gleichwohl kann die Dienstleistungsfreiheit im hier interessierenden Zusammenhang relevant werden. Die Frage nach einer aus ihr folgenden Berechtigung stellt sich etwa dann, wenn ein Unternehmen von Deutschland aus ein Programm veranstalten will, das auch in einem anderen Mitgliedstaat empfangbar wäre. Eine solche Konstellation liegt zum Beispiel dann vor, wenn eine Landesmedienanstalt eine Zulassung für ein Programm verweigert, das über das luxemburgische *Astra*-Satellitensystem verbreitet werden soll. Im vorliegenden Kontext geht es also nicht um Behinderungen durch den Empfangsstaat, sondern um Rechte gegenüber dem Sitzstaat. Aus der Dienstleistungsfreiheit könnte hier ein prinzipieller Anspruch auf Zulassung zur Rundfunkveranstaltung folgen.

---

640 Mit Inkrafttreten des Vertrags von Amsterdam: Art. 49ff. EGV.

641 Mit Inkrafttreten des Vertrags von Amsterdam: Art. 43ff. EGV

642 Vgl. nur den dem Urteil in der Rs. 352/85 (Bond van Adverteerdes), Slg. 1988, 2085 zugrundeliegenden Sachverhalt.

643 Zu der Unterscheidung zwischen zulassungspflichtiger, originärer Veranstaltung und dem Tatbestand der Weiterverbreitung vgl. oben Teil 1 III. 3. a).

bb) Rundfunk als Dienstleistung

Voraussetzung für die Ableitung eines subjektiven Rechts auf Rundfunkveranstaltung aus der Dienstleistungsfreiheit ist zunächst, daß die Verbreitung von Rundfunksendungen gerade auch in der beschriebenen Konstellation in den sachlichen Anwendungsbereich der Grundfreiheit fällt. Bevor im einzelnen auf den genauen Inhalt der Berechtigungen eingegangen wird, ist deshalb zu klären, ob die Veranstaltung von Rundfunk in den genannten Fallgestaltungen unter den Begriff der Dienstleistung im Sinne der Art. 59 und 60 EGV fällt.

Daß für die Veranstaltung von Rundfunk generell die Dienstleistungsfreiheit einschlägig ist, war Gegenstand zahlreicher Untersuchungen und Judikate und ist im Grundsatz unbestritten. Dieser weitgehend unstreitige Tatbestand wird deshalb an dieser Stelle nur im Überblick behandelt[644]. Näher eingegangen wird nur auf solche Merkmale, die gerade in der hier interessierenden Konstellation der Rundfunkveranstaltung problematisch erscheinen.

(1) Überblick

Die grenzüberschreitende Verbreitung von Rundfunkprogrammen stellt nach ständiger Rechtsprechung des EuGH eine Dienstleistung im Sinne der Art. 59 ff. des EG-Vertrags dar[645]. Das Schrifttum ist dieser Beurteilung im wesentlichen gefolgt[646]. Grundsätzliche Aussagen des Gerichtshofs zur Einordnung der Rundfunktätigkeit finden sich erstmals im Urteil vom 30.4.1974 in der Rechts-

---

644 Eingehende Darstellungen mit zahlreichen weiteren Nachweisen finden sich bei: *H.P. Ipsen*, Rundfunk im Europäischen Gemeinschaftsrecht, S. 84ff.; *Dörr*, Die Einflüsse europarechtlicher Entwicklungen, S. 9ff.; *Kugelmann*, Der Rundfunk und die Dienstleistungsfreiheit, S. 67ff.; *Petersen*, Rundfunkfreiheit, S. 36ff.; *Holznagel*, Rundfunkrecht in Europa, S. 132ff.

645 Rs. 155/73 (Sacchi), Slg. 1974, 409; Rs. 52/79 (Debauve), Slg. 1980, 833 = NJW 1980, 2010; Rs. 62/79 (Coditel I), Slg. 1980, 881 = NJW 1980, 2011; Rs. 352/85 (Bond van Adverteerdes), Slg. 1988, 2085 = NJW 1989, 2189; Rs. C-260/89 (ERT), Slg. 1991, I-2925 = EuZW 1991, 507; Rs. C-353/89 (Kommission/Niederlande), Slg. 1991, I-4069 = EuZW 1992, 56; Rs. C-288/89 (Stichting Collectieve Gouda), Slg. 1991, I-4007 = EuGRZ 1992, 64 = EuZW 1991, 699; Rs. C-211/91 (Kommission/Belgien), Slg. 1992, I-6757; Rs. C-148/91 (Veronica Omroep), Slg. 1993, I-487 = EuZW 1993, 251; Rs. C-23/93 (TV 10 SA), Slg. 1994, I-4795 = EuZW 1995, 60; Rs. C-35/95, C- 36/95 (Konsumentombudsmannen), Slg. 1997, I-3843.

646 Zu den gegensätzlichen Auffassungen vgl. *Dörr*, Die Einflüsse europarechtlicher Entwicklungen, S. 10ff.

sache *Sacchi*[647]. Ohne nähere Begründung hat der EuGH entschieden, daß „Fernsehsendungen ihrer Natur nach als Dienstleistungen anzusehen" sind[648]. Weiter heißt es: „Demnach fällt die Ausstrahlung von Fernsehsendungen als solche, einschließlich jener zu Werbezwecken, unter die Vertragsvorschriften über Dienstleistungen"[649].

(2) Abgrenzung zur Warenverkehrsfreiheit

Zu Recht hält der Gerichtshof nicht die Warenverkehrsfreiheit des Art. 30 EGV für einschlägig. Zwar sind auch für die Veranstaltung von Rundfunkprogrammen diverse Trägermaterialien, also körperliche Gegenstände, notwendig, jedoch liegt der Schwerpunkt der Tätigkeit bei der Ausstrahlung nichtverkörperter Programme[650]. Daß es dabei auf die technische Übermittlungsweise nicht ankommt, also nichts anderes für die Verbreitung über Kabel oder Satellit gilt, hat der EuGH in späteren Entscheidungen klargestellt[651].

(3) Entgeltlichkeit der Leistung

Unverzichtbare Voraussetzung für das Vorliegen einer Dienstleistung im Sinne der Art. 59 ff. EGV ist die Entgeltlichkeit der Leistung. Auch über dieses Merkmal besteht für die Veranstaltung von Rundfunkprogrammen inzwischen weitgehende Einigkeit. Eine entgeltliche Leistung kann bei der Veranstaltung von Rundfunk auch dann vorliegen, wenn - wie im privaten Rundfunk weit überwiegend der Fall - der Empfänger der Sendungen keine Gegenleistung an den Veranstalter zahlt. Ausreichend ist nämlich nach überzeugender Auffassung, daß für die Tätigkeit irgendeine Bezahlung erfolgt, beziehungsweise erwartet wird. Die Entgeltzahlung muß nicht unmittelbar zwischen dem Leistungserbringer und dem Empfänger der Dienstleistung erfolgen[652].

---

647 Rs. 155/73 (Sacchi), Slg. 1974 , 409.

648 Rs. 155/73 (Sacchi), Slg. 1974 , 409, Rn. 7.

649 Rs. 155/73 (Sacchi), Slg. 1974 , 409, Rn. 7.

650 Vgl. *Petersen*, Rundfunkfreiheit, S. 43; *Holznagel*, Rundfunkrecht in Europa, S. 133.

651 Rs. 52/79 (Debauve), Slg. 1980, 833; Rs. 62/79 (Coditel I), Slg. 1980, 881.

652 Rs. 352/85 (Bond van Adverteerdes), Slg. 1988, 2085, Rn. 16; *Dörr*, Die Einflüsse europarechtlicher Entwicklungen, S. 36; *Schwartz*, Rundfunk und EWG-Vertrag, S. 60ff.; *Gulich*, Rechtsfragen, S. 42f.; *Holznagel*, Rundfunkrecht in Europa, S. 134 m.w.N.

Die Entgeltlichkeit der Veranstaltung von Rundfunkprogrammen ergibt sich deshalb in den meisten Fällen bereits aus den Zahlungen der Werbetreibenden an die Veranstalter dafür, daß ihnen Werbezeiten zur Verfügung gestellt werden oder aus der Zahlung von Gebühren durch die Rezipienten[653]. Daneben kann sie sich auch aus Zahlungen von Betreibern von Übertragungskapazitäten für die Einräumung der Senderechte oder umgekehrt aus Leistungen der Programmveranstalter dafür, daß eine Übertragung erfolgt, ergeben. Stets reicht es aus, daß eine Leistung üblicherweise gegen Entgelt erbracht wird, dies muß nicht in jedem Einzelfall zutreffen[654].

(4) Grenzüberschreitende Leistungserbringung

Eine Dienstleistung im Sinne der Art. 59 ff. EGV liegt nur dann vor, wenn die Leistung grenzüberschreitend erbracht wird. Rein inländische Leistungsbeziehungen liegen außerhalb des Anwendungsbereichs der Dienstleistungsfreiheit[655]. Der erforderliche grenzüberschreitende Bezug ist im Bereich der Rundfunkveranstaltung regelmäßig dann gegeben, wenn ein Rundfunkprogramm über die Grenze hinweg zu einem anderen Mitgliedstaat verbreitet wird[656]. Die Rundfunkverbreitung stellt dann ein klassisches Beispiel der sogenannten „Korrespondenzdienstleistung" dar[657]. Charakteristisch ist für diese Fallgruppe, daß sowohl der Leistungserbringer als auch der Leistungsempfänger in ihren Mitgliedstaaten verbleiben, die Grenze überschreitet allein die Leistung.

Um das Vorliegen der „Korrespondenzdienstleistung Rundfunk“ in den hier interessierenden Verbreitungsformen feststellen zu können, sind jedoch im Rahmen des Tatbestandsmerkmals der Grenzüberschreitung noch zwei umstrittene Einzelfragen zu klären.

---

653 Vgl. zu den in der Praxis äußerst seltenen Fällen in denen es an der Entgeltlichkeit fehlt: *Holznagel*, Rundfunkrecht in Europa, S. 135f.; *Petersen*, Rundfunkfreiheit, S. 63ff.; vgl auch EuGH Rs. 352/85 (Bond van Adverteerders), Slg. 1988, 2085, Rn. 14ff.

654 Vgl. *Kugelmann*, Der Rundfunk und die Dienstleistungsfreiheit, S. 96f.; *Holznagel*, Rundfunkrecht in Europa, S. 135; *Schwartz*, Rundfunk und EWG-Vertrag, S. 61; *Sparr*, Kulturhoheit und EWG-Vertrag, S. 170f. m.w.N.

655 EuGH Rs. 52/79 (Debauve), Slg. 1980, 833, Rn. 9; Rs. C-23/93 (TV 10 SA), Slg. 1994, I-4795, Rn. 14.

656 Vgl. *Kugelmann*, Die Verwaltung 1992, 515, 516.

657 Vgl. dazu und allgemein zur Weite des Dienstleistungsbegriffs: *Kort*, JZ 1996, 132, 134.

(a) Zielgerichtete Grenzüberschreitung ?

Im Schrifttum wird diskutiert, ob der Grenzüberschreitung eine entsprechende Absicht und Zielrichtung des Veranstalters zugrundeliegen muß[658], oder ob es ausreicht, wenn in einem anderen Mitgliedstaat ansässige Personen faktisch erreicht werden. Nach der ersten, engen Auffassung würde insbesondere der sogenannte „unavoidable spill over", also die sendeenergie- oder sendekegelbedingte Überschreitung des anvisierten Versorgungsgebiets nicht für die Annahme einer Dienstleistung im Sinne der Art. 59, 60 EGV ausreichen[659].

Um die Notwendigkeit einer beabsichtigten Grenzüberschreitung zu belegen, wurde auf den Wortlaut des Art. 59 Abs. 1 EGV verwiesen. Als Anknüpfungspunkt dient die Formulierung „*für* Angehörige der Mitgliedstaaten, die in einem anderen Mitgliedstaat ansässig sind"[660]. Darauf ist jedoch zu Recht entgegnet worden, daß sich dieser Satzteil auf die zuvor genannten „verbotenen Beschränkungen" bezieht und daher keinerlei Anhaltspunkte für das Erfordernis eines finalen Elements hinsichtlich der Grenzüberschreitung liefern kann[661]. Richtigerweise sind die Tatbestandsmerkmale der Dienstleistungsfreiheit wegen deren fundamentaler Bedeutung für einen gemeinsamen Markt ohne Binnengrenzen im Zweifel weit auszulegen. Der EuGH räumt der teleologischen Auslegung traditionell einen besonderen Stellenwert ein und gelangt auf der Schutzbereichsebene der Grundfreiheiten stets zu einer weiten, binnenmarktfreundlichen Interpretation. Gerade hinsichtlich des Merkmals der Grenzüberschreitung neigt der Gerichtshof im Rahmen der Dienstleistungsfreiheit, wie etwa die sogenannten Fremdenführerurteile belegen[662], zu einer großzügigen Handhabung.

Im übrigen sprechen auch praktische Erwägungen gegen die Forderung einer zielgerichteten Grenzüberschreitung. So dürfte eine dementsprechende Absicht des Veranstalters kaum sicher nachzuweisen sein. Offen bliebe schon, auf wessen Willen überhaupt abzustellen wäre: Ist die staats- beziehungsweise gesell-

---

658 So *Gulich*, Rechtsfragen, S. 53f.; *Sparr*, Kulturhoheit und EWG-Vertrag, S. 166f.; *Jarass*, EuR 1986, 75, 79f.

659 So ausdrücklich *Gulich*, Rechtsfragen , S. 53f.

660 So der Vortrag der Bundesrepublik Deutschland, in: EuGH Rs. 52/79 (Debauve), Slg. 1980, 833, 847.

661 *Kugelmann*, Der Rundfunk und die Dienstleistungsfreiheit, S. 82; *Holznagel*, Rundfunkrecht in Europa, S. 136f.; *Petersen*, Rundfunkfreiheit, S. 60f.

662 EuGH Rs. C-198/89, Slg. 1991, I-727, Rn. 8ff.; Rs. C-154/89, Slg. 1991, I-659; Rs. C-180/89, Slg. 1991, I-709; Rs. C-398/95, Slg. 1997, I-3091, Rn. 7f., wonach eine grenzüberschreitende Dienstleitung auch dann vorliegt, wenn ein Fremdenführer mit den betreuten Urlaubern gemeinsam in einen anderen Mitgliedstaat reist.

schaftsvertragliche Grundlage maßgeblich oder kommt es auf den Willen eines einzelnen Organs des Veranstalters und wenn, welches Organs, an? Insgesamt spricht daher vieles dagegen, eine finale Grenzüberschreitung zu fordern, es kommt allein auf die faktische Empfangsmöglichkeit in einem anderen Mitgliedstaat an[663].

(b) Verknüpfung von Engeltzahlung und Grenzüberschreitung ?

Umstritten ist desweiteren, inwiefern die Merkmale der Entgeltlichkeit und der Grenzüberschreitung miteinander verknüpft sein müssen. Fraglich ist, ob es ausreicht, wenn die Merkmale lediglich unabhängig voneinander erfüllt sind, oder ob gerade auch der grenzüberschreitende Teil der Leistungsbeziehung entgeltlich sein muß. Diese Frage hat für den privaten Rundfunk besondere Bedeutung, weil es sich hier ganz überwiegend um dreipolige Beziehungen handelt, an dem der Veranstalter, dessen Werbekunde und der Empfänger beteiligt sind. Die entscheidende Frage lautet deshalb für den vorherrschenden Fall, daß die Entgeltlichkeit sich aus den Zahlungen der Werbekunden ergibt, ob die Entgeltzahlung gerade (auch) für die grenzüberschreitende Verbreitung erfolgen muß. Wird die Entgeltlichkeit durch Zahlungen der Empfänger begründet, kommt es darauf an, ob notwendig ist, daß auch die in dem anderen Mitgliedstaat ansässigen Rezipienten das Entgelt leisten[664].

Die Meinungen gehen in diesem Punkt auseinander. Für das Erfordernis einer Verknüpfung wird häufig angeführt, dies sei aus der Zusammengehörigkeit von Art. 59 Abs. 1 und Art. 60 Abs. 1 EGV zu folgern[665]. Zwingend erscheint diese Interpretation des Wortlauts aber nicht, denn es läßt sich dem Vertragstext gerade nicht entnehmen, wie eng die Verbindung zwischen den beiden Merkmalen sein muß. Allerdings könnten die Ausführungen des EuGH im Urteil *Bond van*

---

663 Vgl. *Ipsen*, Rundfunk im Europäischen Gemeinschaftsrecht, S. 84; *Holznagel*, Rundfunkrecht in Europa, S. 136f.; *Petersen*, Rundfunkfreiheit, S. 60f.; *Schwartz*, Rundfunk und EWG-Vertrag, S. 65; *Kugelmann*, Der Rundfunk und die Dienstleistungsfreiheit, S. 83, der die Problematik aber vorrangig der Frage nach einer entgeltlichen Leistungsbeziehung zuordnet; zur generellen Anwendbarkeit der Dienstleistungsfreiheit gelangt auch *Sparr*, Kulturhoheit und EWG-Vertrag, S. 167, der zwar die enge Auffassung vertritt, aber bei faktischer Grenzüberschreitung einen dahingehenden Willen des Veranstalters vermutet. Für den speziellen Fall des Pay-TV gehört zur tatsächlichen Empfangbarkeit, daß auch die dafür notwendigen Decoder in dem anderen Mitgliedstaat vertrieben werden.

664 Vgl. *Holznagel*, Rundfunkrecht in Europa, S. 137.

665 Vgl. *Sparr*, Kulturhoheit und EWG-Vertrag, S. 179ff.; *Roth*, ZHR 1985, 679, 686; *Jarass*, EuR 1986, 75, 80; ähnlich auch *Kugelmann*, S. 110.

Adverteerders in diese Richtung weisen. Dort wurde nämlich im Zusammenhang mit der Frage des Vorliegens einer Dienstleistung ausdrücklich der Umstand genannt, daß die grenzüberschreitend verbreiteten Werbemitteilungen „speziell für das Publikum des Empfangsstaats erstellt" wurden[666]. Die Gegenauffassung verweist dagegen im wesentlichen auf drohende, dem Binnenmarktziel widersprechende Schutzlücken[667].

Der Meinungsstreit ist jedoch für den hier zu untersuchenden Privatrundfunk nur von geringer Bedeutung, da bei diesem von einer entsprechenden Zwecksetzung der Werbekunden regelmäßig ausgegangen werden kann. Dies ergibt sich für sämtliche Verbreitungsformen bereits aus dem Umstand, daß zahlreiche im Ausland befindliche Angehörige des Herkunftsstaates erreicht werden. Gerade im Falle der Verbreitung über Direktsatelliten ergibt sich aus dem naturgemäß weitreichenden Empfangsgebiet - in aller Regel zumindest Mitteleuropa -, daß eine große Anzahl von Inländern erreicht wird, die sich, sei es auch nur vorübergehend, im Ausland aufhalten. Soweit bei terrestrischer Verbreitung Grenzgebiete anderer Mitgliedstaaten erreicht werden, ist die durch die heute gegebene Durchlässigkeit der Grenzen steigende Zahl pendelnder Grenzgänger zu berücksichtigen. Diese eröffnen wegen ihrer weiterbestehenden engen Verbindung zum inländischen Markt durchaus nicht unerhebliche Absatzchancen für werbende Unternehmen. Der Deutsche, der in Straßburg wohnt aber in Kehl am Rhein arbeitet und sich deshalb täglich von Frankreich nach Deutschland begibt, kann als Adressat deutscher Produktwerbung genauso interessant sein, wie sein Kollege, der seinen Wohnsitz in Deutschland hat. In welchem Umfang die Programme von Angehörigen anderer Mitgliedstaaten tatsächlich rezipiert werden ist daher nicht mehr entscheidend. Hier dürfte jedenfalls bei englischsprachigen Programmen eine wachsende grenzüberschreitende Nachfrage zu erwarten sein. Im Falle der grenzüberschreitenden Einspeisung von Programmen in ausländische Kabelnetze ergibt sich ein entsprechend rentabler Empfängerkreis schon aus der Sache selbst.

Daß sich ein Werbekunde diesen zusätzlichen Kundenpotentialen nicht bewußt ist und dies nicht auch in seine Kalkulationen einfließen läßt, dürfte mehr als unwahrscheinlich sein[668]. Zumindest wird er sie wohlwollend in Kauf nehmen. Gerade der sendeenergiebedingte spill over ist keine zufällige Erscheinung, sondern technisch determiniert und im voraus berechenbar. Für den in der vor-

---

666 EuGH Rs. 352/85 (Bond van Adverteerders), Slg. 1988, 2085, Rn. 14. Diese Entscheidung wird deshalb von *Petersen*, Rundfunkfreiheit, S. 63 und *Holznagel*, Rundfunkrecht in Europa, S. 137 zu Unrecht als Beleg für die gegensätzliche Auffassung herangezogen.

667 *Holznagel*, Rundfunkrecht in Europa, S. 137, *Gulich*, Rechtsfragen, S. 42; *Petersen*, Rundfunkfreiheit, S. 62f.; *Ipsen*, Rundfunk im Europäischen Gemeinschaftsrecht, S. 86.

668 So auch *Sparr*, Kulturhoheit und EWG-Vertrag, S. 179.

liegenden Untersuchung im Vordergrund stehenden Bereich des werbefinanzierten Rundfunks kann deshalb ohne weiteres unterstellt werden, daß die Entgeltzahlung zumindest anteilig im Hinblick auf die grenzüberschreitende Verbreitung geleistet wird[669]. Gerade der Veranstalter, der einen Transponder des *Astra*-Satellitensystems anmietet, will sich nicht auf ein eingegrenztes Empfangsgebiet beschränken.

Beim Pay-TV fehlt es, wenn - wie üblich - ein entsprechender Decoder erforderlich ist und dieser im Ausland nicht angeboten wird, schon am Merkmal der tatsächlichen Empfangbarkeit, also schon an der Grenzüberschreitung als solcher. Wird der Decoder auch im Ausland vertrieben, ist dagegen auch hier die entgeltliche Grenzüberschreitung offenkundig.

Als Zwischenergebnis ist damit festzuhalten, daß private Rundfunkveranstalter, deren Programme in einem anderen Mitgliedstaat empfangbar sind, sich grundsätzlich auf die Freiheit des Dienstleistungsverkehrs berufen können.

cc) Dienstleistungsfreiheit und Recht auf Rundfunkveranstaltung

(1) Einleitung

An die Feststellung, daß die Dienstleistungsfreiheit in den hier interessierenden Konstellationen tatbestandlich einschlägig ist, schließt sich im Kontext der vorliegenden Untersuchung die Frage an, welche konkreten Rechte sie gewährt: Kann sich der Unternehmer, der grenzüberschreitend Rundfunk veranstalten will, gegenüber seinem Sitzstaat auf die Dienstleistungsfreiheit berufen? Ergibt sich also aus der Dienstleistungsfreiheit ein prinzipielles Recht auf Rundfunkveranstaltung?

Hingewiesen sei an dieser Stelle nochmals darauf, daß die Problematik nicht mit der bisher vom EuGH behandelten Konstellation verwechselt werden darf, in der ein in einem anderen Mitgliedstaat ansässiger Veranstalter an der Verbreitung seiner Programme über die Grenze hinweg von dem Empfangsstaat, also am „Import", gehindert wird. Dies stellt zwar den klassischen Anwendungsfall der Freiheit des Dienstleistungsverkehrs im Bereich der Rundfunkveranstaltung dar, innerhalb der deutschen Rundfunkordnung ist dabei aber allein der Tatbestand der Weiterverbreitung angesprochen. Dieser ist von dem

---

669 Zu der problematischeren Situation im gebührenfinanzierten öffentlich-rechtlichen Rundfunk vgl. *Sparr*, Kulturhoheit und EWG-Vertrag, S. 179f.

System der Erteilung von Zulassungen strikt zu unterscheiden ist[670]. Anders als im Zusammenhang mit der Weiterverbreitung ist Gegenstand der folgenden Überlegungen allein die Frage, ob sich aus der Dienstleistungsfreiheit ein Verhaltensgebot auch für den Staat ergibt, in dem der Veranstalter seinen Sitz hat oder nehmen will. Aus diesem Verhaltensgebot könnte dann ein individuelles Recht der Rundfunkveranstalter resultieren. Hier steht also der Schutz des „Exports" einer Dienstleistung im Vordergrund.

Es wurde bereits darauf hingewiesen, daß die Dienstleistungsfreiheit nur dann relevant werden kann, wenn eine grenzüberschreitende Verbreitung in Frage steht. Wie bereits festgestellt, reicht dafür aus, daß die Programme *auch* in einem anderen Mitgliedstaat empfangen werden. Da kommerzielle, speziell für das Ausland produzierte Programme die Ausnahme sind, erweist sich die eingangs beschriebene Konstellation als praktisch wichtigste und wird den anschließenden Überlegungen zugrundegelegt: Ein Unternehmen will in einem Mitgliedstaat Rundfunkprogramme veranstalten, die sowohl im Inland als auch in anderen Mitgliedstaaten empfangbar sind. Die Fragestellung lautet dann, ob sich ein prinzipielles Recht zur Aufnahme der Rundfunktätigkeit unabhängig von der nationalen Rundfunkordnung schon aus der Dienstleistungsfreiheit ergibt. Wäre dies der Fall, könnte restriktiveres nationales Rundfunkrecht überspielt werden. Zu klären ist demnach der genaue Inhalt und die Reichweite der Dienstleistungsfreiheit und die daraus resultierenden Rechte der Gemeinschaftsbürger.

(2) Die Dienstleistungsfreiheit als allgemeines Beschränkungsverbot.

(a) Der Beschränkungsbegriff

Art. 59 des EG-Vertrags verbietet „Beschränkungen des freien Dienstleistungsverkehrs". Nach allgemeiner Meinung statuiert die Norm zunächst den Grundsatz der Inländergleichbehandlung, daß heißt sie verbietet jede Art der Diskriminierung aufgrund der Staatsangehörigkeit[671]. Würde sich die Dienstleistungsfreiheit in diesem Diskriminierungsverbot erschöpfen, wäre in den hier interessierenden Konstellationen ein subjektives Recht offensichtlich nicht begründbar, da kein Fall einer Ungleichbehandlung aufgrund der Staatsangehö-

---

670 Vgl. oben Teil 1 A. III. 3. a).

671 Vgl. nur *Nicolaysen*, Europarecht II, S. 177f.

rigkeit oder aufgrund der Ansässigkeit in einem anderen Mitgliedstaat[672] vorliegt. Die Untersagung oder die Beschränkung privater Rundfunkveranstaltung wäre vielmehr eine hinsichtlich der Staatsangehörigkeit unterschiedslos geltende Reglementierung.

Für die Dienstleistungsfreiheit ist aber in der Rechtsprechung des EuGH schon seit vielen Jahren anerkannt, daß grundsätzlich auch solche Maßnahmen verboten sind, die nicht an die Staatsangehörigkeit anknüpfen und für In- und Ausländer unterschiedslos gelten[673]. Die Dienstleistungsfreiheit enthält ein allgemeines Beschränkungsverbot[674]. Dies bedeutet ein Verbot aller Maßnahmen, die geeignet sind, die Ausübung der Grundfreiheiten durch die Gemeinschaftsangehörigen zu behindern oder weniger attraktiv zu machen[675]. Der weite Beschränkungsbegriff erklärt sich aus der Funktion der Grundfreiheiten. Durch sie sollen die staatlichen Grenzen innerhalb der Gemeinschaft in wirtschaftlicher Hinsicht abgebaut und die einzelstaatlichen Märkte geöffnet werden[676]. Wichtig zu sehen ist dabei, daß sich auf dieses Beschränkungsverbot nicht nur Angehörige anderer Mitgliedstaaten, sondern auch die Bürger des handelnden Staats berufen können, sofern es sich nur um einen grenzüberschreitenden Sachverhalt im beschriebenen Sinne handelt[677].

---

672 Im Bereich der Dienstleistungsfreiheit hat der EuGH in ständiger Rechtsprechung als diskriminierende Kriterien nicht nur - wie im Bereich der Arbeitnehmerfreizügigkeit und der Niederlassungsfreiheit - die Staatsangehörigkeit, sondern auch den Umstand angesehen, daß jemand „in einem anderen Mitgliedstaat ansässig ist als in demjenigen, in dem die Dienstleistung erbracht werden soll"; vgl. Rs. 279/80 (Webb), Slg. 1981, 3305, Rn. 14; Rs. 205/84 (Versicherungen), Slg. 1986, 3755, Rn. 25; Rs. 352/85 (Bond van Adverteerdes), Slg. 1988, 2085, Rn. 32; Rs. C-353/89 (Kommission/Niederlande), Slg. 1991, I-4069, Rn. 15; Rs. C-288/89 (Stichting Collectieve Gouda), Slg. 1991, I-4007, Rn. 11.

673 St. Rspr. seit der Rs. 33/74 (van Binsbergen), Slg. 1974, 1299, Rn. 10/12, vgl. zu der Rechtsprechung nur *Petersen*, Rundfunkfreiheit, S. 107ff.

674 Zum heute unumstrittenen Beschränkungsverbot vgl. *C. Weber*, EWS 1995, S. 292ff.; *Kort*, JZ 1996, S. 132ff.; *W. Schroeder*, EuGRZ 1994, S. 373ff.

675 Vgl. besonders deutlich für sämtliche Grundfreiheiten: EuGH Rs. C-19/92 (Kraus), Slg. 1993, I-1663, Rn. 32; Rs. C-55/94 (Gebhard), Slg. 1995, I-4165, Rn. 37.

676 Vgl. *Müller-Graff*, in: v. d. Groeben/Thiesing/Ehlermann, Kommentar zum EG-/EU-Vertrag, Art. 30 Rn. 5; *Jarass*, EuR 1995, 202, 214.

677 Vgl. *Streinz*, Europarecht, Rn. 720; EuGH Rs. C-18/93 (Corsica Ferries), Slg. 1994, I-1783, Rn. 30; Rs. C-379/92 (Peralta), Slg. 1994, I-3453; Rs. C-381, Slg. 1994, I-5145, Rn. 14; Rs. C-384/93 (Alpine Investments BV), Slg. 1995, I-1141, Rn. 30

(b) Maßnahmen des Herkunftsstaates als relevante Beschränkungen

In den von der Rechtsprechung entschiedenen Fällen zur Dienstleistung Rundfunk ging es stets um Maßnahmen des Staats der Empfänger der Sendungen; der Herkunftsstaat war an den streitigen Maßnahmen stets unbeteiligt. Eine solche Konstellation, in der sich der „Importeur" gegen „einfuhrbehindernde" Maßnahmen wendet, bildet den typischen Anwendungsfall der Grundfreiheiten. Für die hier interessierenden Fallgestaltungen ist dagegen entscheidend, ob der Beschränkungsbegriff nicht nur Maßnahmen des Staates des Leistungsempfängers, sondern auch vom Staat des Leistungserbringers auferlegte Beschränkungen erfaßt.

Der Wortlaut des Art. 59 EGV enthält keine Anhaltspunkte dafür, daß nur der Empfängerstaat Adressat des Verbots sein soll. Im Rahmen der Warenverkehrsfreiheit sind Ausfuhrbeschränkungen explizit in Art. 34 EGV erfaßt. Dies spricht für einen weiten Beschränkungsbegriff auch bei der strukturell ähnlichen Dienstleistungsfreiheit. Allerdings könnte man daran denken, die einschränkende Rechtsprechung des EuGH zu dem Begriff der Ausfuhrbeschränkung im Sinne des Art. 34 EGV entsprechend heranzuziehen[678]. Nach ständiger Rechtsprechung setzt das Vorliegen einer Ausfuhrbeschränkung voraus, daß mit der Maßnahme die „spezifische Beschränkung der Ausfuhrströme bezweckt oder bewirkt" wird, also zwischen dem Binnen- und Außenhandel des betroffenen Staates unterschieden wird[679]. In der Rechtssache *Peralta* schien der Gerichtshof zu dieser Ansicht durchaus zu neigen. Dort hat er im Falle eines Verbot, chemische Stoffe ins Meer einzuleiten, das nur für einheimische Schiffe galt, das Vorliegen einer Beschränkung abgelehnt. Als Begründung wurde genannt, daß die Regelung nicht zwischen Transporten innerhalb des Landes und solchen nach anderen Mitgliedstaaten unterscheide[680].

Dieser Ansicht ist Generalanwalt *Jacobs* in seinem Schlußantrag in der Sache *Alpine Investments* entgegengetreten[681]. In diesem Verfahren ging es um ein für das In- und Ausland geltendes Verbot der Telefonwerbung für Warentermingeschäfte ohne vorherige Ankündigung. Nach der Auffassung des Generalanwaltes soll auch bei Maßnahmen des Herkunftsstaates einzige Voraussetzung für

---

678 Vgl. dazu den Schlußantrag des Generalanwalts *Jacobs* in der Sache *Alpine Investments BV*, Slg. 1995, I-1144, 1156ff. und den Schlußantrag des Generalanwalts *Lenz* in der Rs. C-379/92 (Peralta), Slg. 1994, I-3453, Rn. 85ff.

679 EuGH Rs. 15/79 (Groenveld), Slg. 1979, 3409, Rn. 7; Rs. 155/80 (Oebel), Slg. 1981, 1993, Rn. 15.

680 Rs. C-379/92 (Peralta), Slg. 1994, I-3453, Rn. 51.

681 Rs. C-384/93 (Alpine Investments BV), Slg. 1995, I-1141, Rn. 45ff. des Schlußantrags.

die Annahme einer Beschränkung sein, daß „die Möglichkeit, Dienstleistungen innerhalb der Gemeinschaft zu erbringen, für in seinem Gebiet ansässige Personen *erheblich* beschränkt“[682] wird. Herausgestellt wird also das Merkmal der Erheblichkeit. Dafür, allein auf dieses weniger enge, funktionale Kriterium abzustellen, spricht das übergeordnete Binnenmarktziel. Der Binnenmarkt wird auch durch solche Hemmnisse beeinträchtigt, mit denen keine spezifische Unterscheidung zwischen inländischen Bewegungen und Ausfuhrströmen bezweckt wird[683]. Auch in diesem Sinne neutrale Regelungen verhindern die angestrebte Verschmelzung der nationalen Märkte.

Der Gerichtshof erachtet dementgegen offensichtlich auch diese Eingrenzung des Beschränkungsbegriffs als nicht geboten. Seine Feststellung „Art. 59 Abs. 1 EGV verbietet Beschränkungen des freien Dienstleistungsverkehrs innerhalb der Gemeinschaft allgemein (...) auch vom Staat des Leistungserbringers auferlegte Beschränkungen“[684], läßt für eine einschränkende Auslegung keinen Raum. Der Gerichtshof hat damit dem engeren Beschränkungsbegriff eine klare Absage erteilt, was angesichts des Leitgedankens eines Marktes ohne Binnengrenzen auch sachgerecht erscheint. Im Ausgangspunkt kommt es damit allein darauf an, daß eine staatliche Maßnahme die grenzüberschreitende Dienstleistungserbringung in irgendeiner Weise erschwert oder beeinträchtigt, gleich von welchem Staat sie ausgeht[685].

(c) Verbote und Zulassungsvorbehalte als relevante Beschränkungen

Unter den Beschränkungsbegriff fällt auch ein vollständiges Verbot einer bestimmten Dienstleistung. Hier ist dem vereinzelt auftretenden Mißverständnis entgegenzutreten, die Dienstleistungsfreiheit schütze nur „erlaubte Tätigkeiten“, es stünde den einzelnen Mitgliedstaaten frei, unerwünschte Tätigkeiten gänzlich zu untersagen. Dagegen spricht schon, daß es einen eklatanten Wertungswiderspruch darstellte, wenn grundsätzlich jede nicht völlig geringfügige Behinderung verboten wäre, aber die denkbar stärkste Beschränkung durch ein absolutes Verbot sanktionslos bliebe. Auch der Rechtsprechung des EuGH läßt sich eine dahingehende Reduktion des Anwendungsbereiches nicht entnehmen.

---

682 Rs. C-384/93 (Alpine Investments BV), Slg. 1995, I-1141, Rn. 47 des Schlußantrags (Hervorhebung nicht im Original).

683 Vgl. *Kort*, JZ 1996, 132, 137.

684 EuGH Rs. C-384/93 (Alpine Investments BV), Slg. 1995, I-1141, Rn. 30.

685 Entsprechend hat der EuGH zu Maßnahmen des Herkunftsstaats bezogen auf die Arbeitnehmerfreizügigkeit des Art. 48 EGV im *Bosman*-Urteil, Rs. C-415/93, Slg. 1995, I-4921, Rn. 96f., entschieden.

Der Gerichtshof hat sich allerdings nur vereinzelt zur Relevanz der Frage des Erlaubtseins der Tätigkeit geäußert:

Wenig weiterführend sind die Ausführungen in der Rechtssache *SPUC* gegen *Grogan*. In dem Verfahren stellte sich die Frage, ob die Vornahme eines Schwangerschaftsabbruchs in Großbritannien deshalb keine Dienstleistung im Sinne des Art. 59 EGV darstellt, weil dies in Irland verboten ist. Die Frage war entscheidungserheblich, weil Gegenstand des Streits ein Verbot von Werbung für die in Großbritannien bestehende Möglichkeit des Schwangerschaftsabbruchs bildete. Der Gerichtshof wies darauf hin, daß die Tätigkeit in mehreren Mitgliedstaaten legal ausgeübt werden kann[686]. Daraus darf aber nicht der Schluß gezogen werden, Voraussetzung für die Annahme einer Dienstleistung sei stets, daß die Tätigkeit in dem jeweiligen Vornahmestaat erlaubt ist. Deutlich wird dies im Urteil *Schindler*[687]. Darin hat der Gerichtshof eindeutig allein darauf abgestellt, ob die Tätigkeiten „wegen ihrer Schädlichkeit in *allen* Mitgliedstaaten verboten sind“[688]. Ein Verbot einzelner Mitgliedstaaten ist damit dem Anwendungsbereich der Dienstleistungsfreiheit nicht entzogen; es reicht aus, daß die Tätigkeit in anderen Mitgliedstaaten zulässig ist. Dabei ist richtigerweise auch nicht zu fordern, daß die Tätigkeit gerade im Herkunftsstaat erlaubt ist. Auch im bereits genannten Fall *Alpine Investments* galt das Verbot der Telefonwerbung sowohl für das Inland als auch für die Betätigung in anderen Staaten [689]. Grundgedanke ist auch hier ein tatbestandlich umfassender Schutz grenzüberschreitender Dienstleistungen. Notwendige Einschränkungen sind auf der Ebene der Ausnahmetatbestände und Rechtfertigungsgründe vorzunehmen[690].

Die Herausnahme eines generellen Verbots aus dem Regelungsbereich der Grundfreiheiten erscheint nur dann folgerichtig, wenn man den Blick auf ein Diskriminierungsverbot verengt. Dann nämlich wäre ein solches Verbot von vornherein unbedenklich, da ein allgemeines Verbot eine - radikale - Form der absoluten Gleichbehandlung darstellt. Nach dem heutigen Verständnis sind aber, wie eingangs dargelegt, prinzipiell auch unterschiedslos anwendbare Maßnahmen vor den Grundfreiheiten zu rechtfertigen. Dem Beschränkungsbegriff unterfallen demnach auch von den Mitgliedstaaten aufgestellte Verbote. Nichts anderes gilt für Zulassungsvorbehalte, denn bei Nichtvorliegen der Ertei-

686 Rs. C-159/90 (SPUC), Slg. 1991, I-4685, Rn. 18.

687 EuGH Rs. C-275/92, Slg. 1994, I-1039, Rn. 31f.

688 Hervorhebung nicht im Original.

689 Vgl. den Schlußantrag des Generalanwalts *Jacobs* in dieser Sache, Slg. 1995, I-1144, Rn. 51.

690 So zur Niederlassungsfreiheit im Ergebnis auch *Schnichels*, Niederlassungsfreiheit, S. 31.

lungsvoraussetzungen machen sie dem Antragsteller die Ausübung der geschützten Tätigkeit unmöglich, wirken also wie ein Verbot[691].

(3) Untersagung privater Rundfunkveranstaltung und staatliche Rundfunkmonopole

Wendet man die anhand der Rechtsprechung des EuGH herausgearbeiteten Grundsätze auf den Rundfunk an, ist es konsequent, eine rechtfertigungsbedürftige Beschränkung der Dienstleistungsfreiheit anzunehmen, wenn einem Gemeinschaftsbürger die Veranstaltung grenzüberschreitender Rundfunksendungen untersagt wird; gleich ob das Verbot vom Empfangs- oder vom Herkunftsstaat ausgeht.

Problematisch könnte die Beurteilung jedoch dann werden, wenn das konkrete Verbot aus einem in dem jeweiligen Mitgliedstaat bestehenden Rundfunkmonopol resultiert, also etwa die Veranstaltung von Fernsehprogrammen einer öffentlich-rechtlichen Einrichtung vorbehalten ist. Zwar stellt sich die Situation für den betroffenen Bürger auch dann nicht anders dar, denn im Ergebnis trifft ihn ein Veranstaltungsverbot. In der Rechtsprechung des EuGH finden sich aber Judikate, die für die Zulässigkeit derartiger Monopole sprechen. Mit der Zulässigkeit von staatlichen Rundfunkmonopolen hatte sich der Gerichtshof in den Urteilen *Sacchi*[692] und *ERT*[693] auseinanderzusetzen. Darin wurde ein Rundfunkmonopol unter bestimmten Umständen für unbedenklich gehalten. Ausschlaggebend für die Billigung des Gerichtshofs war offensichtlich Art. 90 Abs. 1 EGV. Obwohl der Hauptzweck der Vorschrift darin besteht, die Verbindlichkeit des Vertrages, insbesondere der Wettbewerbsvorschriften, auch für öffentliche und Monopolbetriebe klarzustellen[694], scheint der EuGH darin offenbar auch die generelle Ermächtigung der Mitgliedstaaten zu sehen, solche Monopole zu unterhalten[695]. So heißt es im *Sacchi*-Urteil: „Art. 90 Abs. 1 EGV gestattet es den Mitgliedstaaten unter anderem, Unternehmen besondere oder ausschließliche Rechte zu gewähren"[696]. Im Urteil *ERT* erkennt der Gerichtshof

---

691 Vgl. etwa EuGH Rs. C-222/95 (Parodi), Slg. 1997, I-3899, Rn. 19 zur Zulassungspflicht und den deutschen Rundfunk- und Mediengesetzen vergleichbaren Zulassungsvoraussetzungen für Kreditinstitute in Frankreich.

692 Rs. 155/73 (Sacchi), Slg. 1974 , 409, Rn. 14.

693 Rs. C-260/89 (ERT), Slg. 1991, I-2925, Rn. 10.

694 Vgl. *Gill*, in: Lenz, EGV-Kommentar, Art. 90, Rn. 2f.; *Pernice*, in: Grabitz/Hilf, Komm. zur EU, Art. 90 EGV Rn. 2f.; *Hochbaum*, in: v. d. Groeben/Thiesing/Ehlermann, Kommentar zum EG-Vertrag, Art. 90 Rn. 4.

695 Vgl. auch *Liehr*, Die Niederlassungsfreiheit, S. 275.

696 EuGH Rs. 155/73 (Sacchi), Slg. 1974, 409, Rn. 14.

weitergehende Vorgaben der Grundfreiheiten lediglich für die „Art und Weise, in der dieses Monopol ausgestaltet oder ausgeübt wird" an[697]. Im Ergebnis folgt daraus, daß die Grundfreiheiten des EG-Vertrags dem Bürger dann nicht zur Seite stehen, wenn das Verbot auf einem staatlichen Rundfunkmonopol beruht. Art. 59 ff. EGV hilft nur dann weiter, wenn die Rundfunkveranstaltung im Einzelfall untersagt wird, obwohl der Markt generell auch für private Anbieter geöffnet ist.

Für Veranstalter in Deutschland wirkt sich diese Einschränkung der Schutzwirkung der Grundfreiheiten nicht entscheidend aus, weil die Möglichkeit der Veranstaltung privaten Rundfunks durch die Rundfunk- und Mediengesetze generell eröffnet ist, also gerade kein rechtlich verankertes Monopol besteht.

Davon unabhängig ist aber schon zu bezweifeln, ob es vor dem Hintergrund der vom Gerichtshof stets betonten fundamentalen Bedeutung der Grundfreiheiten schlüssig ist, aus Art. 90 Abs. 1 EGV die Zulässigkeit einer weitreichenden Beschränkung der Betätigungsrechte der Gemeinschaftsbürger abzuleiten. Anhaltspunkte, die an dieser Schlußfolgerung zweifeln lassen, finden sich bereits in den genannten Urteilen des EuGH. Ohnehin ist bei der Bewertung des Urteils *Sacchi* im Zusammenhang mit der Dienstleistungsfreiheit Vorsicht geboten[698]. Das Urteil ist nämlich zu einer Zeit ergangen, in der sich die Erkenntnis, daß der Dienstleistungsfreiheit der Charakter eines allgemeinen Beschränkungsverbots zukommt, noch nicht in der Rechtsprechung durchgesetzt hatte. Daß auch unterschiedslos anwendbare Maßnahmen an den Art. 59 und 60 EGV zu messen sind, hat der Gerichtshof nämlich erstmals im Urteil *van Binsbergen*[699] vom 3. Dezember 1974 festgestellt. Das *Sacchi*-Urteil ist demgegenüber schon am 30. April des selben Jahres ergangen. Es ist daher durchaus schlüssig, daß die Richter damals nur den Aspekt einer Diskriminierung geprüft haben. Unter Zugrundelegung eines Diskriminierungsverbots ist ein genereller Ausschluß privater Veranstalter in der Tat unproblematisch.

Das Urteil in der Sache *ERT*[700] ist allerdings erst 1991 ergangen, also zu einem Zeitpunkt in dem die Dienstleistungsfreiheit als allgemeines Beschränkungsverbot schon lange anerkannt war. Jedoch darf nicht übersehen werden, daß in den Urteilsgründen zunächst schlicht das Urteil *Sacchi* repetiert wurde, ohne selbst neue Aussagen zu treffen. In erster Linie handelt es sich also um einen

---

697 EuGH Rs. C-260/89 (ERT), Slg. 1991, I-2925, Rn. 11.

698 Zu Differenzen zwischen dem italienischen Originaltext und der deutschen Übersetzung vgl. *Hochbaum*, in: v. d. Groeben/Thiesing/Ehlermann, Kommentar zum EG-Vertrag, Art. 90 Rn. 25 (in Fußnote 90).

699 EuGH Rs. 33/74 (van Binsbergen), Slg. 1974, 1299, Rn. 10/12.

700 EuGH Rs. C-260/89 (ERT), Slg. 1991, I-2925.

Ausdruck der vom EuGH angestrebten Kontinuität der Rechtsprechung. Nicht übersehen werden darf vor allem, daß sich bereits im Urteil *Sacchi* die Einschränkung findet, wonach eine Monopolisierung auf „Gründen, die im öffentlichen Interesse liegen", beruhen muß[701]. Im Urteil *ERT* findet sich die weitergehende Eingrenzung, es müsse sich um „Gründe nichtwirtschaftlicher Art" handeln[702]. Diese Formulierungen kommen den für die Rechtfertigung von Beschränkungen in ständiger Rechtsprechung geforderten „Allgemeininteressen"[703] bemerkenswert nahe[704]. Ungenannt blieb allerdings der Grundsatz der Verhältnismäßigkeit. Dabei muß man sich jedoch vor Augen halten, daß der EuGH mit den beiden Urteilen gerade nicht ein konkretes, in einem bestimmten Mitgliedstaat bestehendes Fernsehmonopol gebilligt hat. Vielmehr handelte es sich in beiden Rechtssachen um Vorabentscheidungsverfahren, in denen der Gerichtshof wie üblich nur Auslegungshinweise gegeben hat; die konkrete Beurteilung bleibt in dieser Verfahrensart grundsätzlich den nationalen Gerichten vorbehalten[705]. Insbesondere verzichtet der EuGH zugunsten der nationalen Gerichte regelmäßig auf eine eigene, dezidierte Prüfung der Verhältnismäßigkeit[706]. Insofern wurde die Verhältnismäßigkeit der Unterhaltung eines Monopols zu Recht offengelassen.

Gegen eine generelle Ermächtigung der Mitgliedstaaten, ein Rundfunkmonopol zu errichten, sprechen auch die Ausführungen des Gerichtshofs im Rahmen eines Vertragsverletzungsverfahrens zum niederländischen Mediengesetz (Mediawet) nur wenige Wochen nach dem *ERT*-Urteil[707]. Zu der damals in den Niederlanden bestehenden Verpflichtung, sich bei der Herstellung von Rundfunkprogrammen der technischen Mittel eines bestimmten Unternehmens zu bedienen, heißt es dort, daß Art. 90 des Vertrags „zwar das Vorhandensein von Unternehmen voraussetzt, die über bestimmte besondere oder ausschließliche

---

701 EuGH Rs. 155/73 (Sacchi), Slg. 1974, 409, Rn. 14.

702 EuGH Rs. C-260/89 (ERT), Slg. 1991, I-2925, Rn. 12; diese Eingrenzung war bereits in dem italienischen Originaltext des *Sacchi*-Urteils enthalten, aber nicht in der deutschen Übersetzung wiedergegeben, vgl. *Hochbaum*, in: v. d. Groeben/Thiesing/Ehlermann, Kommentar zum EG-Vertrag, Art. 90 Rn. 25 (in Fußnote 90).

703 Vgl. dazu unten 4. d) dd).

704 Dem entspricht, daß der EuGH in einer jüngeren Entscheidung im Rahmen der Prüfung des schwedischen Einzelhandelsmonopols für alkoholische Getränke im Hinblick auf Art. 37 EGV ebenfalls ausdrücklich auf das damit verfolgte „öffentliche Interesse", „den Schutz der Volksgesundheit vor den schädlichen Folgen des Alkohols", hingewiesen hat, EuGH Rs. C-189/95, Slg. 1997, I-5909, Rn. 41.

705 Vgl. besonders deutlich: EuGH Rs. C-177/94, Slg. 1996, I-161, Rn. 9. Zur aktuellen Diskussion über Funktion und Zukunft des Vorabentscheidungsverfahrens vgl. *Barnard/Sharpston*, CMLR 34 (1997), 1105ff.

706 Vgl. unten 4. d) dd) (2) (b).

707 EuGH Rs. C-353/89 (Kommission/Niederlande), Slg. 1991, I-4069.

Rechte verfügen", daraus folge aber nicht, daß alle diese Rechte „notwendigerweise mit dem EWG-Vertrag vereinbar sind"; ob dies der Fall ist, sei anhand der verschiedenen Vorschriften zu prüfen, auf die Artikel 90 Abs. 1 verweise[708]. Im Anschluß daran wird bei der Frage, „ob ein Mitgliedstaat bestimmte Dienstleistungen dem freien Wettbewerb entziehen kann", gefordert, daß die damit verbundenen „Beschränkungen des Dienstleistungsverkehrs" durch „Gründe des Allgemeininteresses gerechtfertigt" werden können[709]. Der EuGH hält also auch im Falle eines Dienstleistungsmonopols das Vorliegen einer rechtfertigungsbedürftigen Beschränkung für möglich[710]. Art. 90 EGV bewirkt demnach keineswegs eine Suspendierung der durch die Grundfreiheiten gewährten subjektiven Rechte.

Gerade unter Berücksichtigung seiner Aussagen zur Weite des Beschränkungsbegriffs im Urteil *Alpine Investments*[711] erscheint es durchaus offen, ob der EuGH die Fälle *Sacchi* und *ERT* heute nicht anders beurteilen würde. Der Bedeutung der Grundfreiheiten für den Binnenmarkt und dem modernen Verständnis der Grundfreiheiten als umfassende Beschränkungsverbote würde dies sicherlich eher entsprechen. Festzuhalten bleibt, daß jedenfalls dann, wenn in dem Mitgliedstaat kein rechtlich vorgegebenes Rundfunkmonopol besteht, ein Gemeinschaftsbürger, dem die Veranstaltung von grenzüberschreitenden Rundfunkprogrammen untersagt wird, eine Beschränkung seiner aus der Dienstleistungsfreiheit folgenden Rechte behaupten kann. Dies gilt nach der gesetzgeberischen Entscheidung für ein duales System auch innerhalb der deutschen Rundfunkordnung.

(4) Ausschluß mißbräuchlicher Umgehung

Die Anerkennung eines gegenüber dem Sitzstaat bestehenden Rechts auf Rundfunkveranstaltung stößt aber aus einem anderen Grund auf Bedenken. So läßt sich einwenden, daß über eine nur geringe, eher nebensächliche Verbreitung in einem anderen Mitgliedstaat ein überwiegend mitgliedstaatsinterner Sachverhalt insgesamt wie ein grenzüberschreitender Vorgang behandelt würde. Ein terrestrischer Sender in Grenznähe, der sich schwerpunktmäßig auf das Inland richtet, könnte sich schon bei einer ganz geringen Empfangbarkeit im Nachbarstaat

---

708 EuGH Rs. C-353/89 (Kommission/Niederlande), Slg. 1991, I-4069, Rn. 34.

709 EuGH Rs. C-353/89 (Kommission/Niederlande), Slg. 1991, I-4069, Rn. 35.

710 So auch *Gill*, in: Lenz, EGV-Kommentar, Art. 90, Rn. 6 und 14; vgl. auch *Hochbaum*, in: v. d. Groeben/Thiesing/Ehlermann, Kommentar zum EG-Vertrag, Art. 90 Rn. 31.

711 EuGH Rs. C-384/93 (Alpine Investments BV), Slg. 1995, I-1141; vgl. oben 4. b) cc) 2 und (3).

auf den Schutz durch die Dienstleistungsfreiheit berufen. Es besteht also eine nicht unerhebliche Gefahr des Mißbrauchs. Die Vorschriften des Sitzstaates könnten ausgehebelt werden.

Diesen Bedenken ist jedoch entgegenzuhalten, daß die nur gelegentliche, nebensächliche Grenzüberschreitung für den Dienstleistungsbegriff des EG-Vertrags wesenstypisch ist. Es handelt sich schon begrifflich um eine nur vorübergehend in einem anderen Mitgliedstaat ausgeübte Tätigkeit. Im Bereich der Dienstleistungsfreiheit ist es üblich, daß das Gebiet des Sitzstaates das hauptsächliche Betätigungsgebiet des Unternehmers bleibt. Dies zeigt etwa das Beispiel des Handwerkers, der einzelne Aufträge im Ausland wahrnimmt. Die Gefahr eines derartigen Mißbrauchs darf daher nicht überbewertet werden.

Vielmehr wäre, wie sich aus der *TV 10*-Entscheidung[712] des EuGH ergibt, die Schutzwirkung der Dienstleistungsfreiheit unter bestimmten Umständen gerade im umgekehrten Falle eingeschränkt, also wenn sich ein Rundfunkveranstalter schwerpunktmäßig an Empfänger in einem anderen Mitgliedstaat wendet. Nach der Rechtsprechung des Gerichtshofs wäre zwar auch dann der Anwendungsbereich der Dienstleistungsfreiheit eröffnet, der Empfangsstaat könnte den auswärtigen Veranstalter aber wie einen inländischen behandeln, also strengere Regelungen anwenden[713].

Der Grund, der die genannten Bedenken hervorruft, besteht letztlich darin, daß im Falle der Rundfunkverbreitung über terrestrische Sender oder Satellit die grenzüberschreitende Leistungserbringung aus tatsächlichen Gründen nicht von den inländischen Aktivitäten trennbar ist. Hierin besteht der Unterschied zu den gängigen Fällen, etwa dem des genannten pendelnden Handwerkers. Die ausgestrahlten Funkwellen vermitteln stets eine einheitliche Leistung an inländische wie ausländische Empfänger, die Leistungserbringung läßt sich nicht in einzelne Beziehungen aufspalten. Allein wegen dieser tatsächlichen Besonderheit des Rundfunks die Schutzwirkung der Dienstleistungsfreiheit zu verneinen, würde aber einen Bruch mit der modernen Dogmatik der Grundfreiheiten bedeuten, das Binnenmarktziel würde in einem wichtigen Wirtschaftssektor vernachlässigt.

Der Mißbrauchsgefahr durch bewußte Umgehung der Vorschriften des Sitzstaates kann durch eine Bagatellgrenze begegnet werden: Bei ganz geringer, im

---

712 EuGH Rs. C-23/93 (TV 10 SA), Slg. 1994, I-4795.

713 Überträgt man die Rechtsprechung des EuGH in der Sache *Alpine Investments* (EuGH Rs. C-384/93, Slg. 1995, I-1141), nach der Beschränkungen der Dienstleistungsfreiheit auch durch den Herkunftsstaat zulässig sein können, auf die vorliegende Konstellation, könnten hier Maßnahmen des Sitzstaates in Betracht kommen.

Verhältnis zum inländischen Empfangsgebiet des jeweiligen Veranstalters praktisch nicht ins Gewicht fallender Empfangbarkeit in anderen Mitgliedstaaten kann die Berufung auf die Dienstleistungsfreiheit versagt wird. Ein derart extremes Verhältnis besteht aber jedenfalls bei der Verbreitung durch direktstrahlende Satelliten regelmäßig nicht. Es bleibt damit bei der Feststellung, daß Zulassungsvorbehalte und Untersagungen der Rundfunktätigkeit, soweit sie auch die - nicht völlig unerhebliche - grenzüberschreitende Verbreitung in einen anderen Mitgliedstaat betreffen, eine grundsätzlich verbotene Beschränkung der Dienstleistungsfreiheit darstellen.

(5) Eingrenzung des Beschränkungsbegriffs durch die *Keck*-Rechtsprechung

(a) Einleitung

Eine auch in der vorliegenden Konstellation bedeutsame Eingrenzung der Reichweite des Beschränkungsverbots könnte aus der sogenannten „*Keck*-Rechtsprechung“ des EuGH folgen. Die „*Keck*-Formel“ fungiert als Grobfilter zur Begrenzung des im Ansatz sehr weiten Beschränkungsbegriffs. Maßnahmen, die an sich unter den Beschränkungsbegriff fallen, können durch die Anwendung der *Keck*-Formel einer Prüfung anhand der Grundfreiheiten entzogen werden. Zwar hatte das namensgebende Urteil in dem Verfahren *Keck und Mithouard*[714], dem eine ganze Kette von gleichlaufenden Urteilen nachfolgte[715], allein die Warenverkehrsfreiheit zum Gegenstand, jedoch wird zunehmend von einer Übertragbarkeit der darin aufgestellten Grundsätze auf andere Freiheiten, in vorderster Linie die Dienstleistungsfreiheit, ausgegangen.

(b) Das Urteil *Keck und Mithouard*

Dem Urteil in der Rechtssache *Keck und Mithouard*[716], das im Wege eines Vorabentscheidungsverfahrens nach Art. 177 EGV ergangen ist, bezog sich auf ein

---

714 EuGH verbundene Rechtssachen C-267/91 und C-268/91, Slg. 1993, I-6097.

715 Vgl. etwa EuGH Rs. C-292/92 (Hünermund), Slg. 1993, I-6787; C-401/92 (Tankstellen), Slg. 1994, I-2199; verbundene Rs. C-69/93 und C-258/93 (Punto Casa), Slg. 1994, I-2355; Rs. C-230/93 (Ortscheid) Slg. 1994, I-5243; C-412/93 (Leclerc-Siplec), Slg. 1995, I-179.

716 EuGH verbundene Rechtssachen C-267/91 und C-268/91, Slg. 1993, I-6097.

französisches Verbot, Waren unter dem Einkaufspreis weiterzuverkaufen. Der Gerichtshof stellte - ausdrücklich unter Aufhebung seiner bisherigen Rechtsprechung - fest, daß

„die Anwendung nationaler Bestimmungen, die bestimmte Verkaufsmodalitäten beschränken oder verbieten, auf Erzeugnisse aus anderen Mitgliedstaaten nicht geeignet (sei), den Handel zwischen den Mitgliedstaaten (...) zu behindern, sofern diese Bestimmungen für alle betroffenen Wirtschaftsteilnehmer gelten, die ihre Tätigkeit im Inland ausüben, und sofern sie den Absatz der inländischen Erzeugnisse und der Erzeugnisse aus anderen Mitgliedstaaten rechtlich wie tatsächlich in der gleichen Weise berühren.“[717]

Als eigentlichen Grund für diese Feststellung fügt der Gerichtshof an, in einem solchen Fall sei „die Anwendung derartiger Regelungen auf den Verkauf von Erzeugnissen aus anderen Mitgliedstaaten, (...) nicht geeignet, den Marktzugang für diese Erzeugnisse zu versperren oder stärker zu behindern, als sie dies für inländische Erzeugnisse tut.“[718]

Diese Aussagen werden überwiegend dahingehend verstanden, daß nur noch produktbezogene Regelungen eine Beschränkung der Warenverkehrsfreiheit darstellen können, bloße Regelungen über Verkaufsmodalitäten, die lediglich festlegen „wer was wann verkaufen darf und wo und wie verkauft werden darf“[719], dagegen - sofern sie nicht diskriminierend wirken - prinzipiell unbedenklich sind und keiner weiteren Rechtfertigung bedürfen[720]. Obwohl über die Kernaussagen des Urteils im wesentlichen Einigkeit besteht, wird die Bedeutung der Entscheidung im Schrifttum nach wie vor unterschiedlich beurteilt. Teilweise wird lediglich von einer „Kursbegradigung"[721] oder „einschränkenden Präzisierung“[722] gesprochen, andere meinen dagegen, eine „Rechtsprechungsänderung“[723] oder „Kurskorrektur“[724] erkennen zu können.

---

717 EuGH a.a.O., Rn. 16.

718 EuGH a.a.O., Rn. 17.

719 *Schweitzer/Hummer*, Europarecht, Rn. 1121; Schlußanträge des Generalanwalts *Tesauro* in der Rs. C-292/92 (Hünermund), Slg. 1993, I-6787, 6810.

720 Vgl. *Schweitzer/Hummer*, Europarecht, Rn. 1123; *Sack*, EWS 1994, 37, 44; *Borchardt*, Grundlagen der Europäischen Union, S. 25f.; *Fezer*, JZ 1994, 317, 320.

721 *Fezer*, JZ 1994, 317, 318.

722 *Streinz*, Europarecht, Rn. 678; zurückhaltend auch *Bernhard*, EWS 1995, 404, 409 und *Möschel*, NJW 1994, 429, 430.

723 *Borchardt*, Grundlagen der Europäischen Union, S. 244.

724 *Classen*, EWS 1995, 97, 97.

(c) Übertragung auf die Dienstleistungsfreiheit

Aufgrund der strukturellen Gleichheit der Warenverkehrsfreiheit und der Dienstleistungsfreiheit im Bereich des Beschränkungsbegriffs drängt sich die Frage auf, ob und inwieweit die Grundsätze der *Keck*-Rechtsprechung auf die Dienstleistungsfreiheit zu übertragen sind. Der Ansatzpunkt für eine Übertragung des *Keck*-Gedankens findet sich in der Entscheidung selbst, denn dort wird als Grund der Rechtsprechungsänderung genannt, daß

> „sich die Wirtschaftsteilnehmer immer häufiger auf Art. 30 EWG-Vertrag berufen, um jedwede Regelung zu beanstanden, die sich als Beschränkung ihrer geschäftlichen Freiheit auswirkt, auch wenn sie nicht auf Erzeugnisse aus anderen Mitgliedstaaten gerichtet ist“[725].

Diese Entwicklung geht auf den vom EuGH seit dem *Dassonville*-Urteil[726] in ständiger Rechtsprechung angewendeten weiten Beschränkungsbegriff zurück. Da dieser aber heute auch für die Dienstleistungsfreiheit gilt, in der Sache also auch hier die *Dassonville*-Formel herangezogen wird[727], ist es nur konsequent, auch die darauf zurückgehenden, einschränkenden Erwägungen des *Keck*-Urteils zu übertragen.

Der EuGH hat sich mit dieser Problematik erstmals in der Rechtssache *Alpine Investments*[728] aufgrund eines entsprechenden Vortrags der beteiligten Regierungen befaßt. Zwar ist er nicht ausdrücklich auf die Frage der Übertragbarkeit eingegangen, er hat jedoch die Voraussetzungen der *Keck*-Formel erörtert, was vermuten läßt, daß der Gerichtshof sie für übertragbar hält, ohne sich allerdings auf eine allgemeine Formel für die Dienstleistungsfreiheit festzulegen. In gleicher Weise ist der EuGH in der Rechtssache *Bosman* zur Freizügigkeit der Arbeitnehmer verfahren[729]. Auch im Schrifttum wird eine Übertragung befürwortet[730], gleichzeitig aber betont, daß die Anwendung der *Keck*-Grundsätze im Bereich der anderen Grundfreiheiten erhebliche Schwierigkeiten bereitet[731]. Der

---

725 EuGH verbundene Rechtssachen C-267/91 und C-268/91, Slg. 1993, I-6097, Rn. 14; auch im Schrifttum wird daher von einem „absurden Ergebnis" gesprochen, vgl. nur *Nettesheim*, NVwZ 1996, 342, 344.

726 EuGH Rs. 8/74, Slg. 1974, 837.

727 Vgl. oben 4. b) cc) (2) (a).

728 EuGH Rs. C-384/93 (Alpine Investments BV), Slg. 1995, I-1141, Rn. 32-38.

729 EuGH Rs. C-415/93, Slg. 1995, I-4921, Rn. 103.

730 *Nicolaysen*, Europarecht II, S. 178; *Streinz*, Europarecht, Rn. 708f.; *Ahlt*, Europarecht, S. 119; *Nettesheim*, NVwZ 1996, 342, 344 (in Fn. 22); *Eberhartinger*, EWS 1997, 43, 48f.; wohl auch *Classen*, EWS 1995, 97, 101.

731 *Kort*, JZ 1996, 132, 136; *Ahlt*, Europarecht, S. 119; *W. Schroeder*, JZ 1996, 254, 255.

Grund hierfür liegt darin, daß eine klare Abgrenzung zwischen Produktanforderungen und Regelungen des Vertriebs im Bereich der Dienstleistungsfreiheit nicht möglich ist, denn bei nichtverkörperten Leistungen ist das „Produkt“ der Dienstleistung häufig untrennbar mit dessen „Vertriebsmodalitäten“ verknüpft[732]. Im Einzelfall entscheidend und in der Rechtsprechung des EuGH bislang nicht eindeutig geklärt, ist die Art und Weise wie die *Keck*-Grundsätze im Bereich der anderen Grundfreiheiten zu handhaben sind. Im Schrifttum werden unterschiedliche Modelle vorgeschlagen:

Nach *Nettesheim*[733] sollen nationale Maßnahmen nur dann an den Grundfreiheiten zu messen sein, wenn die Behinderungen gerade aufgrund der Grenzüberschreitung entstehen, nicht dagegen, wenn es sich um Regelungen handelt, die zu dem „offenen wirtschaftlichen Ordnungsrahmen" des Mitgliedstaates gehören. Letzteres soll aber dann nicht der Fall sein, wenn die Maßnahmen geeignet sind, den nationalen Markt abzuschotten. Leider liefert *Nettesheim* für das letztgenannte Merkmal keine allgemeingültige Formel, wodurch der neuralgische Punkt der Abgrenzungsschwierigkeiten im Ergebnis ungeklärt bleibt. Zweifelhaft erscheint auch die von ihm vorgeschlagene Unterscheidung zwischen staatlichen und privaten Beschränkungen. Da bei der Auslegung der Grundfreiheiten traditionell die Wirkung auf den betroffenen Bürger im Vordergrund steht, dürfte die Herkunft der Maßnahme grundsätzlich irrelevant sein; gerade deshalb hat der EuGH in einigen Konstellationen eine Drittwirkung der Grundfreiheiten angenommen[734].

Classen[735] will zunächst solche Regelungen dem Maßstab der Grundfreiheiten entziehen, die Sachverhalte regeln, die entweder „nur einer Rechtsordnung" unterliegen, wo also keine Gefahr einer Benachteiligung durch eine „Doppelbelastung" aufgrund der Anwendbarkeit zweier (widersprechender) Rechtsordnungen besteht. Im übrigen sollen nur solche Maßnahmen überprüfbar sein, „die unmittelbar den Grenzübertritt behindern oder beschränken"[736]. Auch dabei bleibt jedoch die Abgrenzung in Grenzfällen schwierig. Mit *Nettesheim* sind Kriterien wie Spürbarkeit, Unmittelbarkeit oder Finalität als ungeeignet zu beurteilen, weil sie, wie aus anderen Rechtsbereichen bekannt, zu erheblichen Rechtsunsicherheiten führen[737].

---

732 Vgl. *Kort*, JZ 1996, 132, 136.

733 NVwZ 1996, 342, 344. Die Ausführungen beziehen sich allerdings nur auf die Art. 48 und 52 EGV, der Verfasser läßt jedoch erkennen, daß er bei der Dienstleistungsfreiheit nicht anders verfahren will.

734 Vgl. dazu *Kluth*, AöR 122 (1997), 557ff.

735 EWS 1995, 97, 100ff.

736 In diese Richtung wohl auch *Eberhartinger*, EWS 1997, 43, 49.

737 Vgl. NVwZ 1996, 342, 344.

Da das Problem in der Übertragung eines vom Gerichtshof entwickelten Konzepts besteht, erscheint es hilfreich, sich möglichst eng am Wortlaut der vom EuGH im *Keck*-Urteil aufgestellten Formeln zu orientieren. Weil der Leitsatz des EuGH, der an die Unterscheidung zwischen produktbezogenen und vertriebsbezogen Regelungen anknüpft, für die Dienstleistungsfreiheit nicht weiterführend ist, bietet sich eine Orientierung an dem Kernsatz der Entscheidung an, der das eigentliche Begründungselement enthält: Es ist darauf abzustellen, ob eine Maßnahme geeignet ist, „den Marktzugang für diese (ausländischen) Erzeugnisse zu versperren oder stärker zu behindern, als sie dies für inländische Erzeugnisse tut“[738]. Aus diesem Satz ergibt sich eine zweistufige Prüfungsfolge: Auf der ersten Stufe ist allein auf das Vorliegen einer echten „Zugangssperre" abzustellen. Eine relevante Beschränkung liegt also dann vor, wenn die fragliche Maßnahme zur Folge hat, daß eine bestimmte Leistung schon am Marktzutritt gehindert wird.

Wenn diese erste Alternative nicht erfüllt ist, kommt es auf der zweiten Stufe zu einem wertenden Vergleich der Wirkungen auf inländische Leistungen einerseits und Leistungen aus anderen Mitgliedstaaten auf der anderen Seite. Auf dieser zweiten Stufe ist dabei zu beachten, daß es - im Unterschied zum Begriff der mittelbaren Diskriminierung - nicht auf quantitative Maßstäbe, also auf die Frage, ob weit überwiegend Leistungen mit auswärtigem Ursprung betroffen sind, ankommt, sondern auf qualitative Kriterien, nämlich darauf, ob die Regelung Leistungserbringer aus anderen Mitgliedstaaten härter trifft, zum Beispiel weil hier mit einem erhöhten Aufwand zu rechnen ist.

(d) Anwendung der *Keck*-Formel auf Maßnahmen des Sitzstaates des Rundfunkveranstalters

Bei der Anwendung der *Keck*-Formel auf die hier interessierende Konstellation ist zu berücksichtigen, daß ein untypischer Fall vorliegt, in dem die belastenden Maßnahmen von dem Sitzstaat des Leistungserbringers ausgehen, denn der Herkunftsstaat ist es, der die grenzüberschreitende Ausstrahlung von Rundfunksendungen verhindert. Gerade in einer damit vergleichbaren Fallgestaltung hat sich aber der EuGH mit der *Keck*-Problematik im Rahmen der Dienstleistungsfreiheit beschäftigt[739], so daß die Formel auch hier nicht unberücksichtigt bleiben sollte.

---

[738] EuGH verbundene Rechtssachen C-267/91 und C-268/91 (Keck und Mithouard), Slg. 1993, I-6097, Rn. 17.

[739] EuGH Rs. C-384/93 (Alpine Investments BV), Slg. 1995, I-1141, Rn. 32-38.

Folgt man der vorgeschlagenen, zweistufigen Prüfungsfolge, ergibt sich, daß Maßnahmen, die den Export der Leistung in andere Mitgliedstaaten verhindern, regelmäßig bereits eine Zugangssperre im Sinne der ersten Stufe bewirken. Genau darauf hat auch der EuGH in dem entschiedenen Fall *Alpine Investments*, in dem es ebenfalls um Maßnahmen des Sitzstaates des Leistungserbringers ging, abgestellt. Dort heißt es: „...beeinflußt es (das Verbot) unmittelbar den Zugang zum Dienstleistungsmarkt in den anderen Mitgliedstaaten. Es ist daher geeignet, den innergemeinschaftlichen Dienstleistungsverkehr zu behindern"[740]. Gehen die Maßnahmen, die eine Tätigkeit in einem anderen Mitgliedstaat untersagen, vom Sitzstaates des Leistungserbringers aus, greift der „Grobfilter" *Keck* deshalb in aller Regel nicht durch, es handelt sich um Beschränkungen, die durch Art. 59 EGV prinzipiell verboten sind.

dd) Schlußbetrachtung

Will ein Angehöriger eines Mitgliedstaats Rundfunkprogramme veranstalten, die in nicht völlig unerheblichem Umfang in anderen Mitgliedstaaten empfangen werden können, ist in aller Regel der Begriff der Dienstleistung im Sinne der Art. 59 und 60 EGV erfüllt. Die Untersagung eines solchen Vorhabens stellt eine Beschränkung der Dienstleistungsfreiheit dar, denn der Beschränkungsbegriff erfaßt auch Maßnahmen des Herkunftstaates, selbst wenn es sich um generelle Verbote handelt. Derartige Maßnahmen sind auch nicht nach den Grundsätzen des *Keck*-Urteils unbedenklich. Auch ein mit bestimmten Zulassungsvoraussetzungen verbundener Zulassungsvorbehalt stellt eine rechtfertigungsbedürftige Beschränkung der Dienstleistungsfreiheit dar. Aus der Sicht der Gemeinschaftsangehörigen ergibt sich daraus ein prinzipielles Recht, grenzüberschreitende Rundfunksendungen zu veranstalten[741].

---

740 EuGH Rs. C-384/93 (Alpine Investments BV), Slg. 1995, I-1141, Rn. 38; entsprechend führte der Gerichtshof im Urteil *Bosman* bezogen auf Art. 48 EGV zur *Keck*-Problematik aus, daß die streitigen Transferregeln „den Zugang der Spieler zum Arbeitsmarkt in anderen Mitgliedstaaten unmittelbar beeinflussen" und schon deshalb geeignet seien, die Freizügigkeit zu beeinträchtigen, Rs. C-415/93, Slg. 1995, I-4921, Rn. 103.

741 Zu den Möglichkeiten der Mitgliedstaaten, die Veranstaltungsrechte zu beschränken, vgl. unten 4. d) dd) und IV.

c) Die Niederlassungsfreiheit als Grundlage subjektiver Veranstaltungsrechte

aa) Einleitung

Die Art. 52 ff. des EG-Vertrags gewährleisten die Niederlassungsfreiheit als ein Element der Freiheit des Personenverkehrs. Nach Art. 52 Abs. 1 S. 1 EGV sind „Beschränkungen der freien Niederlassung von Staatsangehörigen eines Mitgliedstaates im Hoheitsgebiet eines anderen Mitgliedstaates“ verboten. Ebenso wie die Dienstleistungsfreiheit könnte die Niederlassungsfreiheit eine Grundlage für subjektive Rechte auf die Veranstaltung von Rundfunksendungen bieten. Innerhalb des Zulassungssystems der Rundfunk- und Mediengesetze stellt sich die Frage, ob ein Unternehmen eines anderen Mitgliedstaats beanspruchen kann, eine Niederlassung in Deutschland zu begründen und von dort aus Rundfunk zu veranstalten.

Obwohl die Tätigkeit eines Rundfunkveranstalters zweifellos eine wirtschaftliche Tätigkeit im Sinne des Tatbestands der Niederlassungsfreiheit darstellt, hat in der Vergangenheit die Dienstleistungsfreiheit im Zentrum der gemeinschaftsrechtlichen Betrachtung des Rundfunks gestanden[742]. Dies dürfte in erste Linie auf die Knappheit der terrestrischen Übertragungskapazitäten zurückzuführen sein, weshalb die Erteilung von Gewährungszulassungen an ausländische Unternehmen in der Praxis gegenüber der Weiterverbreitung ausländischer Programme in den Kabelnetzen die Ausnahme blieb[743]. Gerade vor dem Hintergrund der durch die Techniken der Digitalisierung und Datenkompression entstehenden zusätzlichen Übertragungskapazitäten auch im Bereich der terrestrischen Verbreitung wird die Erwägung eines Rundfunkunternehmens, einen grenzüberschreitenden Standortwechsel vorzunehmen oder eine Zweitniederlassung zu gründen, künftig näher rücken. Unterstützt durch die in den letzten Jahren erfolgte dogmatische Weiterentwicklung durch den EuGH ist zu erwarten, daß die Niederlassungsfreiheit zunehmend auch im Rundfunksektor aus dem Schatten der Dienstleistungsfreiheit heraustreten wird.

---

742 Auch im Grünbuch der Kommission spielt die Niederlassungsfreiheit nur eine untergeordnete Rolle, vgl. dort S. 8, 165 und 180f.

743 Zur Abgrenzung der Gründung einer Niederlassung von der Beteiligung an einer ausländischen Kapitalgesellschaft, die unter die Freiheit des Kapitalverkehrs fällt, vgl. *Jungbluth*, Das Niederlassungsrecht, S. 97f.

bb) Der Tatbestand der Niederlassungsfreiheit

Auf eine kurze Formel gebracht, umfaßt die Niederlassungsfreiheit das Recht zur Aufnahme und Ausübung selbständiger Erwerbstätigkeiten in einem anderen Mitgliedstaat. Gewährleistet wird insbesondere die Gründung von Unternehmen und Gesellschaften (Art. 52 Abs. 2 EGV) sowie von Agenturen, Zweigniederlassungen und Tochtergesellschaften (Art. 52 Abs. 1 EGV). Der persönliche Schutzbereich erfaßt natürliche Personen aber auch Gesellschaften im Sinne des Art. 58 EGV, wozu gemäß Abs. 2 des Artikels jede juristische Personen des öffentlichen und des Privatrechts zählt, die Erwerbszwecke verfolgt.

Trotz der unbestreitbaren kulturellen Dimension stellt die Rundfunkveranstaltung durch ein privates Unternehmen einen Teil des Wirtschaftslebens im Sinne des Art. 2 des EG-Vertrags dar. Damit ist die Grundvoraussetzung für die Anwendbarkeit der Grundfreiheiten gegeben[744]. Die Tätigkeit wird selbständig und hinsichtlich kommerzieller Veranstalter eindeutig auch entgeltlich betrieben und fällt damit unter den Tatbestand der Niederlassungsfreiheit[745]. Von der Niederlassungsfreiheit macht Gebrauch, wer „in stabiler und kontinuierlicher Weise am Wirtschaftsleben eines anderen Mitgliedstaats“ teilnimmt[746]. Anders als im Fall der Dienstleistungsfreiheit erfolgt die Grenzüberschreitung nicht nur vorübergehend, sie ist vielmehr dauerhaft angelegt, dabei aber der eigentlichen Leistungserbringung zeitlich vorgelagert. Tatbestandlich einschlägig ist die Niederlassungsfreiheit im hier betrachteten Kontext demnach beispielsweise dann, wenn ein französisches Unternehmen einen Zweitsitz in Deutschland begründen will, um dort ein selbständiges Rundfunkprogramm zu veranstalten.

cc) Niederlassungsfreiheit und Recht auf Rundfunkveranstaltung

(1) Inhalt und Reichweite der Niederlassungsfreiheit

Die Regelungen, die der Gründung einer Niederlassung durch ein ausländisches Rundfunkunternehmen entgegenstehen können - die Zulassungsvorbehalte und

744 Vgl. EuGH Rs. C-415/93 (Bosman), Slg. 1995, I-4921, Rn. 73; Rs. 36/74 (Walrave und Koch), Slg. 1974, 1405, Rn. 4; *Schnichels*, Niederlassungsfreiheit, S. 29.

745 Vgl. eingehend *Liehr*, Die Niederlassungfreiheit, S. 94ff. und *Jungbluth*, Das Niederlassungsrecht, S. 35ff.

746 EuGH Rs. 55/94 (Gebhard), Slg. 1995, I-4165, Rn. 25.

die Zulassungsvoraussetzungen -, gelten durchweg unabhängig von der Staatsangehörigkeit. Ein subjektives Recht auf Rundfunkveranstaltung aus der Niederlassungsfreiheit läßt sich daher nur dann begründen, wenn die Grundfreiheit auch unterschiedslos anwendbare, nichtdiskriminierende Zulassungshindernisse betrifft. Art. 52 EG-Vertrag erweist sich im vorliegenden Kontext also nur dann als weiterführend, wenn er ebenso wie Art. 59 EGV ein allgemeines Beschränkungsverbot enthält. Anders als bei der Dienstleistungsfreiheit ist dies auch heute noch umstritten.

(a) Die Niederlassungsfreiheit als Diskriminierungsverbot

Nach der bis in die jüngste Zeit weit verbreiteten Auffassung im Schrifttum enthält die Niederlassungsfreiheit lediglich ein - allerdings weit auszulegendes - Diskriminierungsverbot[747]. Einen Beleg dafür, daß allein ein Gebot der Inländergleichbehandlung statuiert wird, soll zunächst die Formulierung des Art. 52 Abs. 2 EGV liefern, nach der ausdrückliches Ziel die Möglichkeit einer Ausübung „nach den Bestimmungen des Aufnahmestaats für seine eigenen Angehörigen“ sei[748]. Diese Ansicht kann sich zudem darauf stützen, daß der EuGH im Rahmen der Niederlassungsfreiheit das Diskriminierungsverbot häufig eindeutig in den Vordergrund gestellt hat[749].

(b) Die Niederlassungsfreiheit als allgemeines Beschränkungsverbot

In die Rechtsprechung des Gerichtshofs mischten sich jedoch zunehmend Entscheidungen, die sich mit dem Verständnis eines reinen Diskriminierungsverbots nur schwer erklären ließen. Den Anstoß gab das sogenannte *Klopp*-Urteil[750]. In dem zugrundeliegenden Verfahren wollte ein in Deutschland zugelassener Rechtsanwalt eine Zweitniederlassung in Frankreich gründen, was ihm aber unter Hinweis auf das in Frankreich allgemein geltende Verbot mehrerer

---

747 Vgl. nur *Randelzhofer*, in: Grabitz/Hilf, Komm. zur EU, Art. 52 Rn. 43f.; *Roth*, in: Dauses, Handbuch des EG-Wirtschaftsrechts, E. I. Rn. 61 m.w.N.; *Liehr*, Die Niederlassungsfreiheit, S. 66f., 69 sieht in der bis 1994 ergangenen Rechtsprechung nicht die Anerkennung eines generellen Beschränkungsverbots, erkennt aber bestimmte Fallgruppen an, in denen Art. 52 EGV über ein Gebot der Inländergleichbehandlung hinausgehen soll.

748 *Everling*, Vertragsverhandlungen, S. 113.

749 Z.B. EuGH Rs. 198/86 (Conradi), Slg. 1987, 4469, Rn. 11; Rs. 221/85, Slg. 1987, 719, Rn. 11f.

750 EuGH Rs. 107/83 (Klopp), Slg. 1984, 2971.

Niederlassungen verwehrt wurde. Da der EuGH darin einen Verstoß gegen die Niederlassungsfreiheit erblickte, ohne daß eine mittelbare Diskriminierung nachgewiesen wurde, konnte man darin den ersten Schritt in Richtung einer Ausdehnung der Reichweite des Art. 52 EGV sehen[751]. Entsprechendes gilt für eine Reihe nachfolgender Urteile[752]. Gleichwohl wurde der Anerkennung eines allgemeinen Beschränkungsverbots im Schrifttum kritisch begegnet[753]. Betont wird vor allem ein grundsätzlicher Unterschied zur Dienstleistungsfreiheit, der eine ebenso weite Auslegung verbiete: Der Niederlassungswillige gliedere sich anders als der Dienstleistungserbringer vollkommen in die Wirtschaftsordnung des Aufnahmestaates ein. Da er die Vorteile dieses Systems dauerhaft in Anspruch nehme, könne von ihm verlangt werden, auch die nachteiligen, für alle inländischen Wettbewerber geltenden Vorschriften zu beachten[754]. Andernfalls seien die Mitgliedstaaten ihrer Regelungskompetenz beraubt, denn über diesen Ansatz würden letztlich auch Sachverhalte erfaßt, die sich - nach der einmaligen, vorgelagerten Grenzüberschreitung - rein innerstaatlich abspielen[755].

Obwohl diese Argumente nicht von der Hand zu weisen sind, hat sich der EuGH für die weite Auslegung entschieden. Konnte man hinsichtlich der oben genannten Urteile noch darüber streiten, ob die Entscheidungen nicht auch unter Annahme lediglich eines Gebots der Inländergleichbehandlung begründbar waren, finden sich in den Urteilen *Kraus* und *Gebhard* nunmehr Aussagen, die eindeutig über den Aspekt des Diskriminierungsverbots hinausgehen.

Im *Kraus*-Urteil[756], das sich mit der Genehmigungspflicht der Führung ausländischer akademischer Titel befaßte, hat der Gerichtshof genau die Formulierungen auf die Niederlassungsfreiheit ausgedehnt, die er zuvor bezogen auf unterschiedslos anwendbare Beschränkungen der Dienstleistungsfreiheit angewandt hatte:

„Daher stehen die Art. 48 und 52 EWGV jeder nationalen Regelung (...) entgegen, die zwar ohne Diskriminierung aus Gründen der Staatsangehörigkeit anwendbar ist, die aber geeignet ist, die Ausübung der durch den EWG-Vertrag garantierten grundlegenden Freiheiten durch die Gemeinschaftsangehörigen (...)

---

751 Vgl. *Troberg*, in: v. d. Groeben/Thiesing/Ehlermann, Kommentar zum EU-/EG-Vertrag, Art. 52 Rn. 45; *Schnichels*, Niederlassungsfreiheit, S. 109.

752 Vgl. EuGH Rs. 96/85, Slg. 1986, 1482; Rs. 292/86 (Gullung), Slg. 1988, 111; Rs. C-340/89 (Vlassopoulou), Slg. 1991, I-2357; Rs. C-351/90, Slg. 1992, I-3945; vgl. dazu näher *Schnichels*, Niederlassungsfreiheit, S. 107ff.

753 Nachhaltig etwa *Everling*, DB 1990, 1853.

754 *Everling*, DB 1990, 1853, 1857; *Troberg*, in: v. d. Groeben/Thiesing/Ehlermann, Kommentar zum EU-/EG-Vertrag, Art. 52 Rn. 48.

755 Vgl. *Everling*, DB 1990, 1853, 1857.

756 EuGH Rs. C-19/92 (Kraus), Slg. 1993, I-1663.

zu behindern oder weniger attraktiv zu machen. Anders verhielte es sich nur, wenn mit einer solchen Regelung ein berechtigter Zweck verfolgt würde, der mit dem EG-Vertrag vereinbar und aus zwingenden Gründen des Allgemeininteresses gerechtfertigt wäre."[757]

Damit verwendet der EuGH nicht nur den letztlich auf die *Dassonville*-Entscheidung zur Warenverkehrsfreiheit zurückgehenden weiten Beschränkungsbegriff, sondern überträgt auch die vorrangig für unterschiedslos anwendbare Beschränkungen entwickelte Formel der Rechtfertigung durch ungeschriebene Gründe des Allgemeininteresses auf die Niederlassungsfreiheit. Wenn man auch in dem zugrundeliegenden Fall durchaus an eine mittelbare Diskriminierung hätte denken können, weil ausländische Titel trotz der zunehmenden Mobilität in Europa weit überwiegend durch Ausländer erworben werden und der Genehmigungsvorbehalt entsprechend auch für Ausländer gilt[758], lassen die Formulierungen gerade aufgrund der sprachlichen Entsprechungen zu Aussagen zur Dienstleistungsfreiheit für eine restriktive Auslegung keinen Raum.

Diese Feststellungen hat der EuGH eineinhalb Jahre später im Urteil *Gebhard*[759] wiederholt und die Formeln diesmal speziell in einer Konstellation des Art. 52 EGV gebraucht. In diesem Vorabentscheidungsverfahren nahm der Gerichtshof zu einem an einen in Deutschland zugelassenen Rechtsanwalt gerichteten Verbot Stellung, mit dem diesem untersagt wurde, bei der Ausübung seiner Tätigkeit an seinem Kanzleiort Mailand die Bezeichnung „avvocato" zu führen. Nachdem der EuGH feststellte, daß die Niederlassungsfreiheit tatbestandlich einschlägig ist, gibt er dem vorlegenden Gericht den Hinweis, daß Maßnahmen, die die Grundfreiheiten behindern, aus Gründen des Allgemeininteresses gerechtfertigt sein können[760]. Damit bestätigt der EuGH erneut die Konvergenz mit der Dienstleistungsfreiheit. Konsequent wird im Schrifttum in diesem Urteil die endgültige Anerkennung eines in der Niederlassungsfreiheit enthaltenen allgemeinen Beschränkungsverbots gesehen[761]. Diese Einschätzung wird durch ein zu der Zulassungspflicht für Wertpapiermakler in Italien ergangenes Urteil bestätigt[762]. Der Gerichtshof hat darin auf die Grundsätze der Rechtfertigung un-

---

757 EuGH Rs. C-19/92 (Kraus), Slg. 1993, I-1663, Rn. 16.

758 Vgl. § 3 des Gesetzes über die Führung akademischer Grade vom 7. Juni 1939, RGBl. S. 985, BGBl. III 221-1. Ausgenommen sind nur vorübergehende Aufenthalte in Deutschland.

759 EuGH Rs. C-55/94 (Gebhard), Slg. 1995, I-4165.

760 EuGH Rs. C-55/94 (Gebhard), Slg. 1995, I-4165, Rn. 37.

761 *Ehlers/Lackhoff*, Anmerkung zu Rs. C-55/94 (Gebhard), Slg. 1995, I-4165, EuZW 1996, 467, 468; *Herdegen*, Europarecht, Rn. 307; *Borchardt*, Grundlagen der Europäischen Union, S. 289f.; *Schweitzer/Hummer*, Rn. 1075 (in Fn. 64); *Ahlt*, Europarecht, S. 110; *Eberhartinger*, EWS 1997, 43, 48.

762 EuGH Rs. 101/94, Slg. 1996, I-2691.

terschiedsloser Beschränkungen durch Allgemeininteressen hingewiesen und deshalb die Zulassungspflichtigkeit nicht beanstandet. Der Verweis auf die mögliche Rechtfertigung von Organisations- und Kontrollvorschriften belegt dabei, daß es sich auch bei derartigen unterschiedslos anwendbaren Regelungen grundsätzlich um relevante Beschränkungen handelt[763]. Die weite Auslegung des Beschränkungsbegriffs war für den EuGH offenbar bereits selbstverständlich.

Bestätigt wird dies auch durch das zur Arbeitnehmerfreizügigkeit des Art. 48 EGV ergangene Urteil in der Rechtssache *Bosman*[764]. Dort hat der EuGH unter anderem zu einer Transferregel des belgischen Fußballverbandes Stellung genommen, nach der einem Berufsfußballspieler auch nach Ablauf seines Vertrages ein Wechsel zu einem anderen Verein nur dann möglich ist, wenn dieser an den bisherigen Verein eine Transfer-, Ausbildungs- oder Förderungsentschädigung zahlt. Auch bei dieser Regelung handelte es sich nicht um eine diskriminierende Maßnahme. Gleichwohl sprach der EuGH von einer „Beeinträchtigung" und prüfte unter Verweis auf die genannten Urteile *Kraus* und *Gebhard* eine Rechtfertigung durch zwingende Gründe des Allgemeininteresses[765]. Bedeutsam ist dabei, daß es in diesem Urteil anders als bei *Kraus* und *Gebhard* nicht um berufliche Qualifikationen ging. Mit dem *Bosman*-Urteil und der genannten Entscheidung zur Zulassung der Wertpapiermakler in Italien ist klargestellt, daß die bisherige Rechtsprechung nicht dahingehend gedeutet werden kann, der Gerichtshof habe seine erweiternde Rechtsprechung auf den speziellen Sachbereich des Erwerbs von beruflichen Qualifikationen beschränken wollen[766].

Für die Weiterentwicklung der Niederlassungsfreiheit zu einem Beschränkungsverbot sprechen denn auch in der Sache gute Gründe: Um einen gemeinsamen Markt ohne Binnengrenzen herzustellen, was durch Art. 3 lit. c EGV als zentrales Ziel vorgeben wird, reicht ein Gebot der Inländergleichbehandlung nicht aus[767]. Der dem Binnenmarktkonzept entsprechende freie Fluß der Wirtschaftsfaktoren kann im Bereich der Standortwahl für Unternehmen nicht funktionieren, wenn die Sitzverlagerung durch Vorschriften der Mitgliedstaaten behindert wird, die sich nicht auf ein berechtigtes Regelungsinteresse zurück-

---

763 EuGH Rs. 101/94, Slg. 1996, I-2691, Rn. 10f. Beanstandet wurde vom EuGH im Ergebnis lediglich das Sitzerfordernis.

764 EuGH Rs. C-415/93 (Bosman), Slg. 1995, I-4921.

765 EuGH Rs. C-415/93 (Bosman), Slg. 1995, I-4921, Rn. 104.

766 Ein solches Verständnis klingt bei *Classen*, EWS 1995, 97, 103 und *Eberhartinger*, EWS 1997, 43, 48 an.

767 Vgl. *Knobbe-Keuk*, DB 1990, 2573, 2574; *Blumenwitz*, NJW 1989, 621, 623; *Bleckmann*, DVBl. 1986, 69, 72f.; *Schnichels*, Niederlassungsfreiheit, S. 135.

führen lassen. Nicht mehr als dies bedeutet aber ein Beschränkungsverbot im hier vertretenen Sinne, denn den Mitgliedstaaten sind Regelungen, die notwendig sind um einem Allgemeininteresse gerecht zu werden, nach der Rechtsprechung des EuGH gerade nicht untersagt[768].

Die Annahme eines allgemeinen Beschränkungsverbots ist auch nicht mit dem Wortlaut des Art. 52 Abs. 2 EGV unvereinbar, der von der Maßgeblichkeit der für die Angehörigen des Aufnahmestaates geltenden Bedingungen spricht. Zum einen kann die Formulierung, wonach ein derartiges Recht von der Niederlassungsfreiheit „umfaßt" werde, durchaus dahingehend verstanden werden, daß das Diskriminierungsverbot nur einen Teilaspekt der Grundfreiheit bildet und der Beschränkungsbegriff des Art. 52 Abs. 1 EGV demgegenüber weiter ist[769]. Zum anderen findet sich in Art. 60 Abs. 3 EGV eine entsprechende Formulierung auch bei der Dienstleistungsfreiheit, die dennoch einhellig als allgemeines Beschränkungsverbot verstanden wird[770].

Die Niederlassungsfreiheit des Art. 52 EGV enthält nach alledem wie die Freiheit des Dienstleistungsverkehrs ein allgemeines Beschränkungsverbot. Aus den gleichen Gründen wie hinsichtlich der Dienstleistungsfreiheit[771] besteht auch hier kein Anlaß, die vollständige Untersagung einer Tätigkeit aus dem Kreis der relevanten Beschränkungen auszuklammern[772]. Auch hier wäre es widersinnig, für bloße Behinderungen eine Rechtfertigung zu fordern, ein Verbot als stärkste Form der Beschränkung aber ohne weiteres zuzulassen.

---

768 Zur Rechtfertigung von Beschränkungen vgl. unten 4. d) dd) und IV.

769 *Knobbe-Keuk*, DB 1990, 2573, 2574; *Roth*, in: Dauses, Handbuch des EG-Wirtschaftsrechts, E. I. Rn. 70f.; *Schnichels*, Niederlassungsfreiheit, S. 127; vgl. auch *Steindorff*, EuR 1988, 19, 21.

770 *Troberg*, in: v. d. Groeben/Thiesing/Ehlermann, Kommentar zum EU-/EG-Vertrag, Art. 52 Rn. 46 (in Fn. 56).

771 Vgl. oben. 4. b) cc) (2) (c) und (3) insbesondere zur Frage der Einordnung eines Rundfunkmonopols. Durch die Weiterentwicklung der Niederlassungsfreiheit zu einem allgemeinen Beschränkungsverbot sind die im Schrifttum noch zu findenden Unbedenklichkeitserklärungen einer Monopolisierung im Hinblick auf Art. 52 EGV (Vgl. *Ipsen*, Rundfunk im Europäischen Gemeinschaftsrecht, S. 100f.; *Jarass*, EuR 1986, 75, 91; *Hochbaum*, in: v. d. Groeben/Thiesing/Ehlermann, Kommentar zum EG-Vertrag, Art. 90 Rn. 31; *Liehr*, Die Niederlassungsfreiheit, S. 141) überholt. Kritisch bereits auf der Grundlage eines Diskriminierungsverbots: *Schwartz*, Rundfunk und EWG-Vertrag, S. 152f.; vgl. auch *Jungbluth*, Das Niederlassungsrecht, S. 151f.

772 So auch *Schnichels*, Niederlassungsfreiheit, S. 31.

(c) Eingrenzung durch die Grundsätze der *Keck*-Rechtsprechung

An die Erkenntnis, daß grundsätzlich auch unterschiedslos geltende Beschränkungen am Maßstab der Niederlassungsfreiheit zu messen sind, schließt sich die schon bei der Dienstleistungsfreiheit erörterte Problematik an, ob nicht auch hier der sehr weite Beschränkungsbegriff einer Eingrenzung bedarf. Gerade bei der Niederlassungsfreiheit muß man sich vor Augen halten, daß praktisch jede Regelung der Wirtschaftsordnung eine potentielle Verletzung der Grundfreiheit darstellt. Hier liegt es damit nicht minder nahe als bei Art. 59 EGV, die Grundsätze der *Keck*-Rechtsprechung anzuwenden. In der Rechtsprechung des EuGH finden sich zu Art. 52 EGV dafür aber bislang keine Anhaltspunkte. Allerdings spielt die Niederlassungsfreiheit in der Rechtsprechungspraxis zumindest in quantitativer Hinsicht allgemein eine bescheidenere Rolle.

Die Anwendung der *Keck*-Grundsätze hat der EuGH aber im schon genannten *Bosman*-Urteil[773] bei der Freizügigkeit der Arbeitnehmer erwogen. Berücksichtigt man, daß es sich bei Art. 48 und 52 EGV traditionell um „dogmatische Zwillinge“[774] handelt, spricht auch hier einiges für eine einheitliche Handhabung. Im Schrifttum wird die Heranziehung der *Keck*-Formel denn auch ganz überwiegend bejaht[775]. In der Tat ist kein Grund ersichtlich, gerade an diesem Punkt die Linie der Konvergenz der Grundfreiheiten zu verlassen. Problematisch gestaltet sich aber auch hier die konkrete Anwendung. So erscheint bei solchen Tätigkeiten, die keine verkörperten Produkte zum Gegenstand haben - ebenso wie bei der Dienstleistungsfreiheit - eine Unterscheidung zwischen vertriebs- und produktbezogenen Anforderungen nicht sinnvoll, da sich ein „Produkt“ im Falle der Erbringung nichtkörperlicher Leistungen kaum sicher von bloßen Vertriebsaktivitäten abgrenzen läßt. Wie bei der Dienstleistungsfreiheit sollte daher auch hier auf die allgemeineren Aussagen im *Keck*-Urteil zurückgegriffen werden, nach denen primär zu untersuchen ist, ob der Marktzugang für Unternehmen aus anderen Mitgliedstaaten versperrt wird. Danach scheiden bloße Ausübungsmodalitäten wie beispielsweise Ladenschlußzeiten, Preisauszeichnungsvorschriften oder Mindestlohnvorschriften regelmäßig aus, denn sie führen regelmäßig nicht zu einer Zugangssperre zum Markt eines anderen Mitgliedstaates. Festzuhalten ist also, daß eine beschränkende Vorschrift nur

---

773 EuGH Rs. C-415/93 (Bosman), Slg. 1995, I-4921, Rn. 102ff.

774 *Nettesheim*, NVwZ 1996, 342, 343.

775 *Ehlers/Lackhoff*, Anmerkung zu Rs. C-55/94 (Gebhard), Slg. 1995, I-4165, EuZW 1996, 467, 468; *Nettesheim*, NVwZ 1996, 342, 343; *Classen*, EWS 1995, 97, 103f.; *Eberhartinger*, EWS 1997, 43, 48; *Ahlt*, Europarecht, S. 112; ähnlich schon *Roth*, in: Dauses, Handbuch des EG-Wirtschaftsrechts, E. I. Rn. 67, 69.

dann eines Rechtfertigungsgrundes bedarf, wenn sie die Aufteilung des Binnenmarkts in nationale Märkte, eine Marktaufsplitterung, zur Folge hat[776].

(2) Recht auf Rundfunkveranstaltung

Wendet man diese Grundsätze auf rundfunkgesetzliche Verbote, Zulassungsvorbehalte und Zulassungsvoraussetzungen an, gilt nichts anderes als im Rahmen der Dienstleistungsfreiheit: Wer eine Zulassungsvoraussetzung nicht erfüllen kann, dem ist bereits der Zugang zu dem Markt des Mitgliedstaats versperrt. Die maßgeblichen Vorschriften der Rundfunk- und Mediengesetze stellen bei Vorliegen eines grenzüberschreitenden Sachverhalts, also insbesondere in dem genannten Beispiel eines ausländischen Unternehmens, das in Deutschland von einer dortigen Niederlassung aus Rundfunk veranstalten will, rechtfertigungsbedürftige Beschränkungen der Niederlassungsfreiheit dar. Aus dem Blickwinkel des betroffenen Unternehmers folgt daraus ein prinzipielles Recht auf Rundfunkveranstaltung[777].

d) Die Schranken der Grundfreiheiten

aa) Einleitung

In den vorangegangenen Abschnitten hat sich gezeigt, daß die Zulassungsvorschriften der Rundfunk- und Mediengesetze in bestimmten Konstellationen Beschränkungen der Dienstleistungs- und der Niederlassungsfreiheit darstellen. Wenn eine Maßnahme eines Mitgliedstaats eine Grundfreiheit beschränkt, bedeutet dies aber nicht, daß damit zugleich ein Verletzung dieses Rechts vorliegt. Auch im Bereich der Grundfreiheiten des EG-Vertrages existieren Ausnahme- und Rechtfertigungstatbestände. Diese stellen aus der Sicht der Rundfunkveranstalter Grenzen ihrer prinzipiellen Veranstaltungsrechte dar. Erst auf der Ebene dieser Regelungsvorbehalte zeigt sich letztlich, wie weit die subjektiven Berechtigungen effektiv reichen.

---

776 *Schnichels*, Niederlassungsfreiheit, S. 117, 140; *Eberhartinger*, EWS 1997, 43, 49.

777 A.A. *Liehr*, Die Niederlassungsfreiheit, S. 262f., allerdings ausgehend von der Erkenntnis, daß aus der Rechtsprechung des EuGH bis 1994 (noch) kein Verständnis des Art. 52 EGV als allgemeines Beschränkungsverbot folgt.

bb) Allgemeine Grundsätze

Im Bereich der Grundfreiheiten des EG-Vertrags sind zwei Grundarten von Regelungsvorbehalten zu unterscheiden: Einerseits die im Vertragstext enthaltenen, geschriebenen Vorbehalte und Ausnahmen und andererseits die vom EuGH richterrechtlich herausgearbeiteten, ungeschriebenen Regelungsvorbehalte.

Differenzen bestehen im Schrifttum hinsichtlich der dogmatischen Einordnung und der Terminologie der Vorbehalte. Soweit im Zusammenhang mit den ungeschriebenen Regelungsvorbehalten von „immanenten Begrenzungen" oder „negativen Tatbestandsmerkmalen“ statt von Rechtfertigungsgründen gesprochen wird[778], kann dies nicht überzeugen und stiftet eher Verwirrung: Bei der stets gebotenen Wertung und Abwägung, insbesondere bei der Frage der Verhältnismäßigkeit, handelt es sich um typische Elemente einer Rechtfertigungsprüfung und nicht einer Schutzbereichsbestimmung. Wenn es sich um eine Reduktion des Anwendungsbereich handeln würde, wäre auch nicht ohne Bruch erklärbar, warum eine daraus folgende Regelungsmöglichkeit der Mitgliedstaaten im Falle einer Harmonisierung durch die Gemeinschaft wegfällt[779]. Zudem benutzt der EuGH selbst den Terminus „rechtfertigen"[780] und erörtert die Problematik erst nach der Feststellung des Vorliegens einer Beschränkung; von „Begrenzungen des Anwendungsbereichs" spricht der EuGH lediglich im Rahmen der *Cassis*-Formel zur Warenverkehrsfreiheit, nicht aber bei den Personenverkehrsfreiheiten[781].

Entscheidende Bedeutung kommt den Anwendungsbereichen der beiden Gruppen von Vorbehalten zu. Geklärt ist durch die Rechtsprechung des EuGH, daß hinsichtlich offen diskriminierender Bestimmungen allein die geschriebenen

---

778 Vgl. etwa *Petersen*, Rundfunkfreiheit, S. 113f.; *Sparr*, Kulturhoheit und EWG-Vertrag, S. 78f.

779 *Sparr*, Kulturhoheit und EWG-Vertrag, S. 46f.

780 Z.B. EuGH Rs. C-288/89 (Stichting Collectieve Gouda), Slg. 1991, I-4007, Rn. 14; Rs. C-34/95, C-35/95, C-36/95 (Konsumentombudsmannen) Slg. 1997, I-3843, Rn. 53; Rs. C-250/95 (Futura), Slg. 1997, I-2473, Rn. 26; Rs. C-101/94, Slg. 1996, I-2691, Rn. 10.

781 Wie hier auch *Roth*, in: Dauses, Handbuch des EG-Wirtschaftsrechts, E. I Rn. 118; *Borchardt*, Grundlagen der Europäischen Union, S. 271, 290f., 308; *Herdegen*, Europarecht, Rn. 313f.; *Schnichels*, Niederlassungsfreiheit, S. 12f.; *Schwartz*, Rundfunk und EWG-Vertrag, S. 45, 99f.; *Sparr*, Kulturhoheit und EWG-Vertrag, S. 46; *Kugelmann*, Der Rundfunk und die Dienstleistungsfreiheit, S. 217.

Rechtfertigungsgründe herangezogen werden können[782]. Bei verdeckten Diskriminierungen[783], also bei solchen Vorschriften, die nicht ausdrücklich an die Staatsangehörigkeit anknüpfen, die aber trotz an sich neutraler Kriterien überwiegend Angehörige anderer Mitgliedstaaten nachteilig treffen[784], untersucht der EuGH darüber hinaus eine Rechtfertigung durch „berechtigte Gründe"[785] oder, wie er mittlerweile formuliert, „zwingende Gründe des Allgemeininteresses“[786]. Auch im Bereich der im Kontext der vorliegenden Untersuchung interessierenden, unterschiedslos geltenden Beschränkungen prüft der Gerichtshof in ständiger Rechtsprechung ungeschriebene Rechtfertigungsgründe: Hier wird ebenfalls auf das Vorliegen „zwingender Gründe des Allgemeininteresses" abgestellt[787]. Gemeinsam haben sämtliche Rechtfertigungsgründe, daß stets der Grundsatz der Verhältnismäßigkeit zu beachten ist.

cc) Art. 56 EGV

Von den geschriebenen Rechtfertigungsgründen steht sowohl bei der Niederlassungsfreiheit als auch - über die Verweisung in Art. 66 EGV - bei der Freiheit des Dienstleistungsverkehrs Art. 56 EGV im Vordergrund. Danach sind den Mitgliedstaaten Beschränkungen aus Gründen der „öffentlichen Ordnung, Sicherheit oder Gesundheit“ gestattet.

Nicht klar ersichtlich ist aus der Rechtsprechung des EuGH, ob die geschriebenen Rechtfertigungstatbestände auch auf nichtdiskriminierende Beschränkungen anwendbar sind. Die Vorbehalte bleiben in den einschlägigen Urteilen

---

782 Vgl. EuGH Rs. 352/85 (Bond van Adverteerdes), Slg. 1988, 2085, Rn. 32f.; Rs. C-288/89 (Stichting Collectieve Gouda), Slg. 1991, I-4007, Rn. 11; *Schnichels*, Niederlassungsfreiheit, S. 102f.

783 Gebräuchlich und sind auch die Bezeichnungen „mittelbare", „indirekte" oder „verschleierte" Diskriminierung.

784 Vgl. zu dieser Form der Diskriminierung *W. Schroeder*, EuGRZ 1994, 373, 376; *Kort*, JZ 1996, 132, 135 und oben 4. c) cc) (1) (a).

785 EuGH Rs. 152/73 (Sotgiu), Slg. 1974, 153, Rn. 12f.

786 EuGH Rs. 62/81 und 63/81 (Seco/Evi), Slg. 1982, 223, Rn. 8ff.; Rs. C-360/89, Slg. 1992, I-3401, Rn. 11ff.; *Petersen*, Rundfunkfreiheit, S. 136f. Dies wird teilweise nicht hinreichend berücksichtigt, z.B. von *Kingreeen/Störmer*, EuR 1998, 263, 267.

787 Zu Art. 59 EGV: EuGH Rs. 52/79 (Debauve), Slg. 1980, 833; Rs. 352/85 (Bond van Adverteerdes), Slg. 1988, 2085, Rn. 38; Rs. C-288/89 (Stichting Collectieve Gouda), Slg. 1991, I-4007, Rn. 23ff.; Rs. C-34/95, C-35/95, C-36/95 (Konsumentombudsmannen), Slg. 1997, I-3843, Rn. 52f. Zu Art. 52 EGV: EuGH Rs. C-55/94 (Gebhard), Slg. 1995, I-4165, Rn. 37.

meist unerwähnt[788]. Dies könnte darauf hindeuten, daß der EuGH sie bei unterschiedslosen Beschränkungen für generell unanwendbar hält, könnte aber auch schlicht damit zusammenhängen, daß sie aufgrund ihrer sehr engen Interpretation durch den EuGH in den entschiedenen Fällen offensichtlich nicht einschlägig waren. Im Bereich der Dienstleistungsfreiheit spricht aber hinsichtlich Art. 56 EGV bereits der Wortlaut der Vorschrift gegen eine Anwendung auf unterschiedslose Beschränkungen, hier ist nämlich explizit von „Sonderregelungen für Ausländer" die Rede[789].

Selbst wenn man Art. 56 EGV auch auf unterschiedslos geltende Beschränkungen anwenden will, ist er zur Rechtfertigung der Regelungen der Rundfunk- und Mediengesetze nicht geeignet[790], denn die Norm wird vom EuGH sehr eng ausgelegt. Auch wenn die Begriffe des Vorbehalts primär durch die Mitgliedstaaten auszufüllen sind, kontrolliert der EuGH, ob die durch den Vertrag gesetzten Grenzen eingehalten werden[791]. Danach kann sich ein Mitgliedstaat selbst auf das sprachlich weitgefaßte Schutzgut der „öffentlichen Ordnung" nur berufen, wenn eine „tatsächliche und hinreichend schwere Gefährdung, die ein Grundinteresse der Gesellschaft berührt"[792], vorliegt. Einen solchen Fall hat der EuGH bei staatlichen Zulassungssystemen bislang nicht angenommen. Im so-

---

788 Eine Ausnahme findet sich z.B. im Urteil in den Rs. C-34/95, C-35/95, C-36/95 (Konsumentombudsmannen), Slg. 1997, I-3843. Dort wird in Rn. 52 im Hinblick auf eine Beschränkung der Dienstleistungsfreiheit die Möglichkeit einer Rechtfertigung durch Allgemeininteressen *und* durch Art. 56 EGV genannt. Diese Abweichung von den üblichen Formulierungen des Gerichtshof könnte ihren Grund darin haben, daß sich der EuGH noch nicht eindeutig festlegen wollte, ob es sich in dem zugrundeliegenden Verfahren um eine nichtdiskriminierende Beschränkung handelt. Andernfalls spricht diese Vorgehensweise für die Anwendbarkeit des Art. 56 EGV. Besonders plastisch zeigt sich die Unklarheit über den Anwendungsbereich auch innerhalb der Organe des Gerichtshofs in der Rechtssache Rs. 101/94, Slg. 1996, I-2691. Während Generalanwalt *Lenz* die Anwendung des Art. 56 EGV auf unterschiedslose Beschränkungen ausdrücklich ablehnt (Rn. 35f. des Schlußantrags) prüft das Gericht diesen sehr wohl (und zwar nach Erörterung der Allgemeininteressen), lehnt aber auch hier die Erforderlichkeit ab (Rn. 25f. und 32). Im Urteil in der Rs. C-158/96 vom 28.4.1998 (Kohll), EuGRZ 1998, 282, Rn. 37ff. prüft der EuGH nunmehr hinsichtlich der gleichen staatlichen Regelungen sowohl Art. 56 EGV als auch das Vorliegen eines zwingenden Allgemeininteresses und hält im Grundsatz beide Rechtfertigungsansätze für möglicherweise gegeben und lediglich im konkreten Fall nicht durchgreifend.

789 Vgl. *Streinz*, Europarecht, Rn. 713a; *Kugelmann*, Der Rundfunk und die Dienstleistungsfreiheit, S. 194.

790 Zu der klaren Absage an die Rechfertigung kommunikationsspezifischer Regelungen durch Art. 56 EGV vgl. ausführlich: *Petersen*, Rundfunkfreiheit, S. 123ff.; vgl. auch *Liehr*, Die Niederlassungsfreiheit, S. 90f.

791 EuGH Rs. 41/47 (van Duyn), Slg. 1974, 1337, Rn. 18f.

792 Vgl. EuGH Rs. 30/77 (Bouchereau), Slg. 1977, S. 1999, Rn. 33/35; Rs. 115 und 116/81 (Adoui), Slg. 1982, S. 1665, Rn. 8.

genannten „Versicherungsurteil“ hat sich der EuGH mit der Zulässigkeit von Genehmigungsvorbehalten auseinandergesetzt und dabei unter ausdrücklicher Hintanstellung des Art. 56 EGV eine Rechtfertigung durch Allgemeininteressen untersucht[793].

Dieser Linie ist auch die jüngere Rechtsprechung des EuGH gefolgt. In einem Vertragsverletzungsverfahren gegen Belgien im Jahre 1992 hat der Gerichtshof ohne Umschweife entschieden, daß die von der belgischen Regierung vorgebrachten Ziele keine von Artikel 56 EGV erfaßten Ziele darstellen. Belgien hatte sich auf die Aufrechterhaltung einer pluralistischen Presse, die Pflege und Entwicklung des künstlerischen Erbes und die Lebensfähigkeit der staatlichen Rundfunkanstalten berufen[794]. Ein genauer Blick auf die Ausführungen des EuGH zeigt eindeutig, daß sich die Ablehnung nicht lediglich auf den konkreten Fall bezieht[795], sondern allgemeingültig formuliert ist[796]: Nachdem bei Randnummer 7 des Urteilstextes die von der belgischen Regierung vorgebrachten Rechtfertigungsgründe „Aufrechterhaltung einer pluralistischen Presse“, „Pflege und Entwicklung des künstlerischen Erbes“ und „die Lebensfähigkeit der staatlichen Rundfunkanstalten“ genannt werden, erkennt der Gerichtshof zwar bei Randnummer 9 hinter den angeführten Interessen andere - unzulässige - Ziele, was an sich zur Entscheidung des konkreten Falls ausgereicht hätte; bei Randnummer 10 heißt es dann aber unzweideutig: „Überdies“ fielen die „von der belgischen Regierung vorgebrachten Rechtfertigungsgründe“ nicht unter Art. 56 EGV.

dd) Der ungeschriebene Vorbehalt der zwingenden Allgemeininteressen

Zur Rechtfertigung von Beschränkungen der Rundfunktätigkeit bedarf es damit regelmäßig „zwingender Gründe des Allgemeininteresses". Die Entwicklung dieses Regelungsvorbehalts beruht letztlich auf der Ausweitung der Anwendungsbereiche der Grundfreiheiten unter gleichzeitig enger Auslegung der im Vertrag enthaltenen Ausnahmetatbestände. Ohne die Anerkennung ungeschriebener Rechtfertigungsgründe würden berechtigte Regelungsinteressen der Mitgliedstaaten unberücksichtigt bleiben[797]. Als Korrektiv, um bei der Ausfüllung der Vorbehalte wiederum dem Gemeinschaftsinteresse Rechnung zu tra-

793 EuGH Rs. 205/84 (Versicherungen) Slg. 1986, 3755, Rn. 19, 27ff.

794 EuGH Rs. C-211/91 (Komm./Belgien), Slg. 1992, I-6757, Rn. 10.

795 So aber *Holznagel*, Rundfunkrecht in Europa, S. 142f.

796 So im Ergebnis auch *Petersen*, Rundfunkfreiheit, S. 130f.; *Liehr*, Die Niederlassungsfreiheit, S. 90f.

797 Vgl. *Petersen*, Rundfunkfreiheit, S. 115.

gen, fungiert das Erfordernis der Verhältnismäßigkeit, auf das anschließend näher einzugehen ist.

In einigen Urteilen hat der EuGH die Besonderheiten bestimmter Dienstleistungen betont[798] und dargelegt, daß es sich in den entschiedenen Konstellationen um „besonders sensible Bereiche" handelte[799]. Daraus könnte man schließen, daß dies als Anwendungsvoraussetzung für ungeschriebene Rechtfertigungsgründe verstanden wird. In anderen, von der Sachverhaltsstruktur her vergleichbaren Urteilen wird das Vorliegen derartiger Umstände dagegen nicht vorausgeschickt[800]. Diese Vorgehensweise erscheint durchaus sachgerecht, denn prinzipiell ist in allen nicht vollständig harmonisierten Wirtschaftsbereichen ein berechtigtes Regelungsinteresse der Mitgliedstaaten vorstellbar. Die besonderen Gegebenheiten des jeweiligen Bereichs können im Rahmen der Prüfung der Verhältnismäßigkeit ausreichend Berücksichtigung finden. Jedenfalls wäre, wie auch die umfangreiche Rundfunkrechtsprechung des Gerichtshofs belegt, der Rundfunk gerade im Hinblick auf seine - auch aus der ihm eigenen Wirkungsweise und Mißbrauchsanfälligkeit resultierenden - erheblichen Bedeutung für die Meinungsbildung als in diesem Sinne sensibler Bereich anzusehen[801]. Schon im *Debauve*-Urteil wurden ausdrücklich unter Hinweis auf „Besonderheiten bestimmter Dienstleistungen, wie etwa der Ausstrahlung und Übertragung von Fernsehsendungen", allgemeinwohlorientierte Beschränkungen der Rundfunkveranstaltung für möglich gehalten[802].

(1) Zwingende Allgemeininteressen

Der Gerichtshof verwendet die Formel der „zwingenden Gründe des Allgemeininteresses", die eine unterschiedslose Beschränkung rechtfertigen können, mittlerweile einheitlich bei den Freiheiten des Personenverkehrs- und des Dienstleistungsverkehrs, ohne den Begriff durch eine Definition zu konkretisie-

[798] Z.B. EuGH Rs. 110 und 111/78 (van Wesemael), Slg. 1979, 35, Rn. 28; Rs. 279/81 (Webb), Slg. 1982, 3305, Rn. 17; Rs. 427/85, Slg. 1988, 1123, Rn. 12.

[799] Z.B. EuGH Rs. 279/81 (Webb), Slg. 1982, 3305, Rn. 17; Rs. 205/84 (Versicherungen) Slg. 1986, 3755, Rn. 30; Rs. C-222/95 (Parodi), Slg. 1997, I-3899, Rn. 22.

[800] Vgl. EuGH Rs. C-250/95 (Futura), Slg. 1997, I-2473, Rn. 21ff.; Rs. C-3/95 (Reisebüro Broede), Slg. 1996, I-6511, Rn. 28ff.; Rs. C-272/94 (Guiot), Slg. 1996, I-1905, Rn. 11ff.; Rs. C-384/93 (Alpine Investments BV), Slg. 1995, I-1141.

[801] Vgl. *Gulich*, Rechtsfragen grenzüberschreitender Rundfunksendungen, S. 87ff.; *Petersen*, Rundfunkfreiheit, S. 140f.

[802] EuGH Rs. 52/79 (Debauve), Slg. 1980, 833, Rn. 12.

ren[803]. Leitlinien für eine Ausfüllung der Formel konnten zunächst der Rechtsprechung des Gerichtshofs zu der für die Warenverkehrsfreiheit entwickelten, sogenannten „*Cassis*-Formel“[804] entnommen werden. Schon die sprachliche Ähnlichkeit der Formulierung „zwingende Allgemeininteressen“ zu der Formel der „zwingenden Erfordernisse" deutet darauf hin, daß die Begriffe weitgehend gleich ausgelegt werden können. Insofern ist bei den Grundfreiheiten auch auf der Rechtfertigungsebene eine weitgehende Konvergenz festzustellen[805].

Dabei zeigen gerade einige jüngere Entscheidungen des EuGH, daß hinsichtlich der Anerkennung derartiger Allgemeininteressen zugunsten der Mitgliedsstaaten von einem großzügigen Maßstab auszugehen ist. So wurde als zur Rechtfertigung taugliches Allgemeininteresse beispielsweise die „bestmögliche Verbreitung von Kenntnissen über das künstlerische Erbe eines Landes“[806] oder auch die „Aufrechterhaltung des guten Rufes des nationalen Finanzsektors“[807] anerkannt. Dies zeigt, daß der Gerichtshof an dieser Stelle keine tiefgehende Legitimitätsprüfung vornimmt, sondern die von den Mitgliedstaaten vorgetragenen Interessen nur einer Plausibilitätskontrolle unterzieht. In der Sache wird damit auf dieser Stufe den Mitgliedstaaten ein Einschätzungsspielraum eingeräumt[808]. Als rechtfertigende Allgemeininteressen scheiden allerdings wirtschaftliche Ziele von vornherein aus[809]. Im übrigen legt der EuGH das Schwergewicht der Prüfung regelmäßig auf die Erforderlichkeit.

(2) Verhältnismäßigkeit

(a) Inhalt

Das zweite Element der Rechtfertigung unterschiedslos anwendbarer Beschränkungen bildet der Grundsatz der Verhältnismäßigkeit. Bezüglich des Inhalts des

---

803 Allgemein für die Grundfreiheiten formuliert etwa EuGH Rs. C-19/92 (Kraus), Slg. 1993, I-1663, Rn. 16; Rs. C-55/94 (Gebhard), Slg. 1995, I-4165, Rn. 37.

804 Vgl. EuGH Rs. 120/78 (Cassis de Dijon), Slg. 1979, 649.

805 Vgl. dementsprechend auch den ausführlichen Überblick bei EuGH Rs. C-288/89 (Stichting Collectieve Gouda), Slg. 1991, I-4007, Rn. 14.

806 EuGH Rs. C-154/89, Slg. 1991, I-659, Rn. 17; Rs. C-198/89, Slg. 1991, I-727, Rn. 21 (sogenannte Fremdenfüherurteile).

807 EuGH Rs. C-384/93 (Alpine Investments BV), Slg. 1995, I-1141, Rn. 44.

808 So auch *Schnichels*, Niederlassungsfreiheit, S. 118; *Petersen*, Rundfunkfreiheit, S. 144; *Schöne*, Dienstleistungsfreiheit, S. 171.

809 EuGH Rs. C-158/96 (Kohll), EuGRZ 1998, 282, Rn. 41; Rs. C-398/95 (SETTG), Slg. 1997, I-3091, Rn. 23.

Grundsatzes wird häufig auf das im deutschen Verfassungsrecht herrschende Verständnis verwiesen und von den drei Komponenten der Geeignetheit oder Eignung, der Erforderlichkeit und der Angemessenheit (Verhältnismäßigkeit im engeren Sinne) ausgegangen[810]. In der Rechtsprechung des EuGH finden sich aber durchaus differierende Formulierungen. In den letzten Jahren hat der Gerichtshof das Verhältnismäßigkeitsgebot überwiegend dahingehend umschrieben, die Regelung müsse „geeignet sein, die Verwirklichung des mit ihr verfolgten Ziels zu gewährleisten und sie darf nicht über das hinausgehen, was zur Erreichung dieses Ziels erforderlich ist“[811].

An dieser Formulierung fällt auf, daß das Element der Angemessenheit darin nicht zum Ausdruck kommt. Teilweise wird deshalb im Schrifttum die Prüfung dieses dritten Elements in Abrede gestellt[812]. Es trifft jedoch nicht zu, daß der EuGH grundsätzlich keine Angemessenheitsprüfung vornimmt. Vielmehr hat der Gerichtshof dementsprechende Erwägungen auch nach Nennung der oben wiedergegebenen Formel angestellt. Eine Angemessenheitsprüfung findet sich beispielsweise im bereits genannten Urteil *Alpine Investments*[813]: Hier hat der EuGH detailliert dargelegt, daß das streitige Verbot nur eine begrenzte Reichweite hat, um anschließend zu dem Schluß zu kommen, daß die Maßnahme „nicht außer Verhältnis zu dem verfolgten Ziel steht“. Damit wurde nicht nur die Frage eines milderen Mittels erörtert, sondern eine Abwägung vorgenommen, die nichts anderes als eine Prüfung der Verhältnismäßigkeit im engeren Sinne darstellt[814].

In diesem Sinne ist der EuGH auch im Urteil *Kraus*[815] vorgegangen. Auch dort ist zwar zunächst im Obersatz nur von dem Gebot der Erforderlichkeit die Rede[816], im Rahmen der Subsumtion des konkreten Falles wird aber dargelegt, daß

---

810 Vgl. nur *von Bogdandy/Nettesheim*, in: Grabitz/Hilf, Kommentar zur EU, Art. 3b Rn. 42, *Kugelmann*, Der Rundfunk und die Dienstleistungsfreiheit, S. 250f.

811 EuGH Rs. C-3/95 (Reisebüro Broede), Slg. 1996, I-6511, Rn. 28; Rs. C-19/92 (Kraus), Slg. 1993, I-1663, Rn. 32; Rs. C-55/94 (Gebhard), Slg. 1995, I-4165, Rn. 37; Rs. C-250/95 (Futura), Slg. 1997, I-2473, Rn. 21; Rs. C-384/93 (Alpine Investments BV), Slg. 1995, I-1141, Rn. 45; so auch schon Rs. C-288/89 (Stichting Collectieve Gouda), Slg. 1991, I-4007, Rn. 15.

812 *Petersen*, Rundfunkfreiheit, S. 148f.; *Holznagel*, Rundfunkrecht in Europa, S. 147 m.w.N.

813 EuGH Rs. C-384/93 (Alpine Investments BV), Slg. 1995, I-1141, Rn. 54f.

814 Im einzelnen wurde dargelegt, welche Werbemöglichkeiten den betroffenen Unternehmen trotz des Verbots der Telefonwerbung noch verbleiben, also welche einschneidenderen Maßnahmen nicht gewählt wurden. Bei einer Erforderlichkeitsprüfung wäre dementgegen allein nach milderen Alternativen zu suchen gewesen.

815 EuGH Rs. C-19/92 (Kraus), Slg. 1993, I-1663.

816 EuGH Rs. C-19/92 (Kraus), Slg. 1993, I-1663, Rn. 32.

nach nationalen Vorschriften drohende Sanktionen „nicht außer Verhältnis zu der Art des begangenen Verstoßes stehen“ dürfen[817].

Eindeutig gegen die These, daß die Angemessenheit vom EuGH generell nicht untersucht wird, spricht auch eine jüngst im Fall *Konsumentombudsmannen* verwandte Formulierung, wonach zu prüfen ist, ob die Vorschriften aus zwingenden Gründen des Allgemeininteresses „erforderlich sind, *ob sie hierzu in einem angemessenen Verhältnis stehen* und ob diese Ziele oder zwingenden Gründe nicht durch weniger einschneidende Maßnahmen hätten erreicht werden können“[818]. Dies entspricht auch der bei der Warenverkehrsfreiheit vom Gerichtshof verwandten Terminologie, wonach Vorschriften nur zulässig sind, „wenn *sie in einem angemessenen Verhältnis zum verfolgten Zweck stehen* und wenn dieser Zweck nicht durch Maßnahmen erreicht werden kann, die den innergemeinschaftlichen Handelsverkehr weniger beschränken“[819].

Noch verbleibende Unklarheiten können sich durch ein modifiziertes Verständnis der eingangs genannten Formel auflösen lassen. Sie läßt sich dahingehend interpretieren, daß der EuGH zwar in den Obersätzen nur die Erforderlichkeit nennt, diesen Begriff aber anders versteht als dies im deutschen öffentlichen Recht der Fall ist. Bestandteil des Begriffs ist ein Wertungselement in dem Sinne, daß neben der Frage eines milderen Mittels auch eine Relation zu dem verfolgten Zweck hergestellt wird. Es wird also nicht isoliert die staatliche Maßnahme betrachtet, sondern auch das Allgemeininteresse in die Beurteilung miteinbezogen. Ein derartiges Verständnis würde insbesondere die Vorgehensweise in den genannten Urteilen *Alpine Investments* und *Kraus* erklären.

(b) Kontrolldichte

Ist in einem konkreten Fall die Zulässigkeit einer Beschränkung der Grundfreiheiten zu beurteilen, stellt sich die Frage, wie eingehend die Verhältnismäßigkeit von den Gerichten nachzuprüfen ist. Häufig entscheidet sich gerade bei der Prüfung dieses Rechtfertigungselements, ob eine mitgliedstaatliche Regelung Bestand haben kann.

---

817 EuGH Rs. C-19/92 (Kraus), Slg. 1993, I-1663, Rn. 41.

818 EuGH Rs. C-34/95, C-35/95, C-36/95 (Konsumentombudsmannen), Slg. 1997, I-3843, Rn. 52 (Hervorhebung nicht im Original).

819 Vgl. nur EuGH Rs. C-368/95 (Familiapress), Slg. 1997, I-3689, Rn. 19 (Hervorhebung nicht im Original).

Bei der Analyse der Rechtsprechung des Gerichtshofs ist zunächst zu berücksichtigen, in welcher Verfahrensart die einzelnen Urteile ergangen sind. Im Rahmen eines Vorabentscheidungsverfahrens nach Art. 177 EGV hält sich der EuGH nämlich entsprechend der gerichtlichen Zuständigkeitsverteilung zugunsten des vorlegenden mitgliedstaatlichen Gerichts zurück und beschränkt sich darauf, die notwendigen „Auslegungshinweise" zu geben[820]. Die Subsumtion und Abwägung im konkreten Fall bleibt dann dem vorlegenden Gericht überlassen[821]. Nicht anders ist der Gerichtshof auch bei der Beurteilung rundfunkgesetzlicher Vorschriften in der Vorabentscheidung in der Sache *Veronica* verfahren. Dort wurde die fragliche Regelung des niederländischen Mediengesetzes (Mediawet) nicht etwa abschließend gebilligt, sondern lediglich der Maßstab der Erforderlichkeit genannt und die Subsumtion dem vorlegenden Gericht überlassen[822]. In gleicher Weise wurde auch in dem Urteil *Konsumentombudsmannen*[823], in dem es um die Zulässigkeit von Maßnahmen gegen Fernsehwerbung betreibende Unternehmen ging, die Einzelfallbeurteilung dem nationalen Gericht übertragen.

Von diesen Grundsätzen weicht der EuGH allerdings in einigen Entscheidungen ab und nimmt die Prüfung einzelner von den Verfahrensbeteiligten vorgetragenen Einwände selbst vor. Zu Fragen des Rundfunks ist dies etwa im Urteil *Debauve*[824] geschehen. Darin hat sich der EuGH - allerdings veranlaßt durch eine genau danach gestellte Vorlagefrage - im einzelnen mit der Verhältnismäßigkeit befaßt. Auch in dem Urteil in der Sache *Bond van Adverteerdes*[825] nimmt der Gerichtshof - allerdings bezogen auf Art. 56 EGV - zur Verhältnismäßigkeit Stellung und verneint diese im konkreten Fall. Hier handelte es sich allerdings um einen Aspekt, den die beteiligte Regierung selbst anerkannt hatte. Detaillierte Erörterungen der Verhältnismäßigkeit finden sich vermehrt auch in zur Warenverkehrsfreiheit ergangenen Entscheidungen[826]. Eine Begründung für das Abgehen von der sonst geübten Zurückhaltung findet sich in den Urteilen be-

---

820 Vgl. z.B. EuGH Rs. C-55/94 (Gebhard), Slg. 1995, I-4165, Rn. 19; *Müller-Graff*, in: v. d. Groeben/Thiesing/Ehlermann, Kommentar zum EU-/EG-Vertrag, Art. 36 Rn. 103f.; *Matthies*, in: Grabitz/Hilf, Kommentar zur EU, Art. 36 Rn. 26.

821 Vgl. *Wohlfahrt*, in: Grabitz/Hilf, Kommentar zur EU; Art. 177 Rn. 27 m.w.N und z.B. EuGH Rs. C-19/92 (Kraus), Slg. 1993, I-1663, Rn. 37ff.; Rs. C-55/94 (Gebhard), Slg. 1995, I-4165, Rn. 19.

822 EuGH Rs. C-148/91 (Veronica), Slg. 1993, I-487, Urteilstenor und Rn. 15.

823 EuGH Rs. C-34/95, C-35/95, C-36/95 (Konsumentombudsmannen), Slg. 1997, I-3843, Rn. 52.

824 EuGH Rs. 52/79 (Debauve), Slg. 1980, 833, Rn. 18f.

825 EuGH Rs. 352/85, Slg. 1988, 2085, Rn. 36f.

826 Vgl. z.B. EuGH Rs. C-470/93 (Mars), Slg. 1995, I-1923, Rn. 15ff.; Rs. C-368/95 (Familiapress), Slg. 1997, I-3689, Rn. 32f.; Rs. C-189/95 (Franzén) Slg. 1997, 5909, Rn. 76f.

dauerlicherweise nicht, so daß die Handlungsweise des EuGH in diesem Punkt dem Vorwurf der Zufälligkeit ausgesetzt ist. Insgesamt scheint der Gerichtshof eine eigene Beurteilung des konkreten Sachverhalts immer dann vorzunehmen, wenn sich die dafür notwendigen Einzelheiten aus den Akten entnehmen lassen. Die generelle Anerkennung eines Beurteilungsspielraums der Mitgliedstaaten läßt sich aus Urteilen, die im Rahmen von Vorabentscheidungsverfahren ergangenen sind, jedenfalls nicht sicher folgern. Insofern verspricht der Blick auf Urteile in Vertragsverletzungsverfahren verläßlichere Erkenntnisse. Hier kommt eine Entscheidungszuständigkeit der mitgliedstaatlichen Gerichte von vornherein nicht in Betracht, denn dort sind mitgliedstaatliche Maßnahmen vom EuGH abschließend zu beurteilen.

Die Analyse der Rechtsprechung ergibt hier, daß der EuGH gerade im Bereich der Dienstleistungsfreiheit zu einer eingehenden Prüfung des Verhältnismäßigkeitsgrundsatzes zu neigen scheint. Anschauliche Beispiele sind etwa die sogenannten „Fremdenführerurteile“[827], in denen sich der Gerichtshof dezidiert mit Gesichtspunkten der Verhältnismäßigkeit auseinandergesetzt hat. Bezogen auf medienspezifische Regelungen wird im Schrifttum allerdings von einem Prognose- und Gestaltungsspielraum ausgegangen[828]. In der Rechtsprechung des EuGH zur Rundfunkgesetzgebung der Mitgliedstaaten finden sich jedoch Anhaltspunkte, die an der Anerkennung einer derartigen bereichsspezifischen Einschätzungsprärogative zweifeln lassen.

Nähere Ausführungen zur Verhältnismäßigkeit finden sich etwa in der Entscheidung innerhalb des ersten Vertragsverletzungsverfahrens zum niederländischen Mediengesetz (Mediawet)[829]. Der Gerichtshof hat sich darin mit der Verhältnismäßigkeit einzelner Regelungen auseinandergesetzt und sie als nicht erforderlich beanstandet. Auch in seinem Urteil vom 10.9.1996, dem eine Aufsichtsklage der Kommission gegen Belgien zugrunde lag, wurde auf Gesichtspunkte der Verhältnismäßigkeit abgestellt. Der EuGH hat bei der Überprüfung der Pflicht, die Kabelweiterverbreitung von Fernsehsendungen aus anderen Mitgliedstaaten vorher genehmigen zu lassen, ausdrücklich festgestellt, daß die belgische Regierung „nicht in hinreichendem Maße und im einzelnen bewiesen hat, daß das Verfahren einer vorherigen Genehmigung erforderlich und verhältnismäßig ist“[830]. Insgesamt läßt sich demnach aus der Rechtsprechung des

[827] EuGH Rs. C-154/89, Slg. 1991, I-659, Rn. 17ff.; Rs. C-180/89, Slg. 1991, I-709 Rn. 20ff.; Rs. C-198/89, Slg. 1991, I-727, Rn. 21ff.; vgl. auch den Schlußantrag von Generalanwalt *Lenz*, Slg. 1991, I-666, 675ff.

[828] *Petersen*, Rundfunkfreiheit S.162ff.; *Kugelmann*, Der Rundfunk und die Dienstleistungsfreiheit, S. 260; *Schwarze*, Rundfunk und Fernsehen, S. 835.

[829] EuGH Rs. C-353/89, Slg. 1991, I-4069, Rn. 31.

[830] EuGH Rs. C-11/95, Slg. 1996, I-4115, Rn. 55.

Gerichtshofs die Anerkennung einer Einschätzungsprärogative der nationalen Gesetzgeber nicht ableiten. Die genannten Beispiele weisen vielmehr in die Richtung einer eingehenden Nachprüfung.

Einen Anhaltspunkt dafür, daß der EuGH den Mitgliedstaaten im Bereich der Mediengesetzgebung einen größeren Spielraum läßt, wird im Schrifttum aber dem Urteil *Cinéthèque*[831] entnommen[832]. Darin hatte der Gerichtshof eine französische Vorschrift zu beurteilen, nach der die Verbreitung von Spielfilmen zunächst nur in Filmtheatern und erst nach Ablauf bestimmter Fristen über Videokassetten und schließlich im Fernsehen zulässig war. Der EuGH hielt eine Rechtfertigung für möglich, da die Regelung den Zweck verfolge, durch Erhöhung der Rentabilität die Filmproduktion zu fördern[833]. Obwohl das Kriterium der Erforderlichkeit genannt wurde, hat der Gerichtshof keine Verhältnismäßigkeitsprüfung vorgenommen[834]. Daraus die Anerkennung eines besonderen Spielraums des Gesetzgebers bei kulturpolitisch motivierten Regelungen abzuleiten,[835] erscheint jedoch voreilig, denn das Urteil erging im Vorabentscheidungsverfahren. Innerhalb dessen ist, wie bereits ausgeführt[836], - unabhängig von dem jeweiligen Regelungsbereich - eine abstrakte Beantwortung der Vorlagefragen nicht unüblich. Dies bedeutet nicht schon einen Entscheidungsspielraum des Gesetzgebers, sondern legt die konkrete Beurteilung in die Hände des vorlegenden mitgliedstaatlichen Gerichts. Davon ist offensichtlich auch Generalanwalt *Slynn* in seinem Schlußantrag in selbiger Rechtssache ausgegangen. Dort hat er ausgeführt: „Die Entscheidung, ob die im vorliegenden Fall erlassenen Vorschriften als notwendig gerechtfertigt sind, ist meiner Ansicht nach Sache des vorlegenden Gerichts, wie die Kommission geltend macht, da es meiner Meinung nach nicht Sache des Gerichtshofes ist, die zwischen den Parteien bestehenden Streitfragen zu entscheiden“[837]. Mit dem Urteil *Cinéthèque* läßt sich die im Schrifttum vertretene These nach alledem nicht zu belegen.

Gleichwohl ist ein Beurteilungsspielraum der Mitgliedstaaten dem EuGH nicht völlig fremd: In der Rechtssache *Schindler*[838], in der es um die Zulässigkeit eines britischen Verbots der Versendung von Werbematerial und Anmeldeformularen der süddeutschen Klassenlotterie ging, finden sich deutliche Aussagen in

---

[831] EuGH Rs. 60/84 und 61/84, Slg. 1985, 2605.

[832] *Petersen*, Rundfunkfreiheit, S. 162f.; *Roth*, ZUM 1989, 110; *Fezer/Großhardt*, ZUM 1991, 512; *Sparr*, Kulturhoheit und EWG-Vertrag, S. 66.

[833] EuGH Rs. 60/84 und 61/84, Slg. 1985, 2605, Rn. 23.

[834] Vgl. EuGH Rs. 60/84 und 61/84, Slg. 1985, 2605, Rn. 23ff.

[835] *Petersen*, Rundfunkfreiheit, S. 162f.; *Roth*, ZUM 1989, 110; *Fezer/Großhardt*, ZUM 1991, 512; *Sparr*, Kulturhoheit und EWG-Vertrag, S. 66.

[836] Siehe oben 4. d) dd) (2) (b).

[837] Slg. 1985, 2606, 2613.

[838] EuGH Rs. C-275/92 (Schindler), Slg. 1994, I-1039.

Richtung einer eingeschränkten Nachprüfung der Verhältnismäßigkeit. Zunächst verweist der EuGH auf die „ganz besondere Natur“ von Lotterien. Daran anknüpfend stellt er fest, daß diese Besonderheiten es rechtfertigen, „daß die staatlichen Stellen über ein ausreichendes Ermessen verfügen, um festzulegen, welche Erfordernisse sich bezüglich der Art und Weise der Veranstaltung von Lotterien, (...) aus dem Schutz der Spieler und allgemeiner nach Maßgabe der soziokulturellen Besonderheiten jedes Mitgliedstaates aus dem Schutz der Sozialordnung ergeben“[839]. Damit hat der EuGH einen durch die Besonderheiten der geregelten Materie bedingten Beurteilungsspielraum im Bereich der Grundfreiheiten - soweit ersichtlich - erstmals ausdrücklich anerkannt. Wie die vorstehende Analyse der Entscheidungspraxis des EuGH gezeigt hat, sieht *W. Schroeder*[840] darin zu Recht einen Bruch mit der bisherigen Rechtsprechung. Ob dies, wie er meint, zu mißbilligen ist, erscheint jedoch zweifelhaft. So befürwortet etwa Generalanwalt *Jacobs* im Bereich des Anlegerschutzes, daß „jeder Mitgliedstaat in Ermangelung von Harmonisierungsregeln ein gewisses Ermessen bei der Festlegung des Niveaus“ habe[841].

Dementsprechend läßt sich eine Tendenz zur Anerkennung mitgliedstaatlicher Einschätzungsprärogativen dem jüngst ergangenen Urteil zum deutschen Rechtsberatungsgesetz entnehmen[842]. Zur „Beurteilung der Notwendigkeit, die geschäftsmäßige gerichtliche Einziehung von Forderungen Rechtsanwälten vorzubehalten“, stellt der Gerichtshof fest, dies falle „beim gegenwärtigen Stand des Gemeinschaftsrechts in die Zuständigkeit der Mitgliedstaaten“. Anschließend wird, ohne sich näher mit den Einwänden der Kommission auseinanderzusetzen, der Vortrag der Bundesrepublik, mildere Mittel seien nicht verfügbar, vorbehaltlos gebilligt.

In Anbetracht dieser Judikatur sprechen gewichtige Gründe dafür, auch im Bereich der Rundfunkgesetzgebung von einem gewissen Entscheidungsspielraum der Mitgliedstaaten auszugehen. So wird zu Recht darauf hingewiesen, daß der Bereich des Rundfunks ein ureigenes Terrain der Mitgliedstaaten ist[843]. Diese Erkenntnis liegt auch der Bestimmung des Art. 128 EGV zu Grunde, der gerade nicht von einer europäischen Kultur, sondern von den „Kulturen der Mitgliedstaaten“ spricht, wozu auch die einzelstaatlichen Rundfunksysteme zählen[844].

---

839 EuGH Rs. C-275/92 (Schindler), Slg. 1994, I-1039, Rn. 59-61.

840 *Schroeder*, EuGRZ 1994, 373, 379, mit weiteren Beispielen detaillierter Prüfungen durch den EuGH.

841 Schlußantrag in der Rs. C-384/93 (Alpine Investments BV), Slg. 1995, I-1141, Rn. 90.

842 EuGH Rs. C-3/95 (Reisebüro Broede), Slg. 1996, I-6511, Rn. 41f.

843 *Petersen*, Rundfunkfreiheit, S. 163; *Roth*, ZUM 1989, 110.

844 Vgl. *Dörr*, Die Rolle des öffentlichen Rundfunks, S. 27ff.; *ders.*, Die öffentlich-rechtliche Rundfunkfinanzierung, S. 24ff.

Zwar vermag Art. 128 EGV nicht, die Mitgliedstaaten bei der Ausgestaltung ihrer Rundfunkordnungen von der Beachtung der Grundfreiheiten zu entbinden[845], deren Grundinteressen sind aber nach dem Regelungsgedanken der Querschnittsklausel des Art. 128 Abs. 4 EGV auch bei der Anwendung der Vorschriften des Vertrags durch den EuGH zu berücksichtigen[846]. Zudem ist die Rundfunktätigkeit bisher nur bruchstückhaft harmonisiert. Die EG-Fernsehrichtlinie spart den Hörfunk völlig aus und beschränkt sich auch hinsichtlich des Fernsehens auf einzelne Aspekte[847]. Keinerlei Regelungen enthält sie insbesondere über die Zulassung und deren Voraussetzungen. Darüber hinaus ist auf die in vielen medienspezifischen Fragen besseren Erkenntnismöglichkeiten der Organe des jeweiligen Mitgliedstaats hinzuweisen[848]; ein Aspekt, der vor dem Hintergrund des seit dem Unionsvertrag in Art. 3b Abs. 2 EGV verankerten Grundsatzes der Subsidiarität an Überzeugungskraft gewonnen hat.

Für die Anerkennung eines Beurteilungsspielraums im Rahmen der Verhältnismäßigkeit spricht auch ein Vergleich mit der Rechtsprechung des EuGH zur Kontrolle der Tätigkeit der Gemeinschaftsorgane. Diesen billigt der Gerichtshof hinsichtlich der Erforderlichkeit beispielsweise dann einen Entscheidungsspielraum zu, wenn der Maßnahme Wertungen wirtschaftlicher Art zugrunde liegen[849]. Entsprechend verfährt er, wenn es sich um ein Gebiet handelt, „auf dem der Gesetzgeber sozialpolitische Entscheidungen zu treffen und komplexe Abwägungen zu tätigen hat. Die Ausübung einer solchen Befugnis kann gerichtlich nur daraufhin überprüft werden, ob ein offensichtlicher Irrtum oder ein Ermessensmißbrauch vorliegt oder ob das Organ die Grenze seines Ermessens offenkundig überschritten hat“[850].

Um ein vergleichbares Gebiet handelt es sich bei der Rundfunkgesetzgebung. Auch hier sind komplexe Abwägungsvorgänge und Prognoseentscheidungen notwendig, die einen Beurteilungsspielraum der Legislative rechtfertigen. Dies gilt insbesondere für Fragen der Vielfaltssicherung. Daß eine Übertragung der für die Gemeinschaftsorgane geltenden Grundsätze gerade im Hinblick auf die gerichtliche Kontrolldichte keineswegs systemwidrig wäre, beweist die jüngste Rechtsprechung des Gerichtshofs zur Haftung der Mitgliedstaaten bei Verstö-

---

845 *Ress/Ukrow*, in: Grabitz/Hilf, Kommentar zur EU, Art. 128 Rn. 58.
846 *Ress/Ukrow*, in: Grabitz/Hilf, Kommentar zur EU, Art. 128 Rn. 6.
847 Vgl. oben III. 2.
848 *Petersen*, Rundfunkfreiheit, S. 164.
849 Vgl. dazu *Wenig*, in: Grabitz/Hilf, Kommentar zur EU, Art. 173 Rn. 38 m.w.N.
850 EuGH Rs. C-84/94, Slg. 1996, I-5755, Rn. 58.

ßen gegen Gemeinschaftsrecht[851]. Dort wurde die für eine Haftung der Gemeinschaftsorgane geltende, einschränkende Haftungsvoraussetzung eines „hinreichend qualifizierten Verstoßes" auf die Haftung der Mitgliedstaaten übertragen[852].

Im Ergebnis wird daher bei rundfunkspezifischen Regelungen im Rahmen der Verhältnismäßigkeitsprüfung zu Recht ein Beurteilungs- und Gestaltungsspielraum der Mitgliedstaaten angenommen, dessen Grenze bei offensichtlichen Fehleinschätzungen liegt[853]. Die Tiefe der Nachprüfung kann nach dem Charakter der jeweiligen Regelung auch innerhalb eines Rechtsbereichs differieren[854]. Ausschlaggebend sollte auch hier sein, ob die jeweilige Entscheidung des Gesetzgebers eine Prognose oder eine Bewertung komplexer Beziehungsgeflechte erfordert. Die genannte Rechtsprechung des Gerichtshofs zur Anerkennung mitgliedstaatlicher Einschätzungsspielräume in anderen Sachbereichen stützt die Erwartung, daß diese Erwägungen Eingang auch in die rundfunkrechtliche Judikatur finden werden.

IV. Das rundfunkgesetzliche Zulassungssystem als Beschränkung der Veranstaltungsrechte

1. Einleitung

In den vorangegangenen Abschnitten hat sich gezeigt, daß ein Zulassungsvorbehalt in bestimmten Konstellationen eine Beschränkung der europarechtlich gewährleisteten Veranstaltungsrechte darstellt[855]. Sowohl bezogen auf Art. 10 EMRK als auch für die einschlägigen Grundfreiheiten stellt sich damit die Frage, ob die Zulassungsvorschriften der deutschen Rundfunk- und Mediengesetze diese Rechte verletzen, oder ob sie gerechtfertigt werden können. Der Blick auf die allgemeinen Grundsätze der Rechtfertigung hat auf der Ebene der Schran

---

851 EuGH Rs. C-46/93 und C-48/93 (Brasserie du Pêcheur und Factortame) Slg. 1996, I-1029 und nachfolgend Rs. C-392/93 (British Telecommunications) Slg. 1996, I-1631; Rs. C-178/94, C-179/94, C-189/94 und C-190/94 (Dillenkofer u.a.) Slg. 1996, I-4845.

852 EuGH Rs. C-46/93 und C-48/93 (Brasserie du Pêcheur und Factortame) Slg. 1996, I-1631, Rn. 47ff.

853 Vgl. *Petersen*, Rundfunkfreiheit, S. 164.

854 Daß nicht pauschal auf den gesamten Sachbereich abgestellt werden darf, sondern die einzelnen Regelungselemente und die jeweiligen Gefahren in den einzelnen Leistungsbeziehungen zu betrachten sind, wird etwa in EuGH Rs. C-222/95 (Parodi), Slg. 1997, I-3899, Rn. 29 betont.

855 Siehe oben III. 4. b) dd).

ken bereits ganz erhebliche Parallelen offenbart. Ausgangspunkt der Rechtfertigung ist jeweils ein berechtigtes Allgemeinwohlinteresse, wobei nach dem Verständnis beider Gerichtshöfe weder den Vorbehaltsregelungen der Grundfreiheiten des EG-Vertrages noch Art. 10 Abs. 2 EMRK ein abschließender Katalog legitimer Ziele zu entnehmen ist. Als zweites Rechtfertigungselement tritt der Grundsatz der Verhältnismäßigkeit hinzu. Was die gerichtliche Kontrolldichte betrifft, ist bei beiden Gerichtshöfen eine Tendenz zur Anerkennung eines Beurteilungsspielraums der Mitgliedstaaten zu verzeichnen. Insgesamt besteht eine bemerkenswerte Strukturgleichheit auf der Schrankenebene, die eine gemeinsame Untersuchung der deutschen Zulassungsvorschriften im Hinblick auf sämtliche europarechtlichen Maßstäbe ermöglicht.

Weitgehende Entsprechungen bestehen auch zur Rundfunkfreiheit des Art. 5 Abs. 1 S. 2 GG. Eine Besonderheit ergibt sich dort allerdings aus der Forderung des Art. 5 Abs. 2 GG nach einem „allgemeinen Gesetz" und der Beschränkung der Allgemeinwohlinteressen auf in der Verfassung verankerte Rechtsgüter. Im Rahmen der Erörterung von Art. 5 Abs. 1 S. 2 GG gewonnene Erkenntnisse zur Verhältnismäßigkeit können aber durchaus auf die europarechtlichen Prüfungsmaßstäbe übertragen werden.

2. Rechtfertigende Allgemeininteressen im Bereich des Rundfunks

a) Zwingende Allgemeininteressen im Rahmen der Grundfreiheiten

Da Art. 56 EGV nicht zur Rechtfertigung rundfunkgesetzlicher Zulassungsvorschriften taugt[856], kommen als Rechtfertigungsgründe nur ungeschriebene Allgemeininteressen in Betracht. Zur Problematik rechtfertigender Allgemeininteressen im Bereich des Rundfunks hat sich der EuGH bereits mehrfach geäußert. In den frühen Urteilen *Debauve* und *Bond van Adverteeerdes* findet sich allerdings nur eine allgemeine Feststellung der abstrakten Möglichkeit einer Rechtfertigung durch Allgemeininteressen[857]. Konkrete Interessen nannte der Gerichtshof erstmals 1991 in zwei Urteilen zum niederländischen Rundfunkgesetz (*Mediawet*)[858]. In den parallel verhandelten Verfahren hatte die niederländische Regierung vorgetragen, die streitigen Regelungen der *Mediawet* seien

[856] Vgl. oben III. d) cc).

[857] EuGH Rs. 52/79 (Debauve), Slg. 1980, 833, Rn. 15; Rs. 352/85 (Bond van Adverteerdes), Slg. 1988, 2085, Rn. 38.

[858] EuGH Rs. C-353/89 (Kommission/Niederlande), Slg. 1991, I-4069; Rs. C-288/89 (Stichting Collectieve Gouda), Slg. 1991, I-4007.

durch „zwingende Erfordernisse ihrer Kulturpolitik im Rundfunksektor" gerechtfertigt. Es gelte, die Meinungsfreiheit zu schützen; ermöglicht werden solle der „Fortbestand eines pluralistischen und nichtkommerziellen Rundfunksystems"[859]. Der EuGH hat diesen Ansatz akzeptiert und erklärt, daß „eine so verstandene Kulturpolitk einen zwingenden Grund des Allgemeininteresses darstellen" kann[860]: „Die Aufrechterhaltung eines pluralistischen Rundfunkwesens, (...) steht nämlich in einem Zusammenhang mit der durch Art. 10 MRK garantierten Meinungsfreiheit, die zu den von der Gemeinschaftsrechtsordnung geschützten Grundrechten gehört"[861]. Daneben sollen auch solche Beschränkungen zulässig sein, die bezwecken, „die Verbraucher gegen ein Übermaß an kommerzieller Werbung zu schützen" oder „im Rahmen der Kulturpolitik eine bestimmte Programmqualität zu erhalten"[862].

Die Anerkennung kulturpolitischer Ziele als zwingende Allgemeininteressen hat der EuGH in den Urteilen *Veronica*[863] und *TV 10 SA*[864] bestätigt. Im Grundsatz ist damit geklärt, daß kultur- und medienpolitische Zielsetzungen Beschränkungen der Rundfunktätigkeit rechtfertigen können. Dies bedeutet aber nicht, daß es zur Rechtfertigung derartiger Beschränkungen ausreicht, wenn sich ein Mitgliedstaat schlicht auf „kulturpolitische Ziele" beruft. Nicht die „Kulturpolitik" an sich stellt ein zwingendes Allgemeininteresse dar, sondern nur bestimmte unter diesen Topos einzuordnende konkrete Zielvorstellungen. Stets wird in der Rechtsprechung des EuGH auf die konkret von den Mitgliedstaaten vorgetragenen Gründe Bezug genommen. Dies belegen die Formulierungen: „*solche* Ziele der Kulturpolitik"[865] oder „eine so verstandene Kulturpolitik"[866]. Der Begriff „Kulturpolitik" ist viel zu unbestimmt, um unmittelbar einen Rechtfertigungsgrund bilden zu können, er kann im vorliegenden Kontext nur als Oberbegriff verstanden werden; entscheidend ist welche legitimen kulturpolitischen Ziele im einzelnen verfolgt werden.

---

859 EuGH Rs. C-353/89 (Kommission/Niederlande), Slg. 1991, I-4069, Rn. 29; Rs. C-288/89 (Stichting Collectieve Gouda), Slg. 1991, I-4007, Rn. 22.

860 EuGH Rs. C-353/89 (Kommission/Niederlande), Slg. 1991, I-4069, Rn. 30; Rs. C-288/89 (Stichting Collectieve Gouda), Slg. 1991, I-4007, Rn. 23.

861 Im Ergebnis ließ der Gerichtshof die streitigen Vorschriften allerdings an der Verhältnismäßigkeit scheitern.

862 EuGH Rs. C-353/89 (Kommission/Niederlande), Slg. 1991, I-4069, Rn. 45; Rs. C-288/89 (Stichting Collectieve Gouda), Slg. 1991, I-4007, Rn. 27.

863 EuGH Rs. C-148/91 (Veronica Omroep), Slg. 1993, I-487, Rn. 9f.

864 EuGH Rs. C-23/93 (TV 10 SA), Slg. 1994, I-4795, Rn. 18f.

865 EuGH Rs. C-148/91 (Veronica Omroep), Slg. 1993, I-487, Rn. 10; Rs. C-23/93 (TV 10 SA), Slg. 1994, I-4795, Rn. 19 (Hervorhebung nicht im Original).

866 EuGH Rs. C-353/89 (Kommission/Niederlande), Slg. 1991, I-4069, Rn. 30; Rs. C-288/89 (Stichting Collectieve Gouda), Slg. 1991, I-4007, Rn. 23.

Die vom EuGH in den *Mediawet*-Urteilen genannten Zielvorstellungen vermögen aber nicht sämtlich zu überzeugen. Das von den Niederlanden vorgebrachte Ziel der Aufrechterhaltung eines „nichtkommerziellen" Rundfunksystems stößt auf nicht unerhebliche Bedenken. Angesichts der Ziele des EG-Vertrags und seiner generell wirtschaftsliberalen Ausrichtung verwundert es doch sehr, wenn in der Nichtkommerzialität als solcher ein Allgemeininteresse gesehen wird. Insbesondere der vom EuGH zu den Ausnahmetatbeständen betonte Grundsatz, es müsse sich jedenfalls um „nichtwirtschaftliche Gründe“ handeln[867], zeigt, daß über die Regelungsvorbehalte gerade keine gezielte Lenkung der Wirtschaftsströme ermöglicht werden soll. Wenn das Ziel der Nichtkommerzialität eines Tätigkeitsbereichs als solches ein zwingendes Allgemeininteresse darstellte, könnte von den Mitgliedstaaten praktisch jeder Wirtschaftssektor trocken gelegt werden. Die Anerkennung eines derartigen Allgemeininteresses erweist sich vor diesem Hintergrund als mit den Grundprinzipien des EG-Vertrags unvereinbar.

Gleichwohl kann ein nichtkommerzielles Rundfunkwesen ein Mittel darstellen, um ein weitergehendes, billigenswertes Ziel zu erreichen. Die eigentliche Rechtfertigungswirkung geht dann aber von diesem Ziel aus, keinesfalls von der Nichtkommerzialität selbst. Als legitimes Regelungsinteresse kommt vor allem das vom EuGH ebenfalls genannte Ziel der Aufrechterhaltung des Pluralismus im Rundfunkwesen in Betracht. Dieses Ziel läßt sich - anders als die Nichtkommerzialität - unmittelbar aus der Meinungsfreiheit ableiten, die der Gerichtshof ausdrücklich in diesem Zusammenhang nennt[868]. Besonders deutlich findet sich die Anbindung an das Grundrecht der Meinungsfreiheit in einer kürzlich - allerdings zur Freiheit des Warenverkehrs - ergangenen Entscheidung. Dort heißt es ausdrücklich: „Diese Vielfalt trägt nämlich zur Wahrung des Rechts der freien Meinungsäußerung bei“[869]. Diese Entscheidung bestätigt, daß als maßgebliches Allgemeininteresse der von der Meinungsfreiheit geforderte Pluralismius fungiert - treffend wird die „Aufrechterhaltung der Medienvielfalt“ in den Vordergrund gestellt[870].

---

867 Vgl. oben III. 4. d) dd) (1).

868 EuGH Rs. C-353/89 (Kommission/Niederlande), Slg. 1991, I-4069, Rn. 30; Rs. C-288/89 (Stichting Collectieve Gouda), Slg. 1991, I-4007, Rn. 23; Rs. C-148/91 (Veronica), Slg. 1993, I-487, Rn. 9f.; Rs. C-23/93 (TV 10 SA), Slg. 1994, I-4795, Rn. 18f.

869 EuGH Rs. C-368/95 (Familiapress), Slg. 1997, I-3689, Rn. 18; auch in den Urteilen in den Rs. C-353/89 (Kommission/Niederlande), Slg. 1991, I-4069, Rn. 30 und C-288/89 (Stichting Collectieve Gouda), Slg. 1991, I-4007, Rn. 23, stellt der Gerichtshof nur hinsichtlich des Pluralismus den Bezug zur Meinungsfreiheit heraus, nicht für die Nichtkommerzialität.

870 EuGH Rs. C-368/95 (Familiapress), Slg. 1997, I-3689, Rn. 19.

Zusammenfassend ist damit festzuhalten, daß insbesondere das Ziel der Aufrechterhaltung eines pluralistischen Rundfunkwesens Beschränkungen der Rundfunktätigkeit rechtfertigen kann. Ob es, um dieses Ziel zu erreichen, zwingend eines nichtkommerziellen Rundfunksystems bedarf, ist eine Frage der Verhältnismäßigkeit.

b) Rundfunkspezifische Allgemeininteressen und Art. 10 EMRK

Der Europäische Gerichtshof für Menschenrechte rückt in seiner neusten Rechtsprechung die sogenannte „Rundfunkklausel" des Art. 10 Abs. 1 Satz 3 EMRK in den Vordergrund, wenn es kommunikationsspezifische Regelungen zu beurteilen gilt. In dem Urteil in der Sache *Informationsverein Lentia* hat er festgestellt, daß die Rundfunkklausel den nationalen Gesetzgebern nicht nur ermöglicht, technischen Aspekten Rechnung zu tragen, sondern daß sie auch die Berücksichtigung anderer, nicht in Art. 10 Abs. 2 EMRK genannter Ziele zuläßt[871]. Als solche nennt der Gerichtshof zunächst Art und Zweck des Senders, die potentielle Zuhörerschaft, die Rechte und Bedürfnisse besonderer Hörergruppen sowie Verpflichtungen aus internationalen Verträgen[872]. Bezogen auf den konkret zu entscheidenden Fall, das damals in Österreich rechtlich zementierte öffentlich-rechtliche Rundfunkmonopol, stellt der Gerichtshof anschließend fest, daß das Monopolsystem den Anforderungen des Art. 10 Abs. 1 S. 3 EMRK genüge. Begründet wird dies mit der Funktion des Monpols, die Kontrolle von Qualität und Ausgewogenheit der Programme zu sichern[873]. Als legitimer Zweck wird damit das Ziel programmlicher Ausgewogenheit anerkannt. In der Sache entspricht dies dem vom EuGH anerkannten Allgemeininteresse der Aufrechterhaltung eines pluralistischen Rundfunkwesens. Über die Rundfunkklausel ist damit auch im Hinblick auf Art. 10 EMRK die Rechtfertigung kommunikationsspezifischer, kulturpolitisch motivierter Beschränkungen möglich[874]. Auch dabei ist aber stets der Grundsatz der Verhältnismäßigkeit zu beachten, den der EGMR Art. 10 Abs. 2 EMRK entnimmt[875].

---

871 EGMR, Urteil vom 24.11.1993, EuGRZ 1994, 549, Tz. 32.

872 EGMR, Urteil vom 24.11.1993, EuGRZ 1994, 549, Tz. 32.

873 EGMR, Urteil vom 24.11.1993, EuGRZ 1994, 549, Tz. 33.

874 So auch *Petersen*, Rundfunkfreiheit, S. 275; *Holznagel*, Rundfunkrecht in Europa, S. 157.

875 Vgl. oben II. 3. a) und d) aa).

3. Die Rechtfertigung des Zulassungsvorbehalts

a) Allgemeininteresse

Was Art. 10 EMRK betrifft, besteht die Besonderheit, daß sich die Zulässigkeit eines Erlaubnisverfahrens unmittelbar aus der Rundfunkklausel des Art. 10 Abs. 1 S. 3 EMRK ergibt[876]. Insofern bedarf es aufgrund der ausdrücklichen Gestattung keines besonderen Allgemeininteresses.

Im Bereich der Grundfreiheiten des EG-Vertrages findet sich keine derartige ausdrückliche Ermächtigung der Mitgliedstaaten. Da es sich bei dem Zulassungsvorbehalt um eine nichtdiskriminiernde Maßnahme handelt, kommt es zur Rechtfertigung auf das Vorliegen eines „zwingenden Allgemeininteresses" an[877]. Der EuGH hat Zulassungsvorbehalte als solche stets großzügig beurteilt. So hat er etwa in seinem sogenannten „Versicherungsurteil"[878] den Schutz der Leistungsempfänger als zwingenden Grund des Allgemeininteresses für einen Zulassungsvorbehalt als solchen ausreichen lassen. Entsprechend wurde ein Zulassungserfordernis für Kreditinstitute jüngst als von dem Ziel des Verbraucherschutzes gedeckte Maßnahme angesehen[879].

Die durch den Zulassungsvorbehalt des Rundfunkstaatsvertrags und der Rundfunk- und Mediengesetze ermöglichte Präventivkontrolle verfolgt zumindest mittelbar den Schutz der Rezipienten. Sie sollen insbesondere vor grob jugendgefährdenden und rein propagandistischen Programmen bewahrt werden. Ermöglicht wird vor allem eine Prüfung der Vorschriften zur Sicherung der Meinungsvielfalt. Der Vorbehalt dient damit auch dem vom EuGH als zwingendes Allgemeininteresse anerkannten Ziel der Aufrechterhaltung eines pluralistischen Rundfunkwesens[880].

---

876 Vgl. EGMR, Urteil vom 28.3.1990, EuGRZ 1990, 255 - *Groppera,* Tz. 61ff.; vgl. auch *Holznagel*, Rundfunkrecht in Europa, S. 156.

877 Vgl. oben III. 4. d) bb) und dd).

878 EuGH Rs. 205/84 (Versicherungen), Slg. 1986, 3755, Rn. 30ff.

879 EuGH Rs. C-222/95 (Parodi), Slg. 1997, I-3899, Rn. 22ff.

880 Vgl. oben IV. 2. a).

b) Verhältnismäßigkeit

Der Zulassungsvorbehalt müßte auch im Hinblick auf den Grundsatz der Verhältnismäßigkeit unbedenklich sein[881]. Er ist geeignet, den verfolgten Zweck zu erreichen, denn eine präventive Prüfung erhöht zumindest die Wahrscheinlichkeit der späteren Einhaltung der gesetzlichen Anforderungen. Zur Erforderlichkeit wurde bereits im Zusammenhang mit der Untersuchung eines Verstoßes gegen Grundrechte des Grundgesetzes festgestellt, daß eine Pflicht zur Anzeige der geplanten Tätigkeit kein gleichermaßen geeignetes Mittel ist. Dies gilt vor allem für die teilweise nur sehr schwer handhabbaren Zurechnungsregeln des Zuschauermarktanteilsmodells[882]. Der Zulassungsvorbehalt als solcher trifft den Einzelnen auch nicht unzumutbar hart, denn er führt lediglich zu einer vorläufigen Suspendierung der Ausübungsmöglichkeiten. Hier gilt nichts anderes als im Rahmen der Überprüfung anhand von Art. 5 und 12 GG; der Grundsatz der Verhältnismäßigkeit ist nicht verletzt[883].

4. Die Rechtfertigung allgemeiner Zulassungsvoraussetzungen

a) Die Pflicht eines Sitzes in der Bundesrepublik Deutschland

Die in vielen Rundfunk- und Mediengesetzen enthaltene Voraussetzung eines Sitzes in der Bundesrepublik Deutschland erscheint zunächst im Hinblick auf die Dienstleistungsfreiheit problematisch. Der EuGH geht zu Recht davon aus, daß eine Pflicht zur Niederlassung im Inland nichts anderes als eine Negation der Dienstleistungsfreiheit darstellt[884]. Für die im Rahmen der vorliegenden Untersuchung relevanten Anwendungsfälle der Dienstleistungsfreiheit, also lediglich die Konstellation, in der ein in Deutschland Niedergelassener oder Niederlassungswilliger Rundfunksendungen veranstalten will, die auch in anderen Mitgliedstaaten empfangbar sind, ist dieses Kriterium von vornherein erfüllt und somit unproblematisch. Zudem beruhen die Sitzerfordernisse auf Vorgaben der Fernsehrichtlinie[885]. Differenzen zwischen den Formulierungen der Rundfunk- und Mediengesetze und der Fernsehrichtlinie lösen sich auf, wenn man

881 Vgl. dazu schon oben III. 4. d) dd) (2).
882 Vgl. oben C. II. 3. d) ff) und 4. c) bb) (5).
883 Vgl. schon oben C. II. 4. c) aa).
884 EuGH Rs. 205/84 (Versicherungen), Slg. 1986, 3755, Rn. 52; Rs. C-222/95 (Parodi), Slg. 1997, I-3899, Rn. 31.
885 Vgl. oben C. II. 4. c) bb) (3).

die Gesetzesbegriffe „Sitz“ oder „Wohnsitz“ gemeinschaftsrechtskonform im Sinne des Art. 2 der Fernsehrichtlinie auslegt[886]. Gleichwohl wäre eine Klarstellung im Wege einer sprachlichen Anpassung der Vorschriften an die Formulierung der Richtlinie wünschenswert.

Auch bei der Frage eines Verstoßes gegen Art. 10 EMRK ist die Vorgabe der EG-Fernsehrichtlinie zu berücksichtigen. Hier wird das Verhältnis zwischen der Konvention und solchen nationalen Vorschriften, die auf gemeinschaftsrechtlichen Vorgaben beruhen[887], bedeutsam, denn der nationale Gesetzgeber kann in eine Pflichtenkollision geraten. Ohne darauf an dieser Stelle vertieft eingehen zu können, dürfte ein Verstoß gegen Art. 10 EMRK jedenfalls unter dem Gesichtspunkt der Verletzung völkervertraglicher Pflichten möglich sein[888]. Im Ergebnis ist aber eine Verletzung des Konventionsrechts zu verneinen, denn das hinter dem Sitzerfordernis stehende Interesse an der Sicherstellung einer effektiven Aufsicht läßt sich schon dem Rechtfertigungsgrund der Aufrechterhaltung der Ordnung des Art. 10 Abs. 2 EMRK[889] zuordnen. Da das Sitzerfordernis auch der Kontrolle der Vorschriften zur Sicherung der Meinungsvielfalt dient[890], kommt zudem ein Allgemeininteresse auf der Grundlage der Rundfunkklausel des Art. 10 Abs. 1 S. 3 EMRK in Betracht. Berücksichtigt man innerhalb der Prüfung der Erforderlichkeit und Angemessenheit die in der Rundfunkklausel enthaltene Wertung in Richtung eines besonderen Kontrollbedürfnisses, erscheint das Sitzerfordernis, das nicht mit der Forderung nach einem ständigen Aufenthalt verwechselt werden darf[891], auch nicht unverhältnismäßig.

---

886 Ablehnend gegenüber dem Sitzerfordernis dagegen *Liehr*, Die Niederlassungsfreiheit, S. 302f., allerdings vor der Auslegung der Fernsehrichtlinie durch den EuGH im Urteil zum Broadcasting Act (Rs. C-222/94, Slg. 1996, I-4025) bzw. der Neufassung der Richtlinie.

887 Vgl. dazu *Giegerich*, ZaöRV 50 (1990), 836, 852ff.; *Frowein*, in: Frowein/Peukert, EMRK, Einführung Rn. 13ff.

888 *Giegerich*, ZaöRV 50 (1990), 836, 852f.

889 Dieser Rechtfertigungsgrund wird vom EGMR offensichtlich weniger eng ausgelegt als der des Art. 56 EGV durch den EuGH, vgl. EGMR, Urteil vom 28. 3.1990, EuGRZ 1990, 255 - *Groppera*, Rn. 69f., in dem der Gerichtshof eine ganze Reihe unterschiedlicher Aspekte der Rundfunk- und Fernmeldeordnung ohne Umschweife diesem in Art. 10 Abs. 2 EMRK genannten Ziel zuordnet. Unter diese Schranke lassen sich demnach insbesondere formelle Voraussetzungen fassen.

890 Vgl. unten 5.

891 Vgl. *Liehr*, Die Niederlassungsfreiheit, S. 279.

b) Die Geschäftsfähigeit, Zuverlässigkeit und wirtschaftliche Leistungsfähigkeit

Diese Zulassungsvoraussetzungen stellen Mindestanforderungen an die Person des Rundfunkveranstalters, die einen Grundstandard an Verläßlichkeit sichern. Mittelbar dienen auch sie der Erhaltung eines funktionsfähigen, ausgewogenen Rundfunkwesens und damit einem vom EuGH und vom EGMR anerkannten Allgemeininteresse. Die Berechtigung von allgemeinen Zulassungskriterien wie Zahlungsfähigkeit, fachliche Eignung und Zuverlässigkeit in sensiblen Wirtschaftsbereichen hat der EuGH erst kürzlich ausdrücklich anerkannt[892].

Die Anforderungen können wie das Sitzerfordernis auch aufgrund des in Art. 10 Abs. 2 EMRK genannten Ziels der Aufrechterhaltung der öffentlichen Ordnung oder aufgrund des Genehmigungsvorbehalts der Rundfunkklausel des Art. 10 Abs. 1 S. 3 EMRK gerechtfertigt werden[893]. Da es sich lediglich um allgemeine Grundvoraussetzungen für die Ausübung der Tätigkeit handelt, wie sie auch in weniger sensiblen Bereichen des Wirtschaftsverwaltungsrechts üblich sind, bestehen an der Verhältnismäßigkeit keine Bedenken[894].

5. Rechtfertigung der Vorschriften zur Sicherung der Meinungsvielfalt

Das zentrale Instrument der deutschen Rundfunkordnung zur Sicherung der Meinungsvielfalt stellt das Zuschauermarktanteilsmodell nach dem 3. Rundfunkänderungsstaatsvertrag dar. Es geht auf die von beiden europäischen Gerichtshöfen anerkannten Allgemeininteressen der Aufrechterhaltung eines pluralistischen Rundfunkwesens beziehungsweise der Sicherung der Ausgewogenheit zurück. Aufgrund der in gesteigertem Maße von prognostischen Wertungen abhängigen Regelungsmaterie ist den nationalen Gesetzgebern ein nicht unerheblicher Beurteilungsspielraum zuzugestehen[895]. Unter Berücksichtigung dieses Maßstabs wirken die Regelungen, die faktisch eine Aufteilung des privaten Rundfunkmarkts in Deutschland zulassen, jedenfalls nicht zu Lasten der Veranstalter unverhältnismäßig[896]. Da in anderen Staaten bestehende Medienaktivi-

---

892 EuGH Rs. C-222/95 (Parodi), Slg. 1997, I-3899, Rn. 22.

893 Vgl. *Astheimer*, Rundfunkfreiheit, S. 148.

894 Vgl. schon oben C. II. 4. c) bb) (1).

895 Vgl. oben III. d) dd) (2) (b) und II. 3. d).

896 Vgl. schon oben C. II. 4. c) b (5). Zu den gemeinschaftsrechtlichen Bedenken an den bis zum Dritten Rundfunkänderungsstaatsvertrag geltenden Beschränkungen mehrfacher Programmträgerschaft vgl. *Liehr*, Die Niederlassungsfreiheit, S. 291ff.

täten des Antragstellers innerhalb des Zuschauermarktanteilmodells keine Rolle spielen - Maßstab ist allein der deutsche Fernsehmarkt - bestehen auch insofern keine europarechtlichen Bedenken[897].

V. Zusammenfassung und Ergebnis

Wie die einschlägigen Grundrechte des Grundgesetzes vermitteln auch europarechtliche Rechtssätze prinzipielle Rechte auf die Veranstaltung von Rundfunk. Auf der Ebene der EMRK und des Gemeinschaftsrechts existiert eine umfassende europäische Rundfunkveranstaltungsfreiheit. Diese ergibt sich zunächst aus der in Art. 10 EMRK und dem entsprechenden Gemeinschaftsgrundrecht enthaltenen Rundfunkfreiheit. Innerhalb des Zulassungssystems der Rundfunk- und Mediengesetze zu berücksichtigende Veranstaltungsrechte können sich aber in bestimmten Konstellationen auch aus den Grundfreiheiten des EG-Vertrags ergeben. Die Freiheit des Dienstleistungsverkehrs der Art. 59 ff. EGV gewährt demjenigen ein subjektives Recht auf die Veranstaltung von Rundfunk, der von Deutschland aus Sendungen verbreiten will, die (auch) in einem anderen Mitgliedstaat der Europäischen Union empfangen werden können. Auf die Niederlassungsfreiheit der Art. 52 ff. EGV können sich Angehörige anderer Mitgliedstaaten berufen, die in Deutschland eine Niederlassung gründen wollen, um dort als Rundfunkveranstalter tätig zu werden.

Sämtliche europarechtlich verankerten Veranstaltungsrechte können unter bestimmten Voraussetzungen durch die nationalen Gesetzgeber beschränkt werden. Bezogen auf Art. 10 EMRK bedarf es dazu eines legitimen Allgemeinwohlziels im Sinne der Rundfunkklausel des Abs. 1 S. 3 oder des Vorbehalts des Abs. 2 der Vorschrift. Im Bereich der Grundfreiheiten greift der Regelungsvorbehalt der „zwingenden Allgemeininteressen“. Die Sicherung der Meinungsvielfalt erfüllt die Anforderungen der Rechtfertigungsformeln aller genannten Berechtigungen. In jedem Fall müssen die staatlichen Maßnahmen dem Grundsatz der Verhältnismäßigkeit entsprechen. Bei dessen Beurteilung verfügen die Gesetzgeber in von Wertungen und prognostischen Einschätzungen abhängigen Regelungsbereichen über eine Einschätzungsprärogative und einen dementsprechenden Gestaltungsspielraum.

Das Zulassungssystem der Rundfunk- und Mediengesetze der deutschen Bundesländer beeinträchtigt die europarechtlich gewährten Veranstaltungsrechte.

---

[897] Zur Verhältnismäßigkeit derartiger Regelungen zu Recht ablehnend *Liehr*, Die Niederlassungsfreiheit, S. 221ff., 299.

Seine Grundlinien sind allerdings durch die Schranken des Art. 10 EMRK und die der Grundfreiheiten gedeckt.

Insgesamt zeigt sich eine weitgehende Konvergenz zwischen den Veranstaltungsrechten aus den Grundrechten des Grundgesetzes und denen aus europarechtlichen Freiheitsverbürgungen. Auch auf der Ebene der Schranken ist in den Kernelementen eine einheitliche Auslegung und Handhabung möglich. Es bleibt zu hoffen, daß das Bundesverfassungsgericht dies erkennt und die von ihm selbst postulierte Einwirkung des europäischen Rechts auf die Auslegung der deutschen Grundrechte[898] auch im Bereich der Rundfunkveranstaltung beherzigen wird.

[898] Vgl. BVerfGE 74, 358, 370.

TEIL 3 SUBJEKTIVE RECHTE DER BEWERBER UM GEWÄHRUNGSZULASSUNGEN

A. Einleitung

Im ersten Teil der Untersuchung wurde innerhalb des Zulassungssystems der Rundfunk- und Mediengesetze die grundlegende Unterscheidung zwischen zwei Arten von Zulassungen herausgearbeitet[899]. Neben der in Teil 2 eingehend betrachteten „Gestattungszulassung“ existiert als gesetzlicher Grundtyp die in der vorliegenden Untersuchung als „Gewährungszulassung“ bezeichnete Sendeerlaubnis. Diese unterscheidet sich dadurch von der Gestattungszulassung, daß dem Antragsteller zusätzlich zur bloß duldenden Gestattung der Programmveranstaltung eine bestimmte, zuvor ausgeschriebene Übertragungskapazität zugewiesen wird. Mit der Erteilung einer derartigen Erlaubnis wird somit nicht nur die eigenverantwortliche Ausübung eines grundrechtlichen Betätigungsrechts zugelassen, vielmehr wird diese auch aktiv gefördert. Die Förderung besteht in der - für den Betreiber der technischen Übertragungsmittel verbindlichen - medienrechtlichen Zuweisung einer konkreten Übertragungskapazität. Dem Antragsteller wird auch die tatsächliche Verbreitung seines Programms ermöglicht. Er erhält nicht nur das Recht zu senden, es wird ihm darüber hinaus auch die erforderliche Infrastruktur zugänglich gemacht. Im Falle drahtlos zu verbreitender Programme ist mit der Zulassung gleichzeitig die Vorentscheidung über die Zuteilung einer Frequenz nach § 47 des Telekommunikationsgesetzes gefallen, wodurch der Bewerber ein andere Veranstalter ausschließendes sondernutzungsähnliches Recht erhält[900].

Wie sich ebenfalls bereits zu Beginn der Untersuchung gezeigt hat, weist die Gewährungszulassung nicht nur einen besonderen Inhalt auf, sondern sie wird auch in einem in wesentlichen Elementen abweichenden Verfahren erteilt. Insbesondere geht der Zulassungserteilung stets eine Ausschreibung voraus. Diese grundlegenden Unterschiede zu der Gestattungszulassung dürfen auch bei der Frage nach subjektiven Rechten der Zulassungsbewerber nicht vernachlässigt werden, sie bedingen auch in dieser Hinsicht eine eigenständige Betrachtung.

Die Erteilung einer Gewährungszulassung wird in der Praxis vor allem für die Rundfunkveranstaltung über terrestrische Sender relevant, welche sich ganz überwiegend im Besitz der *Deutschen Telekom AG* befinden. Eine Gewäh-

---

899 Vgl. oben Teil 1 A. III. 3 b).

900 Vgl. zu den Zusammenhängen im einzelnen, insbesondere zur Bindungwirkung für die telekommunikationsrechtliche Zuteilung, oben Teil 1 A. III. 3 b) aa).

rungszulassung kann aber ebenso für Breitbandkabelnetze erteilt werden[901]. Für den Bereich des Satellitenrundfunks ist diese Zulassungsart dagegen kaum von praktischer Bedeutung, da neben dem marktbeherrschenden luxemburgischen *Astra*-System deutsche direktstrahlende Satelliten auf dem Rundfunkmarkt nur noch eine untergeordnete Rolle spielen[902].

Auch wenn die Übertragungskapazitäten terrestrischer Sender und in den Kabelnetzen gegenwärtig ausgeschöpft sind, wird die Erteilung von Gewährungszulassungen bedeutsam bleiben. Zum einen werden einzelne vergebene Kapazitäten auch wieder frei und müssen neu vergeben werden[903]. Zum anderen wird die Nutzung der Technik der Digitalisierung und Datenkompression[904] langfristig in sämtlichen Verbreitungsarten zusätzliche Kapazitäten bringen. Dabei wird gleichwohl die Notwendigkeit von Auswahlentscheidungen zumindest in Teilbereichen noch über Jahre bestehen bleiben, denn auf dem Weg zu einer vollständigen Verdrängung der analogen Verbreitung durch die Digitaltechnik befinden sich noch etliche Hindernisse[905].

Dies hat zur Folge, daß auch die Frage nach subjektiven Rechten der Bewerber bei der Erteilung von Gestattungszulassungen bis auf weiters aktuell bleibt. Dabei lassen sich aus Sicht des Bewerbers zwei grundsätzliche Konstellationen unterscheiden. Dies ist einmal die Situation, in der für eine ausgeschriebene Übertragungskapazität nur ein einziger Bewerber existiert. Zwar ist dies in der Praxis die Ausnahme, stellt aber rechtssystematisch gleichwohl den Grundfall dar. In dieser Konstellation ist der Inhalt möglicher Rechte eindeutig bestimmbar: Relevant werden allein Ansprüche auf Zulassungserteilung und Zuweisung der begehrten Kapazität.

---

901 Vgl. oben Teil 1 A. III. 3 b) aa).

902 So wurde etwa die Programmabstrahlung über den Satelliten *TV-Sat 2* der *Deutschen Telekom AG* bereits 1994 eingestellt, auch der deutsche *Kopernikus*-Satellit dient heute nicht mehr der Direktausstrahlung, sondern versorgt vorrangig Kabelkopfstationen mit digitalen Hörfunkprogrammen; vgl. *Müller-Römer*, Rundfunkversorgung, S. 179f.

903 Z.B. gab zum Ende des Jahres 1996 der Hörfunksender *Radioropa* seine zehn UKW-Stützfrequenzen in Rheinland-Pfalz zurück. Auf die Neuausschreibung haben insgesamt zehn Bewerber Zulassungsanträge gestellt, vgl. Kabel & Satellit Nr. 34/1997, S. 10ff.

904 Vgl. dazu etwa *Müller-Römer*, Rundfunkversorgung, S. 171ff.; *Gersdorf*, Der verfassungrechtliche Rundfunkbegriff, S. 17ff.

905 Zu dem ins Stocken geratenen Prozeß der Einführung des digitalen Hörfunks (DAB), insbesondere zu den sehr zurückhaltenden Aktivitäten der Empfangsgerätehersteller vgl. etwa epd medien Nr. 34 vom 6. Mai 1998, S. 5. Auch das digitale terrestrische Fernsehen (DVB-T) steht erst am Anfang; vgl. *Müller-Römer*, Rundfunkversorgung, S. 176f.

Schwieriger wird die Bestimmung der Rechtsposition, wenn mehrere Bewerbungen für eine Übertragungskapazität vorliegen. Auch dann bleibt zwar das Hauptanliegen jedes Bewerbers die eigene Zulassung, es treten jedoch Auswahl- und Gleichbehandlungsaspekte hinzu. Der Hauptunterschied liegt darin, daß eine Konkurrenz mehrerer Zulassungsbegehren entsteht. Diese Besonderheiten bedürfen einer eigenständigen Betrachtung. Dabei liegt es dennoch nahe, an zu der Ausgangssituation - ohne Bewerberkonkurrenz - gewonnene Erkenntnisse anzuknüpfen. Die dort bestehenden Berechtigungen sind daher Ausgangspunkt der nachfolgenden Darstellung. Anschließend wird in Abschnitt E auf die Besonderheiten im Falle einer Konkurrenz mehrerer Bewerber eingegangen.

B. Einfachgesetzliche Zulassungsansprüche

Wie bei Gestattungszulassungen stellt sich auch bei Gewährungszulassungen primär die Frage nach einfachgesetzlich normierten Zulassungsansprüchen. Die zentralen Zulassungsvorschriften der Rundfunk- und Mediengesetze gelten schließlich einheitlich für beide Zulassungsarten. Dies trifft insbesondere auf den Zulassungsvorbehalt und die Zulassungsvoraussetzungen zu. Die überwiegend nicht eindeutig formulierten Zulassungsnormen lassen im Ausgangspunkt auch im vorliegenden Kontext am Bestehen absoluter Ansprüche zweifeln[906]. Daher stellt sich an dieser Stelle in gleicher Weise wie bei Gestattungszulassungen die Frage nach einer verfassungskonformen Auslegung. Vor dem Hintergrund des Vorbehalts des Gesetzes könnte auch hier ein über die normierten Zulassungsvoraussetzungen hinausgehendes Erteilungsermessen ausgeschlossen sein[907].

Der Blick richtet sich dementsprechend vor allem auf die Grundrechte der Rundfunkfreiheit des Art. 5 Abs. 1 S. 2 GG und der Berufsfreiheit des Art. 12 GG. Dabei kann an das in Teil 2 herausgearbeitete prinzipielle Recht auf Veranstaltung von Rundfunk angeknüpft werden. Ob in der vorliegenden Konstellation allein mit der Übertragung der bisher erarbeiteten Ergebnisse eine verfassungskonforme Auslegung der Zulassungsvorschriften begründbar ist, könnte aber deshalb bezweifelt werden, weil der Regelungsgehalt der Gestattungszulassung gerade über die bloße Duldung der Programmveranstaltung hinausgeht. Grund für die verfassungskonforme Auslegung im Bereich der Gestattungszulassung war letztlich die Feststellung, daß die Zulassungserteilung lediglich den prinzipiell schon durch die Rundfunkveranstaltungsfrei-

906 Vgl. oben Teil 2 B II.

907 Vgl. zur verfassungskonformen Auslegung oben Teil 2 B. II. 2.

heit an den Staat gerichteten Verhaltensbefehl nachzeichnet. Ein Ermessen wurde ausgeschlossen weil die einschlägigen Grundrechte ein Betätigungsrecht gewähren und die Ausübung dieses Rechts nicht ohne eine hinreichend bestimmte Regelung des Gesetzgebers untersagt werden kann. In der hier zu behandelnden Konstellation wird aber gerade nicht nur die selbständige Ausübung einer Tätigkeit gestattet, sondern eine fördernde Leistung gewährt. Man könnte daraus die Forderung ableiten, daß die einschlägigen Grundrechte, um eine Auslegung gesetzlicher Regelungen in diesem erweiterten Umfang zu bewirken, auch einen dementsprechenden erweiterten Verhaltensbefehl an den Staat aufweisen müssen, auf den sich der Grundrechtsträger berufen kann. Die Grundrechte müßten einen entsprechenden Leistungsanspruch vermitteln[908].

Eine solche Sichtweise würde jedoch die Reichweite des Vorbehalts des Gesetzes verkennen. Zwar läßt sich nicht verläßlich definieren, wann eine die Geltung des Vorbehalts auslösende „Grundrechtsberührung“[909] vorliegt; im vorliegenden Fall kann aber keinesfalls von einer deutlich unter der Eingriffsschwelle bleibenden Regelung gesprochen werden. Denn der Antragsteller ist auf den Erhalt einer Gewährungszulassung angewiesen, um von seiner grundrechtlichen Rundfunkveranstaltungsfreiheit Gebrauch machen zu können. Aufgrund des Regelungsregimes der Rundfunk- und Mediengesetze kann er sich Übertragungsmöglichkeiten innerhalb Deutschlands gerade nicht auf dem Markt sichern, denn die Verteilung verfügbarer Kapazitäten erfolgt ausschließlich über das Ausschreibungsverfahren der Landesmedienanstalten[910]. Der Grundrechtsträger würde durch die Verweigerung einer Gewährungszulassung von der Verbreitung seines Programms über terrestrische Sender oder Breitbandkabel gänzlich ausgeschlossen. Ihm bliebe nur die ungewisse Aussicht einer kostenintensiven Anmietung von Transpondern ausländischer Satelliten[911].

---

908 Um die Frage eines Leistungsanspruchs handelt es sich beispielsweise auch dann, wenn die Zulassung zu einer öffentlichen Einrichtung begehrt wird, jedenfalls wenn im Rahmen der Benutzung aktive Leistungen erbracht werden, vgl. *Sachs*, in: Stern, Staatsrecht III/1, S. 704f.; noch weitergehender: *Murswiek*, in: HStR V, § 112 Rn. 67, nach dem sich ein Anspruch auf Benutzung öffentlicher oder fremder, privater Sachen generell nicht aus abwehrrechtlichen Gehalten begründen läßt, es also stets auf die Frage der Existenz von Leistungsansprüchen ankommt; ebenso *Erichsen*, in: HStR VI, § 152 Rn. 66; zur hier vorliegenden Leistung vgl. schon oben Teil 1 A. III. 3. b) aa).

909 Vgl. dazu oben Teil 2 B. II. 2.

910 Vgl. oben Teil 1 A. III. 3 b) aa).

911 Die jährlichen Gebühren für die Nutzung eines *Astra*-Transponders betragen gegenwärtig etwa 10-12 Millionen DM; vgl. *Müller-Römer*, Rundfunkversorgung, S. 179 und die Mitteilung der Kommission der Europäischen Gemeinschaften vom 13.3.1998 in Sachen Deutsche Telekom/BetaResearch, Textziffer 20, abgedruckt in epd medien Nr. 25 vom 4. April 1998, S. 26ff.

In vergleichbaren Situationen hat auch das Bundesverfassungsgericht den Vorbehalt des Gesetzes unabhängig vom Bestehen grundrechtlicher Leistungsansprüche auf den Bereich von Förderungsmaßnahmen ausgedehnt. In seinem Urteil über den Zugang zum Postzeitungsdienst, der eine verbilligte Verbreitung von Pressedruckwerken ermöglicht, hat es den Vorbehalt des Gesetzes für anwendbar erklärt, „wenn die Entscheidungen Maßnahmen betreffen, ohne die der Grundrechtsgebrauch unmöglich ist oder beträchtlich erschwert wird“[912]. Dies ist nach der deutschen Rundfunkordnung offensichtlich der Fall, denn ohne die Erteilung von Gestattungszulassungen ist eine Rundfunkveranstaltung gerade durch kleine Veranstalter praktisch unmöglich. Das Verfassungsprinzip des Vorbehalt des Gesetzes führt damit in Verbindung mit dem Grundrecht auf Rundfunkveranstaltung aus Art. 5 Abs. 1 S. 2 GG auch bei Gewährungszulassungen zu einer Auslegung der Zulassungsvorschriften, die ein über die gesetzlich vorgesehenen Anforderungen hinausgehendes Ermessen ausschließt.
Der Bewerber verfügt - sofern er die Zulassungsvoraussetzungen erfüllt - in gleicher Weise wie bei Gestattungszulassungen über einen einfachgesetzlichen Zulassungsanspruch.

C. Verfassungs- und europarechtliche Ansprüche auf Zuweisung von Übertragungskapazitäten

I. Verfassungsrechtliche Zuweisungsansprüche

1. Einleitung

Als kennzeichnend für die Gewährungszulassung hat sich deren Zuweisungsgehalt erwiesen. Der Antragsteller erhält Zugang zu den für die Verbreitung seines Programms notwendigen technischen Mitteln und bei funkgestützter Übertragung das Nutzungsrecht an einer Frequenz. Ihm wird an einer entscheidenden Stelle die tatsächliche Ausübungsmöglichkeit seiner im zweiten Teil der Untersuchung herausgearbeiteten Rechte verschafft. Auf die nicht zu überschätzende praktische Bedeutung der Erteilung von Gewährungszulassungen wurde bereits im vorangegangenen Abschnitt hingewiesen. Angesichts der Abhängigkeit der Veranstalter von der Zulassungserteilung stellt sich die Frage nach grundrechtlich verbürgten Rechtspositionen. Die Rundfunkveranstaltungsfreiheit als Abwehrrecht hilft hier allein nicht weiter, weil sie sich nur auf den duldenden

912 BVerfGE 80, 124, 132; vgl. auch BVerfGE 33, 303, 336, 345f.

Regelungsgehalt bezieht. Offen bleibt, ob auch der darüber hinausgehende Zuweisungsgehalt grundrechtlich abgesichert ist.

Zwar hat sich die Existenz eines verfassungsrechtlichen Anspruchs auf Zuweisung von Übertragungskapazitäten nicht als unerläßlich für eine anspruchsbegründende verfassungskonforme Auslegung der Zulassungsvorschriften erwiesen. Sie würde jedoch die letzte Gewißheit über das Vorliegen eines absoluten Zulassungsanspruchs verschaffen. Vor allem kommt ihr aber für die gesetzliche Ausgestaltung des Ausschreibungs- und Vergabeverfahrens grundsätzliche Bedeutung zu.

Besteht ein grundrechtlicher Zuteilungsanspruch, müssen insbesondere die Auswahlgrundsätze der Rundfunk- und Mediengesetze mit dessen Vorgaben vereinbar sein. Die Verfassungsmäßigkeit der Auswahlvorschriften bei Bewerberkonkurrenz hat im Rahmen der Untersuchung von Rechten bei der Erteilung von Gestattungszulassungen naturgemäß keine Rolle gespielt. Wird eine Gewährungszulassungen beantragt, bilden die Auswahlvorschriften dagegen für den einzelnen Bewerber regelmäßig die entscheidende Hürde, so daß die Frage ihrer Vereinbarkeit mit den Veranstaltungsgrundrechten ausschlaggebende Bedeutung erlangen kann. Ebenso wie der Streit um das Bestehen einer Rundfunkveranstaltungsfreiheit hinsichtlich der Erteilung von Gestattungszulassungen beeinflußt die Problematik eines Anspruchs auf Zuweisung von Übertragungskapazitäten die Regelungs- und Beschränkungsmöglichkeiten der Rundfunkgesetzgeber. Diese könnten gerade wegen der strengen Rechtfertigungsanforderungen des Art. 5 Abs. 2 GG[913] begrenzter sein, wenn den Bewerbern grundrechtliche Rechtspositionen zur Seite stehen.

2. Zuweisungsansprüche als Leistungsrechte

Die hier zu behandelnde Problematik ist von solchen Teilhabeansprüchen zu unterscheiden, die auf das Gleichbehandlungsgebot des Art. 3 Abs. 1 GG zurückgehen[914]. Auf Gleichbehandlungserwägungen ließe sich ein Anspruch nämlich allenfalls dann stützen, wenn die begehrte Leistung anderweitig vergeben werden soll oder hinsichtlich der Vergabe eine entsprechende Verwaltungspraxis besteht. Im folgenden ist dagegen ein Anspruch auch für den Fall zu erörtern, in dem die Landesmedienanstalt eine ihr zur Verfügung stehende Übertragungskapazität überhaupt nicht vergeben will, also auch nicht an einen anderen Bewerber. Eine gleichgelagerte Situation ergibt sich, wenn kein anderer

913 Vgl. oben Teil 2 C. I., II. 4. b).
914 Vgl. dazu allgemein *Murswiek*, in: HStR V, § 112, Rn. 68ff.

Bewerber existiert. Im übrigen setzt eine Selbstbindung der Verwaltung zunächst eine weitgehende Identität der Sachlagen voraus[915]. Zudem kann eine bisher geübte Vergabepraxis aus sachlichen Gründen mit sofortiger Wirkung geändert werden[916]. Gleichbehandlungsansprüche vermögen daher keine generellen Leistungsansprüche zu begründen.

Lassen sich demnach allein aus Gleichbehandlungsrechten keine generellen Ansprüche auf Zuweisung verfügbarer Übertragungskapazitäten ableiten, kommt es darauf an, ob die Rundfunkveranstaltungsfreiheit entsprechende Ansprüche gewährt. Möglicherweise vermögen leistungsrechtliche Gehalte der Rundfunkfreiheit des Art. 5 Abs. 1 S. 2 GG den Grundrechtsträgern Individualansprüche auf die Zuweisung verfügbarer[917] Übertragungskapazitäten zu vermitteln.

Der Ansatz, nach dem derartige Ansprüche bereits aus dem Abwehrgehalt eines Grundrechts ableitbar sein sollen[918], vermag nicht zu überzeugen. Dies gilt auch dann, wenn der Staat die Leistung zuvor für sich monopolisiert hat. Zwar läßt sich hier von einer Kompensation des Verbots durch die Leistungserbringung sprechen, es handelt sich aber dennoch nicht um eine bloße Wiederherstellung des ursprünglichen Freiheitszustandes, weil nicht lediglich - im Sinne eines schlichten Gewähren*lassens* - die autonome Tätigkeit gestattet wird, sondern vielmehr der Staat dem Bürger den Zugang zu notwendigen technischen Mitteln verschafft[919]. Stützte man auch derartige Ansprüche auf den status negativus der Grundrechte, würde eine Abgrenzung zwischen abwehrrechtlichen und leistungsrechtlichen Grundrechtsgehalten praktisch unmöglich, denn dies würde eine Preisgabe der Anknüpfung an das gegenständliche Substrat der gebotenen staatlichen Verhaltensweise bedeuten. Richtigerweise bildet der Monopolisierungs- und Kompensationsgedanke einen zentralen Bestandteil der leistungsrechtlichen Dogmatik[920].

---

915 Vgl. *Reidt*, in: Jarass, Wirtschaftsverwaltungsrecht, § 10 Rn. 53.

916 *Murswiek*, in: HStR V, § 112 Rn. 72; *Dürig*, in: Maunz/Dürig, Grundgesetz, Art. 3 Abs. 1 Rn. 450ff.

917 Davon zu unterscheiden ist die bislang nicht geklärte Streitfrage nach dem Bestehen von Ansprüchen auf Erschließung neuer Übertragungsmöglichkeiten; diese Problematik ist außerhalb des hier behandelten Zulassungskomplexes angesiedelt, denn die Erteilung einer Gewährungszulassung kommt erst dann in Betracht, wenn eine Übertragungskapazität der Landesmedienanstalt tatsächlich zur Verfügung steht.

918 *Schwabe*, Probleme der Grundrechtsdogmatik, S. 242.

919 Vgl. zu der notwendigen Trennlinie auch *Mayen*, Der grundrechtliche Informationsanspruch, S. 126f., der nur den „indirekten" Informationsanspruch des Forschers im Sinne eines passiven Akteneinsichts- und Zugangsrechts abwehrrechtlich begründet und davon den direkten Informationsanspruch, der auf informatorische Dienstleistungen gerichtet ist, unterscheidet.

920 Siehe unten I. 3. und I. 4. a).

Aufgeworfen ist somit die in der Verfassungsrechtslehre nach wie vor heftig umstrittene Frage, ob Freiheitsgrundrechte unter bestimmten Umständen Leistungsansprüche gewähren. Interessant sind dabei im vorliegenden Zusammenhang sogenannte „materielle Leistungsansprüche im engeren Sinne“[921], mit denen freiheitseffektuierende Mittel begehrt werden. Diese lassen sich von Ansprüchen, die auf organisatorische oder verfahrensmäßige Aktivitäten gerichtet sind, unterscheiden[922], die für die hier fraglichen Zuweisungsansprüche nicht von Bedeutung sind.

3. Grundrechte als Leistungsrechte

Die Hauptfunktion der Grundrechte liegt in der Abwehr staatlicher Beeinträchtigungen. Auch heute noch prägend für das herrschende Grundrechtsverständnis ist der vom Bundesverfassungsgericht im *Lüth*-Urteil ausgesprochene Satz nach dem die Grundrechte in erster Linie dazu bestimmt sind, „die Freiheitsspähre des einzelnen vor Eingriffen der öffentlichen Gewalt zu sichern; sie sind Abwehrrechte des Bürgers gegen den Staat“[923]. Freiheitsrechte haben damit prinzipiell einen negatorischen Charakter.

Verfassungsrechtliches Allgemeingut ist heute aber ebenso, daß die Grundrechte darüber hinaus auch eine objektive Wertordnung zum Ausdruck bringen, die sich vor allem in der Ausstrahlungswirkung auf die Anwendung des einfachen Gesetzesrechts äußert[924]. Nicht abschließend geklärt ist dagegen, ob und unter welchen Voraussetzungen Grundrechte auch einen status positivus im Sinne echter Leistungs- oder Teilhaberechte gewähren.

Als Leistungsrechte werden hier solche Ansprüche bezeichnet, die - unter Ausschluß der Problematik der grundrechtlichen Schutzpflichten - auf ein positives Handeln des Staates zur Schaffung der Voraussetzungen der Grundrechtsaus-

---

921 *Alexy*, Theorie der Grundrechte, S. 454.

922 Vgl. dazu *Mayen*, Der grundrechtliche Informationsanspruch, S. 221, mit dem berechtigen Hinweis, daß die in diesem Zusammenhang für Leistungsrechte häufig gebrauchte Bezeichnung „soziale Grundrechte“ ungenau ist, denn Leistungsrechte sind nicht notwendig auf soziale Vergünstigungen gerichtet; soziale Berechtigungen sind nur eine Gruppe von Leistungsrechten.

923 BVerfGE 7, 198, 204f.

924 Vgl. nur *Böckenförde*, in: ders.: Staat, Verfassung, Demokratie, S. 146, 159ff.; *Dreier*, in: Dreier (Hrsg.), Grundgesetz-Kommentar, Bd. I, Vorb. Rn. 55ff.; *Lübbe-Wolff*, Die Grundrechte, S. 183ff.

übung gerichtet sind[925]. Von den Leistungsrechten im hier verstandenen Sinne werden herkömmlich die sogenannten derivativen Teilhaberechte unterschieden. Überwiegend werden zu diesen ausschließlich solche Ansprüche gezählt, die auf Gleichbehandlungerwägungen zurückgehen[926]. Bezeichnet man dagegen Leistungsansprüche bereits dann als „derivativ", wenn die Leistung aus einem bereits vorhandenen Bestand zu erbringen wäre, sieht als entscheidend also allein an, daß nicht die Erschließung *neuer* Kapazitäten verlangt wird[927], wäre auch die hier zu betrachtende Konstellation unter diesen Begriff zu fassen. Denn das Begehren des Bewerbers um eine Gewährungszulassung bezieht sich ausschließlich auf bereits den Landesmedienanstalten zur Verfügung stehende Übertragungskapazitäten.

Im folgenden wird die überwiegend verbreitete Terminologie verwendet, wonach von „Teilhabe" und „derivativen Rechten" allein im Zusammenhang mit auf den Gleichbehandlungsgrundsatz gestützten Ansprüchen gesprochen wird. Aus Freiheitsrechten abgeleitete Berechtigungen sind demgemäß sämtlich „Leistungsrechte". Danach ist in der hier gegebenen Konstellationen nach einem Leistungsrecht zu suchen. Im Blick zu behalten ist jedoch, daß keine Leistungen beansprucht werden, die erst noch zu schaffen wären; die Ansprüche können aus einem vorhandenen Bestand befriedigt werden[928].

Ausdrückliche Leistungsansprüche finden sich im Grundrechtsteil des Grundgesetzes nur vereinzelt, etwa in Art. 6 Abs. 4 und Art. 7 Abs. 4 S. 3 GG. In Rechtsprechung und Schrifttum wird aber auch im Bereich der klassischen Freiheitsrechte über Leistungsansprüche diskutiert. Gemeinhin werden durch Grundrechte gewährte Leistungsansprüche -soweit sie überhaupt anerkannt werden - ebenso wie die grundrechtlichen Schutzpflichten[929] - als Ausfluß der

---

925 Vgl. *Manssen*, Staatsrecht I, Rn. 59; *Dreier*, in: Dreier (Hrsg.), Grundgesetz-Kommentar, Bd. I, Vorb. Art. 1 Rn. 50f.; zu der uneinheitlichen Terminologie vgl. *Murswiek*, in: HStR V, § 112 Rn. 5ff. m.w.N.; vgl. auch *Heintschel von Heinegg/Haltern*, JA 1995, 333, 335f. Insbesondere werden die Begriffe „Leistungsrecht" und „Teilhaberecht" teilweise synonym gebraucht, vgl. *Mayen*, Der grundrechtliche Informationsanspruch, S. 222f. Das BVerfG spricht im *numerus clausus*-Urteil durchgehend von „Teilhaberechten", vgl. BVerfGE 33, 303, 332f.

926 Vgl. *Dreier*, in: Dreier (Hrsg.), Grundgesetz-Kommentar, Bd. I, Vorb. Art. 1 Rn. 50, 54; *Mayen*, Der grundrechtliche Informationsanspruch, S. 224; *K. Hesse*, Grundzüge des Verfassungsrechts, Rn. 389; *Lübbe-Wolff*, Die Grundrechte, S. 17; *Murswiek*, in: HStR V, § 112 Rn. 11, 68.

927 Vgl. *Martens*, VVDStRL 30 (1972), 7, 21.

928 Vgl. zu diesem wichtigen Aspekt *Mayen*, Der grundrechtliche Informationsanspruch, S. 223f.

929 Diese Grundrechtswirkungen sind aber auch aus der subjektiv-rechtlichen Komponente begründbar, wie insbesondere *Murswiek* überzeugend dargelegt hat, vgl. *Murswiek*,

objektiv-rechtlichen Funktion der Grundrechte angesehen[930]. Die Anerkennung grundrechtlicher Leistungsansprüche entspringt der Erkenntnis, daß eine Beschränkung auf die Gewährleistung des status negativus in vielen Bereichen lediglich zu einer formalen Freiheit führen würde, der materielle Gehalt eines Freiheitsrechts aber nur dann voll zur Geltung kommt, wenn auch die tatsächliche Möglichkeit, die „reale" Freiheit, besteht, sich in der gewünschten Weise zu verhalten[931]. Da der Einzelne häufig nicht in der Lage ist, die tatsächlichen Voraussetzungen für die Grundrechtsausübung selbst zu schaffen, läßt sich rechtfertigen, unter bestimmten Umständen dem Staat eine „Garantenstellung für die Umsetzung der Freiheit in die Verfassungswirklichkeit"[932] zuzuschreiben. Zu berücksichtigen sind dabei die gesellschaftlichen Entwicklungen des modernen Staates, in dem der Mensch in besonderem Maß von staatlichen Leistungen abhängig geworden ist, und der Umstand, daß diese Abhängigkeit vom Staat selbst durch die Errichtung von Verteilungs- und Zuteilungssystemen noch verstärkt wird[933].

Eingang in die Rechtsprechung des Bundesverfassungsgerichts hat der Komplex der Teilhabe- und Leistungsansprüche vor allem *im numerus clausus*-Urteil vom 18. Juli 1972[934] gefunden. Diese grundlegende Entscheidung fungiert noch heute in Rechtsprechung und Schrifttum als Leitlinie. Das Gericht hat darin zunächst einen Individualanspruch auf Schaffung von Studienplätzen erörtert, im Ergebnis aber offen gelassen[935]. Tiefergehend hat es sich dann mit der Frage nach einem Recht auf gleiche Teilhabe beschäftigt. Der vom Gericht in den Vordergrund gerückte Gleichbehandlungsaspekt[936] ist aber, wie bereits dargelegt, von der Problematik eines originären Leistungsrechts zu unterscheiden. Bei der hier zu klärenden Frage geht es gerade nicht um eine relative Sichtweise, wie sie für auf Gleichbehandlungserwägungen gestützte Rechte maßgeblich wäre, sondern um eine besondere Form originärer Leistungsansprüche. Der Unterschied zeigt sich vor allem darin, daß ein solcher Anspruch auch dann begründbar wäre, wenn der Staat die Leistung bisher an niemanden erbracht hat und sie auch künftig nicht - auch nicht an andere Bewerber - erbrin-

---

Die staatliche Verantwortung, S. 101ff.; vgl. zum Ganzen auch *Dörr*, Die deutsche Handelsflotte, S. 172ff.

930 Vgl. *Sachs*, in: Stern, Staatsrecht III/1, S. 707ff.; *Pieroth/Schlink*, Staatsrecht II, Rn. 82f.; *Manssen*, Staatsrecht I, B. III. Rn. 43ff.

931 Vgl. zusammenfassend *Murswiek*, in: HStR V, § 112 Rn. 26ff., 87 m.w.N.

932 *Böckenförde*, Staat, Verfassung, Demokratie, S. 137.

933 Vgl. *Breuer*, in: Festgabe aus Anlaß des 25jährigen Bestehens des Bundesverwaltungsgerichts, S. 89, 91; *Murswiek*, in: HStR V, § 112 Rn. 87.

934 BVerfGE 33, 303.

935 BVerfGE 33, 303, 332f.

936 BVerfGE 33, 303, 331: „..aus dem Gleichheitssatz in Verbindung mit Art. 12 Abs. 1 GG und dem Sozialstaatsprinzip...".

gen will. In diesem Zusammenhang weist die Feststellung des Gerichts, jeder Staatsbürger, der die Zulassungsvoraussetzungen erfülle, habe „ein Recht auf Zulassung zum Hochschulstudium seiner Wahl“[937] über ein bloßes Recht auf „gleichen“ Zugang hinaus.

Insofern erweist sich die *numerus clausus*-Entscheidung für die hier interessierende Problematik durchaus als weiterführend. Von grundsätzlicher Bedeutung ist nämlich die Erwägung, daß für etwaige Leistungsansprüche ein bestehendes Monopol des Staates von konstitutiver Bedeutung sein kann[938]. Zwar finden sich diese Erwägungen im Rahmen der Erörterung auf etwaige Rechte auf Schaffung weiterer Kapazitäten[939] sowie bezogen auf Gleichbehandlungsansprüche[940], also zu Konstellationen, die im vorliegenden Zusammenhang zu vernachlässigen sind. Es darf jedoch nicht übersehen werden, daß die hier relevante Frage nach Leistungsansprüchen aus einem vorhandenen Bestand gegenüber Ansprüchen auf Schaffung neuer Kapazitäten ein Minus darstellt, denn derartige Ansprüche greifen ungleich weniger in die Dispositionsfreiheit des Staates ein. Die vom Bundesverfassungsgericht angestellten Überlegungen sind daher im Ansatz auch für Ansprüche auf Leistungen aus vorhandenen Beständen weiterführend[941].

---

937 BVerfGE 33, 303, 332, 336.

938 BVerfGE 33, 303, 331f., 333; den Umstand eines „faktischen Monopols“ nennt das Gericht ausdrücklich auch in BVerfGE 35, 79, 115 im Zusammenhang mit aus der Wissenschaftsfreiheit des Art. 5 Abs. 3 GG folgenden Teilhaberechten - im konkreten Fall allerdings bezogen auf organisatorische Maßnahmen. Dem Aspekt einer staatlichen Monopolisierung mißt in diesem Zusammenhang auch *Rüfner*, in: Festschrift für Wannagat, S. 379, 385, Bedeutung zu.

939 BVerfGE 33, 303, 333.

940 BVerfGE 33, 303, 331f.

941 Darauf, daß das Bundesverfassungsgericht auch einen Zulassungsanspruch zu vorhandenen Kapazitäten direkt aus Art. 12 GG - also unabhängig vom Gleichheitssatz - annimmt, könnnten die Ausführungen auf S. 336 hindeuten: Dort wird der Zugang zu vorhandenen Ausbildungskapazitäten nur unter strengen Voraussetzungen für „beschränkbar“ gehalten und, „soweit dieses Recht auf Art. 12 Abs. 1 GG gestützt wird“, auf den Regelungsvorbehalt des Satz 2 der Norm verwiesen. Auf Gleichbehandlungserwägungen findet sich an dieser Stelle kein Hinweis, vielmehr wird am Ende des Absatzes deutlich zu Teilhabefragen abgegrenzt, indem diesbezüglich nicht auf die Schrankenregelung des Art. 12 GG sondern auf den „Vorbehalt des Möglichen“ abgestellt wird. Eine Anerkennung eines Zulassungsanspruches aus Art. 12 Abs. 1 GG unabhängig von Gleichbehandlungsfragen sieht in der verfassungsgerichtlichen Rechtsprechung etwa *Breuer*, in: Festgabe aus Anlaß des 25jährigen Bestehens des Bundesverwaltungsgerichts, S. 115; eine Loslösung von Art. 3 Abs. 1 GG erkennt an dieser Stelle auch *Lübbe-Wolff*, Die Grundrechte, S. 233.

Greift man die Erwägungen des Gerichts auf, erscheinen aus dem Gedanken der „realen Freiheit“ Leistungsansprüche grundsätzlich begründbar. Voraussetzung ist erstens, daß die Grundrechtsträger deshalb auf die Leistungsgewährung angewiesen sind, weil es seitens des Staates untersagt ist, die zur Ausübung des Freiheitsrechts erforderlichen Voraussetzungen eigenständig zu schaffen und zweitens, daß die notwendigen Mittel allein der Verfügungsgewalt eines Trägers öffentlicher Gewalt unterliegen. Die Leistungsansprüche stellen dann die notwendige Kompensation des durch die Monopolisierung erfolgten Zugriffs dar[942].

Daß unter den genannten Umständen die Anerkennung von Leistungsansprüchen geboten sein kann, wird durch andere höchstrichterliche Judikate bestätigt. In seinem Urteil zur Hochschulorganisation hat das Bundesverfassungsgericht ein Recht des Grundrechtsträgers auf staatliche Maßnahmen postuliert, wenn diese „zum Schutz seines grundrechtlich gesicherten Freiheitsraums *unerläßlich* sind“[943]. Dem hat sich das Bundesverwaltungsgericht angeschlossen und ergänzt, daß unmittelbar aus der Verfassung folgende Leistungsansprüche „nur in außergewöhnlichen Fällen zu rechtfertigen“ sind[944] - ihre Existenz wird damit vorausgesetzt. Zuvor hat das Gericht auf den Aspekt einer „Monopolstellung des Trägers der öffentlichen Einrichtung“ hingewiesen[945]. Auch darin zeigt sich eine grundsätzliche Anerkennung der am Monopolisierungsgedanken orientierten leistungsrechtlichen Dogmatik. Dieser Begründungslinie entspricht es, wenn im Schrifttum Leistungsansprüche befürwortet werden, falls der Staat alle Mittel beherrscht, die für die Realisierung des Grundrechts erforderlich sind[946].

Angesichts der andererseits von Beginn an geübten grundsätzlichen Kritik an der Anerkennung grundrechtlicher Leistungsansprüche bedarf aber der Begründung, warum gerade der Monopolisierungsaspekt eine Ausnahme von der Beschränkung der Freiheitsrechte auf negatorische Gehalte rechtfertigen soll. Die Gründe läßt ein genauerer Blick auf die Zusammenhänge durchaus erkennen: Die Besonderheit einer solchen Monopolsituation liegt darin, daß der Staat die Mangelsituation und die Angewiesenheit der Grundrechtsträger auf seine Kapazitäten durch eigene Aktivität, die Errichtung des Monopols, bewirkt hat. Er

---

942 Vgl. *Murswiek*, in: HStR V, § 112 Rn. 88 (in Fn. 194), wo aber nicht eindeutig erkennbar ist, ob er daraus einen grundrechtlichen Leistungsanspruch ableitet oder der abwehrrechtlichen Begründung *Schwabes* zustimmt.

943 BVerfGE 35, 79, 116, Hervorhebung nicht im Original.

944 BVerwGE 91, 135, 139.

945 BVerwGE 91, 135, 139; gleichwohl hat das Gericht im konkreten Fall die beklagte Universität - wohl allein wegen ihrer im Vergleich zu Gebietskörperschaften beschränkten Aufgabenstellung - nicht als verpflichtet angesehen.

946 *Rüfner*, in: Festschrift für Wannagat, S. 379, 385.

wird nicht unversehens in eine Garantenstellung hineingedrängt, sondern hat die Ursache selbst und in der Regel bewußt gesetzt. Daraus ergibt sich zugleich, daß der Kreis möglicher Ansprüche beschränkt und vom Staat selbst - etwa durch Aufgabe des Monopols - steuerbar bleibt. Insofern trifft der häufig gegen grundrechtliche Leistungsansprüche erhobene Einwand der Ausuferung und Unbegrenzbarkeit auf diese Konstellation nicht zu. Solange der Staat aber an einem Monopol festhält, ist die entscheidende Ursache der Nichtverwirklichung des einschlägigen Grundrechts bewußt gesetzt. In diesem Fall läßt sich nicht einwenden, ein zur Grundrechtsausübung notwendiges Gut sei für einzelne Grundrechtsträger aus tatsächlichen Gründen - beispielsweise wegen unerschwinglicher Marktpreise - nicht erreichbar. Vielmehr verhindert der Staat bereits das Entstehen eines Marktes, auf den der Bürger verwiesen werden könnte. Die zur effektiven Nutzung des Grundrechts notwendige Infrastruktur ist nicht durch unregulierte, zufällige Marktentwicklungen unerreichbar geworden - in einem solchen Fall bestünde in der Tat die Gefahr, den Gedanken der „realen Freiheit" zu überdehnen -, sondern ist dem Bürger durch bewußte, aktive Handlungen des Staates entzogen worden. Lehnte man auch in dieser Situation Leistungsansprüche pauschal ab, würde im Ergebnis die Grundrechtsausübung durch einen bewußten Zugriff des Staates vereitelt. Damit wäre aber der Grundrechtsschutz ausgehöhlt und genau das eingetreten, was die Grundrechte auch in ihrer Grundfunktion als Eingriffsabwehrrechte verhindern wollen. Das Grundrecht würde seines Kerngehalts entkleidet.

Dieser Begründungsansatz verfängt jedenfalls dann, wenn es sich um ein vom Staat rechtlich statuiertes Monopol handelt. Bei rein faktisch existierenden Monopolsituationen dürfte es dagegen an einem die Gewährleistungspflicht begründenden aktiven Verhalten des Staates fehlen[947].

Die Anerkennung grundrechtlicher Leistungsansprüche ist aber auch unter den genannten besonderen Umständen sehr grundsätzlicher Kritik ausgesetzt. Ein zentraler Ansatzpunkt der Kritiker sind die mit der Leistungserbringung verbundenen finanziellen Aufwendungen und die daraus angeblich resultierende Beeinträchtigung der Haushaltshoheit der Parlamente[948]. Ein Hauptproblem

---

947 Vgl. zu der Unterscheidung zwischen rechtlichen und faktischen Monopolen, *Schwabe*, Probleme der Grundrechtsdogmatik, S. 271; zustimmend *Murswiek*, in: HStR V, § 112 Rn. 88 (in Fn. 194). Das Bundesverfassungsgericht formuliert im *numerus clausus*-Urteil (BVerfGE 33, 303, 331f.) allerdings: „faktisches, nicht beliebig aufhebbares Monopol".

948 Vgl. zum Streitstand etwa *Sachs*, in: Stern, Staatsrecht III/1, S. 570, 716ff.; *Martens*, VVDStRL 30 (1972), 7, 35; *K. Hesse*, Grundzüge des Verfassungsrechts, Rn. 289; *Manssen*, Staatsrecht I, Rn. 61ff., der konsequent bei wenig finanzrelevanten Ansprüchen eine großzügigere Handhabung für geboten hält (Rn. 67).

wird daneben in der Bestimmbarkeit des Anspruchsinhalts gesehen[949]. So wird darauf hingewiesen, daß keinerlei exakte Maßstäbe über den Leistungsumfang existieren[950]. Letztlich sei zu Lasten des Demokratieprinzips eine bedenkliche Vorwegnahme der Gesetzgebung zu befürchten[951].

Diese Einwände sind zweifellos bezogen auf „soziale Grundrechte“[952] berechtigt und verbieten eine undifferenzierte Anerkennung grundrechtlicher Leistungsansprüche[953]. Sie rechtfertigen aber keine pauschale, ausnahmslose Ablehnung, denn sie erweisen sich nicht in jeder Konstellation als zutreffend. Nach der grundsätzlichen Begründbarkeit der Ansprüche in den genannten Monopolsituationen sind die genannten Kritikpunkte vielmehr anhand einer Betrachtung der konkret geltend gemachten Ansprüche zu berücksichtigen[954].

4. Grundrechtliche Ansprüche auf Zuweisung von Übertragungskapazitäten

Nachdem festgestellt wurde, daß sich unter bestimmten Umständen grundrechtliche Leistungsansprüche begründen lassen, ist nunmehr der Frage nachzugehen, ob in concreto aus dem Grundrecht der Rundfunkfreiheit, die ein prinzipielles Recht auf Rundfunkveranstaltung gewährt, ein Anspruch auf Zuweisung einer verfügbaren Übertragungskapazität folgen kann.

a) Die Monopolsituation im Bereich der Rundfunkübertragung

Ein grundrechtlicher Leistungsanspruch setzt nach dem Gesagten voraus, daß der Grundrechtsträger zur Rundfunkveranstaltung auf die Zuweisung der Übertragungskapazität durch den Staat angewiesen ist. Die Ursache muß dabei ein vom Staat sich selbst eingeräumtes Monopol sein.

---

949 *Sachs*, in: Stern, Staatsrecht III/1, S. 595; *Lübbe-Wolff*, Die Grundrechte, S. 40; *Rüfner*, in: Festschrift für Wannagat, S. 379, 387; *Martens*, VVDStRL 30 (1972), 7, 30f.

950 *Böckenförde*, Der Staat 29 (1990), 1, 13.

951 *Sachs*, in: Stern, Staatsrecht III/1, S. 595.

952 Vgl. dazu *Murswiek*, in: HStR V, § 112 Rn. 40ff.

953 Vgl. nur *Murswiek*, in: HStR V, § 112 Rn. 96.

954 Vgl. *Mayen*, Der grundrechtliche Informationsanspruch, S. 241f.; *Hailbronner*, Die Freiheit der Forschung und Lehre, S. 62.

Ein solche Situation wurde zu Recht für die Zeit des Bestehens des Fernmeldemonopols nach § 1 des Fernmeldeanlagengesetzes (FAG) angenommen[955]. Durch das Telekommunikationsgesetz (TKG) vom 25. Juli 1996[956] ist jedoch das - zuvor schon im Zuge der sogenannten Postreform I (Poststrukturgesetz 1989) gelockerte[957] - Fernmeldemonopol vollständig weggefallen[958]. Nach § 8 TKG hat jedoch, wer Übertragungswege betreiben will, nunmehr einen Anspruch auf Lizenzierung, sofern nicht einer der abschließend aufgezählten Versagungsgründe vorliegt[959]. Die bloße Errichtung von Übertragungswegen ist sogar aus dem lizenzpflichtigen Bereich ausgenommen[960]. Damit besteht auch für die Errichtung und den Betrieb von rundfunktauglichen Übertragungswegen kein rechtlich statuiertes Monopol mehr.

Zu beachten ist aber, daß das vormals bestehende Fernmeldemonopol für eine Übergangszeit in der Praxis eine Nachwirkung entfaltet. Nach einem langjährigen staatlichen Monopol führt die Liberalisierung eines Marktes aus tatsächlichen und ökonomischen Gründen nicht ad hoc zu einer vielfältigen, für jedermann nutzbaren Kapazitätslage. Ein rechtlich vorgegebenes Monopol wirkt vielmehr, zumindest wenn die fragliche Leistungserbringung erhebliche Investitionen erfordert, einen gewissen Zeitraum faktisch weiter. Was den hier relevanten Bereich der für Rundfunk nutzbaren Übertragungskapazitäten betrifft, kommt die Besonderheit hinzu, daß gerade die terrestrischen Übertragungsmöglichkeiten weitgehend ausgeschöpft sind[961]. Nicht wesentlich anders ist die Situation in den Kabelnetzen. Auch hier ist eine durch eine flächendeckende Digitalisierung erhoffte massive Ausweitung der Kapazitäten noch Zu-

---

955 *Eberle*, Rundfunkübertragung, S. 115ff.; *Papier*, DÖV 1990, 217, 221; vgl. auch *Schwabe*, Probleme der Grundrechtsdogmatik, S. 242f.

956 BGBl. I 1996, S. 1120, in Kraft seit dem 1.8.1996.

957 Das Monopol für Übertragungswege und Funkanlagen blieb jedoch unangetastet; vgl. dazu *Herrmann*, Rundfunkrecht, § 28 Rn. 19ff.

958 Durch § 99 Abs. 1 Nr. 1 a) TKG sind die Absätze 1 bis 3 des FAG aufgehoben worden. Das Sprachtelefondienstmonopol der *Deutschen Telekom AG* wurde durch § 99 Abs. 1 Nr. 1 b) TKG bis zum 31.12.1997 befristet. Zu der Entwicklung vom FAG a.F. bis zum TKG, insbesondere der schrittweisen Lockerung des Fernmeldemonopols, vgl. *Bothe/Henn/Lohmann*, AchPT 1995, 5, 22; *Kemmler*, ArchPT 1996, 321; *Scherer*, NJW 1996, 2953.

959 Zur Lizenzerteilung nach dem TKG vgl. eingehend *Nolte*, CR 1996, 459ff.

960 Vgl. *Nolte*, CR 1996, 459.

961 Vgl. den Bericht der Bundesregierung über die Lage der Medien in der Bundesrepublik Deutschland 1994, S. 211f. Die flächendeckende Nutzung digitaler Techniken auch bei der terrestrischen Verbreitung (DAB und DVB), die zur Erweiterung der Übertragungsmöglichkeiten führen könnte, dürfte noch einige Zeit auf sich warten lassen, vgl. *Müller-Römer*, Rundfunkversorgung, S. 171ff.; *Wagner*, Rechtsfragen digitalen Kabelfernsehens, S. 12f.; Jahrbuch der Landesmedienanstalten 1995/96, S. 43f., 298; *Schrape*, Digitales Fernsehen, S. 40f.

kunftsmusik. Vielmehr wird an manchen Orten durch die Reservierung von Kanälen für die digitale Verbreitung der Engpaß noch verschärft. Wer Rundfunk veranstalten will, wird daher vorerst auf die Nutzung der bereits erschlossenen Übertragungswege angewiesen bleiben.

Tatsächlich liegen die terrestrischen Übertragungskapazitäten weitgehend in der Hand der *Deutsche Telekom AG*, die sie als Rechtsnachfolger von dem Sondervermögen Deutsche Bundespost übernommen hat[962]. Bis auf die Sender der ARD-Anstalten erfolgt die terrestrische Rundfunkverbreitung durchweg über Anlagen der *Deutschen Telekom AG*[963]. In weiten Teilen der Bundesrepublik betreibt sie auch die Breitbandkabelnetze. Dies gilt in besonderem Maße hinsichtlich der für die Einspeisung in den Kabelkopfstationen entscheidende dritte Netzebene[964]. Die Verbreitung über deutsche Rundfunksatelliten spielt praktisch keine Rolle mehr[965]. Die Möglichkeit, ausländische Kapazitäten zu nutzen, kann bei der Frage nach grundrechtlichen Berechtigungen nicht berücksichtigt werden. Die Grundrechte des Grundgesetz verfolgen naturgemäß eine Ausübung der geschützten Tätigkeit im Geltungsbereich der Verfassung. So käme wohl auch niemand auf den Gedanken, Ansprüche auf Zuteilung von Studienplätzen mit dem Hinweis auf ausländische Studienmöglichkeiten zu verneinen. Auch das Bundesverfassungsgericht hat dies zu Recht im *numerus clausus*-Urteil nicht erwogen.

Faktisch besteht damit für diesen Bereich eine Monopolstellung der *Deutschen Telekom AG*, denn neue Interessenten sind - jedenfalls im Bereich der preisgünstigeren, regionalen Verbreitung - auf die Erlangung der bestehenden Übertragungsmöglichkeiten angewiesen. Dabei handelt es sich nur vordergründig um ein nicht rechtlich determiniertes Monopol. Zurückzuführen ist diese Situation nämlich auf die früheren Vorgaben des Gesetzgebers, durch die der Betrieb von Übertragungswegen für Private über Jahrzehnte weitgehend versperrt war.

---

962 Vgl. zur Kapazitätsbeherrschung durch die *Deutsche Telekom AG* (abgesehen von den Sendern der Landesrundfunkanstalten): Bericht der Bundesregierung über die Lage der Medien in der Bundesrepublik Deutschland 1994, S. 210ff. und *Müller-Römer*, Rundfunkversorgung, S. 170f. Da die *Telekom* über den Großteil der Sender verfügt, wird ihre Vormachtstellung auch im Falle einer Digitalisierung erhalten bleiben.

963 Vgl. *Herrmann*, Rundfunkrecht, § 30 Rn. 11ff., 20.

964 Für etwa 16,5 Millionen der insgesamt 18,5 Millionen Kabelhaushalte in Deutschland werden die Programme auf der Netzebene 3 über Leitungen der *Deutschen Telekom AG* herangeführt. Diese ist mit 6 Millionen Anschlüssen zudem der mit Abstand größte Betreiber von Hausverteilanlagen auf der Netzebene 4; vgl. die Zusammenstellung der Kommission der Europäischen Gemeinschaften in der Mitteilung vom 13.3.1998 (Verfahren Dt. Telekom AG / BetaResearch), Textziffer 25, abgedruckt in epd medien Nr. 25 vom 4. April 1998.

965 Vgl. oben A.

Aufgrund der Privatisierung des vormaligen Bundessondervermögens *Deutsche Telekom* erscheint allerdings fraglich, ob dieses Monopol dem Staat zuzurechnen ist. Die Privatisierung gipfelte in dem Börsengang im November 1996. Dennoch ist die *Deutsche Telekom AG* ein staatlich beherrschtes Unternehmen, denn der Bund verfügt über die Aktienmehrheit. Daran soll sich zumindest mittelfristig nichts ändern[966]. Daß der Staat allein durch die Wahl einer privaten Rechtsform nicht von jeder öffentlich-rechtlichen Bindung frei wird, ist - wenn auch in den Einzelheiten nicht völlig geklärt - jedenfalls im Grundsatz allgemein anerkannt[967]. Selbst wenn man eine unmittelbare Bindung an Grundrechte dann ausschließt, wenn es sich um gemischt-wirtschaftliche Gesellschaften, das heißt Kapitalgesellschaften handelt, deren Anteile zum Teil auch in privater Hand liegen[968], bleibt jedenfalls der öffentlich-rechtliche Träger verpflichtet, die mit der Beteiligungsquote verfügbaren Einwirkungsmöglichkeiten unter Beachtung der öffentlich-rechtlichen Bindungen auszuüben[969].

Unter diesen Umständen ist man versucht, grundrechtliche Ansprüche auf Zuweisung von Übertragungswegen entscheidend auf das Monopol der staatlich beherrschten *Deutschen Telekom AG* zu stützen. Dies erweist sich aber als vorschnell. Im Bereich der für Rundfunk vorgesehenen Übertragungswege ist nämlich das Regelungsregime der Rundfunk- und Mediengesetze zu beachten, nach dem der Inhaber der Sendeanlagen nicht selbst über die Vergabe der Kapazitäten verfügen kann, sondern stets eine Ausschreibung durch die Landesmedienanstalten erfolgen muß. Mit der Ausschreibung geht aber die Verfügungsgewalt faktisch auf diese über, denn die Zuteilungsentscheidungen sind für den Betreiber der Sendeanlagen verbindlich[970]. Nach dem Regelungsregime der Rundfunk- und Mediengesetze sind Übertragungskapazitäten zur Rundfunkveranstaltung in Deutschland nur über die Landesmedienanstalten erlangbar[971]. Diese sind somit die eigentlichen Inhaber eines Monopols. Trotz ih-

966 Alleiniger Aktionär war nach § 3 Abs. 1 PostUmwG bei Gründung der AG der Bund. Die Kapitalmarkteinführung erfolgte gemäß § 3 Abs. 1 Nr. 2 BAPostG über eine Kapitalerhöhung, deren Gesamtbetrag die Hälfte des Grundkapitals nicht übersteigen darf (§ 5 Abs. 2 S. 2 Telekom-Satzung).

967 Vgl. *Maurer*, Allgemeines Verwaltungsrecht, § 3 Rn. 9; *Ehlers*, in: *Erichsen*, Allgemeines Verwaltungsrecht, § 2 Rn. 75.

968 Vgl. *Rüfner*, in: HStR V, § 117 Rn. 49; *Dreier*, in: Dreier (Hrsg.), Grundgesetz-Kommentar, Bd. I, Art. 1 III Rn. 52; *Ehlers*, in: Erichsen, Allgemeines Verwaltungsrecht, § 2 Rn. 82, *Höfling*, in: Sachs, GG, Art. 1 Rn. 96.

969 *Höfling*, in: Sachs, GG, Art. 1 Rn. 96; *Ehlers*, in: Erichsen, Allgemeines Verwaltungsrecht, § 2 Rn. 83 m.w.N.

970 Vgl. dazu schon oben Teil 1 A. III. 3. b) aa) und Teil 3 A.

971 Vgl. auch die Verfahrensregeln der Kanalbelegungssatzungen bzw. der entsprechenden Vorschriften der Rundfunk- und Mediengesetze nach denen das Belegungsverfahren mit der Mitteilung von freien Kapazitäten durch die Kabelnetzbetreiber beginnt. Eine

rer staatsfernen und pluralistischen Struktur sind die Landesmedienanstalten Teil der öffentlichen Gewalt und gegenüber den Trägern der Rundfunkfreiheit grundrechtsverpflichtet[972]. Im Ergebnis ist neben der tatsächlichen Vormachtstellung der staatlich beherrschten *Deutschen Telekom AG* ein rechtlich verankertes öffentlich-rechtliches Monopol der Landesmedienanstalten für rundfunktaugliche Übertragungswege festzustellen. Auf dessen Inanspruchnahme sind die Träger der Rundfunkveranstaltungsfreiheit zur Ausübung des Grundrechts angewiesen. Die Grundvoraussetzungen für die Anerkennung unmittelbar grundrechtlicher Leistungsansprüche sind damit erfüllt.

b) Die Bestimmbarkeit und Finanzierung der Anspruchsinhalte

Im Rahmen der allgemeinen Erörterung grundrechtlicher Leistungsansprüche wurde auf die bestehenden Bedenken an der Bestimmbarkeit des Anspruchsinhalts und der Finanzierbarkeit hingewiesen[973]. Sie sind ernst zu nehmen, aber auf ihre Durchschlagskraft im jeweiligen Einzelfall zu untersuchen.

Was das Problem der Bestimmbarkeit des Anspruchsinhalts betrifft[974], ist darauf hinzuweisen, daß im vorliegenden Kontext gerade nicht originäre Leistungsrechte auf Schaffung neuer Kapazitäten geltend gemacht werden, sondern der Bestand, aus dem geleistet werden soll, von Anfang an durch die Frequenzplanung und die Verfügungsgewalt der Landesmedienanstalten eingegrenzt ist. Es geht allein darum, daß eine vergabefähige Kapazität tatsächlich vergeben werden soll. Die Gefahr einer Vorwegnahme gestaltender Planungsentscheidungen

---

Teilausnahme von dem genannten Grundprinzip ergibt sich für Sachsen nach der Änderung des SächsPRG vom 17.3.1998. Nach § 38 gilt für die Weiterverbreitung in Kabelnetzen nunmehr hinsichtlich bestimmter Programme eine „must-carry"-Regelung; im übrigen wird die Auswahl dem Kabelnetzbetreiber überlassen; vgl. zu der umstrittenen Neuregelung *Stettner*, Die Rechtspflicht der Landesmedienanstalten, S. 44ff. Auch die damit verbundene teilweise Übertragung der Auswahlentscheidung auf die Netzbetreiber bezieht sich allein auf die Weiterverbreitung bereits zugelassener Programme, wirkt sich also nicht auf die hier betrachtete Problematik der erstmaligen Zulassung aus. Nichts anderes gilt für die in den Entwürfen zum 4. Rundfunkänderungsstaatsvertrag enthaltenen Regelungen über eine Freigabe der Belegung digitaler Kabelkanäle (Neue Fassung des § 52 Abs. 2 RStV).

972 Vgl. nur BVerfG, Beschluß vom 20.2.1998, ZUM 1998, 306; *Wagner*, Landesmedienanstalten, S. 87; vgl. auch die zahlreichen Nachweise bei *Bumke*, Die Landesmedienanstalten, S. 17f.

973 Vgl. oben I. 3.

974 Vgl. dazu *Sachs*, in: Stern, Staatsrecht III/1, S. 595; *Lübbe-Wolff*, Die Grundrechte, S.228f.; *Rüfner*, in: Festschrift für Wannagat, S. 379, 387; *Martens*, VVDStRL 30 (1972), 7, 30f.

besteht zu keinem Zeitpunkt. Verbleibende berechtigte Regelungsinteressen können einen bestehenden Anspruch begrenzen[975].

Auch die Bedenken im Hinblick auf mit Leistungsansprüchen verbundene finanzielle Belastungen des Staates und eventuelle Beeinträchtigungen der Haushaltshoheit der Parlamente[976] können in der hier gegebenen Konstellation ausgeräumt werden. Die Überlassung von Übertragungskapazitäten erfolgt nämlich - entscheidend anders als bei der Vergabe von Studienplätzen oder der Gewährung sozialer Leistungen - gerade nicht unentgeltlich. Vielmehr können in diesem Bereich durch die lizenzierenden Anstalten und die Betreiber der Kapazitäten sogar ganz erhebliche Einnahmen erzielt werden[977]. Das Kostenargument kann daher Ansprüchen auf Zuweisung von Übertragungskapazitäten nicht entgegengehalten werden[978]. Eine Beeinträchtigung der Finanzhoheit ist schon deshalb nicht zu befürchten, weil die beanspruchten Kapazitäten bereits zur Verfügung stehen, die Erschließungskosten also schon entstanden sind.

Im Ergebnis steht daher ausgehend von dem Monopolisierungsgedanken der Anerkennung von Ansprüchen auf Zuweisung einer verfügbaren Übertragungskapazität aus der Rundfunkfreiheit des Art. 5 Abs. 1 S. 2 GG nichts im Wege. Anspruchsverpflichtete sind aufgrund ihrer rundfunkrechtlichen Verfügungsbefugnis die Landesmedienanstalten.

c) Die Grenzen der Leistungsansprüche

Mit der Anerkennung grundrechtlicher Leistungsrechte ist nicht gesagt, daß diese stets absolute Geltung haben. Die Rechte stoßen ebenso an Grenzen, wie dies bei grundrechtlichen Abwehrrechten der Fall ist. Auch in der vorliegenden Konstellation bedarf es zwingend einer Limitierung der Ansprüche. Dies ergibt sich schon aus der Möglichkeit einer Konkurrenz mehrerer Bewerber um eine freie Übertragungskapazität. In dieser Situation kann nur der grundrechtliche Anspruch eines Bewerbers befriedigt werden. Die Landesmedienanstalt muß eine Auswahlentscheidung treffen, die die prinzipiellen grundrechtlichen An-

---

975 Vgl. unten c) und d).

976 Vgl. etwa *Sachs*, in: Stern, Staatsrecht III/1, S. 570, 716ff.; *Martens*, VVDStRL 30 (1972), S. 7, 35; *K. Hesse*, Grundzüge des Verfassungsrechts, Rn. 289; *Manssen*, Staatsrecht I, Rn. 61ff., der konsequent bei wenig finanzrelevanten Ansprüchen eine großzügigere Handhabung für geboten hält (Rn. 67).

977 Vgl. ausdrücklich bezogen auf Rundfunkübertragungskapazitäten: *Murswiek*, in: HStR V, § 112 Rn. 24; zu Preisbeispielen vgl. nur *Herrmann*, Rundfunkrecht, § 30 Rn. 20.

978 So auch *Eberle*, Rundfunkübertragung, S. 117.

sprüche der nichtberücksichtigten Bewerber unerfüllt läßt. Begrenzungen der Leistungsansprüche erscheinen - ebenso wie im Rahmen der Erteilung von Gestattungszulassungen - auch zur Aufrechterhaltung eines funktionierenden, vielfältigen Rundfunkwesens notwendig. Die in den Zulassungsvorschriften der Rundfunk- und Mediengesetze aufgestellten Anforderungen sind auch hier berechtigt und geboten, weil nach dem gegenwärtigen Zulassungssystem die Zuweisung von Übertragungskapazitäten und die Genehmigung der eigentlichen Programmveranstaltung in einem Zulassungsakt zusammenfallen.

Das Bundesverfassungsgericht hat in seinem *numerus clausus*-Urteil zweierlei Anspruchsgrenzen benannt, ohne daß eindeutig klar wird, für welche Art von Ansprüchen welche Vorbehalte gelten sollen. Neu eingeführt in die Verfassungsrechtslehre wurde zunächst der "Vorbehalt des Möglichen"[979]. Danach beschränken sich die Ansprüche darauf, „was der Einzelne vernünftigerweise von der Gesellschaft beanspruchen kann“. Daneben verweist das Verfassungsgericht auf den allgemeinen Schrankenvorbehalt des Art. 12 Abs. 1 S. 2 GG[980].

Grund für die Postulierung des "Vorbehalts des Möglichen" sind die bereits genannten Befürchtungen von Beeinträchtigungen der Haushaltshoheit und der Entscheidungskompetenz bei der Bewirtschaftung knapper Kapazitäten[981]. Auch an dieser Stelle gilt es aber zu beachten, daß in der hier zu untersuchenden Konstellation derartige Gefahren nicht bestehen, weil nicht die Schaffung neuer Kapazitäten, sondern die Nutzung eines vorhandenen Bestandes an Mitteln verlangt wird. Die Verwirklichung des Anspruchs kommt erst in Betracht, wenn eine entsprechende Vorentscheidung der zuständigen staatlichen Organe ergangen ist. Der im Zusammenhang mit der Frage eines Anspruchs auf Schaffung neuer Ausbildungskapazitäten entwickelte "Vorbehalt des Möglichen" paßt daher nicht auf Ansprüche auf Zuweisung bereits verfügbarer Übertragungskapazitäten.

Für die Berücksichtigung dieser Aspekte bietet sich daher entsprechend dem zweiten Ansatz des Bundesverfassungsgerichts eine Anwendung der geschriebenen Schrankenvorbehalte an, wie sie für die Beschränkung der abwehrrechtlichen Gehalte der einschlägigen Grundrechte herangezogen werden. Dem-

---

979 BVerfGE 33, 303, 333.

980 BVerfGE 33, 303, 336; dabei hat das Gericht an dieser Stelle ausdrücklich die Beschränkung des „Recht(s) hochschulreifer Bewerber auf Zulassung zum Studium ihrer Wahl“ aus Art. 12 Abs. 1 GG erörtert. Den Gleichheitssatz hat es hier - anders als an vorausgehenden Textstellen der Urteilsgründe - nicht bemüht. Vgl. auch BVerfGE 43, 291, 315: „Grundsatz, daß jedem hochschulreifen Staatsbürger an sich ein Recht auf Zulassung zum Studium seiner Wahl zusteht“.

981 Vgl. oben I. 3.

entsprechend wird auch im Schrifttum die Unterscheidung zwischen prinzipiellen und definitiven Ansprüchen auch im Bereich der Leistungsrechte befürwortet[982]. In der Tat ist bisher nicht überzeugend dargelegt worden, warum die allgemein gefaßten Schrankenvorbehalte der Grundrechte nicht einheitlich für abwehrrechtliche und leistungsrechtliche Ansprüche gelten sollen. Ein Grund erscheint angesichts des in beiden Fällen bestehenden Bedürfnisses nach einer gesetzlichen Regelung auch nicht ersichtlich[983]. Nichts anderes kann für sich aus kollidierenden Verfassungswerten ergebende verfassungsimmanente Schranken gelten[984].

d) Die Beschränkung der Ansprüche durch die Rundfunk- und Mediengesetze

Die rundfunkrechtliche Zuweisung einer Übertragungskapazität ist stets Teil einer einheitlich ergehenden Zulassungsentscheidung. Die grundrechtlichen Leistungsansprüche werden deshalb ebenso wie die Rundfunkveranstaltungsfreiheit in erster Linie durch die Vorschriften der Rundfunk- und Mediengesetze beschränkt. Bei der Untersuchung der verfassungsrechtlichen Rechtfertigung der Zulassungsvoraussetzungen gelangt man daher zu den im zweiten Teil zur Rundfunkveranstaltungsfreiheit gewonnenen Ergebnissen[985]: Die Anforderungen sind im wesentlichen als allgemeine Gesetze im Sinne des Art. 5 Abs. 2 GG

---

982 *Alexy*, Theorie der Grundrechte, S. 406, 468f.; *Schmitt Glaeser*, WissR 7 (1974), 107, 189; *Mayen*, Der grundrechtliche Informationsanspruch, S. 220, 238.

983 Zur Anwendung der Schrankenvorbehalte gelangt man im übrigen auch dann, wenn man Ansprüche auf staatliche Leistungen unmittelbar aus dem abwehrrechtlichen Charakter der Grundrechte begründet, vgl. oben I.; demgegenüber befürwortet *Lübbe-Wolff*, Die Grundrechte, S. 230, einen „präformierten" Grundrechtsschutz, zieht also den leistungsrechtlichen Schutzgehalt von vornherein enger und kann deshalb auf eine Schrankensystematik gänzlich verzichten. Der gegen die an die herkömmliche Schutzbereich-/Eingriffsdogmatik anknüpfende Unterscheidung von prinzipiellen und effektiven Schutzbereich vorgebrachte Einwand, es entstünde ein „umfassender Legalisierungszwang" vermag nicht zu überzeugen, denn durch die beschriebenen restriktiven Anforderungen für die Anerkennung eines grundrechtlichen Leistungsrechts ist der Kreis möglicher Ansprüche von vornherein stark eingegrenzt. Daß die Annahme eines inhaltlich begrenzten Schutzbereichs gekoppelt mit einer weiteren Beschränkungsmöglichkeit - zumindest in einigen Bereichen - ebenso schlüssig ist, räumt *Lübbe-Wolff* denn auch innerhalb der Diskussion eines „teilweise präformierten" Grundrechtsschutzes ein (S. 231ff.).

984 So auch - bezogen auf die Wissenschaftsfreiheit des Art. 5 Abs. 3 GG - *Heintschel von Heinegg/Haltern*, JA 1995, 305, 308.

985 Vgl. oben Teil 2 C II. 4. c).

oder als gesetzliche Konkretisierungen verfassungsimmanenter Schranken zulässig.

Interessant sind im vorliegenden Kontext daneben die in allen Landesgesetzen enthaltenen Auswahlvorschriften[986], die nur im Rahmen der Erteilung von Gewährungszulassungen, also ausschließlich in den in diesem Teil der Untersuchung behandelten, leistungsrechtlich geprägten Konstellationen anwendbar sind. Auch für diese Vorschriften kommt prinzipiell eine Rechtfertigung als allgemeine Gesetze nach Art. 5 Abs. 2 GG in Betracht. Da sie sich nicht gegen bestimmte Kommunikationsinhalte richten, sind sie im Sinne der bundesverfassungsgerichtlichen Formel meinungsneutral und erfüllen somit das Kriterium der „Allgemeinheit". Mit Blick auf die Kollision von Veranstaltergrundrechten bei Bewerberkonkurrenz ist daneben eine Begrenzung aufgrund verfassungsimmanenter Schranken begründbar. Die Vorschriften dienen wohl entsprechend den im *FRAG*-Urteil gemachten Vorgaben dazu, einen sachgerechten Ausgleich der kollidierenden Berechtigungen herbeizuführen. Um die verfassungsrechtliche Rechtfertigung der Auswahlregelungen abschließend beurteilen zu können, kommt es aber auf die in den einzelnen Gesetzen vorgesehenen Vorrangkriterien an. Das Bundesverfassungsgericht hat aus objektiv-rechtlicher Sicht gefordert, es müsse sich um „objektiv sachgerechte und individuell zumutbare Kriterien"[987] handeln. Inhaltlich unterscheiden sich diese Maßstäbe nicht wesentlich von den beschriebenen subjektiv-rechtlich determinierten Grundsätzen der Rechtfertigung von Grundrechtsbeschränkungen.

In der vorliegenden, länderübergreifenden Untersuchung kann jedoch nicht auf die einzelnen Regelungen der unterschiedlichen Rundfunk- und Mediengesetze eingegangen werden. Gleichwohl läßt sich das in den Grundlinien einheitliche Auswahlkonzept beurteilen. Das durchgängig im Vordergrund stehende Vorrangkriterium des größtmöglichen Beitrags zur Gewährleistung der Meinungsvielfalt erscheint sachgerecht und verhältnismäßig. Wenn aus tatsächlichen Gründen eine Auswahl notwendig ist, liegt es vor dem Hintergrund der dienenden Funktion der Rundfunkfreiheit gegenüber der Freiheit der Meinungsbildung nahe, diesen Maßstab anzuwenden, weil die Gewährleistung von Meinungsvielfalt aus Sicht der Allgemeinheit die zentrale Aufgabe des Rundfunks darstellt. Demgegenüber wären beispielsweise wirtschaftliche Gesichtspunkte ein weniger sachgerechter Maßstab. Das gewählte Leitkriterium erweist sich als geeignet, dem objektiv-rechtlichen Gebot der Meinungsvielfalt nachzukommen. Ein sachgerechteres Kriterium ist schlichtweg nicht ersichtlich. Auch in derartigen Fragen der Rundfunkordnung, die gestaltende und prognostische Wertungen

---

986 Vgl. dazu oben Teil 1 A. IV. 2. f).

987 BVerfGE 57, 295, 327.

notwendig machen, ist dem Gesetzgeber gerade hinsichtlich der Erforderlichkeit und Angemessenheit der bereits beschriebene Gestaltungsspielraum einzuräumen[988]. Vor diesem Hintergrund stellen sich auch die Auswahlkriterien des Umfangs von verbreitungsgebietsbezogenen Programminhalten als zulässig dar. Da sich die Gewährungszulassung gerade auf das durch die jeweilige Übertragungskapazität erreichbare Verbreitungsgebiet bezieht, ist von auf dieses Gebiet bezogenen Programminhalten naturgemäß ein größerer Beitrag zur Meinungsbildung zu erwarten.

Zweifeln an der Verfassungsmäßigkeit ausgesetzt sind dagegen die in zahlreichen Rundfunk- und Mediengesetzen enthaltenen Auswahlkriterien, die eine vorrangige Berücksichtigung von Programmen vorsehen, deren „studiotechnische Abwicklung" im jeweiligen Bundesland erfolgt[989]. Hinter diesen Regelungen steht nicht das Ziel eines hohen Vielfaltsgrades, sondern verbergen sich lupenrein standortpolitische Interessen. Angesichts des modernen Verkehrs- und Kommunikationsnetzes in der Bundesrepublik läßt sich auch nicht behaupten, die studiotechnische Abwicklung im Lande führe automatisch zu einer stärker landes- oder regionalbezogenen Berichterstattung. So kann etwa ein Veranstalter, der im badischen Mannheim produziert, selbstverständlich ebenso eingehend über rheinland-pfälzische Vorgänge berichten, wie ein Veranstalter mit Produktionsstätten im nur durch den Rhein von Mannheim getrennten, pfälzischen Ludwigshafen. Wirtschaftlich motivierte Standortinteressen stellen aber kein legitimes Ziel dar, das Beschränkungen grundrechtlicher Berechtigungen zu rechtfertigen vermag[990].

5. Ergebnis

Innerhalb der Rundfunkordnung der Rundfunk- und Mediengesetze gewährt die Rundfunkfreiheit des Art. 5 Abs. 1 S. 2 GG den Bewerbern um eine rundfunkrechtliche Gewährungszulassung Ansprüche auf Zuweisung der vorhandenen und den Landesmedienanstalten verfügbarer Übertragungskapazitäten. Diese Leistungsansprüche werden durch die Zulassungsvoraussetzungen und Auswahlvorschriften der Rundfunk- und Mediengesetze beschränkt. Das Kon-

---

988 Zu Gestaltungsspielräumen des Rundfunkgesetzgebers bei Grundrechtsbeschränkungen in bestimmten Regelungsbereichen vgl. oben Teil 2 C II. 4. a) cc) und b).

989 Vgl. oben Teil 1 IV. 2. f) cc).

990 *Fehling,* Die Konkurrentenklage, S. 128; *Ricker,* ZUM 1991, 478, 482; *Ricker/Schiwy,* Rundfunkverfassungsrecht, Kap. E Rn. 41; kritisch im Hinblick auf Art. 10 EMRK auch *Engel*, Privater Rundfunk, S. 355f.

zept eines Vorrangs entsprechend dem Beitrag zur Meinungsvielfalt entspricht den verfassungsrechtlichen Anforderungen.

II. Europarechtliche Zuweisungsansprüche

1. Einleitung

Im Rahmen der Erörterung eines prinzipiellen Rechts, Rundfunk zu veranstalten, hat sich gezeigt, daß zu den verfassungsrechtlichen Ansprüchen Rechte auf europarechtlicher Grundlage verstärkend hinzutreten. Es liegt daher durchaus nahe, auch hinsichtlich eines Rechts auf Zuweisung verfügbarer Übertragungsmöglichkeiten nach europarechtlichen Berechtigungen zu fragen. Nicht anders als bei der Suche nach einer Rundfunkveranstaltungfreiheit kommen sowohl Art. 10 EMRK als auch die Grundfreiheiten des EG-Vertrages in Betracht. Wurden im zweiten Teil der Untersuchung weitgehende strukturelle Parallelen zwischen den Grundrechten des Grundgesetzes und den genannten europarechtlichen Freiheitsrechten erkennbar, gilt dies im Ausgangspunkt auch hinsichtlich der Frage, ob es sich um reine Eingriffsabwehrrechte handelt oder ob die Gewährleistungen auch weitergehende Gehalte aufweisen.

2. Objektiv-rechtliche Gehalte europarechtlicher Freiheitsrechte

Auch die europäischen Grundrechte und Grundfreiheiten sind zumindest primär auf die Abwehr staatlicher Eingriffe, die Sicherung des status negativus, gerichtet[991]. In der Rechtsprechung der europäischen Gerichtshöfe wird aber zunehmend erkennbar, daß neben dieser klassischen subjektivrechtlich-negatorischen Funktion von der Existenz objektiv-rechtlicher Gehalte ausgegangen wird.

Dies belegen die jüngeren Rundfunkurteile von EuGH und EGMR, in denen der grundrechtlichen Freiheit, Rundfunk zu veranstalten, als objektiver Wert die durch Art. 10 EMRK gebotene Aufrechterhaltung der Medienvielfalt gegenübergestellt wird. In dieser Weise ist der EuGH in den bereits mehrfach genannten Urteilen *Stichting Collectieve Gouda, Kommission/Niederlande, Veronica Omroep und TV 10 SA* verfahren[992]. Der EGMR hat entsprechende Erwägungen

---

991 Vgl. auch *Gersdorf*, AöR 119 (1994), 400, 402.

992 EuGH Rs. C-288/89 (Stichting Collectieve Gouda), Slg. 1991, I-4007, Rn. 23; Rs. C-353/89 (Kommission/Niederlande), Slg. 1991, I-4069, Rn. 30; Rs. C-148/91 (Veronica

in den Entscheidungen *Groppera*[993], *Autronic*[994] und *Informationsverein Lentia*[995] zur Rechtfertigung von Beschränkungen der Rundfunkveranstaltung herangezogen.

Diese Entscheidungen zeugen von der grundsätzlichen Erkenntnis, daß sich die Meinungsäußerungsfreiheit nicht in einem Abwehrrecht erschöpft, sondern weitergehende Gehalte aufweist. Gerade in Richtung der Anerkennung von staatlichen Schutzpflichten sind in der Rechtsprechung beider Gerichtshöfe mittlerweile recht konkrete Feststellungen auszumachen. Der EGMR hat derartige Handlungspflichten schon Ende der siebziger Jahre proklamiert[996]. Auch in der jüngeren Rechtsprechung des EuGH sind dahingehende Tendenzen im Bereich der Grundfreiheiten erkennbar geworden[997].

3. Europäische Freiheiten als Grundlage originärer Leistungsrechte ?

Betrachtet man die Herleitung von grundrechtlichen Leistungsrechten im deutschen Verfassungsrecht aus objektiv-rechtlichen Grundrechtsgehalten[998], liegt es nahe, auch auf europarechtlicher Ebene die Frage nach (re-)subjektivierten Handlungspflichten zu stellen. Schließlich hat sich gezeigt, daß auch hier vergleichbare objektiv-rechtliche Strukturen anerkannt sind. Anders als der Komplex der Schutzpflichten muß diese Problematik aber bis heute als völlig ungeklärt gelten. Mit dem *numerus clausus*-Urteil des Bundesverfassungsgerichts vergleichbare, auf originäre Leistungsrechte bezogene Begründungs-

---

Omroep), Slg. 1993, I-487, Rn. 9f.; Rs. C-23/93 (TV 10 SA), Slg. 1994, I-4795, Rn. 18f.; vgl. auch Rs. C-368/95 (Familiapress), Slg. 1997, I-3689; vgl. zum Ganzen oben Teil 2 D. IV. 2. a).

993 EGMR, EuGRZ 1990, 255, 258, Tz. 69f.

994 EGMR, EuGRZ 1990, 261, 263, Tz. 58f.

995 EGMR, EuGRZ 1994, 549, Tz. 33.

996 Vgl. EGMR, EuGRZ 1979, 626 - Airey; EuGRZ 1980, 662 - Artico; NJW 1982, 2717 - Young/James/Webster; vgl. näher *Murswiek*, in: Konrad (Hrsg.), Grundrechtsschutz, S. 218ff.

997 Vgl. zur Verpflichtung der Mitgliedstaaten, Maßnahmen zu ergreifen um den freien Warenverkehr vor Beeinträchtigungen durch Privatpersonen zu schützen (Im konkreten Fall Übergriffe französischer Landwirte auf Obst- und Gemüsetransporte aus anderen Mitgliedstaaten): EuGH Rs. C-265/95, DVBl. 1998, 228 und dazu *Schwabe*, EuR 1998, 53 und *Szczekalla*, DVBl. 1998, 219 mit zahlreichen weiteren Nachweisen zu dem Komplex der Schutzpflichten im europäischen Recht. Deutlich zurückhaltender gegenüber aus der Meinungsäußerungsfreiheit folgenden gemeinschaftsrechtlichen Handlungsaufträgen dagegen *Ress/Bröhmer*, Europäische Gemeinschaft und Medienvielfalt, S. 74f.

998 Vgl. oben C. I. 3.

ansätze sucht man in der Rechtsprechung beider Gerichtshöfe vergeblich[999]. Vereinzelt finden sich lediglich Aussagen zu dem Komplex der derivativen, auf Gleichbehandlungsgrundsätzen aufbauenden Teilhaberechten[1000]. Auch im Schrifttum ist bislang lediglich eine teilhaberechtliche, nicht dagegen eine leistungsrechtliche Dogmatik entwickelt worden[1001].

Eine Tendenz gegen die Anerkennung einklagbarer Handlungspflichten in der Rechtsprechung des EuGH läßt sich in dem Urteil in der Rechtssache *Debauve* ausmachen. Dort hat der Gerichtshof die Frage, ob ein Mitgliedstaat verpflichtet ist, geographisch bedingte Nachteile ausländischer Sendeanstalten bei der terrestrischen Verbreitung durch die Ermöglichung der Kabeleinspeisung auszugleichen, verneint[1002].

Dennoch erscheint - ausgehend von den dogmatischen Entsprechungen der deutschen und europarechtlichen Berechtigungen - der zu der Anerkennung von Leistungsrechten im deutschen Verfassungsrecht leitende Gedanke der „realen Freiheit“[1003] auch hinsichtlich europarechtlicher Freiheitsrechte erwägenswert[1004]. Unter Berücksichtigung des für die Vergabe von Übertragungskapazitäten fundamentalen Monopolisierungsaspekts[1005] scheiden entsprechende Leistungsrechte jedenfalls nicht von vornherein aus. Auch hier ließen sich auf entsprechender Grundlage in besonderen Ausnahmesituationen leistungsrechtliche Gehalte begründen. Ob allerdings der EGMR und der EuGH dieses heiße Eisen - man denke nur an die im deutschen Recht heftig geführte Kontroverse - anrühren werden, bleibt abzuwarten. Jedenfalls wäre aufgrund der auch dann den Gesetzgebern einzuräumenden Beschränkungsbefugnis ein gravierender Zugewinn an subjektiven Veranstalterrechten gegenüber den festgestellten verfassungsrechtlichen Berechtigungen nicht zu erwarten.

---

999 Ein Recht auf Schaffung von Bildungseinrichtungen ablehnend etwa EGMR, EuGRZ 1975, 298, 300 - Belgischer Sprachenfall.

1000 EuGH Rs. 9/74 (Casagrande), Slg. 1974, 773: Gleichmäßige Gewährung von Schulbeihilfen an Kinder von im Inland ansässigen Angehörigen aus anderen Mitgliedstaaten; vgl. *Bleckmann*, Europarecht, Rn. 763.

1001 Vgl. *Gersdorf*, AöR 119 (1994), 400, 422f.; *Pernice*, Grundrechtsgehalte, S. 152ff.; *Schwarze*, EuGRZ 1986, 293, 296f.; *Rengeling*, Grundrechtsschutz, S. 203ff.

1002 EuGH Rs. 52/79 (Debauve), Slg. 1980, 833, Rn. 20ff.

1003 Vgl. dazu oben C. I. 3.

1004 Allgemein für die Anerkennung eines status positivus *Bleckmann*, Europarecht, Rn. 763, 769.

1005 Vgl. oben. C. I. 3. und 4. a).

D. Subjektive Rechte bei Bewerberkonkurrenz

I. Einleitung

In den vorangegangenen Abschnitten hat sich gezeigt, daß die Zulassungsvorschriften der Rundfunk- und Mediengesetze grundsätzlich absolute Ansprüche auf Erteilung einer Gewährungszulassung enthalten. Hinzu treten prinzipielle verfassungsrechtliche Ansprüche auf Zuweisung verfügbarer Übertragungskapazitäten. Die Verwirklichung dieser Ansprüche stellt sich aber nur dann als unproblematisch dar, wenn für die begehrte Übertragungsmöglichkeit kein weiterer Bewerber existiert. Schwieriger wird die Lage, wenn mehrere Bewerbungen für eine Übertragungskapazität vorliegen. Die bei einer Konkurrenz mehrerer Zulassungsbegehren entstehenden Besonderheiten bedürfen einer eigenständigen rechtlichen Betrachtung. Dabei kann allerdings an die zu Beginn des dritten Teils der Untersuchung gewonnenen Erkenntnisse angeknüpft werden.

Die Situation der Bewerberkonkurrenz ist aufgrund der nach wie vor beschränkten Anzahl von Übertragungskapazitäten einerseits und der erheblichen Nachfrage andererseits in der Praxis der Regelfall. Ganz überwiegend wird die Zuteilung einer ausgeschriebenen Übertragungskapazität von einer Vielzahl zulassungsfähiger Bewerber erstrebt[1006]. Im Rahmen der Themenstellung der vorliegenden Untersuchung stellt sich damit die Frage, wie sich diese Konkurrenzsituation auf die subjektive Rechtsstellung der einzelnen Bewerber auswirkt: Was geschieht mit dem grundrechtlich determinierten Zulassungsanspruch? Welche subjektiven Rechte bestehen im Rahmen der durch die Konkurrenzsituation notwendig gewordenen Auswahlentscheidung?[1007]

Im Kern geht es dabei um eine Problematik, die in zahlreichen Bereichen des Wirtschaftsverwaltungsrechts auftaucht und zwar immer dann, wenn „Konkurrentenverdrängungsansprüche"[1008] geltend gemacht werden. Diese werden relevant, wenn bei der Verteilung eines knappen Gutes durch den Staat ein nicht berücksichtigter Bewerber die notwendig gewordene Auswahlentscheidung angreift, um eine neue Zuteilung und zwar zu seinen Gunsten zu erreichen. Derartige Konstellationen entstehen etwa im Bereich staatlicher Subventionierung,

1006 Bezeichnend etwa die Zahl von 27 Bewerbern für die letzte freie UKW-Frequenz in Berlin im Februar 1998, vgl. epd Nr. 19/1998, S. 17.

1007 Zum Ablauf des Auswahlverfahrens vgl. oben Teil 1 A. IV. 2. f).

1008 Vgl. zu Terminologie und Struktur eingehend *Huber*, Konkurrenzschutz, S. 94ff., 431ff.

wenn ein Unternehmer eine dem Konkurrenten gewährte Subvention für sich selbst erstrebt. Ähnlich gelagert ist auch die Situation der beamtenrechtlichen Konkurrentenklage, bei der sich der Kläger gegen die Besetzung einer von ihm begehrten Planstelle mit einem anderen Bewerber wendet. Sehr nahe kommen der Konkurrenzsituation im Rundfunk Streitigkeiten über den Zugang zu zulassungsbeschränkten, gewerblichen Berufen. Als praktisch relevante Beispiele sind hier etwa das Güterkraftverkehrs- und das Personenbeförderungswesen zu nennen. Weitgehende Parallelen bestehen aber auch zu der Problematik der Zulassung zu kapazitätsbeschränkten öffentlichen Einrichtungen und Veranstaltungen[1009].

In der nachfolgenden Untersuchung soll der Blick nicht auf die Rechtsschutzmöglichkeiten nach der schon ergangenen Auswahlentscheidung beschränkt werden. Vielmehr sollen die im Rahmen der Auswahlentscheidung zu beachtenden, materiellen Berechtigungen der Bewerber betrachtet werden, ohne daß deren prozessuale Durchsetzung im Verletzungsfalle in den Vordergrund gerückt wird[1010].

II. Recht auf chancengleichen Zugang und Teilhabe

1. Die These vom Wandel der Zulassungsansprüche

In der in diesem Abschnitt zu untersuchenden, durch eine Bewerberkonkurrenz gekennzeichnete Konstellation wird die Erteilung der Zulassung deshalb problematisch, weil gleichgerichtete Begehren mehrerer Bewerber bestehen, von denen aber nur eines oder wenige erfüllt werden können. In dieser Situation werden bei der Frage nach bestehenden subjektiven Rechten oft Gleichbehandlungsaspekte in den Vordergrund gestellt. Häufig wird pauschal auf ein aus Art. 3 Abs. 1 GG und Art. 5 Abs. 1 S. 2 GG fließendes „Recht auf chancengleiche Teilhabe“ verwiesen[1011]. Der Zulassungsanspruch soll sich in einen

---

[1009] Vgl. zu den praktisch bedeutsamsten Fallgruppen, *Schmidt-Preuß*, Kollidierende Privatinteressen, S. 392 ff.; *Huber*, Konkurrenzschutz, S. 6ff.

[1010] Zu den prozessualen Fragen eines rundfunkrechtlichen Konkurrentenverdrängungsstreites vgl. ausführlich *Fehling,* Die Konkurrentenklage, S. 274ff. Allgemein zur Konkurrentenklage *P.M. Huber*, Konkurrenzschutz, S. 397ff.; *Schmidt-Preuß*, Kollidierende Privatinteressen, S. 550ff.; *Brohm*, Die Konkurrentenklage.

[1011] *Breunig*, VBlBW 1993, 45, 47; *Fehling,* Die Konkurrentenklage, S. 291; ein solches Recht wird in der Rechtsprechung etwa erwähnt in: OVG Berlin ZUM 1995, 497, 501; OVG Berlin DVBl. 1991, 1265, 1266; OVG Sachsen-Anhalt, ZUM 1994, 371, 380; OVG Sachsen, Sächs.VBl 1993, 135, 136.

„Anspruch auf chancengleiche Berücksichtigung und sachgerechte Auswahl" wandeln[1012].

2. Die Gewährleistung sachgerechter Auswahl

Der Verweis auf ein „Recht auf chancengleiche Teilhabe" knüpft offensichtlich an die Aussagen des Bundesverfassungsgerichts zur Bewerberauswahl im *FRAG*-Urteil[1013] an. Darin hat das Gericht entschieden, wegen Art. 3 Abs. 1 GG müßten für den Fall der Frequenzknappheit Regeln über die Auswahl der Bewerber existieren. Entsprechend den zum Hochschulzugang entwickelten Grundsätzen im *numerus clausus*-Urteil[1014] seien Auswahlgrundsätze festzulegen, welche eine gleiche Chance der Bewerber gewährleisten. Der Realisierungsgrad der Chancen müsse durch objektiv sachgerechte und individuell zumutbare Kriterien bestimmt werden[1015].

Diese Rechtsprechung bezieht sich allerdings allein auf verfassungsrechtliche Pflichten des Gesetzgebers. Die Rundfunkgesetzgeber haben entsprechende Vorschriften als notwendigen Bestandteil der im Rahmen des Ausgestaltungsauftrags zu errichtenden positiven Ordnung zu erlassen. Zu Maßstäben für die im Einzelfall zu treffende Auswahlentscheidung der Landesmedienanstalten hat sich das Bundesverfassungsgericht damals nicht geäußert.

Gerade weil es demnach Sache des Gesetzgebers ist, die Auswahlgrundsätze festzulegen und selbst die Voraussetzungen des Zugangs zu bestimmen[1016], kann der abstrakte Maßstab der Chancengleichheit und sachgerechten Auswahl nicht undifferenziert auf konkrete Auswahlentscheidungen der Landesmedienanstalten projiziert werden. Der Vorbehalt des Gesetzes führt vielmehr dazu, daß die gesetzlich normierten Auswahlgrundsätze den entscheidenden Maßstab bilden. Das inhaltlich unbestimmte Gebot des chancengleichen Zugangs kann damit auch nicht die Grundlage für subjektive Rechte innerhalb des konkreten Auswahlverfahrens sein. Vielmehr erschöpft sich Art. 3 Abs. 1 GG bei der Verteilung knapper Kapazitäten weitgehend in der Gewährleistung von Rechtsanwendungsgleichheit[1017]. Die Kernelemente des subjektiv-rechtlichen Status

1012 *Fehling,* Die Konkurrentenklage, S. 291.

1013 BVerfGE 57, 295, 327; bestätigt durch BVerfGE 73, 118, 190ff.

1014 BVerfG 33, 303, 345.

1015 BVerfGE 57, 295, 327.

1016 BVerfGE 57, 295, 327.

1017 Vgl. *P.M. Huber*, Konkurrenzschutz, S. 544.

der Bewerber sind auch im Falle der Bewerberkonkurrenz unmittelbar in den gesetzlichen Regelungen der Rundfunk- und Mediengesetze zu suchen.

Zu weiterführenden Erkenntnissen über die Einwirkung verfassungsrechtlicher Vorgaben auf das Auswahlverfahren leitet allerdings der Beschluß des Bundesverfassungsgerichts vom 20. Februar 1998[1018] im schon erwähnten Fall *extra radio*. Auf eine Verfassungsbeschwerde eines privaten Hörfunkveranstalters in Bayern hat der 1. Senat entschieden, daß im Rahmen einer Auswahlentscheidung auf Seiten der Bewerber das Grundrecht der Rundfunkfreiheit zu berücksichtigen ist. Entgegen der letztinstanzlichen Entscheidung des Bayerischen Verfassungsgerichtshofs findet demnach der Beurteilungsspielraum der Landesmedienanstalten seine Grenze nicht nur im Gleichheitssatz und dem darin verankerten Willkürverbot. Zu berücksichtigen ist vielmehr auch die Bedeutung des Freiheitsrechts aus Art. 5 Abs. 1 S. 2 GG. Diese Sichtweise deckt sich insofern mit dem in der vorliegenden Untersuchung vertretenen Ansatz, als bei der Zulassung zum privaten Rundfunk nicht lediglich Gleichbehandlungsgrundsätze zu beachten sind, sondern vor allem auch freiheitsrechtliche Positionen der Grundrechtsträger.

Ungeklärt geblieben ist aber immer noch, welche konkreten Folgen sich daraus ergeben. Für die Verwaltungsentscheidung und die Fachgerichte müssen wegen des Vorbehalts des Gesetzes jedenfalls die gesetzlichen Auswahlkriterien im Vordergrund stehen. Dies kommt auch in dem Hinweis des Senats zum Ausdruck, wonach im Rahmen der „Anwendung und Auslegung dieser Vorschriften" die Rundfunkfreiheit der Bewerber zu berücksichtigen ist[1019]. An dieser Stelle also - bei der Anwendung einfachen Rechts - können grundrechtliche Positionen als Auslegungstopoi Bedeutung erlangen.

III. Der Fortbestand des Zulassungsanspruchs

Subjektive Rechte der Veranstalter sind demnach auch bei Bewerberkonkurrenz primär auf der Ebene des einfachen Rechts zu suchen. Was liegt näher, als an den eingangs festgestellten, im Wege verfassungskonformer Auslegung herausgearbeiteten Zulassungsanspruch anzuknüpfen. Hier fragt sich, was es mit der bereits wiedergegebenen These auf sich hat, nach der sich der Zulassungsanspruch in am Gleichheitsatz orientierte Ansprüche umwandelt[1020]. An die Stelle

[1018] Zu dieser Entscheidung vgl. oben Teil 2 C. I. und II. 3. b).
[1019] BVerfG ZUM 1998, 306, 310.
[1020] *Fehling*, Die Konkurrentenklage, S. 291.

des auf die Erteilung der Zulassung gerichteten, absoluten Anspruchs tritt nach dieser Ansicht ein „relatives", auf Gleichbehandlung beschränktes Recht.

Wenn im Ergebnis einhellig vom Bestand einfachgesetzlicher Zulassungsansprüche ausgegangen wird, müßte eine Umwandlung dieser Ansprüche konsequenterweise ebenfalls in den Rundfunk- und Mediengesetzen zum Ausdruck kommen -der Befund ist eindeutig: Wie in dieser Situation seitens der Landesmedienanstalten zu verfahren ist, wird in den - insofern spezielleren - Auswahlvorschriften verbindlich geregelt. Um die sich aus der Konkurrenzsituation ergebenden Folgen beschreiben zu können, bedarf es damit auch keiner ergänzenden Auslegung oder verfassungsrechtlichen Einwirkung.

In den Vorschriften wird fast durchgängig ein „Vorrang" bestimmter Bewerber angeordnet[1021]. Das Gesetz gibt damit vor, welcher Antrag positiv beschieden werden muß. Ein Ermessen im rechtstechnischen Sinne steht den Landesmedienanstalten dabei nicht zu. Bei der Ausfüllung der unbestimmten Rechtsbegriffe handelt es sich um eine Frage der Subsumtion auf der Sachverhaltsebene, nicht um eine Problematik der Rechtsfolge[1022]. Der grundsätzlich anzuerkennende Beurteilungsspielraum der Landesmedienanstalten bei der Auswahlentscheidung[1023] betrifft lediglich die Intensität der gerichtlichen Nachprüfung und bedingt grundsätzlich einen auf Neubescheidung gerichteten Sachantrag[1024]. Materiellrechtlich bleibt jedenfalls der für die Entscheidung zuständige Träger öffentlicher Gewalt gebunden[1025]. Die Verpflichtung zu einer den gesetzlichen

---

1021 Vgl. z.B. § 21 Abs. 2, 3 BadWürttMedG; § 9 Abs. 2 HPRG; § 9 Abs. 2 NdsLRG; § 7 Abs. 2 LRG NW; § 12 Abs. 1 RhPfLRG; § 10 Abs. 2 SächsPRG.

1022 *Wagner*, Die Landesmedienanstalten, S. 186; *Hartstein/Ring/Kreile /Dörr/Stettner*, Rundfunkstaatsvertrag, § 19 Rn. 5; vgl. auch BVerwGE 72, 38, 54 zu einer vergleichbaren Situation im Bereich der Krankenhausbedarfsplanung. Zur Unterscheidung zwischen Ermessen und Beurteilungsspielraum vgl. etwa *Hufen*, Verwaltungsprozeßrecht, § 25 Rn. 45; *Ule/Laubinger*, Verwaltungsverfahrensrecht, § 55 Rn. 2ff.

1023 Dazu etwa *Hoffmann-Riem/Schulz*, Hamburgisches Medienrecht, S. 146ff.; *Wagner*, Die Landesmedienanstalten, S. 186; *Hartstein/Ring /Kreile/Dörr/Stettner*, Rundfunkstaatsvertrag, § 19 Rn. 5; *Fehling*, Die Konkurrentenklage, S. 260ff. erkennt den Spielraum zu Recht nicht pauschal, sondern nur bei bestimmten Elementen der Auswahlentscheidung an.

1024 Vgl. *P.M. Huber*, Konkurrenzschutz, S. 473; zur Bescheidungsklage näher *Pietzcker*, in: Schoch/Schmidt-Aßmann/Pietzner, Verwaltungsgerichtsordnung, § 42 Abs. 1 Rn. 101ff. In der älteren Rechtsprechung zu Konkurrentenverdrängungsklagen wurde teilweise nicht hinreichend berücksichtigt, daß mangelnde Spruchreife nicht zum Ausschluß eines materiellen Anspruchs führt, vgl. *P.M Huber*, Konkurrenzschutz, S. 145.

1025 Vgl. nur *Ule/Laubinger*, Verwaltungsverfahrensrecht, § 55 Rn. 3: Die Behörde nimmt eine Bewertung vor, die „nach ihrer Auffassung jede andere Behörde in der gleichen Weise auch vollziehen müßte". Zur Bindung an den Zweck gesetzlicher Auswahlrege-

Auswahlkriterien entsprechenden, „richtigen" Entscheidung bleibt von der Einräumung eines Beurteilungsspielraum gegenüber den Gerichten unberührt.

Bei genauer Betrachtung zeigt sich damit, daß - in Übereinstimmung mit der genannten Rechtsprechung des Bundesverfassungsgerichts im *FRAG*-Urteil - die Weichen für die Auswahlentscheidung bereits vom Gesetzgeber gestellt werden. Daraus folgt zugleich, daß die Auswahlregelungen nicht ursprünglich bestehende Zulassungsansprüche in Gleichbehandlungsrechte umwandeln. In der Sache werden vielmehr die allgemeinen Zulassungsvorschriften dahingehend modifiziert, daß bei Bewerberkonkurrenz ein Anspruch auf Zulassung eines bestimmten Bewerbers festgelegt wird[1026]. Dies ist derjenige auf den die vorrangbegründenden Kriterien zutreffen. Diese Anspruchslage wird dabei nicht durch äußere Einwirkungen nachträglich bewirkt, sondern folgt unmittelbar aus der Zusammenschau der Zulassungs- und Auswahlvorschriften. Es wird von vornherein nur *ein* Zulassungsanspruch statuiert, eine Konkurrenz von einfachgesetzlichen Ansprüchen hat zu keinem Zeitpunkt bestanden; ebensowenig eine materielle Auswahlfreiheit der Landesmedienanstalten. Ergibt sich aus den Regelungen der Rundfunk- und Mediengesetze, für den Fall, daß nur ein Bewerber existiert, der die Zulassungsvoraussetzungen erfüllt, ein absoluter Zulassungsanspruch, so wird durch die bei Bewerberkonkurrenz ergänzend zur Anwendung kommenden Auswahlvorschriften ebenfalls *ein* Zulassungsanspruch vermittelt und zwar demjenigen Antragsteller auf den die Zulassungsvoraussetzungen *und* die Vorrangkriterien zutreffen. Vom Wesen her besteht zwischen den Ansprüchen aus Sicht des erfolgreichen Bewerbers kein Unterschied.

Zentrales Element der subjektiv-rechtlichen Position der Bewerber bleibt damit auch bei Konkurrenzsituationen der einfachgesetzliche Zulassungsanspruch des Bewerbers, der die gesetzlichen Voraussetzungen erfüllt. Auf dieses Recht wäre dementsprechend auch eine Klage gegen eine Zulassungsentscheidung zugunsten eines anderen Bewerbers zu stützen. Die Zulassung eines Konkurrenten würde die Erfüllung des Anspruchs des Vorrang genießenden Bewerbers unmöglich machen. Darin läge die die Klagebefugnis begründende Rechtsverlet-

---

lungen vgl. auch *P.M Huber*, Konkurrenzschutz, S. 544; *Kopp*, Verwaltungsverfahrensgesetz, § 40 Rn. 38 a.E.

1026 Dementsprechend spricht *Schmidt-Preuß*, Kollidierende Privatinteressen, S. 418, in der vergleichbaren Situation der Vergabe von Taxikonzessionen nach § 13 PBefG von einem „strikten Anspruch" des Rangführers. Zustimmend *Wahl/Schütz*, in: Schoch/Schmidt-Aßmann/Pietzner, Verwaltungsgerichtsordnung, § 42 Abs. 2 Rn. 304. Auch im Rahmen der rundfunkgesetzlichen Auswahlvorschriften finden sich durchaus sehr „schematische" Vorrangkriterien, z. B. der generelle Vorrang von Veranstaltergemeinschaften nach § 12 Abs. 1 S. 1 RhPfLRG; vgl. auch die Vergaberegelungen des § 11 RhPfLRG.

zung. Anders als in Fällen der negativen Konkurrentenklage, in der es um die Abwehr eines neuen Konkurrenten durch einen bereits zugelassenen Altunternehmer geht[1027], kommt es wegen des im Vordergrund stehenden eigenen Zulassungsanspruchs auf einen „drittschützenden" Charakter einzelner Zulassungsnormen nicht an. Das typische Anwendungsfeld der Schutznormtheorie liegt dagegen bei der reinen Drittabwehr[1028], wenn also allein die Abwehr einer Begünstigung eines anderen begehrt wird. Diese Fallgestaltungen sind dadurch gekennzeichnet, daß bloße Verschonungsinteressen verfolgt werden. Dieser gundlegende Unterschied darf bei der Bestimmung der maßgeblichen subjektiven Rechte nicht vernachlässigt werden.

Der zentralen Rolle des fortbestehenden Zulassungsanspruchs entspricht überwiegend auch die Spruchpraxis der Verwaltungsgerichte: Bei der Frage nach einer möglichen Rechtsverletzung durch die Zulassung eines Konkurrenten wird darauf abgestellt, daß ein Bewerber „die Erlaubnis für sich beansprucht und geltend macht, infolge von sich auswirkenden Fehlern des Vergabeverfahrens übergangen worden zu sein"[1029] oder es wird schlicht auf „die Ablehnung der Zulassungsanträge"[1030] verwiesen. Die Klagebefugnis von abgelehnten Bewerbern stellt sich - wie bei der Vergabe von Güterfernverkehrsgenehmigungen[1031] - auch hinsichtlich des Anfechtungsantrags[1032] als unproblematisch dar, denn die Zulassung des Konkurrenten „hat notwendig Auswirkungen auf die Rechtsstellung abgelehnter Bewerber"[1033]. Diese besteht darin, daß durch die Entscheidung die Frequenz belegt wird[1034]. Insofern trifft die Feststellung des Bayerischen Verfassungsgerichtshofs zu, nach der es darauf ankommt, „ob er-

---

1027 Vgl. dazu etwa *Wahl/Schütz*, in: Schoch/Schmidt-Aßmann/Pietzner, Verwaltungsgerichtsordnung, § 42 Abs. 2 Rn. 313ff.

1028 Vgl. *Wahl*, in: Schoch/Schmidt-Aßmann/Pietzner, Verwaltungsgerichtsordnung, Vorb § 42 Abs. 2 Rn. 95; *König*, Drittschutz, S. 35; a.A. *Schmidt-Preuß*, Kollidierende Privatinteressen, S. 193.

1029 OVG Berlin, ZUM 1995, 497, 501

1030 OVG Sachsen-Anhalt, ZUM 1994, 371, 374. In einer Entscheidung des VGH Baden-Württemberg, ZUM 1995, 284, 286, wurde im Rahmen einer unbegründeten Klage dementsprechend darauf abgestellt, daß „die Ablehnung rechtmäßig erfolgt" ist.

1031 Vgl. *Horn*, GewArch 1985, 73, 80.

1032 Zur Problematik der in Konkurrentenverdrängungsstreitigkeiten gebotenen Klageart vgl. *Pietzcker*, in: Schoch/Schmidt-Aßmann /Pietzner, Verwaltungsgerichtsordnung, § 42 Abs. 1 Rn. 145. Dem Anfechtungsbegehren kommt im Rahmen einer Kombination von Anfechtungs- und Verpflichtungsantrag dabei nur eine Hilfsfunktion zu, vgl. *Schmidt-Preuß*, Kollidierende Privatinteressen, S. 457f.; *Wahl/Schütz*, in: Schoch/Schmidt-Aßmann/Pietzner, Verwaltungsgerichtsordnung, § 42 Abs. 2 Rn. 303; *Brohm*, Die Konkurrentenklage, S. 253, der aus dieser Funktion der „Platzreservierung" unproblematisch die „Betroffenheit" des abgelehnten Bewerbers ableitet.

1033 BayVGH BayVBl. 1993, 20.

1034 BayVGH, BayVBl. 1988, 17.

hebliche Zweifel gerade an der Nichtzulassung des betreffenden Anbieters bestehen“[1035]. Richtigerweise werden die Rechtsschutzmöglichkeiten eines Bewerbers durch einfachgesetzliche Zulassungsansprüche determiniert[1036]. Jede Zulassungsentscheidung zugunsten eines anderen Bewerbers verletzt den Anspruch des bei korrekter Anwendung der Vorschriften Vorrang genießenden Bewerbers, ohne daß es auf den Schutzzweck der fehlerhaft angewandten Zulassungsnorm ankommt. Im Ergebnis entspricht dies auch der überwiegenden Prüfungspraxis der Verwaltungsgerichte[1037].

Festzuhalten ist damit, daß die subjektiven Rechte im Falle der Bewerberkonkurrenz nicht etwa auf abstrakte Gleichbehandlungsrechte reduziert werden, sondern daß auch dann ein absoluter, verteidigungsfähiger Zulassungsanspruch des nach den Rundfunk- und Mediengesetzen vorrangig zu berücksichtigenden Bewerbers besteht.

1035 BayVerfGHE 43, 170, 179.

1036 So im Ergebnis auch *Wahl/Schütz*, in: Schoch/Schmidt-Aßmann /Pietzner, Verwaltungsgerichtsordnung, § 42 Abs. 2 Rn. 303, 310.

1037 Vgl. z.B. die Prüfung der einzelnen Voraussetzungen in: OVG Berlin, ZUM 1995, 497, 501 (gesellschaftsrechtliche Zusammensetzung des Veranstalters); VGH Baden-Württemberg, ZUM 1995, 284, 286 (Verbot zweier Programme im gleichen Verbreitungsgebiet; finanzielle und organisatorische Voraussetzungen).

SCHLUSSBEMERKUNG UND AUSBLICK

Privater Rundfunk existiert heute in sämtlichen Mitgliedstaaten der Europäischen Union[1038]. Auch außerhalb Europas wird Rundfunk ganz überwiegend in privater Rechtsform betrieben[1039]. Zwar kommt gerade in den europäischen Staaten dem öffentlich-rechtlichen Rundfunk eine herausgehobene Stellung zu[1040], es führt aber kein Weg an der Erkenntnis vorbei, daß private Veranstalter heute einen festen Bestandteil der europäischen Rundfunkordnung bilden. Für Deutschland gilt dies in gesteigertem Maße, denn eine vergleichbare Vielzahl privater Rundfunkprogramme sucht man im übrigen Europa vergebens.

Zu der immensen programmlichen und vor allem wirtschaftlichen Bedeutung der privaten Veranstalter in Deutschland steht ihre Ausstattung mit subjektivrechtlichen Positionen aus der Rundfunkfreiheit durch das Bundesverfassungsgericht und weite Teile des Schrifttums in einem deutlichen Gegensatz. Mit Hilfe der im Grundsatz durchaus anzuerkennenden „dienenden Funktion" der Rundfunkfreiheit wird der private Rundfunk seiner subjektiv-rechtlichen Ummantelung weitgehend entkleidet; mitunter erscheint er in Teilen der Verfassungsrechtslehre gegenüber den umhegten öffentlich-rechtlichen Anstalten gleichsam in der Rolle des Aschenputtels.

Demgegenüber hat sich im Verlauf der Untersuchung gezeigt, daß auch die Anhänger eines starken öffentlich-rechtlichen Rundfunks nicht nur faktisch mit privaten Veranstaltern leben müssen, sondern daß sich auch deren grundrechtlich fundierte subjektive Veranstaltungsrechte nicht länger leugnen lassen. Damit wird gleichwohl das Gleichgewicht innerhalb der dualen Rundfunkordnung nicht zu Lasten des öffentlich-rechtlichen Rundfunks verschoben. Es geht lediglich darum, den Veranstaltern von Rundfunk nicht jenen grundlegenden Schutz durch subjektive Rechte zu versagen, der in anderen Wirtschaftsbereichen für jeden Unternehmer eine Selbstverständlichkeit darstellt.

Wie die Untersuchung ebenso gezeigt hat, führt eine Anerkennung einer verfassungs- und europarechtlich verankerten Rundfunkveranstaltungsfreiheit keinesfalls dazu, daß dem Gesetzgeber die Regelungsbefugnis für den Rundfunksektor entzogen oder unzumutbar eingeschränkt wird; vom Zustand der Selbstregulie-

---

1038 Vgl. die Darstellungen des Rundfunks in den einzelnen Mitgliedstaaten, in: Hans-Bredow-Institut, Internationales Handbuch für Hörfunk und Fernsehen 1998/99, S. 279ff.

1039 Vgl. die Darstellungen in: Hans-Bredow-Institut, Internationales Handbuch für Hörfunk und Fernsehen 1998/99, S. 583ff.

1040 Vgl. nur *Dörr*, Die Rolle des öffentlichen Rundfunks, S. 7ff.

rung des Marktes ist man auch auf dem Boden eines Veranstaltergrundrechts noch weit entfernt.

Die Schrankenvorbehalte eröffnen dem Gesetzgeber hinreichende Möglichkeiten, um seinem objektiv-rechtlichen Regelungsauftrag nachzukommen. Dies hat sich im Rahmen der Prüfung des Zulassungssystems der deutschen Rundfunk- und Mediengesetze unter diesen Kautelen eindrucksvoll bestätigt. Die Schlüsselrolle kommt dabei dem in der Rechtsprechung des Bundesverfassungsgerichts in unterschiedlichen Regelungsbereichen anerkannten bereichsspezifischen Beurteilungs- und Gestaltungsspielraum zu. Die Sonderbehandlung der Rundfunkfreiheit innerhalb des Kanons der Grundrechte durch die Annahme eines Ausgestaltungsvorbehalts und die Kreation einer besonderen Kategorie von ausgestaltenden Vorschriften erweist sich bei genauer Betrachtung als ebenso systemwidrig wie obsolet. Sie ist, wie der Blick auf europarechtliche Berechtigungen zusätzlich bestätigt hat, keineswegs unerläßlich um objektiv-rechtlichen Grundrechtsgehalten gerecht werden zu können.

In der Judikatur der europäischen Gerichtshöfe läßt sich gerade insofern ein Gleichschritt erkennen, als die nationalen Gesetzgeber nicht einer ausnahmslos strengen Verhältnismäßigkeitskontrolle unterworfen werden. Hier bleibt allerdings eine Präzisierung der Kontrolldichte durch die Gerichtshöfe wünschenswert. Die Begründung eines zurückhaltenden Maßstabs dürfte mit Blick auf die in ähnlich sensiblen Bereichen den Gesetzgebern zugestandenen Spielräume nicht schwer fallen. Gerade die europarechtliche Eingriffs- und Schrankendogmatik belegt, daß es zum Schutz von Vielfalt und Pluralismus nicht einer systemwidrigen Ausgestaltungskonstruktion bedarf. Der Blick auf die Handhabung der europarechtlichen Berechtigungen privater Veranstalter fördert die Erklärungsnot der überkommenen deutschen Ausgestaltungslehre offen zu Tage.

Macht man - entsprechend der allgemeinen Grundrechtsdogmatik - mit einem weiten Schutzbereichsverständnis auch bei der Rundfunkfreiheit des Art. 5 Abs. 1 S. 2 GG ernst, ist die befürchtete Kollision des althergebrachten D-Zugs des Grundgesetzes mit dem Eurocity des Gemeinschaftsrechts und der EMRK[1041] abgewendet. Die europarechtlichen Grundrechte und Grundfreiheiten erweisen sich dann vielmehr als Flankierungen der nationalen Veranstaltungsrechte. Die erreichbare Konvergenz auf der Schrankenebene sorgt dafür, daß für die Züge die gleiche Linienführung gilt und auch die Haltesignale an den euro-

[1041] Zu dem Bild zweier aufeinanderzubrausender Züge vgl. *Gersdorf*, AöR 119 (1994), 400, 416.

päischen Rundfunkgleisen sind international ebenso verständlich wie verbindlich.

Im Rahmen der hier konvergent ausgelegten verfassungsrechtlichen und europarechtlichen Verbürgungen kommt den nationalen Gesetzgebern die Aufgabe zu, die Rundfunkordnung zu gestalten. Die Anerkennung bereichsspezifischer Gestaltungsspielräume ermöglicht dabei, den durch die technische Entwicklung bewirkten Akzentverschiebungen Rechnung zu tragen. Verändern wird sich wohl vor allem die Vergabe von Gewährungszulassungen: Die mit Hilfe der Techniken der Digitalisierung und Datenkompression mittelfristig flächendekkend erreichbare Vervielfachung der Übertragungswege wird die Bedeutung von hoheitlichen Auswahlentscheidungen immer mehr zurückdrängen. Dem damit verbundenen Paradigmenwechsel entspricht bereits die für den Vierten Rundfunkänderungsstaatsvertrag vorgeschlagene teilweise Deregulierung bei der Belegung digitaler Kabelnetze[1042]. Gerade vor dem Hintergrund der zum 1. Januar 1998 abgeschlossenen Liberalisierung des deutschen Telekommunikationsmarktes ist zu erwarten, daß sich derartige Deregulierungstendenzen früher oder später auch im Bereich der terrestrischen Verbreitung durchsetzen werden. Aber selbst wenn langfristig das System der Aufsicht über privaten Rundfunk von der mitgestaltenden Zulassungskontrolle zur bloßen „Mißbrauchsaufsicht"[1043] mutieren sollte, darf die subjektiv-rechtliche Stellung privater Veranstalter nicht den Blick auf den Gestaltungsauftrag des Gesetzgebers verstellen. Auch unter den Vorzeichen der in der vorliegenden Untersuchung postulierten Rundfunkveranstaltungsfreiheit gilt die grundlegende Aussage des Bundesverfassungsgerichts im *Baden-Württem-berg*-Beschluß[1044], wonach sich innerhalb des Art. 5 Abs. 1 GG „subjektiv- und objektivrechtliche Elemente einander durchdringen und stützen".

1042 Dazu schon oben Teil 3 C. I. 4. a).

1043 *R. Hochstein*, Vorsitzender der Direktorenkonferenz der Landesmedienanstalten, im epd-Interview, epd medien Nr. 59 vom 1.8.1998, S. 3.

1044 BVerfGE 74, 297, 323.

ZUSAMMENFASSUNG DER WESENTLICHEN ERGEBNISSE IN THESEN

Teil 1 Das rundfunkrechtliche Zulassungssystem und die Bedeutung subjektiver Veranstaltungsrechte

A. Das Zulassungssystem der Rundfunk- und Mediengesetze

1. Die Veranstaltung eines Rundfunkprogramms durch Private ist nach dem gegenwärtigen Regelungssystem des Rundfunkstaatsvertrags und der Rundfunk- und Mediengesetze von der Erteilung einer Zulassung durch die Landesmedienanstalten abhängig.

2. Die Rundfunk- und Mediengesetze sehen unterschiedliche Arten von Zulassungen vor. Eine erste Unterscheidung ist nach der Verbreitungsart möglich. Zulassungen können für eine Verbreitung über terrestrische Sender und über Satelliten, aber auch für Breitbandkabelnetze erteilt werden.

3. Von zentraler Bedeutung ist die Unterscheidung zwischen Gewährungs- und Gestattungszulassungen, die in den Gesetzen aber nur versteckt zum Ausdruck kommt.

4. Den gesetzlichen Regelfall bildet die Gewährungszulassung, die im Wege einer Ausschreibung vergeben wird. Diese Zulassungsart weist zwei Regelungsgehalte auf: Erstens wird die Rundfunkveranstaltung als solche gestattet. Zweitens wird mit verbindlicher Wirkung eine bestimmte technische Übertragungskapazität eines Sendernetzbetreibers und gegebenenfalls eine Frequenz zur ausschließlichen Nutzung zugewiesen.

5. Die Gestattungszulassung beschränkt sich dagegen darauf, ohne Zuweisungsgehalt die Programmveranstaltung mittels einer selbst akquirierten Übertragungsmöglichkeit, insbesondere einem ausländischen Satelliten, zu erlauben. Eine Ausschreibung findet nicht statt.

6. Die weichenstellende Phase des Zulassungsverfahrens bildet die Prüfung der eingegangenen Anträge durch die Landesmedienanstalten.

7. Bei den materiellen Anforderungen lassen sich allgemeine Zulassungsvoraussetzungen und Anforderungen zur Sicherung der Meinungsvielfalt unterscheiden.

8. Bei der Vergabe einer Gewährungszulassung kommt es, wenn nach der Sichtung der Zulassungsanträge mehrere Bewerber existieren, die die Zulassungsvoraussetzungen erfüllen, zu einem Auswahlverfahren.

9. In allen Rundfunk- und Mediengesetzen finden sich Auswahl- und Vorrangkriterien, wobei der zu erwartende Beitrag zur Meinungsvielfalt im Vordergrund steht.

B. Die Bedeutung und Systematik subjektiver Veranstalterrechte im Zulassungsverfahren

1. Der Bestand von subjektiven Rechten im Rahmen des Zulassungssystems ist für die Veranstalter von existentieller Bedeutung.

2. Aus Sicht des privaten Rechtsträgers lassen sich zwei Grundarten subjektiver Rechte gegenüber der öffentlichen Gewalt unterscheiden: Rechte auf Duldung, die „Abwehransprüche", und Rechte auf aktives Tätigwerden, „Leistungsrechte". Innerhalb der beiden Grundkategorien sind weitere Arten von Berechtigungen unterscheidbar.

3. Im Bereich der Erteilung rundfunkrechtlicher Zulassungen lassen sich im Ausgangspunkt zwei Konstellationen ausmachen: Wird nach der Existenz eines originären Rechts Rundfunk zu veranstalten gefragt, liegt eine abwehrrechtliche Thematik vor. Wird die Erteilung einer Zulassung begehrt, kommt es auf den Bestand von Leistungsrechten an.

Teil 2 Subjektive Rechte der Bewerber um Gestattungszulassungen

A. Einfachgesetzliche Zulassungsansprüche

1. Den Rundfunk- und Mediengesetzen läßt sich ganz überwiegend ein absoluter Anspruch auf die Erteilung einer Zulassung nicht eindeutig entnehmen. Fast ausnahmslos lassen die Vorschriften keine sichere Aussage darüber zu, ob einem Antragsteller, der die Zulassungsvoraussetzungen erfüllt, die Zulassung zwingend erteilt werden muß oder ob den Landesmedienanstalten Raum für Ermessenserwägungen verbleibt.

2. Eine verfassungskonforme Auslegung der Vorschriften im Sinne eines absoluten Anspruchs erscheint nur dann zweifelsfrei, wenn gerade auch die Aufnahme der Rundfunkveranstaltertätigkeit - nicht nur die Ausübung nach erfolgter Zulassung - vom grundrechtlichen Schutzbereich umfaßt wird.

B. Grundrecht auf Rundfunkveranstaltung

1. Art. 5 Abs. 1 S. 2 GG entfaltet heute unbestritten subjektiv-rechtliche Wirkung für zugelassene private Rundfunkveranstalter. Die Rundfunkfreiheit erschöpft sich demnach nicht in einer objektiv-rechtlichen Gewährleistung.

2. Der Schutzbereich der Rundfunkfreiheit des Art. 5 Abs. 1 S. 2 GG umfaßt auch die erstmalige Aufnahme der Tätigkeit, insbesondere die Gründung von Rundfunkunternehmen.

3. Ein Ausgestaltungsvorbehalt im Sinne der im Anschluß an die Rechtsprechung des Bundesverfassungsgerichts entwickelten Ausgestaltungsdogmatik stellt eine nicht zu rechtfertigende Sonderbehandlung der Rundfunkfreiheit innerhalb des Grundrechtskanons dar.

4. Die Rundfunkveranstaltungsfreiheit kann von den Trägern des Grundrechts in Anspruch genommen werden, ohne daß es einer vorherigen Ausgestaltung durch die Rundfunkgesetzgeber bedarf.

5. Der Ausgestaltungsgedanke hat allein im Rahmen eines objektiv-rechtlichen Handlungsauftrags im Sinne der Lehre von den grundrechtlichen Schutzpflichten Bedeutung.

6. Die Besonderheiten des Rundfunks und die Ausgestaltungsaufgabe des Gesetzgebers können auf der Rechtfertigungsebene hinreichend und ebenso effektiv berücksichtigt werden.

7. Bei der Wahrnehmung der Beschränkungsbefugnis verfügt der Gesetzgeber aufgrund der rundfunkspezifischen Gefahren über einen bereichsspezifischen Beurteilungsspielraum, wie ihn das Bundesverfassungsgericht für andere durch prognostische Einschätzungen geprägte Regelungsbereiche anerkennt.

8. Regelungen, die die Grundrechtsträger belasten, bedürfen stets einer Rechtfertigung durch den Vorbehalt des Art. 5 Abs. 2 GG oder durch verfassungsimmanente Schranken.

9. Zur Rechtfertigung belastender rundfunkgesetzlicher Vorschriften ist vorrangig der Vorbehalt des Art. 5 Abs. 2 GG heranzuziehen.

10. Allgemeine Gesetze im Sinne des Art. 5 Abs. 2 GG sind solche Vorschriften, die sich nicht gegen bestimmte Kommunikationsinhalte richten.

11. Eine gesetzliche Regelung darf darüber hinaus nicht den Prozeß freier Meinungsbildung als solchen beeinträchtigen. Nicht „allgemein" erscheinen unter diesem Aspekt Regelungen, die bestimmte Personengruppen von einem Kommunikationsvorgang ausschließen

12. Für in diesem Sinne nicht allgemeine Gesetze kommt eine Rechtfertigung auf Grundlage der in Art. 5 Abs. 2 GG genannten bereichsspezifischen Schranken des Jugendschutzes und der persönlichen Ehre in Betracht.

13. Greift Art. 5 Abs. 2 GG nicht ein, kann eine Rechtfertigung durch verfassungsimmanente Schranken gegeben sein.

14. Als mit dem Grundrecht der Rundfunkveranstalter kollidierender Verfassungswert kommt zunächst die Art. 5 Abs. 1 GG zugrundeliegende Basisgewährleistung der freien Meinungsbildung, die Informationsfreiheit und das Demokratieprinzip in Betracht.

15. Auch die Rundfunkfreiheit selbst kann sowohl mit ihren objektivrechtlichen Gehalten als auch mit den subjektiven Berechtigungen konkurrierender Rundfunkveranstalter individuelle Veranstaltungsrechte beschränken.

16. Das Zulassungssystem des Rundfunkstaatsvertrags und der Rundfunk- und Mediengesetze ist in seinen Grundzügen von den Schranken der Rundfunkveranstaltungsfreiheit gedeckt. Die zentralen Vorschriften sind entweder bereits nach der Schrankenregelung des Art. 5 Abs. 2 GG rechtfertigbar oder lassen sich als Konkretisierung verfassungsimmanenter Schranken verstehen.

17. Die Rundfunkfreiheit des Art. 5 Abs. 1 S. 2 GG umfaßt auch das Recht privater Veranstalter, ihre Programme mit eigenen Sendeanlagen zu verbreiten.

18. Dieses Recht kann ebenfalls durch den Gesetzgeber beschränkt werden. Ein beschränkendes, gleichwohl aber allgemeines Gesetz im Sinne des Art. 5 Abs. 2 GG ist das Telekommunikationsgesetz.

19. Ein prinzipielles Recht auf Rundfunkveranstaltung wird dem Rundfunkunternehmer ergänzend durch die Berufsfreiheit des Art. 12 Abs. 1 GG gewährt.

20. Das aus Art. 12 GG fließende Recht kann in gleichem Maße wie die Rundfunkveranstaltungsfreiheit durch den Gesetzgeber beschränkt werden.

C. Europäische Rechte auf Rundfunkveranstaltung

1. Art. 10 EMRK gewährleistet im Einklang mit der Rechtsprechung des EGMR ein prinzipielles Recht auf Rundfunkveranstaltung.

2. Das Veranstaltungsrecht kann von den nationalen Gesetzgebern aufgrund legitimer Allgemeinwohlinteressen beschränkt werden, wobei der Katalog der legitimen Interessen in Art. 10 Abs. 2 durch die Rundfunkklausel des Art. 10 Abs. 1 S. 3 EMRK erweitert wird.

3. Den nationalen Gesetzgebern steht im Rahmen des Grundsatzes der Verhältnismäßigkeit ein der Sachlage im Einzelfall angemessener Beurteilungsspielraum zu.

4. In Anlehnung an Art. 10 EMRK ist auch dem Gemeinschaftsgrundrecht der Meinungsäußerungsfreiheit ein prinzipielles Recht auf Rundfunkveranstaltung zu entnehmen.

5. Die Inanspruchnahme des grundrechtlichen Schutzes ist aber aufgrund des beschränkten Anwendungsbereichs der Gemeinschaftsgrundrechte abhängig von durch die Grundfreiheiten des EG-Vertrags gewährten Berechtigungen.

6. Subjektive Veranstaltungsrechte können sich in bestimmten Konstellationen aus den Grundfreiheiten des EG-Vertrags ergeben.

7. Die Freiheit des Dienstleistungsverkehrs der Art. 59 ff. EGV gewährt etwa demjenigen ein subjektives Recht auf die Veranstaltung von Rundfunk, der von Deutschland aus Sendungen verbreiten will, die (auch) in einem anderen Mitgliedstaat der Europäischen Union empfangen werden können. Die Berechtigung kann sowohl gegenüber dem Empfangsstaat als auch gegenüber dem Sitzstaat geltend gemacht werden.

8. Auf die Niederlassungsfreiheit der Art. 52 ff. EGV können sich etwa Angehörige anderer Mitgliedstaaten berufen, die in Deutschland eine Niederlassung gründen wollen, um dort als Rundfunkveranstalter tätig zu werden. Die Niederlassungsfreiheit wirkt insofern als allgemeines Beschränkungsverbot.

9. Die grundfreiheitlichen Veranstaltungsrechte können aufgrund von „zwingenden Allgemeininteressen“ durch die Mitgliedstaaten beschränkt werden. Art. 56 EGV ist demgegenüber für kommunikationsspezifische Regelungen nicht weiterführend.

10. Hinsichtlich des Grundsatzes der Verhältnismäßigkeit verfügen die Gesetzgeber in von Wertungen und prognostischen Einschätzungen abhängigen Regelungsbereichen über eine Einschätzungsprärogative und einen dementsprechenden Gestaltungsspielraum.

11. Das Zulassungssystem der Rundfunk- und Mediengesetze der deutschen Bundesländer beeinträchtigt die europarechtlich gewährten Veranstaltungsrechte. Seine Grundlinien sind allerdings durch die Schranken des Art. 10 EMRK und die der Grundfreiheiten gedeckt.

12. Zentrale Bedeutung für die Rechtfertigung von Beschränkungen hat das Ziel der Sicherung der Meinungsvielfalt, das die Anforderungen der Rechtfertigungsformeln aller fraglichen Berechtigungen erfüllt.

13. Insgesamt läßt sich eine weitgehende Konvergenz zwischen den Veranstaltungsrechten aus den Grundrechten des Grundgesetzes und denen aus europarechtlichen Freiheitsverbürgungen erkennen.

Teil 3 Subjektive Rechte der Bewerber um Gewährungszulassungen

A. Einfachgesetzliche Zulassungsansprüche

1. Der Bewerber um eine Gewährungszulassung verfügt - sofern er die Zulassungsvoraussetzungen erfüllt - in gleicher Weise wie bei Gestattungszulassungen über einen einfachgesetzlichen Zulassungsanspruch.

2. Das Verfassungsprinzip des Vorbehalts des Gesetzes führt in Verbindung mit dem Grundrecht auf Rundfunkveranstaltung auch bei Gewährungszulassungen zu einer Auslegung der Zulassungsvorschriften, die ein über die gesetzlich vorgesehenen Anforderungen hinausgehendes Ermessen ausschließt.

B. Verfassungs- und europarechtliche Ansprüche auf Zuweisung von Übertragungskapazitäten

1. Die Rundfunkfreiheit des Art. 5 Abs. 1 S. 2 GG gewährt den Bewerbern um eine rundfunkrechtliche Gewährungszulassung Ansprüche auf Zuweisung vorhandener und den Landesmedienanstalten verfügbaren Übertragungskapazitäten.

2. Die Leistungsansprüche werden durch die Zulassungsvoraussetzungen und Auswahlvorschriften der Rundfunk- und Mediengesetze beschränkt.

3. Das Konzept einer Auswahl nach dem zu erwartenden Beitrag zur Meinungsvielfalt entspricht den verfassungsrechtlichen Anforderungen.

4. In der Rechtsprechung der europäischen Gerichtshöfe haben originäre grundrechtliche Leistungsrechte bisher keine Anerkennung gefunden.

5. Mit dem Gedanken der „realen Freiheit" sind Leistungsrechte auch im Bereich der europarechtlichen Freiheitsrechte begründbar.

6. Aufgrund der den Gesetzgebern einzuräumenden Beschränkungsbefugnis wäre ein wesentlicher Zugewinn an subjektiven Veranstalterrechten gegenüber den bestehenden verfassungsrechtlichen Berechtigungen nicht zu erwarten.

C. Subjektive Rechte bei Bewerberkonkurrenz

1. Das verfassungsrechtlich determinierte Recht auf chancengleiche Teilhabe und sachgerechte Auswahl wird durch die Auswahlvorschriften der Rundfunk- und Mediengesetze konkretisiert.

2. Die Rundfunk- und Mediengesetze zeichnen die Auswahlentscheidung durch Vorrangkriterien vor, die von den Landesmedienanstalten strikt zu beachten sind.

3. Die gesetzlichen Zulassungsansprüche reduzieren sich im Falle der Bewerberkonkurrenz nicht auf abstrakte Gleichbehandlungsrechte. Auch in Konkurrenzsituationen besteht ein absoluter, verteidigungsfähiger Zulassungsanspruch des nach den Rundfunk- und Mediengesetzen vorrangig zu berücksichtigenden Bewerbers.

LITERATURVERZEICHNIS

Aufsätze in Zeitschriften sind im Text der Untersuchung mit der Fundstelle angegeben. Monographische Werke und selbständige Abhandlungen in Sammelbänden werden mit dem Titel oder einem diesem entnommenen Kurztitel der Abhandlungen zitiert. Bei Kommentierungen und anderen systematischen Sammelwerken ist stets das Gesamtwerk genannt.

Ahlt, Michael, Europarecht, 2. Aufl., München 1996.

Alexy, Robert, Theorie der Grundrechte, 2. Aufl., Frankfurt a.M. 1994.

Astheimer, Sabine, Rundfunkfreiheit - ein europäisches Grundrecht, Baden-Baden 1990.

Astheimer, Sabine / Moosmayer, Klaus,Europäische Rundfunkordnung - Chance oder Risiko, ZUM 1994, S. 395.

Badura, Peter, Verfassungsrechtliche Bindungen der Rundfunkgesetzgebung, Frankfurt a.M. 1980.

Badura, Peter, Grundrechte der Gemeinde, BayVBl. 1989, S. 1.

Badura, Peter, Staatsrecht. Systematische Erläuterung des Grundgesetzes für die Bundesrepublik Deutschland, 2. Aufl., München 1996.

Barnard, Catherine / Sharpston, Eleanor, The changing face of Art 177 References, CMLR 34 (1997), S. 1113.

Barth, Christian, Die Rundfunkunternehmerfreiheit und ihre Auswirkungen auf das Bayerische Medienerprobungs- und Entwicklungsgesetz, München 1990.

Bauer, Hartmut, Geschichtliche Grundlagen der Lehre vom subjektiven öffentlichen Recht, Berlin 1986.

Bender, Bernd / Sparwasser, Reinhard / Engel, Rüdiger, Umweltrecht, 3. Aufl., Heidelberg 1995.

Berendes, Konrad, Die Staatsaufsicht über den Rundfunk, Berlin, 1973.

Berka, Walter, Das Recht der Massenmedien, Wien/Köln/Graz 1989.

Bernhard, Peter, „Keck“ und „Mars“ - Die neueste Rechtsprechung des EuGH zu Art. 30 EGV, EWS 1995, S. 404.

Bernhardt, Rudolf, Internationaler Menschenrechtsschutz und nationaler Gestaltungsspielraum, in: Festschrift für H. Mosler, Berlin u.a. 1983, S. 75.

Bernhardt, Rudolf, Die Europäische Menschenrechtskonvention und die deutsche Rechtsordnung, EuGRZ 1996, S. 339.

Bethge, Herbert, Die verfassungsrechtliche Problematik der Zulassung von Rundfunkveranstaltern des Privatrechts, München 1981.

Bethge, Herbert, Rundfunkfreiheit und privater Rundfunk, Frankfurt a.M. 1985.

Bethge, Herbert, Rundfunkfreiheit und öffentlich-rechtlicher Organisationsvorbehalt. Die Verfassungsmäßigkeit des Bayerischen Medienerprobungs- und -entwicklungsgesetzes, Baden-Baden 1987.

Bethge, Herbert, Landesrundfunkordnung und Bundeskartellrecht, Baden-Baden 1991.

Bethge, Herbert, Der Grundrechtsstatus privater Rundfunkveranstalter, NVwZ 1997, S. 1.

Bettermann, Karl August, Die allgemeinen Gesetze als Schranken der Pressefreiheit, JZ 1964, S. 601.

Binder, Bruno, Die Rundfunkfreiheit in Österreich, EuGRZ 1986, S. 209.

Bleckmann, Albert, Die Personenverkehrsfreiheit im Recht der EG, DVBl. 1986, S. 69.

Bleckmann, Albert, Verfassungsrang der Europäischen Menschenrechtskonvention?, EuGRZ 1994, S. 149.

Bleckmann, Albert, Europarecht. Das Recht der Europäischen Gemeinschaft, 6. Aufl., Köln/Berlin/Bonn/München 1997.

Bleckmann, Albert / Wiethoff, Claudia, Zur Grundrechtskonkurrenz, DÖV 1991, S. 722.

Blumenwitz, Dieter, Rechtsprobleme im Zusammenhang mit der Angleichung von Rechtsvorschriften auf dem Gebiet des Niederlassungsrechts der freien Berufe, NJW 1989, S. 621.

Böckenförde, Ernst-Wolfgang, Grundrechte als Grundsatznormen, Der Staat 29 (1990), S. 1.

Böckenförde, Ernst-Wolfgang, Staat, Verfassung, Demokratie, Frankfurt 1991.

Böckenförde, Ernst-Wolfgang / Wieland, Joachim, Die „Rundfunkfreiheit“ - ein Grundrecht?, AfP 1982, S. 77.

Borgmann, Klaus, Rechtliche Möglichkeiten und Grenzen eines Ausstiegs aus der Kernenergie, Berlin 1994.

Bornemann, Roland, "Privatrundfunk" in öffentlicher Verantwortung und öffentlicher Trägerschaft, ZUM 1992, S. 483.

Bothe, Michael / Heun, Sven-Erik / Lohmann, Torsten, Rechtsfragen des Errichtens und Betreibens von Fernmeldeanlagen, ArchPT 1995, S. 5.

Breuer, Rüdiger, Grundrechte als Anspruchsnormen, in: Festgabe aus Anlaß des 25-jährigen Bestandes des Bundesverwaltungsgerichts, München 1978, S. 89.

Breunig, Günter, Konkurrenzverhältnisse im Rundfunkrecht - Zulassung zum privaten Rundfunk in Baden-Württemberg, VBlBW 1993, S. 45.

Brohm, Winfried, Die Konkurrentenklage, in: System des verwaltungsgerichtlichen Rechtsschutzes, Festschrift für C.-F. Menger zum 70. Geburtstag, Köln/Berlin/Bonn/München 1985, S. 235.

Brugger, Winfried, Rundfunkfreiheit und Verfassungsinterpretation, Heidelberg 1991.

Bühler, Ottmar, Die subjektiven öffentlichen Rechte und ihr Schutz in der deutschen Verwaltungsrechtsprechung, Berlin/Stuttgart/ Leipzig 1914.

Bullinger, Martin, Vom Staatsmonopol des Rundfunks zur Bürgerfreiheit der audiovisuellen Kommunikation - Gesetzgebung für die Neuen Medien in Baden-Württemberg, VBlBW 1983, S. 57.

Bullinger, Martin, Freedom of Expression and Information: An Essential Element of Democracy, GYIL 28 (1985), S. 88.

Bumke, Ulrike, Die öffentliche Aufgabe der Landesmedienanstalten, München 1995.

Burmeister, Joachim, Der Rundfunk unter der Herrschaft der technischen Entwicklung, in: Duale Rundfunkordnung für Europa - Ausweg aus der (Kompetenz-)Krise? Medienmarkt und Menschenwürde, Schriftenreihe des Instituts für Europäisches Medienrecht, Band 2, München/Berlin 1992, S. 38.

Callies, Christian, Zwischen staatlicher Souveränität und europäischer Effektivität: Zum Beurteilungsspielraum im Rahmen des Art. 10 EMRK, EuGRZ 1996, S. 293.

Classen, Claus Dieter, Auf dem Weg zu einer einheitlichen Dogmatik der EG-Grundfreiheiten?, EWS 1995, S. 97.

Clausen-Muradian, Elisabeth, Konzentrationskonrolle im privaten Rundfunk - Der neue Rundfunkstaatsvertrag (RfStV) 1997, ZUM 1996, S. 934.

Copic, Hans, Grundgesetz und politisches Strafrecht neuer Art, Tübingen 1967.

Dauses, Manfred A. (Hrsg.), Handbuch des EG-Wirtschaftsrechts, München 1993.

Degenhart, Christoph, Grenzüberschreitender Informationsfluß und grundgesetzliche Rundfunkordnung, EuGRZ 1983, S. 205.

Degenhart, Christoph, Rundfunkfreiheit, Rundfunkorganisation und Rundfunkaufsicht in Baden-Württemberg. Kompetenzen der LfK gegenüber Programmbeiräten privater Rundfunkveranstalter, AfP 1988, S. 327.

Degenhart, Christoph, Staatsrecht I, Staatszielbestimmungen, Staatsorgane, Staatsfunktionen, 13. Aufl., Heidelberg 1997.

Dietlein, Johannes, Die Lehre von den grundrechtlichen Schutzpflichten, Berlin 1992.

Dolzer, Rudolf / Vogel, Klaus (Hrsg.), Bonner Kommentar zum Grundgesetz, Heidelberg, Stand: März 1998.

Dörr, Dieter, Faires Verfahren, Kehl am Rhein/Straßburg 1984.

Dörr, Dieter, Die deutsche Handelsflotte und das Grundgesetz, München 1988.

Dörr, Dieter, Die Einflüsse europarechtlicher Entwicklungen auf das Bund-Länder-Verhältnis im Rundfunkwesen, Schriftenreihe des Instituts für Europäisches Medienrecht, Band 4, München/Berlin 1992.

Dörr, Dieter, Die freien Mitarbeiter und die Rundfunkfreiheit, in: Festschrift für Werner Thieme zum 70. Geburtstag, Köln/Berlin/Bonn/München 1993, S. 911.

Dörr, Dieter, Das für die Medienkonzentration maßgebliche Verfahrensrecht, in: DLM (Hrsg.), Die Sicherung der Meinungsvielfalt, Schriftenreihe der Landesmedienanstalten, Band 4, Berlin 1995, S. 331.

Dörr, Dieter, Maßnahmen zur Vielfaltssicherung gelungen? Der Dritte Rundfunkänderungsstaatsvertrag aus verfassungsrechtlicher Sicht, MP 1996, S. 621.

Dörr, Dieter, Die Rolle des öffentlich-rechtlichen Rundfunks in Europa, Baden-Baden 1997.

Dörr, Dieter, Die KEK - ein taugliches Instrument zur Bekämpfung der Medienkonzentration?, MP 1998, S. 54.

Dörr, Dieter, Europäische Medienordnung und -politk, in: Hans-Bredow-Institut für Rundfunk und Fernsehen, Internationales Handbuch für Hörfunk und Fernsehen, 24. Aufl., Baden-Baden/Hamburg 1998, A2, S. 71.

Dörr, Dieter, Die öffentlich-rechtliche Rundfunkfinanzierung und die Vorgaben des EG-Vertrages, Arbeitspapiere des Instituts für Rundfunkökonomie an der Universität zu Köln, Heft 94, Köln 1998.

Dörr, Dieter / Braml, Claudia, Das Recht der Funkamateure auf Antenne, AfP 1997, S. 507.

Dreier, Horst (Hrsg.), Grundgesetz-Kommentar, Band. I, Tübingen 1996.

Eberhartinger, Michael, Konvergenz und Neustrukturierung der Grundfreiheiten, EWS 1997, S. 43.

Eberle, Carl-Eugen, Rundfunkübertragung, Berlin 1989.

Eberle, Carl-Eugen / Gersdorf, Hubertus, Der grenzüberschreitende Rundfunk im deutschen Recht, Baden-Baden 1993.

Ehlers, Dirk / Lackhoff, Klaus, Anmerkung zu EuGH Rs. C-55/94 (Gebhard), Slg. 1995, I-4165, EuZW 1996, S. 467.

Engel, Christoph, Privater Rundfunk vor der Europäischen Menschenrechtskonvention, Baden-Baden 1993.

Engel, Christoph, Rundfunk in Freiheit, AfP 1994, S. 185.

Engel, Christoph, Der Anspruch privater Kabelnetzbetreiber auf ein Entgelt für die Durchleitung von Rundfunkprogrammen und das Medienrecht, ZUM 1997, S. 497.

Erichsen, Hans-Uwe, Allgemeine Handlungsfreiheit, in: Isensee, Josef / Kirchhof, Paul (Hrsg.), Handbuch des Staatsrechts der Bundesrepublik Deutschland, Band VI, Heidelberg 1989, § 152.

Erichsen, Hans-Uwe (Hrsg.), Allgemeines Verwaltungsrecht, 10. Aufl., Berlin/New York 1995.

Everling, Ulrich, Vertragsverhandlungen 1957 und Vertragspraxis 1987, in: Mestmäcker/Möller/Schwarz (Hrsg.), Eine Ordnungspolitik für Europa, Festschrift für von der Groeben, Baden-Baden 1987, S. 111.

Everling, Ulrich, Das Niederlassungsrecht in der Europäischen Gemeinschaft, DB 1990, S. 1853.

Fehling, Michael, Die Konkurrentenklage bei der Zulassung privater Rundfunkveranstalter, Berlin 1994.

Fezer, Karl-Heinz, Europäisierung des Wettbewerbsrechts, JZ 1994, S. 317.

Fezer, Karl-Heinz / Großhardt, Holger R., Die Buchpreisbindung im Europäischen Binnenmarkt, ZUM 1991, S. 503.

Frowein, Jochen / Peukert, Wolfgang, Europäische Menschenrechtskonvention, EMRK-Kommentar; 2. Aufl., Kehl/Straßburg/Arlington 1996.

Gersdorf, Hubertus, Staatsfreiheit des Rundfunks in der dualen Rundfunkordnung der Bundesrepublik Deutschland, Berlin 1991.

Gersdorf, Hubertus, Funktionen der Gemeinschaftsgrundrechte im Lichte des Solange II-Beschlusses des Bundesverfassungsgerichts, AöR 119 (1994), S. 400.

Gersdorf, Hubertus, Der verfassungsrechtliche Rundfunkbegriff im Lichte der Digitalisierung der Telekommunikation, Berlin 1995.

Gersdorf, Hubertus, Rundfunkfreiheit ohne Ausgestaltungsvorbehalt, München 1996.

Giegerich, Thomas, Luxemburg, Karlsruhe, Straßburg - Dreistufiger Grundrechtsschutz in Europa?, ZaöRV 50 (1990), S. 836.

Gornig, Gilbert-Hanno, Äußerungsfreiheit und Informationsfreiheit als Menschenrechte, Berlin 1988.

Grabitz, Eberhard / Hilf, Meinhard (Hrsg.), Kommentar zur Europäischen Union, München, Stand: Oktober 1997.

Groeben, Hans von der / Thiesing, Jochen / Ehlermann, Claus-Dieter, Kommentar zum EU-/EG-Vertrag, Band 1, 5. Aufl., Baden-Baden 1997.

Groeben, Hans von der / Thiesing, Jochen / Ehlermann, Claus-Dieter, Kommentar zum EWG-Vertrag, Band 2, 4. Aufl., Baden-Baden 1991.

Gulich, Joachim, Rechtsfragen grenzüberschreitender Rundfunksendungen, Baden-Baden 1990.

Hailbronner, Kay, Die Freiheit der Forschung und Lehre als Funktionsgrundrecht, Hamburg 1979.

Hailbronner, Kay / Klein, Eckart / Magiera, Siegfried / Müller-Graff, Peter-Christian, Handkommentar zum Vertrag über die Europäische Union (EUV/EGV), Köln/Berlin/Bonn/München, Stand: Juni 1997.

Hain, Karl-Eberhard, Rundfunkfreiheit und Rundfunkordnung, Göttingen 1993.

Häntzschel, Kurt, Das Recht der freien Meinungsäußerung, in: Anschütz, Gerhard / Thoma, Richard (Hrsg.), Handbuch des deutschen Staatsrechts, Band II, Tübingen 1932, S. 651.

Hartstein, Reinhard / Ring, Wolf-Dieter / Kreile, Johannes / Dörr, Dieter / Stettner, Rupert, Rundfunkstaatsvertrag, Kommentar zum Staatsvertrag der Länder zur Neuordnung des Rundfunkwesens, 2. Aufl., München/Berlin 1995 (zit.: Rundfunkstaatsvertrag).

Hartstein, Reinhard / Ring, Wolf-Dieter / Kreile, Johannes / Dörr, Dieter / Stettner, Rupert, Kommentar zum Rundfunkstaatsvertrag, in: Ring (Hrsg.), Medienrecht, München/Berlin, Stand: April 1998 (zit.: Kommentar zum RStV).

Heintschel von Heinegg, Wolff / Haltern, Ulrich R., Grundrechte als Leistungsansprüche des Bürgers gegenüber dem Staat, JA 1995, S. 333.

Herdegen, Matthias, Europarecht, München 1997.

Herrmann, Günter, Fernsehen und Hörfunk in der Verfassung der Bundesrepublik Deutschland, Tübingen 1975.

Herrmann, Günter, Rundfunkrecht. Fernsehen und Hörfunk mit neuen Medien, München 1994.

Herrmann, Günter, Das Bayerische Medienrecht kurz vor der Jahrtausendwende, Baden-Baden 1995.

Hess, Wolfgang, Medienkonzentrationsrecht nach dem neuen Rundfunkstaatsvertrag, AfP 1997, S. 680 und 777.

Hesse, Albrecht, Werbung und Rundfunkfreiheit, ZUM 1987, S. 548.

Hesse, Albrecht, Rundfunkrecht, München 1990.

Hesse, Albrecht, Zur aktuellen Entwicklung des Rundfunkrechts, BayVBl. 1997, S. 132.

Hesse, Konrad, Grundzüge des Verfassungsrechts der Bundesrepublik Deutschland, 20. Aufl., Heidelberg 1995.

Hoffmann-Riem, Wolfgang, Möglichkeiten und Effektivität der Rundfunkaufsicht, in: Presse und Informationsamt der Landesregierung Nordrhein-Westfalen (Hrsg.), Rundfunkaufsicht in der Bundesrepublik Deutschland, Band 3, Düsseldorf 1989, S. 209.

Hoffmann-Riem, Wolfgang, Erosionen des Rundfunkrechts. Tendenzen der Rundfunkrechtsentwicklung in Westeuropa, München 1990.

Hoffmann-Riem, Wolfgang, Personalrecht der Rundfunkaufsicht. Zum Status und dienstrechtlichen Spielraum von grundrechtssichernden Anstalten des öffentlichen Rechts, Baden-Baden 1991.

Hoffmann-Riem, Wolfgang, Rundfunkrecht neben Wirtschaftsrecht. Zur Anwendbarkeit des GWB und des EWG-Vertrags auf das Wettbewerbsverhalten öffentlichrechtlicher Rundfunkanstalten in der dualen Rundfunkordnung, Baden-Baden 1991.

Hoffmann-Riem, Wolfgang, Kommunikations- und Medienfreiheit, in: Benda, Ernst / Maihofer, Werner / Vogel, Hans Jochen (Hrsg.), Handbuch des Verfassungsrechts der Bundesrepublik Deutschland, 2. Aufl., Berlin 1994, § 7.

Hoffmann-Riem, Wolfgang / Schulz, Wolfgang, Hamburgisches Medienrecht, Berlin 1997.

Holoubek, Michael, Rundfunkfreiheit und Rundfunkmonopol, Wien/Köln 1990.

Holznagel, Bernd, Konzentrationsbekämpfung im privaten Rundfunk, ZUM 1991, S. 263.

Holznagel, Bernd, Rundfunkrecht in Europa, Tübingen 1996.

Hoppe, Bernd, Die „allgemeinen Gesetze" als Schranke der Meinungsfreiheit, JuS 1991, S. 734.

Horn, Thomas J., Die Genehmigung für den allgemeinen Güterfernverkehr und ihre prozessuale Behandlung, GewArch 1985, S. 73.

Huber, Andrea, Öffentliches Medienrecht und private Zurechnung, Baden-Baden 1992.

Huber, Peter-Michael, Konkurrenzschutz im Verwaltungsrecht. Schutzanspruch und Rechtsschutz bei Lenkungs- und Verteilungsentscheidungen der öffentlichen Verwaltung, Tübingen 1991.

Huber, Peter M., Das Kooperationsverhältnis zwischen BVerfG und EuGH in Grundrechtsfragen, EuZW 1997, S. 517.

Hufen, Friedhelm, Verwaltungsprozeßrecht, 3. Aufl., München 1998.

Huster, Stefan, Das Verbot der „Auschwitzlüge", die Meinungsfreiheit und das Bundesverfassungsgericht, NJW 1996, S. 487.

Ipsen, Hans Peter, Rundfunk im Europäischen Gemeinschaftsrecht, Frankfurt a.M./Berlin 1983.

Ipsen, Jörn, Staatsrecht II, Neuwied/Kriftel/Berlin 1997.

Isensee, Josef, Das Grundrecht als Abwehrrecht und als staatliche Schutzpflicht, in: Isensee, Josef / Kirchhof, Paul (Hrsg.), Handbuch des Staatsrechts der Bundesrepublik Deutschland, Band V, Heidelberg 1992, § 111.

Jarass, Hans D., Die Freiheit des Rundfunks vom Staat, Berlin, 1981.

Jarass, Hans D., Grundrechte als Wertentscheidungen bzw. objektivrechtliche Prinzipien in der Rechtsprechung des Bundesverfassungsgerichts, AöR 110 (1985), S. 363

Jarass, Hans D., In welcher Weise empfiehlt es sich, die Ordnung des Rundfunks und sein Verhältnis zu anderen Medien - auch unter dem Gesichtspunkt der Harmonisierung - zu regeln?, Verhandlungen des 56. Deutschen Juristentags, Band 1, München 1986, Gutachten G.

Jarass, Hans D., EG-Recht und nationales Rundfunkrecht. Zugleich ein Beitrag zur Reichweite der Dienstleistungsfreiheit, EuR 1986, S. 75.

Jarass, Hans D., Kartellrecht und Landesrundfunkrecht. Die Bewältigung von Konflikten zwischen dem Gesetz gegen Wettbewerbsbeschränkungen und landesrechtlichen Vorschriften, Köln/Berlin/Bonn/München 1991.

Jarass, Hans D., Elemente einer Dogmatik der Grundfreiheiten, EuR 1995, S. 202.

Jarass, Hans D., Wirtschaftsverwaltungsrecht mit Wirtschaftsverfassungsrecht, 3. Aufl., Neuwied/Kriftel/Berlin 1997.

Jarass, Hans D., Rundfunkbegriffe im Zeitalter des Internet, AfP 1998, S. 133.

Jarass, Hans D. / Pieroth, Bodo, Grundgesetz für die Bundesrepublik Deutschland, Kommentar, 4. Aufl., München 1997.

Jellinek, Georg, System der subjektiven öffentlichen Rechte, 2. Aufl., Tübingen 1905.

Jungbluth, Armin, Das Niederlassungsrecht der Rundfunkveranstalter in der Europäischen Gemeinschaft, Baden-Baden 1992.

Kemmler, Anne, Telekommunikationsgesetz (TKG), ArchPT 1996, S. 321.

Kingreen, Thorsten / Störmer, Rainer, Die subjektiv-öffentlichen Rechte des primären Gemeinschaftsrechts, EuR 1998, S. 263.

Klein, Eckart, Grundrechtliche Schutzpflicht des Staates, NJW 1989, S. 1633.

Klein, Eckart, Einwirkungen des europäischen Menschenrechtsschutzes auf Meinungsäußerungsfreiheit und Pressefreiheit, AfP 1994, S. 9.

Klein, Hans-Hugo, Öffentliche und private Freiheit, Der Staat 10 (1971), S. 145.

Klein, Hans-Hugo, Rundfunkfreiheit, München 1978.

Kloepfer, Michael, Buchbesprechung: Ernst Joachim Mestmäcker, Medienkonzentration und Meinungsvielfalt, ZHR 1979, S. 477.

Kluth, Winfried, Die Bindung privater Wirtschaftsteilnehmer an die Grundfreiheiten des EG-Vertrages, AöR 122 (1997), S. 557.

Knobbe-Keuk, Brigitte, Niederlassungsfreiheit: Diskriminierungs- oder Beschränkungsverbot?, DB 1990, S. 2573.

König, Peter / Seitz, Helmut, Die straf- und strafverfahrensrechtlichen Regelungen des Verbrechensbekämpfungsgesetzes, NStZ 1995, S. 1.

König, Sigurd, Drittschutz. Der Rechtsschutz Drittbetroffener gegen Bau- und Anlagengenehmigungen im öffentlichen Baurecht, Immissionschutzrecht und Atomrecht, Berlin 1993.

Kopp, Ferdinand O., Verwaltungsverfahrensgesetz, 6. Aufl., München 1996.

Kort, Michael, Schranken der Dienstleistungsfreiheit im europäischen Recht, JZ 1996, S. 132.

Krause-Ablaß, Günter, Anmerkungen zu BVerwG, Urteil vom 10.12.1971, DÖV 1972, S. 491.

Kreile, Johannes, Die Reform des Rundfunkstaatsvertrags - Neue Wege bei der Vielfaltsicherung im privaten Rundfunk, NJW 1997, S. 1329.

Kreile, Johannes / Stumpf, Christoph A., Das neue „Medienkartellrecht", MMR 1998, S. 192.

Kübler, Friedrich, Medienverflechtung, Frankfurt a.M. 1982.

Kuch, Hansjörg, Das Zuschaueranteilsmodell - Grundlage der Sicherung der Meinungsvielfalt im Fernsehen, ZUM 1997, S. 12.

Kugelmann, Dieter, Der Rundfunk und die Dienstleistungsfreiheit des EWG-Vertrages, Berlin 1991.

Kugelmann, Dieter, Die Grenzen des Anwendungsbereichs der EG-Fernseh-Richtlinie, Die Verwaltung 25 (1992), S. 515.

Kugelmann, Dieter, Anmerkung zum Urteil des EGMR in der Sache Informationsverein Lentia, AfP 1994, S. 284.

Kugelmann, Dieter, Grundrechte in Europa: parallele Geltung aufgrund ihrer Rechtsquellen, Hamburg 1997.

Kühling, Jürgen, Grundrechtskontrolle durch den EuGH: Kommunikationsfreiheit und Pluralismussicherung im Gemeinschaftsrecht, EuGRZ 1997, S. 296.

Lackner, Karl, Strafgesetzbuch, Kommentar, 21. Aufl., München 1995.

Laubinger, Hans-Werner, Die gewerberechtliche Unzuverlässigkeit und ihre Folgen, Teil 1, VerwArch. 1998, S. 145.

Leisner, Walter, Werbefernsehen und öffentliches Recht. Ein Beitrag zur Problematik der öffentlichen Aufgabe sowie zu Grundlagen und Grenzen fiskalischer Staatstätigkeit, Berlin 1967.

Lenz, Carl Otto (Hrsg.), EG-Vertrag, Kommentar, Köln 1994.

Lerche, Peter, Rundfunkmonopol. Zur Zulassung privater Fernsehveranstaltungen, Frankfurt a.M./Berlin 1970.

Lerche, Peter, Presse und privater Rundfunk - eine Auseinandersetzung mit der verfassungsrechtlichen Konzeption von Küblers „Medienverflechtung", Berlin 1984.

Lerche, Peter, Grundrechtsschranken, in: Isensee, Josef / Kirchhof, Paul (Hrsg.), Handbuch des Staatsrechts der Bundesrepublik Deutschland, Band V, Heidelberg 1992, § 122.

Lieb, Wolfgang, Kabelfernsehen und Rundfunkgesetze, Berlin 1974.

Liehr, Jürgen, Die Niederlassungsfreiheit zum Zwecke der Rundfunkveranstaltung und ihre Auswirkungen auf die deutsche Rundfunkordnung, München 1995.

Lübbe-Wolf, Gertrude, Die Grundrechte als Eingriffsabwehrrechte. Struktur und Reichweite der Eingriffsdogmatik im Bereich staatlicher Leistungen, Baden-Baden 1988.

Lücke, Jörg, Die „allgemeinen Gesetze" (Art. 5 Abs. 2 GG). Versuch einer Neuinterpretation, Heidelberg 1998.

Mangoldt, Hermann von / Klein, Friedrich / Starck, Christian, Das Bonner Grundgesetz, Kommentar, Band 1, 3. Aufl., München 1985.

Manssen, Gerrit, Staatsrecht I, Grundrechtsdogmatik, München 1995.

Martens, Wolfgang, Grundrechte im Leistungsstaat, VVDStRL 30 (1972), S. 7.

Maunz, Theodor / Dürig, Günter, Grundgesetz, Kommentar, 7. Aufl., München 1991, Stand: November 1997.

Maurer, Hartmut, Allgemeines Verwaltungsrecht, 10. Aufl., München 1995.

Mayen, Thomas, Der grundrechtliche Informationsanspruch des Forschers gegenüber dem Staat, Berlin 1992.

Mette, Stefan, Die nationalen und europarechtlichen Bestimmungen zur Nutzung des BK-Netzes in der Bundesrepublik Deutschland, ArchPT 1998, S. 40.

Meyer-Ladewig, Jens, Ein neuer ständiger Europäischer Gerichtshof für Menschenrechte. Das 11. Protokoll zur EMRK, NJW 1995, S. 2813.

Möschel, Wernhard, Kehrtwende in der Rechtsprechung des EuGH zur Warenverkehrsfreiheit, NJW 1994, S. 429.

Müller-Römer, Frank, Rundfunkversorgung (Hörfunk und Fernsehen). Verbreitung von Rundfunkprogrammen und neue Rundfunkdienste, in: Hans-Bredow-Institut, Internationales Handbuch für Hörfunk und Fernsehen, 24. Aufl., Baden-Baden/Hamburg 1998, A3, S. 169.

Münch, Ingo von / Kunig, Philip (Hrsg.), Grundgesetz-Kommentar, Band 1, 4. Aufl., München 1992.

Murswiek, Dietrichm, Die Pflicht des Staates zum Schutz vor Eingriffen Dritter nach der Europäischen Menschenrechtskonvention, in: Konrad, Hans-Joachim (Hrsg.), Grundrechtsschutz und Verwaltungsverfahren unter besonderer Berücksichtigung des Asylrechts, Internationaler Menschenrechtsschutz, Berlin 1985, S. 213.

Murswiek, Dietrich, Die staatliche Verantwortung für die Risiken der Technik, Berlin 1985.

Murswiek, Dietrich, Grundrechte als Teilhaberechte, soziale Grundrechte, in: Isensee, Josef / Kirchhof, Paul (Hrsg.), Handbuch des Staatsrechts der Bundesrepublik Deutschland, Band V, Heidelberg 1992, § 112.

Nettesheim, Martin, Grundrechtliche Prüfdichte durch den EuGH, EuZW 1995, S. 106.

Nettesheim, Martin, Die europarechtlichen Grundrechte auf wirtschaftliche Mobilität (Art. 48, 52 EGV), NVwZ 1996, S. 342.

Nicolaysen, Gerd, Europarecht II - Das Wirtschaftsrecht im Binnenmarkt, Baden-Baden 1996.

Niepalla, Peter, Die Grundversorgung durch die öffentlich-rechtlichen Rundfunkanstalten, München 1990.

Nolte, Norbert, Lizenzierung von Telekommunikationsunternehmen, CR 1996, S. 459.

Oermann, Carsten, Rundfunkfreiheit und Funkanlagenmonopol, Berlin 1997.

Ory, Stephan, Freiheit der Massenkommunikation. Am Beispiel der Pogrammveranstalter im Kabelpilotprojekt Ludwigshafen, Frankfurt a.M. 1987.
Ory, Stephan, Die rechtliche Stellung der Rundfunkveranstalter bei der Frequenzvergabe, AfP 1998, S. 155.
Ossenbühl, Fritz, Rundfunkrechtliche Aspekte des lokalen Fernsehens, DÖV 1972, S. 293.
Papier, Hans-Jürgen, Fernmeldemonopol der Post und Privatrundfunk, DÖV 1990, S. 217.
Pappermann, Ernst / Löhr, Rolf-Peter / Andriske, Wolfgang, Recht der öffentlichen Sachen, München 1987.
Pernice, Ingolf, Grundrechtsgehalte im Europäischen Gemeinschaftsrecht, Baden-Baden 1979.
Pestalozza, Christian Graf von, Rundfunkfreiheit in Deutschland, ZRP 1979, S. 25.
Petersen, Nikolaus, Rundfunkfreiheit und EG-Vertrag. Die Einwirkungen des Europäischen Rechts auf die Ausgestaltung der nationalen Rechtsordnungen, Baden-Baden 1994.
Pieroth, Bodo / Schlink, Bernhard, Grundrechte Staatsrecht II, 13. Aufl., Heidelberg 1997.
Probst, Philppe Marc, Art. 10 EMRK - Bedeutung für den Rundfunk in Europa, Baden Baden 1996.
Redeker, Martin, Die grundrechtliche Verankerung der Rundfunkunternehmerfreiheit, ZUM 1985, S. 544.
Rengeling, Hans-Werner, Grundrechtsschutz in der Europäischen Gemeinschaft. Bestandsaufnahme und Analyse der Rechtsprechung des Europäischen Gerichtshofes zum Schutz der Grundrechte als allgemeiner Rechtsgrundsatz, München 1992.
Ress, Georg / Bröhmer, Jürgen, Europäische Gemeinschaft und Medienvielfalt: Die Kompetenzen der Europäischen Gemeinschaft zur Sicherung des Pluralismus im Medienbereich, Frankfurt 1998.
Ricker, Reinhart, Privatrundfunk-Gesetze im Bundesstaat. Zur Homogenität der Mediengesetze und Mediengesetzentwürfe, München 1985.
Ricker, Reinhart, Das Saarländische Rundfunkgesetz, ZUM 1991, S. 478.
Ricker, Reinhart / Schiwy, Peter, Rundfunkverfassungsrecht, München 1997.
Ridder, Helmut, Anmerkung zum Urteil des BVerfG vom 25.1.1961, JZ 1961, S. 537.
Röper, Horst, Mehr Spielraum für Konzentration und Cross ownership im Mediensektor. Analyse der Vielfaltssicherungen des neuen Rundfunkstaatsvertrags mit Beispielrechnungen, MP 1996, S. 610.
Rossen, Helge, Freie Meinungsbildung durch den Rundfunk. Die Rundfunkfreiheit im Gewährleistungsgefüge des Art. 5 Abs. 1 GG, Baden-Baden 1988.

Roth, Wulf-Henning, Grenzüberschreitender Rundfunk und Dienstleistungsfreiheit, ZHR 149 (1985), S. 679.

Roth, Wulf-Henning, Grundfreiheiten des Gemeinsamen Marktes für kulturschaffende Tätigkeiten und kulturelle Leistungsträger, ZUM 1989, S. 101.

Rothenbücher, Karl, Das Recht der freien Meinungsäußerung, VVDStRL 4 (1928), S. 1.

Ruck, Silke, Zur Unterscheidung von Ausgestaltungs- und Schrankengesetzen im Bereich der Rundfunkfreiheit, AöR 117 (1992), S. 543.

Rudolf, Walter, Über die Zulässigkeit privaten Rundfunks, Frankfurt a.M. 1971.

Rudolf, Walter, Kooperation im Bundesstaat, in: Isensee, Josef / Kirchhof, Paul (Hrsg.), Handbuch des Staatsrechts der Bundesrepublik Deutschland, Band IV, Heidelberg 1990, § 105.

Ruffert, Matthias, Die Mitgliedstaaten der Europäischen Gemeinschaft als Verpflichtete der Gemeinschaftsgrundrechte, EuGRZ 1995, S. 518.

Rüfner, Wolfgang, Grundrechtliche Leistungsansprüche, in: Festschrift für Georg Wannagat, Köln/Berlin/Bonn/München 1981, S. 379.

Rupp, Hans Heinrich, Kommentare zur Verwaltungsgerichtsordnung, AöR 88 (1963), S. 479.

Rupp, Hans Heinrich, Grundfragen der heutigen Verwaltungsrechtslehre, 2. Aufl., Tübingen 1991.

Sachs, Michael (Hrsg.), Grundgesetz, Kommentar, München 1996.

Savigny, Friedrich Karl von, System des heutigen Römischen Rechts, Band I, Berlin 1840.

Scherer, Joachim, Das neue Telekommunikationsgesetz, NJW 1996, S. 2953.

Scherzberg, Arno, Grundlagen und Typologie des subjektiv-öffentlichen Rechts, DVBl. 1988, S. 129.

Scheuner, Ulrich, Pressefreiheit, VVDStRL 22 (1965), S. 1.

Scheuner, Ulrich, Das Grundrecht der Rundfunkfreiheit, Berlin 1982.

Schmid, Bernhard, Rang und Geltung der Europäischen Konvention zum Schutze der Menschenrechte und Grundfreiheiten vom 3. November 1950 in den Vertragsstaaten, Basel 1984.

Schmidt, Walter, Die Rundfunkgewährleistung, Frankfurt a.M./Berlin 1980.

Schmidt-Jortzig, Edzard, Meinungs- und Informationsfreiheit, in: Isensee, Josef / Kirchhof, Paul (Hrsg.), Handbuch des Staatsrechts der Bundesrepublik Deutschland, Band VI, Heidelberg 1989, § 141.

Schmidt-Preuß, Matthias, Kollidierende Privatinteressen im Verwaltungsrecht. Das subjektive öffentliche Recht im multipolaren Verwaltungsrechtsverhältnis, Berlin 1992.

Schmitt Glaeser, Walter, Die Meinungsfreiheit in der Rechtsprechung des Bundesverfassungsgerichts, AöR 97 (1972), S. 60.

Schmitt Glaeser, Walter, Die Freiheit der Forschung, WissR 7 (1974), S. 107.

Schmitt Glaeser, Walter, Kabelkommunikation und Verfassung - Das privatrechtliche Unternehmen im „Münchner Kabelprojekt", Berlin 1979.

Schmitt Glaeser, Walter, Verwaltungsprozeßrecht, 13. Aufl., Stuttgart/München/Hannover/Berlin/Weimar/Dresden 1994.

Schoch, Friedrich / Schmidt-Aßmann, Eberhard / Pietzner, Rainer (Hrsg.) Verwaltungsgerichtsordnung, Kommentar, München, Stand: Februar 1998.

Scholz, Rupert, Private Rundfunkfreiheit und öffentlicher Rundfunkvorbehalt - BVerwGE 39, 159, JuS 1974, S. 299.

Scholz, Rupert, Das dritte Fernsehurteil des Bundesverfassungsgerichts, JZ 1981, S. 561.

Schöne, Franz-Josef, Dienstleistungsfreiheit in der EG und deutsche Wirtschaftsaufsicht, Köln/Berlin/Bonn/München 1989.

Schönke, Adolf / Schröder, Horst, Strafgesetzbuch und Nebengesetze, Kommentar, 25. Aufl., München 1997.

Schrape, Klaus, Digitales Fernsehen: Marktchancen und ordnungspolitischer Regelungsbedarf. Ein Bericht der Prognos AG, München 1995.

Schroeder, Werner, Kein Glückspiel ohne Grenzen. Zugleich eine Besprechung des Lotterie-Urteils des EuGH (EuGRZ 1994, 157), EuGRZ 1994, S. 373.

Schroeder, Werner, Anmerkung zu EuGH Rs. C-415/93, JZ 1996, S. 254.

Schwabe, Jürgen, Probleme der Grundrechtsdogmatik, Darmstadt 1977.

Schwabe, Jürgen, Anmerkung zu EuGH Rs. C-265/95, EuR 1998, S. 53.

Schwark, Eberhard, Der Begriff der „Allgemeinen Gesetze" in Art. 5 Abs. 2 GG, Berlin 1970.

Schwartz, Ivo E., Rundfunk und EWG-Vertrag, in: Schwarze (Hrsg.), Fernsehen ohne Grenzen, Baden-Baden 1985, S. 45.

Schwarze, Jürgen, Rundfunk und Fernsehen in der Europoäischen Gemeinschaft, in: ders. (Hrsg.), Fernsehen ohne Grenzen, Baden-Baden 1985, S. 11.

Schwarze, Jürgen, Schutz der Grundrechte in der Europäischen Gemeinschaft, EuGRZ 1986, S. 293.

Seelmann-Eggebert, Sebastian, Die Dogmatik der Rundfunkfreiheit gem. Art. 5 Abs. 1 Satz 2 GG aus der Sicht des Bundesverfassungsgerichts, ZUM 1992, S. 79.

Selk, Michael, Einschränkung von Grundrechten durch Kompetenzregelungen?, JuS 1990, S. 895.

Selmer, Peter, Bestands- und Entwicklungsgarantien für den öffentlich-rechtlichen Rundfunk in einer dualen Rundfunkordnung, Berlin 1988.

Smend, Rudolf, Das Recht der freien Meinungsäußerung, VVDStRL 4 (1928), S. 44.

Sodan, Helge / Ziekow, Jan, Nomos-Kommentar zur Verwaltungsgerichtsordnung, Baden-Baden 1996.

Sparr, Jürgen, Kulturhoheit und EWG-Vertrag, Baden-Baden 1991.

Starck, Christian, Staatliche Organisation und staatliche Finanzierung als Hilfen zu Grundrechtsverwirklichungen?, in: Bundesverfassungsgericht und Grundgesetz, Festgabe aus Anlaß des 25jährigen Bestehens des Bundesverfassungsfgerichts, Band II, Tübingen 1976, S. 480.

Starck, Christian, Die Konstruktionsprinzipien und verfassungsrechtlichen Grundlagen der gegenwärtigen mediengesetzlichen Aktivitäten in den deutschen Bundesländern, JZ 1983, S. 405.

Steindorff, Ernst, Reichweite der Niederlassungsfreiheit, EuR 1988, S. 19.

Stender-Vorwachs, Jutta, „Staatsferne" und „Gruppenferne" in einem außenpluralistisch organisierten privaten Rundfunksystem, Berlin 1988.

Stern, Klaus, Neue Medien - neue Aufgaben für das Recht?, DVBl. 1982, S. 1109.

Stern, Klaus, Das Staatsrecht in der Bunderepublik Deutschland, Band I, Grundbegriffe und Grundlagen des Staatsrechts, Strukturprinzipien der Verfassung, 2. Aufl. , München 1984.

Stern, Klaus, Das Staatsrecht in der Bunderepublik Deutschland, Band III/1, Allgemeine Lehren der Grundrechte, München 1988.

Stern, Klaus / Bethge, Herbert, Öffentlich-rechtlicher und privatrechtlicher Rundfunk, Frankfurt a.M./Berlin 1971.

Stettner, Rupert, Steht in Bayern bundesweit sendenden Anbietern privaten Rundfunks das Rundfunkgrundrecht nach bayerischem Medienrecht oder kraft bayerischer Verpflichtung zum kooperativen Grundrechtsschutz zu?, ZUM 1994, S. 63.

Stettner, Rupert, Der Kabelengpaß, München 1997.

Stettner, Rupert, Die Rechtspflicht der Landesmedienanstalten zur Kabelbelegung unter Berücksichtigung europäischer Rechtsvorschriften, Berlin 1998.

Stettner, Rupert, Anmerkung zum Beschluß des Ersten Senats des Bundesverfassungsgerichts vom 20. Februar 1998 - ZUM 1998, 306, ZUM 1998, S. 312.

Stock, Martin, Medienfreiheit als Funktionsgrundrecht, München 1985.

Stock, Martin, Neues Privatrundfunkrecht. Die nordrhein-westfälische Variante, München 1987.

Stock, Martin, Neues Lokalrundfunkrecht auf dem Karlsruher Prüfstand - BVerfGE 83, 238, JuS 1992, S. 383.

Szczekalla, Peter, Grundfreiheitliche Schutzpflichten - eine neue Funktion der Grundfreiheiten des Gemeinschaftsrechts, DVBl. 1998, S. 219.

Szczekalla, Peter, Anmerkung zu EuGH Rs. C-249/96, EuZW 1998, S. 215.

Ule, Carl Herrmann / Laubinger, Hans-Werner, Verwaltungsverfahrensrecht, 4. Aufl., Köln/Berlin/Bonn/München 1995.

Vahrenhold, Olaf, Die Stellung der Privatrundfunkaufsicht im System staatlicher Aufsicht, Baden-Baden 1992.

Wagner, Christoph, Die Landesmedienanstalten. Organisation und Verfahren der Kontrolle privater Rundfunkveranstalter in der Bundesrepublik Deutschland, Baden-Baden 1990.

Wagner, Christoph, Rechtsfragen digitalen Kabelfernsehens. Gutachterliche Untersuchung im Zusammenhang mit der Einführung von Digital Video Broadcasting in Berlin-Brandenburg, Berlin 1996.

Wassermann, Rudolf (Hrsg.), Kommentar zum Grundgesetz für die Bundesrepublik Deutschland (Reihe Alternativkommentare), Band 1, 2. Aufl., Neuwied 1989.

Weber, Claus, Die Dienstleistungsfreiheit nach den Art. 59 ff. EG-Vertrag - einheitliche Schranken für alle Formen der Diskriminierung?, EWS 1995, S. 292.

Wieland, Joachim, Die Freiheit des Rundfunks. Zugleich ein Beitrag zur Dogmatik des Art. 12 Abs. 1 GG, Berlin 1984.

Wittmann, Heinz, Rundfunkfreiheit. Öffentlich-rechtliche Grundlagen des Rundfunks in Österreich, Wien/New York 1981.

Wolf, Joachim, Medienfreiheit und Medienunternehmen, Berlin 1985.

Wolff, Hans J., Der Abwendungsanspruch aus öffentlich-rechtlichen Reflexrechten insbesondere im Fürsorgerecht, in: Festschrift zur Feier des 25jährigen Bestehens der Westfälischen Verwaltungsakademie, 1950, S. 119.

Wolff, Hans J. / Bachof, Otto / Stober, Rolf, Verwaltungsrecht, Band I, 10. Aufl., München 1994.

Würkner, Joachim, Effektuierung des Grundrechtsschutzes durch Grundrechtskumulation?, DÖV 1992, S. 150.

Studien zum deutschen und europäischen Medienrecht

Herausgegeben von Dieter Dörr
mit Unterstützung der Dr. Feldbausch Stiftung

Band 1 Peter Charissé: Die Rundfunkveranstaltungsfreiheit und das Zulassungsregime der Rundfunk- und Mediengesetze. Eine verfassungs- und europarechtliche Untersuchung der subjektiv-rechtlichen Stellung privater Rundfunkveranstalter. 1999.

Martin F. Polaschek / Anita Ziegerhofer (Hrsg.)

Recht ohne Grenzen Grenzen des Rechts

Europäisches Forum Junger Rechtshistorikerinnen und Rechtshistoriker Graz 1997

Frankfurt/M., Berlin, Bern, New York, Paris, Wien, 1998. 190 S., zahlr. Abb.
ISBN 3-631-32441-3 · br. DM 69.–*

Im Rahmen des Europäischen Forums Junger Rechtshistorikerinnen und Rechtshistoriker 1997 in Graz stellten Referentinnen und Referenten aus verschiedenen europäischen Staaten ihre Forschungsschwerpunkte vor.

Aus dem Inhalt: M. Kainzbauer: Zum idem debitum bei der Novation: D 45.1.18 · R. Gamauf: Sex und crime im römischen Recht. Zu einem Fall nichtsanktionierter sexueller Gewalt · F. Meissel: Wieackers Beitrag zur Geschichte der societas · M. Meccarelli: Arbitrium iudicis und officialis im ius commune. Ein Instrument für die Vermittlung zwischen einem allgemeinen Recht und der örtlichen Realität · B. Kannowski: Widerstand de facto und de jure. Die Grenzen kommunaler Herrschaft im Spätmittelalter · B. Marquardt: Thesen zur Verfassungsgeschichte der lokalen Kleinstgesellschaften des Alten Reiches (1400 - 1800) · L. Montazel: La répression du port d'armes prohibées en France et en Allemagne (XVIème-XVIIIème siècles): un cas de „rupture" entre normes et doctrine · A. Görgen: Wortschatzentwicklungen in der Gesetzessprache der Frühen Neuzeit · J. Balogh: Österreichisches Recht in Ungarn und in Siebenbürgen – Westeuropäische Einflüsse auf das ungarische Zivilrecht im 19. Jahrhundert · T. Olechowski: Europäische Modelle der Verwaltungsgerichtsbarkeit im 19. Jahrhundert · M. Wechsler: Die Zukunft des gemeinen Rechts im europäischen Privatrecht · H. Hirsch: Justizalltag im Dritten Reich, dargestellt an einem Sitzungstag des Sondergerichtes Darmstadt · M. Luminati: Richterliches Selbstverständnis in Italien nach 1945

Printed by
CPI books GmbH, Leck

Kolibri 360 GmbH
Ferdinand-Jühlke-Straße 7
99095 Erfurt, Deutschland
produktsicherheit@kolibri360.de